SECUESTRADOS

PATSY HEYMANS
con la colaboración de William y Marilyn Hoffer

SECUESTRADOS

Prefacio de
BETTY MAHMOODY

Planeta / Seix Barral

Cubierta: Ripoll Arias

Título original:
Kidnappés!

Traducción de
R. M. Bassols
a partir de la adaptación de Marie-Thérèse Cuny

Primera edición: enero 1996

ISBN: 84-322-4042-7

Depósito legal: B. 66 - 1996

Impreso en España

PREFACIO

En 1986, cuando finalmente regresé a mi país, con mi hija Mahtob, lo ignoraba todo sobre el secuestro de niños por sus propios padres. Creía que mi historia era única. Y menos imaginaba aún que «No, sin mi hija», esta frase que le había gritado a mi marido, era el grito de rebelión de tantas otras mujeres en el mundo.

Patsy Heymans fue una de ellas. Era joven, confiada, estaba enamorada, adoraba el país al que su marido la había llevado a vivir: Israel. Y de repente todo se derrumbó. El seductor se convirtió en torturador, el país en una cárcel, la libertad de pensar o de hacer en una ilusión perdida.

La vida de Chaim y de Patsy no era más que un enfrentamiento cruel entre dos seres, uno queriendo dominar a la otra y hacer de ella una esclava. Cuando la esclava se rebeló, quiso huir y sustraer sus hijos a un padre que se había vuelto paranoico, él la persiguió, la acosó, la amenazó, hasta imaginar la única venganza que él sabía absoluta: secuestrar a sus tres hijos, y desaparecer con ellos. No se trataba, en el caso de Chaim, de amor paternal, ni del deseo de educar él mismo a sus hijos, sino más bien de una venganza pura de la que Marina, Simon y Moriah eran sus víctimas.

Patsy Heymans jamás renunció. Esta joven y frágil madre, sin embargo, sufrió la más terrible de las pruebas. Se trata de un sufrimiento animal, que se vive, día tras día, cuando uno se ve privado de aquello que representa en la tierra el bien más precioso: los hijos. Patsy vivió este sufrimiento durante seis años. Ignoraba totalmente qué les había pasado a sus hijos. Tras el arresto de su marido, comprendió que estaban vivos en alguna parte del mundo, en manos de personas extrañas.

Le habían sido arrancados no solamente por su padre, sino también por una secta integrista ubicada en los Estados Unidos que no vacila en proporcionar su ayuda financiera y logística al secuestrador. Actuando con desprecio de la ley, esta sec-

Cinco minutos más tarde llegamos a la escuela de Saint-Joseph. Un besito a Simon:

—Adios, Simon, que pases un buen día...

Un beso a Marina, que sujetaba de la mano a su hermana.

—Buena suerte con las tareas de hoy... un besito a Moriah...

Buena suerte...

Era el 11 de diciembre de 1986, a las 7 h. 50 m. de la mañana.

El día maldito. El más terrible de mi vida.

Un día un hombre me dijo: «¡Te amo, Patsy! ¡Demuéstrame que me quieres! ¡Demuéstramelo!» Yo tenía diecisiete años, era aún una niña apasionadamente enamorada, no sabía nada.

Cinco años más tarde, él gritó: «¡Destruiré tu vida!» Yo tenía veintidós, era la madre de sus tres hijos, y esta vez sabía.

Marina, Simon y Moriah fueron el arma que él escogió para destruirme. Desaparecieron en un universo cerrado —detrás de los muros impenetrables de una secta religiosa— donde yo, su madre de carne y de sangre, no tenía ningún derecho a existir.

1

AUTOCRÍTICA

Patsy, tienes dieciséis años, te encuentras gorda, y lo estás. Estás continuamente enferma, y tu rebelión permanente es una protesta contra este dolor de vivir. Patsy, hija mía, no eres feliz. Te sientes mal en tu pellejo, nadie te quiere. Arrastras tu vida como si fuera un fardo…

He aquí lo que me obsesiona la primavera de 1977, en mi bonita ciudad de Bruselas. No soy seguramente la única muchacha de mi edad en irritarse, a la vez, con su espejo y con su báscula, pero, naturalmente, no quiero saberlo. Yo me siento mal, luego todo anda mal. A las demás les gusta la música, a mí no. Las demás tienen amigos, yo no tengo. Las demás se hinchan de postre, yo no. Las demás comen normalmente, yo ayuno. Cien gramos de carne, cien gramos de verduras, una fruta, o nada. He aquí el menú.

Estos dos últimos años, la pubertad ha envenenado mi existencia. Hay adolescentes felices, sin espinillas, sin kilos superfluos, que no hablan de su regla, a las que jamás les duele el vientre, y que emprenden su existencia adulta con una desenvoltura que yo envidio. Yo, Patsy, acumulo los problemas. La regla viene a visitarme cuando quiere, y cuando ello sucede, los calambres son tan dolorosos que a veces vuelvo de la escuela doblada por la cintura a causa del dolor. Algunos medicamentos que debían aliviarme, me han hecho ganar peso.

Hija única en medio de tres hermanos, tengo que oírme tratar regularmente por ellos de pequeña morcilla, o de globito. Tienen la crueldad inconsciente de los muchachos de su edad.

«Échate a un lado, barrilete…»

En la mesa, estratégicamente, mis padres se ven obligados a alejarme de mi hermano mayor. Su ironía me resulta intolerable. Una sola mirada burlona, y yo estallo. Nos peleamos como perros rabiosos. ¿Me desprecia por ser una chica? ¿Por ser gorda?

¿Por tener los cabellos como bastoncillos de tambor? No importa. Yo ataco. La violencia forma parte de mi vida. Como no me gusto, y no puedo pasarme el tiempo diciéndolo con palabras, lo expreso como puedo.

Ahora, con la perspectiva, me daría gustosamente de bofetadas. Debía de hacer encolerizar a todo el mundo. Recuerdo comportamientos en el límite de lo soportable para los demás... Como aquella crisis por una hoja de lechuga...

Me hacen seguir un régimen alimentario draconiano para que pierda peso. Si comisqueo cacahuetes con los amigos, debo escupirlos después de haber tenido el inmenso «placer» de masticarlos. Solamente masticarlos. La frustración es tal que mordería a todo el mundo. Aborrezco tener hambre. Y estoy hasta las narices de ensaladas verdes. Un día, en la mesa, papá me dice:

—Patsy, ¡tienes que comer al menos una hoja de lechuga!

Pero aborrezco igualmente las órdenes. Es un atentado insoportable a mi necesidad exacerbada de independencia. Elijo esta hoja con precaución... Remuevo y doy la vuelta a las demás para ello, y la deposito con ostentación en mi plato, como un mártir.

Papá dice que no he cogido bastante, o que la hoja es demasiado pequeña, ya no me acuerdo. Entonces, vuelco la ensaladera enteramente en mi plato, gritando:

—¿Así estará bien?

—Puesto que así lo quieres, ¡cómetelo todo!

Yo lo mando todo a paseo. Ensaladera y ensalada. Si recibo un cachete es que realmente me lo he buscado. Pero el resultado es siempre el mismo: nadie me quiere. Por lo demás, me detesto a mí misma y detesto sin duda al mundo entero. Como me niego a llorar, estallo de cólera. Grito tanto que en la familia me han llamado «Miss Trompeta».

Mamá quería una niña, y Dios le ofreció una en tercera posición. Está primero Éric, el mayor, después Géry, el segundo, luego Patsy, la chica, y por fin Michel, el tercer chico. Nuestras edades están próximas, diecinueve, diecisiete, dieciséis y quince años...

Nací en enero de 1961. A mamá seguramente le habría gustado verme crecer en un vestidito de volantes, con buclecitos en el cabello y una sonrisa angelical. Se encontró muy pronto ante una niña con maneras y aficiones masculinas. Y ahora, ante una hija que pesa a los dieciséis años setenta kilos, y mide un metro sesenta.

Si sólo estuviera gorda; pero los problemas se encadenan. Problemas cardíacos, renales. Algunas épocas llego a tomar dieciséis medicamentos al día. Y debo dormir al menos nueve horas por la noche, para que mis riñones realicen correctamente su trabajo de eliminación.

Tanto sufrimiento a causa de la feminidad me subleva. Esta química interna que se niega a funcionar como debe me obsesiona continuamente. No me siento «chica». Estoy convencida de que jamás seré una mujer normal, que seré estéril. Sin embargo, traer niños al mundo es, en mi opinión, lo más importante para una mujer. El hijo es la finalidad de su vida, su necesidad. Yo adoro los niños. Si no consigo ser madre, ¿qué otra cosa me quedará? Nada.

Tengo un carácter espantoso. Una mala pieza. Tozuda, obstinada, egoísta. Un verdadero muro. Cuando quiero algo, me peleo hasta el límite para obtenerlo. Mamá dice que estoy hecha así desde la edad de tres años. Discuto, argumento, disputo con mis padres, me insulto con mis hermanos. Pero con quien peor me llevo es con mi padre. He heredado de él este encarnizamiento en atraer al otro a la propia opinión, en convencerle de que uno tiene la razón. Quiero que me dejen hacer las cosas tal como yo he decidido hacerlas. Mis padres saben que estoy siempre en el límite de la fuga. Cuando nos peleamos, papá y yo, reacciono con una violencia extrema y en el fondo desesperada.

Soy capaz de desaparecer, de esconderme en el maletero de su coche, y dejarle que vaya por todo el barrio, muerto de inquietud, sin saber que transporta con él al volcán de su hija. Una vez, abrí decididamente la puerta del coche para saltar de él en marcha.

A menudo, cuando llego al paroxismo de la cólera, la familia no tiene más recurso que pedir auxilio a mi mejor amigo, Didier. Compañero de clase de mis hermanos, Didier es el único que puede calmarme. El único en quien puedo confiar. Es casi mi hermano, con la ventaja de no serlo genéticamente. Nuestra amistad es tan pura como sólida, y tengo confianza en él. Es fuerte, física y moralmente, tranquilo, armado de razón y de indulgencia. Y supongo que hace falta una cantidad enorme de ambas conmigo.

He recibido una educación católica, y uno de los grandes temas de discusión con mis padres es mi negativa a acompañarles a la iglesia. No me gusta lo que considero una comedia en las religiones, la apariencia, el aspecto devoto. Ya me expulsaron una vez de la escuela, por haberle dicho un día a una hermana: «¡Váyase al diablo!»

La escuela... sé lo que piensan de Patsy Heymans en la escuela, e incluso estoy de acuerdo con ello. «Busca la comodidad, no se aplica nunca.» Las monjitas no han sabido encontrar el buen método de educación conmigo. No tengo interés por casi nada.

Los dieciséis años no es la edad más bella de la vida. Que aquellos que pretenden tal cosa lo coloquen de una vez por todas en el estante de las ilusiones.

Me siento un poco como mi país, Bélgica, esta amalgama de culturas diferentes. Los valones son románticos; los flamencos, realistas. Los primeros sueñan al claro de luna; los segundos tienen los pies en el suelo, sentido del deber y un rigor absoluto.

Mi padre, Jacques Heymans, no pertenece a ninguna de estas dos categorías. Criado en Flandes, hablaba neerlandés en la escuela y francés en casa. Es un hombre de negocios brillante. Exporta al mundo entero material militar de alta tecnología. Su voz es impresionante, profunda, ronca. Se le podría creer de una severidad temible, pero tiene la risa fácil y contagiosa, es generoso y apasionado.

Hélène, mi madre, es el rigor encarnado. Su apodo, superviviente de nuestra infancia, «Mizou», suaviza un poco esta rigidez que ella recibió de su educación. Una madre perfecta en su papel de anfitriona —sabe recibir magníficamente—, pero también una madre particularmente emotiva, incapaz de dominar sus sentimientos. Llora de emoción, tanto de dicha como de tristeza. Y yo debo reconocer que eso me enerva. Su pasión es la familia y su círculo de amigos.

Es hermosa, «Mizou», mi madre. Unos ojos claros, de azul intenso, chispeantes de vida. Una cabellera rubia, un rostro fino, casi demacrado, de pómulos altos. La boca perfectamente dibujada, la nariz recta; una larga silueta graciosa, ágil y llena de vida. Es tan femenina como yo un muchacho frustrado. Y cuanto más me lo hacen notar, más empeño tengo yo en seguir con mis tejanos.

Las relaciones de negocios de papá y el talento de anfitriona de mamá atraen a nuestra casa a una multitud de invitados llegados del mundo entero. La familia es muy abierta culturalmente hablando. El vasto complejo de hormigón del cuartel general de la OTAN, entre el centro de Bruselas y el aeropuerto, arrastra continuamente un flujo de visitantes extranjeros. Militares, proveedores de material de defensa, americanos, británicos, canadienses, pakistaníes, indios, egipcios, se sientan regularmente a nuestra mesa.

Yo aprecio particularmente a nuestros visitantes israelíes. Los encuentro brillantes, inteligentes. Caracteres fuertes, al servicio de los grandes proyectos de su país, y que saben ser encantadores.

Israel es mi mejor recuerdo de adolescente. Hace un año hicimos vacaciones en familia en la vieja tierra bíblica. Cuando bajé del avión, en el aeropuerto Ben Gurion de Tel-Aviv, tuve la sensación curiosa e inmediata de encontrarme finalmente en casa. Aquel país, aquella tierra, era mi casa, mi lugar en el mundo.

Mientras mi familia visitaba los lugares turísticos, yo pasé mi tiempo estudiando a los jóvenes. Eran diferentes. En Europa, los adolescentes de cabellos largos y ropas descuidadas no me gustan. No me gusta ni su desenvoltura ni este aspecto falsamente rebelde que me parece más una actitud a la moda que el reflejo de una verdadera reflexión sobre la vida. Los cabellos cortos, el aire decidido, la mirada seria, los chicos israelíes son más maduros, quizás porque son los hijos de estos pioneros que, a fuerza de valor, de temeridad y de obstinación, han forjado el destino de su país en el seno de una región hostil.

Éste es un país de héroes. Yo he hecho de él el objeto de mi admiración, como otros han idolatrado al Che Guevara, o colgado en su habitación pósters de Marilyn Monroe. Leo absolutamente todo lo que aparece publicado sobre Israel, y quisiera hablar hebreo. Me gustan las lenguas extranjeras, me resultan relativamente fáciles, retengo pronto la música de su sonido, el acento. Para una muchacha casi nula en la clase, que sólo se esfuerza para obtener la nota media y que la dejen en paz, esta pasión es probablemente una válvula de escape, una necesidad vital.

Este viaje de unos días me ha impresionado hasta tal punto que, después, invierto todo el dinero de mi paga en la compra de libros o de revistas, de cualquier cosa que hable de Israel. Incluso en clase, he vegetado hasta el día en que he podido apasionarme por un trabajo de grupo sobre Israel. He pasado, en esa época, veladas enteras echada boca abajo sobre el suelo de mi habitación, la nariz metida en los libros de clase esparcidos sobre la moqueta. Toda la reciente historia de Israel me ha fascinado. Sueño con volver allí. Mis padres han aceptado el compromiso de regalarme la mitad de un billete de avión, un franco de los suyos contra uno de los míos, y trabajo intensamente para economizar. Canguro, tareas domésticas —lavo los cristales, limpio el embaldosado—, cualquier cosa para aumentar el volumen de mis ahorros.

Mis padres están bastante contentos de verme tan activa, en persecución de un objetivo. Olvido un poco los kilos y las espinillas del acné durante este tiempo. Pero, de dejarme marchar sola a Israel, a los dieciséis años, ni hablar. Por esto, la llegada del padre Edgar a casa aquella noche fue un verdadero milagro para mí. Un regalo del cielo.

Adoro al padre Edgar. Viene a cenar todos los miércoles; forma parte de la familia. Por Navidad, por Pascua, en todas las fiestas importantes, está con nosotros. A las hermanas de mi escuela les falta el sentido del humor, los demás padres de la parroquia son estirados, pero él es diferente. En primer lugar, rige una casa para adolescentes «difíciles». Habla la lengua de nuestra generación, sin esfuerzo. Anota las bromas y las cosas divertidas de sus alumnos en una libretita, para no olvidarlas. Es una especie de abuelo alegre, accesible, humano, más que un cura de parroquia. Sus ojos azules brillan de humor, y mamá, ferviente católica, lo adora. Siente mucha admiración por él y le concede toda su confianza.

Al terminar su segunda ración de patatas fritas acaba de anunciar la cosa más maravillosa del mundo: prepara un viaje a Tierra Santa durante la semana de Pascua... Va allí en peregrinación.

Mis ojos se abren como platos, y me entran unas ganas terribles de intervenir. Tengo mis ahorros, no me falta más que una carabina que les guste a mis padres... La pregunta que pugno por hacer debe de resultar tan evidente, en mi mirada suplicante, como un anuncio de neón. Entonces, sirviéndole otra vez un poco de vino, papá pregunta:

—¿Podría usted llevar a Patsy consigo?

Y mamá añade:

—Ya sabe hasta qué punto eso le haría bien.

Sobreentendido: «Mi hija Patsy, su carácter imposible, sus problemas de adolescente, nuestra inquietud al respecto...» El padre Edgar ya sabe todo eso desde hace tiempo. Rumia su decisión, se toma su tiempo, reflexiona, bebe un traguito de vino, mientras yo pataleo interiormente de impaciencia. Evidentemente, este buen padre Edgar se disponía a hacer un viaje tranquilo, apacible, sosegado, sin un adolescente difícil pegado a sus faldones para variar. Se rasca la cabeza, desordena sus blancos cabellos, se traga unas patatas fritas más, y luego la sonrisa maliciosa aparece finalmente en sus labios:

—¡Naturalmente, Patsy, sé bienvenida!

Siento una gran alegría. ¡La Pascua ilumina mi vida sombría, y la esperanza brilla como la estrella de Belén! ¡Sola en Israel con el padre Edgar! Volver a poner los pies sobre la tierra que vibra de la historia del pueblo judío. La pasión de mis quince años.

Allí, en este país difícil y maravilloso, voy a revivir, a respirar, a existir. Lejos de las brumas de Bruselas donde, esta primavera de 1977, tengo dificultades para reconciliarme conmigo misma. Necesito el calor y el sol como una droga.

Allí ya no estaré enferma, ni en mi mente ni en mi cuerpo. Allí me voy a llenar los ojos de todos los colores, de todos los perfumes. Voy a respirar finalmente. Allí...

... me espera algo que yo ignoro. Alguien cuyo nombre no conozco. Que existe, sin embargo, que me espera él también sin saberlo. Se llama Chaim, es guapo y misterioso. Lleva los cabellos cortos, y tiene la mirada profunda. Fuma Camel. Un aventurero de diecinueve años. Un cazador de presas fáciles. Un manipulador diabólico.

Él es quien me dirá un día: Patsy, te amo.

Y yo le creeré.

Es él quien me dirá también: Patsy, destruiré tu vida.

Y estará a punto de conseguirlo.

Yo me hallaba en torno a mis difíciles dieciséis años, y sufría por ello. ¿Acaso se recoge siempre lo que se ha sembrado? Probablemente, sí.

2
LA PASCUA EN JERUSALÉN

Al poner nuevamente los pies en la tierra de Israel he vuelto a encontrar esta sensación extraña de felicidad y de libertad repentina. El calor no es infernal como en verano; debería estar en forma, pero me siento enferma. Estuve a punto de desvanecerme el Viernes Santo en la iglesia católica de la vieja Jerusalén. El padre Edgar tuvo que llevarme de vuelta al hotel. Hoy estaba dispuesto a pasar el día encerrado conmigo para cumplir su papel de carabina. Pero saberle privado de su peregrinación y de su tranquilidad me pone más enferma todavía. Le convenzo de que me deje sola en mi habitación, prometiéndole reunirme con él a primera hora de la tarde si me siento mejor. Me ato los cabellos en cola de caballo, y bajo al vestíbulo. El conserje me indica una parada de autobús bastante próxima para dirigirme a la ciudad vieja. Aguardo; no llega un solo autobús. Escruto desesperadamente el horizonte, y comienzo a inquietarme por llegar tarde a mi cita. Al final de esta carretera aislada, bajo un sol de plomo, ni un alma. De repente me acuerdo de que estamos en sábado, en pleno *sabbat*, y que los judíos practicantes observan escrupulosamente este descanso, desde el crepúsculo del viernes hasta la puesta del sol del sábado. Nadie trabaja, ¡no habrá autobús! Regreso al hotel para exigir explicaciones al conserje, que había olvidado advertirme. Se las arregla para que tome la furgoneta del hotel, y el conductor me deja lo más cerca posible de mi destino. Pero el padre Edgar ya no está allí, llego con mucho retraso. Ha debido de pensar que estaba demasiado fatigada para reunirme con él.

Ya no veré Belén hoy, pero la soledad no me molesta, al contrario.

Me interno en un dédalo de callejuelas tan estrechas que el sol no penetra en ellas. Aspiro todos los perfumes que embalsaman esta sombra precaria, la pimienta, el cilandro, el kif, la guindilla. Me sumerjo profundamente en el zoco, los niños corren chillando por las alamedas, hacen eslalom entre los tenderetes, los curiosos se aglutinan formando pequeños racimos inmóviles ante las pilas de mercancías heteróclitas. Huele a sudor y a especias, al Oriente que yo amo, por lo demás.

Tras haber dejado atrás la sinagoga de Porat Yosef, llego finalmente al Muro de las Lamentaciones. Esta mole de piedra de 45 metros de largo por 20 de altura constituye un fragmento, lado sudoeste, del templo de Herodes. Ante este monumento impresionante, uno se siente minúsculo, lleno de respeto y de temor. El murmullo de las plegarias se eleva permanentemente ante las viejas piedras, el lugar más sagrado del mundo para los judíos, y un lugar de culto para otras religiones. Aquí el niño Jesús fue presentado al Templo, aquí fue tentado por Satanás. Después de La Meca y Medina, los alrededores inmediatos de este muro simbólico representan también uno de los santuarios más importantes del Islam.

Vago un momento cerca del tribunal del Templo Antiguo, antes de quitarme las sandalias para penetrar en la mezquita Al-Aqsa. Luego, en la mezquita de la Roca. Más de doce siglos encima de mi cabeza y bajo mis pies. Aunque jamás vino a Jerusalén, la leyenda afirma que Mahoma había partido de aquí para dirigirse al paraíso, sobre un caballo blanco.

El tiempo discurre apaciblemente, mis pies desnudos sobre los mosaicos frescos, la mirada inundada de este esplendor. Sombra y luego luz ocre y suave. La Pascua en Jerusalén, ¡finalmente la he ganado!

De nuevo por las callejuelas de la ciudad vieja, donde el espectáculo es permanente entre los clientes que regatean y los comerciantes que discuten, la mirada sombría o risueña de los niños, las siluetas de mujeres veladas y de jóvenes occidentales bruscamente enfrentadas al dar la vuelta a un muro. Yo soy belga, blanca y más bien rubia, ni una sola gota de sangre oriental en mis venas, y sin embargo me siento bien aquí, segura, y deliciosamente libre.

Libre también de volver a pie hasta el hotel. Indudablemente habrá algunos taxis, cuyos conductores, árabes, no respetan el *sabbat*, pero no llevo ni una libra israelí en el bolsillo. No hablo hebreo, y me sentiría incapaz de darle al chófer el nombre y la dirección de nuestro hotel, de explicarle que el conserje le pagará. A fuerza de soñar, heme aquí perdida, sola en esta colina árida que domina los lugares santos y las terrazas blancas de la ciudad.

Una voz de hombre que arrastra las consonantes de un inglés que comprendo difícilmente me pregunta si necesito ayuda. Al principio finjo no haber oído nada. Aquí los hombres son muy insistentes con las extranjeras. No le miro, y doy unos pasos. Pero el hombre persevera, con una voz baja y profunda. El tono no es agresivo, sino más bien amistoso, quizás no haya nada que temer. Probablemente, ha adivinado que no sé a dónde ir.

Me doy la vuelta lentamente. Es joven, delgado, de músculo enjuto. Tengo que levantar la cabeza para verlo bien, pues me supera unos buenos quince centímetros. Lleva el uniforme verde oscuro de los soldados israelíes. Su rostro me parece magnífico, los rasgos finos y esculpidos en una tez mate, casi cortantes, la nariz aguileña, el cabello muy corto. La imagen perfecta del soldado del Tsahal, el ejército israelí. De aspecto orgulloso, entorna los párpados bajo el humo de un cigarrillo.

El uniforme me tranquiliza, hay gente a nuestro alrededor, y tengo efectivamente necesidad de ayuda. Trato entonces de explicarle, en un inglés balbuceante, que quisiera volver a mi hotel y que ignoro la manera de hacerlo. Escucha paciente y cortésmente mis laboriosas explicaciones, y luego se presenta. Chaim Edwar. Nuestra conversación es difícil, pero consigo comprender que es paracaidista. Él quisiera saber cómo he conseguido llegar hasta aquí, y qué monumentos he visitado. De cortesía en cortesía, me propone acompañarme el resto de mi paseo, mostrarme otros lugares de Jerusalén, y después escoltarme hasta mi hotel.

La abierta sonrisa en los dientes blancos, el aire desenvuelto y militar me convencen definitivamente de que he encontrado la solución a mi problema. El joven es de una cortesía deliciosa. Para mí, que no conozco más que las burlas de mis hermanos, su lenguaje un poco rudo, se trata de un encuentro que me provoca vértigo. ¿Por qué se ha interesado por la granujienta, por la morcilla que yo soy...? ¿Cómo he conseguido que me preste atención y me acompañe por el sendero que domina el muro, que me hable y se ocupa de mí? Esos tejanos lavados, esta camiseta andrajosa que visto como un acto de protesta al lado de su hermoso uniforme... Siento que me crecen alas... Un encuentro, un guapo joven en una ciudad lejana, exótica, el sol que palidece en el cielo azul, el viento ligero... Y soy yo quien camina al lado del hombre ideal. No me habría atrevido siquiera a soñar semejante escena.

De nuevo la gran plaza donde se apretujan las siluetas de hombres y mujeres en plegaria, el muro incrustado de papelitos blancos. Él habla y yo le dejo llevar la conversación, pues su inglés es mejor que el mío. No lo comprendo todo, pero la música de su voz me arrulla. Nos detenemos en un pequeño bar en el corazón de la ciudad árabe, donde bebo a sorbitos un zumo de naranja y él toma un café. Tiene dieciocho años. Muestra ya el aire de un adulto, y yo soy una niña.

—¿Habías venido ya a Israel?

Le cuento nuestro primer viaje en familia, mi adoración por este país, y cómo me las había arreglado para volver.

—¿Tu familia viaja mucho?

Enumero los países que hemos visitado. Escocia, Yugoslavia, Francia, la lista ya es larga. Mis padres consideran que los viajes abren el espíritu y son la base de una buena educación, por lo que he sido afortunada en este terreno. Chaim me parece impresionado y atento.

Por primera vez en mi vida de adolescente tengo la impresión de existir en la mirada de alguien. Saboreo el resto del paseo, minuto a minuto, por el laberinto de arcadas y galerías, hasta el hotel Rey David donde tomamos un taxi para regresar a mi hotel.

Prudentemente, le pido a Chaim que haga detener el coche al pie del sendero tortuoso que lleva al hotel. No quiero hacerme notar por el conserje, y arriesgarme a que el padre Edgar me pida cuentas sobre mi compañero de escapada.

Hacemos a pie el resto del camino juntos, uno al lado del otro, hasta una pequeña gruta excavada en la misma roca, luego rodeamos el jardín, en medio de las buganvillas. Se acabó. Se marcha, me dice adiós. No le volveré a ver. ¿Por qué iba a tener esta suerte? Sólo se ha mostrado cortés conmigo, no soy más que una joven turista extraviada a la que ha ayudado y a la que olvidará.

El bueno del padre Edgar empezaba a preocuparse por mi tardanza. Invento un paseo en solitario, le detallo los monumentos que he visto, terminando con un vago:

—En realidad, me he perdido, pero alguien me ha acompañado...

A la mañana siguiente, cuando me dispongo a acompañar al padre Edgar a la misa de Pascua, el conserje me avisa:

—Alguien pide por usted en recepción.

¡Ese alguien no puede ser otro que Chaim! Golpeándome el corazón en el pecho, me precipito a la escalera, a la vez excitada y turbada.

—¿Quieres dar otro paseo conmigo?

Su sonrisa es tentadora. Quisiera decirle que sí al instante, pero no tengo más que dieciséis años, y el padre Edgar desaprobaría esta invitación de un joven soldado. Mi cabeza hierve; busco una idea, me gustaría tanto seguirle…

—Espérame en el jardín detrás del hotel…

Lo que funcionó la víspera debiera funcionar hoy. Bastará con una pequeña mentira.

Subo los escalones de cuatro en cuatro, retengo mi aliento demasiado apresurado al llamar a la puerta de la habitación del padre Edgar.

—No me siento muy bien, padre, tengo miedo de ponerme otra vez enferma durante el oficio. Con tanta gente, me sentiré seguramente oprimida…

—Descansa en tu habitación, en este caso…

Por seguridad, sin embargo, y para no engañarle totalmente, añado:

—Quizás vaya a dar una vuelta; el aire fresco me sentará bien.

Las crisis de asma son una buena excusa. El padre Edgar se va sin sospechar nada. Apenas liberada, corro a reunirme con Chaim.

—Tengo algo asombroso que mostrarte…

Caminamos hacia el sur, por la calle Rav Uziel, hacia las afueras de Bayit Ve Gan, hasta el lugar donde está situado el hotel Holyland. Hay allí, sobre una superficie de más de una hectárea, la réplica de Jerusalén tal como era en la época del Segundo Templo, poco después del reinado de Herodes. La época de Cristo. Un impresionante camafeo de piedras, de arena, de colores sutiles, una combinación de columnas de mármol, de piedras y de maderas preciosas. Es un espectáculo soberbio, la ciudad en miniatura se extiende desde la torre de Psefimus hasta las tierras bajas del valle de Kidron. Un juego de luces reconstruye el alba y la puesta del sol. Contemplar las calles de Yeroshalayim, la ciudad de la paz, imaginar, detrás de las minúsculas puertas de las casas, todo este pueblo antiguo, es una zambullida en el pasado, una formidable lección de historia visual. Me pregunto por qué la escuela es incapaz de contarnos la historia tan viva.

Chaim se siente feliz de que yo lo sea tanto. Bebo sus palabras y su sonrisa discreta. Le sigo en esta nuevo paseo, fascinada, hasta que nos decimos adiós y hasta mañana. Por la noche pienso en él, y me despierto viendo su rostro. Al día siguiente, la misma mentira para escapar de la vigilancia del padre Edgar y salimos juntos otra vez.

Me he enamorado de mi guapo militar. Estoy maravillada de recorrer la ciudad que más amo en el mundo en su compañía. Ya no veo siquiera el paisaje; escucho. No lo comprendo todo, pero no me preocupa, y cuando me coge de la mano, y me besa en la mejilla para decirme adiós, mi corazón se llena de felicidad, y de esperanza en mañana. Él no cesa de hablar, seguro de sí mismo, perentorio, dando su opinión sobre todo. El ejército es su tema predilecto, está orgulloso de ser paracaidista, repite a menudo que él es «el mejor». ¿El mejor con relación a qué? No lo sé, pero no me importa, y le creo. Creería cualquier cosa que me dijera, y de todas maneras el sentido general de su discurso se me escapa completamente. Pero la energía y la seguridad que le animan, su entusiasmo, son contagiosos.

Hace una enorme cantidad de preguntas sobre mi familia, sobre nuestro estilo de vida, quiere saber quién es mi padre, quién es mi madre, dónde vivimos, si la casa es grande.

—La casa es grande, y está en un barrio residencial, quizás el más bonito de Bruselas. Tiene dos salones, uno grande para recibir, y uno pequeño para los niños. Dispongo de una habitación para mí sola, como mis hermanos. Tenemos también una casa de campo cerca de Bastogne, mi padre siente pasión por la caza...

Cada vez que me pregunta la profesión de mi padre, tengo que explicarle que no es traficante de armas, sino que trabaja en el sector del armamento para el Gobierno. ¡No tiene nada que ver con un malvado vendedor de cañones!

La situación de mi padre, la vida acomodada que evoco, impresionan mucho a Chaim. Y yo estoy orgullosa, ingenuamente, de hablar de mi familia, de los viajes, de la caza, del campo... En cambio, él habla poco de la suya: es el hijo de inmigrados yemenitas. Sus padres se instalaron en Israel después de la guerra, es cuanto me dirá. Pero a fin de cuentas, yo soy la extranjera en su país. Hace lo que puede para mostrarme su ciudad. Prefiero con mucho los interminables paseos a pie en su compañía que la peregrinación convencional del padre Edgar. Nada puede ser mejor que caminar, libremente, las manos en los bolsillos, vagar sin rumbo. Y además, estoy loca por él. No pienso más que en él. Es mi primer amigo, el primero que ha venido a buscarme, que me ha cogido de la mano, que me besa en la mejilla, luego en los labios, y me hace temblar el corazón.

Visitamos un cementerio militar, y contemplo las tumbas alineadas marcadas con la estrella de David. Chaim con su uniforme, vivo a mi lado, el rostro grave, ante sus hermanos caídos por su país, me impone respeto. Luego, desde lo alto de la colina, me muestra una serie de pequeños edificios, sin encanto alguno, de dos o tres pisos, construcciones rápidas, viviendas funcionales.

—¿Ves cómo vivimos aquí? Los bajos sirven a menudo de refugio contra las bombas. Estamos siempre bajo la amenaza de una guerra, es una costumbre. ¿Quieres ver de cerca un apartamento israelí? Puedo mostrarte el de un amigo. Te darás más cuenta de cómo vivimos. Cuando se está en un hotel, no se ve este tipo de cosas.

Acepto sin vacilar, pero de repente, en medio de estas parcelas desiertas, una inquietud solapada me asalta. ¿Qué diría el padre Edgar? Patsy, su protegida, supuestamente enferma, ¿visitando un apartamento en compañía de un joven desconocido? Durante unos minutos no me siento tranquila. Las preguntas y las respuestas se agolpan en mi cabeza. ¿Y si el amigo de Chaim no está en su casa? No podremos entrar simplemente. ¿Y si está? Bueno, le diré buenos días, no hay nada malo en eso. ¿Qué sospecho en el fondo? ¿Que me esté tendiendo una trampa? Pero no, no hay ninguna posibilidad de que nos encontremos solos en el apartamento... Me hallo en una situación que yo nunca he conocido y que me asusta un poco.

Chaim se detiene ante una puerta, y, sorprendida, le veo sacar una llave del bolsillo.

—¿Tienes una llave?

—Mi amigo me permite utilizar el apartamento cuando estoy en Jerusalén; siempre tengo la llave.

Es demasiado tarde para dar media vuelta. Si protesto, pareceré idiota, una cursilona que anda con remilgos. Una chiquilla que tiene miedo de él, o que le atribuye intenciones que no alberga... Me convenzo. Todo va bien, es un muchacho decente, hace dos días enteros que te paseas con él, y no ha tenido un solo gesto fuera de lugar. Finge relajamiento, Patsy, tranquilidad, eres una chica mayor...

Mete la llave en la cerradura, abre la puerta, y entramos. Echado sobre un diván, el amigo de Chaim se levanta, sorprendido y extrañado, para recibirnos. Yo respiro, pero Chaim parece decepcionado de encontrarlo allí. Esperaba probablemente charlar con tranquilidad conmigo. Debo convencerme de eso. Y lo consigo muy bien. A pesar de la visita rápida, el apartamento me parece muy corriente. Tres habitaciones minúsculas, un sofá convertible, muebles mediocres y extraños, teniendo en cuenta la falta de espacio. Tomamos una taza de té, y diez minutos más tarde estamos ya fuera.

Años después comprendí claramente que las intenciones de Chaim aquel día no eran en absoluto honestas. La llave en el bolsillo, su decepción al descubrir allí a su amigo, aquella visita demasiado rápida, y aquella partida como si fuera una huida... Pero yo era ya la encarnación del amor ciego. El incidente no me parecía por lo demás muy grave. Es difícil reprochar a un muchacho de diecinueve años que intentara quedarse a solas con una chica. Pero con mi educación, la niña que yo era todavía, pese a sus falsos aires despiertos, habría vivido mal esta situación. Enamorada sí, pero esencialmente en la mente, como en un sueño. Quién sabe, tal vez habría huido, si el amigo de Chaim no hubiera estado allí... y si él hubiera intentado algo. Pero lo cierto es que hubiera podido ocurrir cualquier cosa.

El padre Edgar sospecha algo. Alguien del hotel le ha hablado seguramente del joven militar que me espera cada día en los jardines, y con el que desaparezco del brazo en cuanto él ha vuelto la espalda. O tal vez me ha visto. En todo caso, mi excusa ha sido descubierta. Mi mentor se ha pasado la vida entre adolescentes, y debe de conocer todos sus trucos y secretos tan mal guardados...

—Patsy, me gustaría mucho que me presentases a tu nuevo amigo...

Tengo un pequeño sobresalto, pero no va a haber drama alguno. El buen padre dirá a Chaim: «Me alegro de conocerle.» Y Chaim le responderá: «Yo también.»

Después de esta breve entrevista, el comentario del padre Edgar resulta divertido en el tono, pero desconfiado en la mirada.

—Tiene un aspecto muy educado, este chico, y encantador...

Cuatro días en Jerusalén, cuatro días con Chaim, un hito luminoso y mágico en el tiempo. Por el caminito que hay detrás del hotel paseamos por última vez cogidos de la mano. Él mira al suelo, yo me miro los pies. Los olivos me dicen adiós. Las buganvillas me dejan partir. En la pequeña gruta que se ha convertido en nuestro refugio nos prometemos solemnemente escribirnos.

Desliza mi dirección en el bolsillo del pecho de su uniforme. Yo estoy allí, un trocito de papel doblado sobre su corazón. Mi primer beso verdadero contra la pared de la roca, la sombra de este hombre inclinada sobre mí, toda esta ternura, voy a llevármela bajo mi cielo gris de Bélgica como un pedazo de sol robado a Israel. Chaim me ofrece un pequeño galón de la charretera de su uniforme, que yo sujeto, como si fuera algo precioso, a la correa de mi bolso.

Mi primer amor fulgurante me sumerge en una pena igualmente fulgurante. Regreso sola por el sendero tortuoso diciéndome: «Se acabó. No le volverás a ver. Era demasiado hermoso para ser cierto, él se queda, tú te vas, millares de kilómetros.

Años luz van a separarnos. Él te olvidará, Patsy, no eres alguien inolvidable.»

Caigo nuevamente en la negrura desesperante de la duda sobre mí misma. Detesto este avión que no vuela en la buena dirección. Me siento triste como si fuera a morirme. Triste como sólo se puede estarlo a los dieciséis años.

3

EL AMOR

Asedio el buzón como un cachorro enfermo de cariño. El corazón me late al examinar los sobres. Todo el correo del mundo está dirigido a los demás. La esperanza se desvanece, y luego renace al día siguiente con la misma intensidad. Quiero una carta, la quiero, la quiero… ¡La tengo!

El sobre revela una escritura voluntariosa, de rasgos firmes. Ha escrito mi nombre y mi dirección en pequeñas mayúsculas. Me refugio en mi habitación con el diccionario de inglés. Así saboreo mejor cada palabra, me aseguro de ella, me la repito en la mente y en el corazón. «Te amo, te echo de menos, te amo, te echo de menos…» La página está llena de esas expresiones. Algunas han sido subrayadas con un trazo tan fuerte que su huella es aún visible cinco páginas después. Cinco páginas para decir: «te amo, te echo de menos».

El alejamiento y el delicioso misterio de semejante mensaje, llegado desde tan lejos, despiertan en mí un sentimiento nuevo. Maduro, al menos lo creo así. Me convierto en alguien. Un ser de pleno derecho, el objeto de amor de otro. Estaba muy convencida hasta ahora de que nadie me amaba. Respondo inmediatamente con entusiasmo, buscando ávidamente en el diccionario las palabras para decirle lo mismo, con locura además. Un lazo regular se instaura en adelante. Las cartas llegan en general el miércoles, por el juego de los transportes aéreos, supongo. Cuento los días ansiosamente: sólo el miércoles es un día de felicidad, el resto de la semana no es más que una espera enfermiza. En cuanto llega la carta, me encierro en mi habitación para leerla y releerla. *Princesa*, mi perrita teckel, está repantigada sobre la manta conmigo. Acaricio su pelaje oscuro, saboreando las palabras tiernas y apasionadas. No da muchas noticias sobre él, no habla más que de amor, y es como un encantamiento.

Mamá se ha fijado en los sellos, me ha visto encerrarme, semana tras semana, y es más que probable que ya haya sido advertida de mi encuentro con Chaim por el padre Edgar. Al principio no dice nada, y luego un día se decide:

—¿Quién te ha escrito?

—Oh, un amigo…

He respondido con un aire que pretende ser indiferente. La regla en nuestra familia es la discreción y el respeto por la intimidad de cada uno. Mamá no insistirá, lo sé. Debe de pensar que su hija está viviendo un pequeño enamoriscamiento, efímero, que morirá por sí solo con la última carta que llegue de Israel.

Esta vez es un paquetito. Está adornado con la escritura de Chaim, y su procedencia es evidente. Mamá me observa con interés mientras arranco las capas de cinta adhesiva. En el extremo de la gran mesa de la cocina, me pongo nerviosa, impaciente. Ella parece divertirse con mis nervios. Entonces utilizo las tijeras. Un breve mensaje primero: «Te amo.» Mamá está a mis espaldas, mirando por encima de mi hombro. Oculto rápidamente el mensaje de amor en el fondo del bolsillo. El regalo es minúsculo. Un pequeño colgante de plástico, que lleva el signo del Zodíaco de Chaim. Un escorpión. Lo prendo simbólicamente de mi bolso, al lado del galón.

De esta manera Chaim me acompaña todos los días. No me abandona. Israel tampoco me abandona. Mi pasión por este país no hace más que crecer, y acoso a mis padres para que me inscriban en un curso de hebreo una vez por semana. Y respondo a cada carta. Pero éstas comienzan a espaciarse. El desesperante vacío del buzón me come el corazón. Continúo escribiendo, obstinadamente, imaginando cualquier cosa: está en el ejército, lejos, de misión, mi guapo paracaidista. No puede escribir a su amor lejano… O ha encontrado a otra, ya no piensa en mí, no era más que un juego.

Paso mis vacaciones de verano con la muerte en el alma. Deprimida. Meses siniestros y vacíos, el tiempo inmóvil, la dicha desaparecida.

Septiembre. Mis padres me han inscrito en una excelente escuela privada de secretariado, tengo que enfrentar mi futuro por fin. Pero el ritmo de los estudios no me agrada. Me falta disciplina, madurez. Fastidio, frustración, soledad… Patsy, que ha creído emprender el vuelo un día, arrastra nuevamente los pies. He vuelto a derrumbarme, con el peso de mis dudas sobre mí misma, toda mi rebelión profunda. Estoy harta de estar gorda, de tener espinillas, de no sentir interés por nada, estoy cansada de estar cansada. Mi destino está cerrado. Recorro a paso largo la avenida de las Flores para ir a la escuela y luego volver a casa, me enfrento con la familia en la mesa a mis cien gramos de carne y verduras, como si fuera a morir mañana.

Mamá no viene nunca a buscarme a la escuela, y, aquel día, siento miedo al verla a la salida. Ha debido de pasar algo grave.

—Mira quién te ha venido a ver, Patsy...

Chaim está detrás de ella. Sonriente, de civil, vestido con unos tejanos y una camisa, su eterno paquete de Camel y su encendedor en la mano.

—¡Ha llamado a la puerta esta mañana!

La cabeza me da vueltas. Los sentimientos se agolpan. Ha hecho un viaje tan largo para verme que me siento orgullosa y feliz por ello. Pero la incomodidad, la sorpresa y la cólera me invaden también. No me escribía desde hacía semanas, ¿y aquí está? ¿Ha llamado a la puerta de la casa, como si todo el mundo debiera estar esperándole?

—Hola...

Ninguna otra palabra consigue salir de mi garganta en este momento. Mamá ha venido en coche, y subimos, Chaim y yo, en la parte de atrás, y muy pronto quiere cogerme la mano. Yo resisto, pero él la toma autoritariamente. Mamá lanza miradas furtivas por el retrovisor, y adivino que se siente incómoda. Yo también. Permanecemos en silencio hasta la casa. Allí, me explica que ha tenido que dejar de escribirme a causa de una herida en el brazo derecho.

—Eso ocurrió durante unas maniobras, ¡mira!

Me muestra orgullosamente su vendaje, y las cicatrices. Ha recibido por su valentía un permiso excepcional, que ha aprovechado para venir a verme. La ilusión vuelve a mí con esta explicación que yo creo a pie juntillas. Ha hecho realmente este largo viaje únicamente por mí, su silencio tenía justificación, le he juzgado mal.

La hospitalidad en nuestra casa es un hábito, una segunda naturaleza en mis padres. Proponen de una manera completamente natural a Chaim que deje su hotel para instalarse con nosotros mientras dure su estancia en Bruselas. Mamá le prepara una habitación en el segundo piso. Y nos encontramos en la cena, alrededor de la mesa de la cocina. Chaim es recibido como nosotros recibimos a todos nuestros invitados, calurosamente, aunque percibo todavía esta chispa de fastidio en la mirada de mamá. Un amigo para su Patsy de dieciséis años es quizás un poco prematuro para ella.

Hasta donde yo recuerdo, mamá se ha mostrado siempre muy

atenta con la cultura y las tradiciones de los demás. Por ejemplo, cuando recibimos a judíos, no sirve cerdo. Me pregunta:

—¿Come *kasher*, tu amigo, supongo?

—No.

Aquella noche, comemos, por tanto, cerdo. Chaim pide una segunda ración de carne. Mamá sonríe:

—Me siento feliz de que te guste el cerdo.

—¡No diga que es cerdo!

La respuesta es seca, brutal. Tiene el aspecto ofendido, y mi madre, confusa, está a la defensiva.

—¡Pero si es cerdo!

—¡No! ¡No hay que decir que es cerdo!

Parece hablar en serio, y el tono sigue siendo autoritario, lo cual incomoda a todo el mundo. Mis hermanos se miran, indecisos en cuanto a la actitud a adoptar. Un pesado silencio se abate sobre la mesa, de repente, ya que nadie comprende. ¿Es una metedura de pata? ¿Está Chaim humillado por haber comido cerdo sin saberlo? Se digna finalmente a aclararnos con su curiosa reflexión:

—Más vale llamarlo «la carne que me gusta».

Mamá levanta una ceja, asombrada, los labios apretados. Replica inmediatamente:

—¿Es hipocresía pura y simple, no? ¿La carne que me gusta?

—Pues claro, es perfecto… eso es lo que hay que decir.

Chaim sonríe, pero rehúsa comer más. El malestar en la mesa no acaba de disiparse. Siento una especie de desaprobación familiar colectiva ante esta actitud. Todos siguen mostrándose corteses, pero no dejan de pensar en ello. Mi madre tendrá su confirmación al día siguiente, aunque yo no sabré nada al respecto, de momento.

Chaim le pide a mi hermano Éric que le lleve de caza con él, cerca de Gentinne. Hay allí plataformas de tiro instaladas en los árboles. Éric es un amante de los pájaros, un ornitólogo en potencia. Mi hermano adora la naturaleza y la soledad, y la caza también, como mi padre. Unas horas más tarde, cuando están de regreso, Éric pone cara de disgusto. Mamá le pregunta:

—¿Qué ocurre? ¿Ha ido mal?

—¡Ese tío jamás ha sido paracaidista! ¡Es tan militar como yo papá!

Éric ironiza siempre, una segunda naturaleza en él. Tiene el don de poner siempre el dedo en la llaga de las debilidades de los demás. Su tono burlón con frecuencia me exasperó en mi infancia.

—¡Tiene el canguelo de la altura! ¡Vértigo! Cuando le mostré la primera plataforma en un árbol se escabulló con el pretexto de que tenía las manos heladas, y que no conseguiría subir allí arriba! ¡Que te crees tú eso! ¡Estaba muerto de miedo, sí!

Mamá no ha dicho nada, yo no me he enterado de esta conversación hasta más tarde. No quería decepcionarme, pero estaba inquieta. Si me hubieran dicho que Chaim era un miedoso o un cobarde, en aquel momento no habría visto otra cosa que la eterna ironía fraternal.

Paseamos mucho, Chaim y yo. Caminamos durante horas como en Jerusalén, solos, libres en nuestras palabras y nuestros gestos. Él toma fotos sin parar.

—Ponte delante de la casa, les mostraré la foto a mis compañeros de habitación.

¿Por qué siempre la casa? Parece fascinarle. El barrio de la avenida de las Flores, las bellas residencias, entre ellas la nuestra, son objeto de un reportaje meticuloso. La hierba siempre verde, los jardines, es una especie de paraíso para él, que viene de un país árido, donde las casas se parecen todas, pero algo me dice que la casa familiar es el objeto principal de su atención. Quiere poder mostrarla allí diciendo:

—¡Mirad la casa de mi amiga belga!

No sé si eso debe enorgullecerme o irritarme. De todas maneras, se muestra tierno, apasionado, y mis sentimientos hacia él no hacen más que crecer. El rechazo, discreto pero evidente, de la familia ante el hombre de mi vida no me detiene. Al contrario, me acerca más a él.

Pero mi perrita tampoco le aprecia. Y en este caso, los sentimientos son mutuos.

—¡Te ocupas más de tu perra que de mí!

El instinto animal no conseguirá tampoco hacerme desconfiar. Estoy deslumbrada, ciega.

Mucho más tarde, Chaim me confesará que la primera noche de su llegada a Bélgica, el otoño de 1977, la pasó bajo nuestras ventanas, en la avenida de las Flores, contemplando las luces del edificio de tres pisos, elegante y espacioso, donde vivía su pequeña Patsy. La bella casa de verjas de hierro, pesadas y blancas, cerradas sobre un jardín, representaba para él un lujo. Sus padres vivían al este de Tel-Aviv en un suburbio polvoriento, próximo al desierto. Él no era lo que pretendía aparentar, no era lo que mostraba.

Mientras fumaba por la noche bajo mi ventana, examinando el lugar, yo dormía en mi habitación. Casi le había olvidado. Y si el azar de la vida hubiera querido que yo viviera en un cuchitril, no le habría vuelto a ver. No era a mí a quien quería, sino esta casa, el símbolo de lo que él consideraba riqueza. Ante todo evaluó la casa, y luego llamó a la puerta al día siguiente por la mañana, decidido a prender en sus redes al pequeño pajarito que era yo. Ingenua, tozuda, cegada por el amor, me metí voluntariamente en la trampa. Si mi familia, en aquella época, hubiera tratado de contrariar este amor loco, me habría escapado. Mis padres lo sabían, y soportaron la situación con la esperanza de que las cosas no irían más lejos. Pero yo era una niña rebelde, que no se gustaba, dispuesta a todas las locuras por aquel al que creía amar.

El fin de semana que pasamos en el campo, en la casa de Nassogne, es como la gloria para mí. A una hora de distancia, al sur de Bruselas, está el bosque, el aire puro, la calma que amo desde mi infancia. Como en la de Bruselas, mamá ha sabido dar a esta casa un calor particular. Los trofeos de caza de mi padre colgados de la pared, la chimenea de piedra, la decoración sencilla y confortable, las velas, las avellanas que comisqueamos sobre la mesa, las flores del jardín en los jarrones, los parquets relucientes, la gran mesa de roble capaz para doce personas…

Chaim contempla esta solidez, esta opulencia tranquila de la piedra y la madera. La vida fuera no tiene límites. El gran bosque de las Ardenas, las rocas de granito… Por su aspereza, incluso el paisaje aporta una profunda seguridad.

Aquí encuentra Chaim un medio de afirmarse ante mi familia. Mi padre no es persona mañosa, y él mismo dice a menudo bromeando:

—¡Tengo dos manos izquierdas y diez pulgares!

En cambio, Chaim es sumamente hábil con las manos. De una destreza asombrosa. Tanto si se trata de electricidad, o de fontanería, como de trabajar la madera o el metal, parece capaz de hacerlo todo. Se ha puesto a reparar el pestillo de la puerta del baño, y mi padre, asombrado y encantado, exclama:

—¡Te vamos a llamar «manitas de oro»!

—¡Soy el mejor!

Está convencido de ello. Y orgulloso del cumplido de papá. Esta ventaja que tiene sobre los demás le da valor. ¿Cómo criticar a un muchacho de su edad que lo sabe hacer todo con las manos?

Didier, mi gran amigo, no me parece impresionado por «el mejor». Cuando los presento, a nuestro regreso del fin de semana, intercambian una mirada glacial. La alta silueta, bien estructurada, de Didier, sus cabellos castaños, sus ojos azules y su risa espontánea ponen quizás a Chaim un poco celoso. Le explico lo que representa Didier para mí, casi un hermano, el que calma mis furores, el amigo indefectible. Jamás hemos flirteado. Nuestra amistad no hubiera sobrevivido a ello, y los dos somos conscientes de ello.

Chaim me da la impresión de que va tomando notas, pero no hace comentarios. Sin embargo, hacia el final del día, cuando estamos charlando tranquilamente, no me acuerdo ya exactamente de qué tema, me pregunta de repente:

—¿Eres virgen?

La frase en inglés me deja confundida. Me pregunto si he comprendido bien. *¿Virgin?* Ha dicho *virgin*, virgen... Respondo con sencillez:

—Evidentemente.

—¿Nunca has hecho el amor con un muchacho?

Me molesta terriblemente. Este tipo de pregunta me resulta realmente insoportable.

—¡No! ¡Claro que no!

Toda la conversación anterior, de la que guardo sólo un vago recuerdo, ha sido la excusa para llegar ahí. Insidiosamente, como quien no quiere la cosa. Ya sabe lo que quería saber. Ser virgen a los dieciséis años es normal, teniendo en cuenta mi educación y mis ideas al respecto. Yo no tengo ningún amigo, me cuesta confiar en los muchachos, y si, justamente, he confiado en él, Chaim, es porque su actitud ha sido siempre respetuosa, porque dice amarme, y lo repite las veces suficientes como para que yo me lo crea.

Esta pregunta me ha trastornado profundamente. Y si hubiera querido olvidarla, no habría podido, pues, apenas de regreso a Israel, Chaim me dirige una carta comenzando por estas palabras: «Mi pequeña virgen querida.» Todas las demás harán mención de esta virginidad a la cual parece darle una importancia casi mística.

Chaim vuelve unos meses más tarde, después de haberme bombardeado de cartas de amor. Mis padres han salido de viaje, mis hermanos y yo estamos solos en la casa, y acabo de cumplir diecisiete años. No me pregunto, como hacen mis hermanos y mis padres, cómo se las arregla él para viajar así, cómo es que el ejército es tan pródigo en permisos. El amor para mí es una razón suficiente. Le echo de menos, y él no puede vivir sin mí. El invierno bruselés se inunda de sol.

Dos o tres días después de su llegada, Chaim aborda su tema preferido. Orienta hábilmente la conversación sobre las relaciones sexuales en general al objeto de continuar su investigación.

—Dime la verdad. ¿Te has acostado ya con un muchacho, sí o no?

Nuevamente molesta, le respondo tranquila y sinceramente:

—No, nunca.

—¡Demuéstramelo!

¿Dar la prueba de mi virginidad? ¿Cómo hacerlo? ¿Mi palabra no le basta?

—La única solución, para que te crea, es que nos acostemos juntos. Por lo demás, es mejor para ti. La primera vez, vale más que una muchacha se acueste con alguien experimentado.

No sé cómo responder a este ultimátum. Discutimos en el saloncito, después de la cena. Mis hermanos están en su habitación, ignoro si sospechan que yo no estoy en la mía, y me importa un comino. Si Éric o Géry trataran de hacerme alguna reflexión, les enviaría a paseo. Eso es algo que ellos saben. Y mis padres están en España.

Este salón, por lo general tan alegre, reservado a los niños de la casa y a los amigos, con sus sofás de tejido confortable, se ha convertido en el escenario de nuestras discusiones amorosas. Chaim me contempla con una mirada negra, imperiosa. Su nariz aguileña, recortándose en la luz, su boca estrecha y autoritaria, me impresionan. Es un hombre. Tiene experiencia, y yo no soy más que una tonta.

La cosa que menos soporta una muchacha, en todo caso yo, es pasar por tonta, justamente. Adopto el aire de saber, de saberlo todo, de ser mayor.

—¿Y si quedo encinta?

Chaim conoce mis problemas de salud. Sabe que sigo un tratamiento médico. Con aspecto competente, me responde:

—¡No, mujer, no! ¡No puedes quedar encinta! ¡Es imposible!

En su opinión, yo no formo parte de las mujeres que «pueden» quedar embarazadas. Acepto la condena. ¿Qué otro argumento puedo ofrecer? Puesto que me ama, que yo le amo, que tiene veinte años y yo diecisiete, que somos libres, que quiere la prueba preciosa de que sólo le pertenezco a él…

Por primera vez en mi vida, me encuentro ante alguien que se muestra más persuasivo y más obstinado que yo. Está decidido a obtener lo que quiere. Tiene el arte y las maneras para ello. Es el tipo de hombre que lo explica todo, lo analiza, lo desmenuza y acaba convenciendo al otro de que tiene razón. Hunde el clavo hasta hacerlo desaparecer completamente en la madera.

A decir verdad, no tiene que esforzarse mucho. Estoy tan enamorada, exaltada por esta pasión, que pondría la mano en el fuego por él. La única barrera que me detiene realmente es el miedo de quedar embarazada. Le sugiero la utilización de un anticonceptivo. Pero su rostro se endurece, y sacude la cabeza con desdén:

—¿Para qué? No tienes necesidad de ello; eres estéril, estoy seguro.

Sigo vacilando. Entonces me lanza un consejo, puesto que soy una principiante que lo ignora todo.

—Escucha, si eso te preocupa, no tienes más que lavarte cuidadosamente después.

Todas las muchachas han vivido este momento. La primera vez... En mi caso, había amor sin duda. Estaba también el hecho de que mi cuerpo no era mi mejor amigo. Quise hacer lo que no sabía hacer. El amor. Como amaba a Chaim sentimentalmente, traté de demostrarle que le amaba físicamente. El resultado fue del todo deprimente.

Todo pasa muy deprisa, cinco minutos apenas, una noche en que esperamos pacientemente a que mis hermanos se hayan dormido en el piso de arriba. Después, con todo, soy feliz, quiero serlo, de haber dado placer a Chaim. Pero estamos ya en completo desajuste. Lo primero que dice es:

—¿Has visto? Soy super, ¿no?

Yo no sé nada de ello. He sufrido apretando los dientes, y no he dicho nada por pudor. No he sentido nada «super» como él dice. Ignoro lo que tenía que esperar de esta primera relación. Ternura, precauciones, una atención particular... No me atrevo a contradecirle. Pero a continuación, él tiene una reacción enteramente extraña.

—¿Por qué no has gritado? ¡Si eras virgen, hubieras tenido que sentir daño! ¡Deberías haber sangrado!

Petrificada por esta acusación, le observo mientras examina mi camisón, ¡y afirma malvadamente que mi «participación» evidente demuestra mi experiencia sexual! Yo he querido adoptar simplemente una compostura, no aparecer como la estaca aterrorizada que era en realidad. Y él llama a eso experiencia. Para él, es la prueba de que yo no soy la pura muchacha que él esperaba. Por más que insisto, se niega a creerme. Sin embargo, me he entregado realmente a un muchacho, por primera vez en mi vida, y mi compromiso es total. Mi educación católica me prohíbe tomar las cosas a la ligera. Y este interrogatorio me resulta muy penoso, muy humillante.

Eso es probablemente lo que él buscaba ante todo. Humillarme, ponerme en situación de culpabilidad, obligarme a ser una «cosa» obediente, atemorizada. Llegará en este terreno hasta el lavado de cerebro. Me daré cuenta de ello demasiado tarde.

Reacciono ya como una culpable, una esclava que trata desesperadamente de demostrar buena fe al verdugo.

Después de algunos días, durante los cuales no cesa de machacarme con su acusación, me remata:

—¡Demuéstrame que eras virgen!

¿Cómo hacer para demostrar eso? Heme aquí ante el listín telefónico, en busca de un ginecólogo. Marco el número, molesto en su casa al médico elegido al azar. Insisto, y le hago la maldita pregunta. Me envía a paseo, naturalmente. Entonces me decido a llamar al que se ocupó de mi trastorno hormonal.

—Por favor, cuando usted me examinó la primera vez, ¿era yo virgen?

El hombre farfulla, un poco incómodo:

—Por lo que puedo recordar, sí…

—¿Podría certificarlo por escrito?

—Pero, ¿para qué? ¿Por qué razón tiene usted necesidad de semejante documento?

Profundamente humillada, le doy la explicación. La respuesta del médico no podía ser diferente:

—Un hombre que no le cree bajo palabra no merece que se una usted a él! ¡Abandónelo!

Loca de amor, me niego a abrir los ojos, a dar simplemente pruebas de sentido común. A partir de este momento, la cuestión de la virginidad queda en suspenso, entre Chaim y yo, como un arma envenenada, un reproche injusto del que se puede servir cuando quiera.

Paralelamente a esta inquisición, él se ocupa de mi salud. Yo lo considero una prueba de amor. Me convence de que disminuya progresivamente la dosis cotidiana de medicamentos. Y tiene razón. Mi salud mejora considerablemente, y llego a pensar que los tratamientos eran más nefastos que la propia enfermedad.

Chaim se ha convertido para mí en una especie de gurú. Tengo miedo del futuro. Va a partir nuevamente, a dejarme sola, sin amor, con un gran vacío. No tengo otra cosa en la cabeza que a él, ni objetivo, ni pasión. Las disputas con mis hermanos son constantes. El enfrentamiento con papá casi permanente. Confío a Chaim todas mis desgracias: los resultados mediocres en la escuela, el aburrimiento, la desesperación de una existencia sin él.

—Si eres desgraciada aquí, ¡ven a Israel! Ya verás, haremos cosas apasionantes, excursiones por el país, tendrás sol, ¡te gusta tanto el sol! ¡Ven! Me ocuparé de ti.

¡Ven! ¡Ven a Israel! Yo me dejo convencer tanto más fácilmente cuanto que tengo la convicción de que le pertenezco. Hemos hecho el amor.

Chaim se ha vuelto a ir. Me escribe cartas insistentes, declaraciones de amor, que son otros tantos motivos de desesperación para mí, sola en Bruselas, enfrentada a mi aislamiento y a mi carácter lunático de niña mimada. Tengo ahora la ocasión de romper los lazos con mi familia, de llevar a cabo finalmente esta fuga con que la amenazo constantemente. Les anuncio mi intención de ir a visitar a Chaim a Israel. La discusión familiar es tumultuosa. Papá empieza soltando con su hermosa voz grave:

—¡Es una locura! —Luego levanta el tono—: ¿Y tus estudios? ¿Has pensado en tus estudios? Si te marchas a Israel, ¡renuncias a tus estudios!

El enfoque de mamá es diferente. Ella emplea la dulzura:

—Patsy, ¿estás segura de que Chaim es el muchacho que te conviene?

Las respuestas son tajantes, absolutas. Me niego a escuchar, no quiero consejos. Les grito a mis padres, que tanto han sufrido ya con mis excesos de violencia:

—¡Ya basta! ¡Lo queráis o no, me marcho! ¡Voy a reunirme con Chaim!

—¿Por cuánto tiempo?

—No tengo ni idea. Vamos a visitar el país. Dos semanas, quizás tres… ¿Qué os puede importar? Si no estáis de acuerdo, me marcho igualmente, ¡ya me las arreglaré!

Es un chantaje cuyo alcance ya conocen. Si se niegan a ayudarme, me pierden. Ahora bien, ellos no quieren verme marchar de casa dando un portazo; siempre han tratado de protegerme contra mí misma, de negociar con mi rebelión. Entonces, ceden provisionalmente de mala gana. Recibiré el dinero que me hace falta para comprar un billete de avión, con el regreso abierto.

La libertad. Ese billete representa el «capricho» más terrible de mi vida. La posibilidad de huir de la familia para reencontrarme con mi amor, y de volver cuando quiera… Si quiero.

Si mis padres no hubieran cedido, habría huido de todos modos. Ni las bofetadas, ni los razonamientos, ni el afecto de los míos podían hacer nada. Las palabras de mi madre, de mi padre, de Éric y de Géry no me llegaban. Su condena de esta locura no hacía más que reforzarla.

Tomo el avión como una ahogada que emerge a la superficie de un océano hostil.

4

LA HUIDA A ISRAEL

El instante en que pongo los pies en el aeropuerto de Ben Gurion es siempre para mí de auténtica felicidad.

Tel-Aviv, la colina de la primavera en hebreo, la inmensa ciudad industrial, moderna, de Tel-Aviv... Reina en ella una circulación infernal y un ruido terrible. Tomamos inmediatamente un autocar para Jerusalén. Chaim me lleva a un campamento que acaba de establecerse en la parte árabe de la ciudad. Pasamos allí la noche en una caravana. A partir del día siguiente, comenzamos a recorrer el país. Con la mochila a la espalda, partimos a través del desierto al nordeste de Jerusalén, en dirección a Jericó, la antigua ciudad de la que se afirma que tiene más de diez mil años. ¡Un oasis que data de la Edad de Piedra!

Veinte kilómetros que recorrer en la orilla oeste del Jordán, territorio ocupado desde la Guerra de los Seis Días, en 1967. Chaim avanza ante mí con paso alerta. No es un desierto de arena, el suelo está cubierto de multitud de pequeños guijarros, que me cortan los pies calzados con sandalias. Seguimos un sendero tortuoso utilizado antaño por los pastores árabes. Hay momentos en que no se distinguen los límites del sendero, volatilizado entre los guijarros, pero Chaim tiene un mapa, y me explica que ha recorrido varias veces este terreno en expediciones militares. Mis pasos en los suyos, respiro la dicha de la aventura, del amor, de la libertad. Para quien no ha caminado jamás por el desierto, ésta es una sensación imposible de explicar.

De repente, ante nosotros se alza un peñasco plano sobre el que alguien ha pintado tres dragones negros. Chaim ignora el origen de este *graffiti* misterioso y diabólico que me impresiona.

Tras un breve descanso, reanudamos nuestro camino hacia Jericó. Pero, al mediodía, tengo unas ampollas enormes, mis pies no son más que unas llagas dolorosas, y el sufrimiento aumenta a cada paso. No puedo más, y mis ojos se llenan de lágrimas de dolor y de impotencia.

—Valor, Patsy, no estamos muy lejos, siéntate un momento, la ruta es mejor ahora.

Estas malditas sandalias no están hechas para la marcha. Los pies me duelen atrozmente, y el sendero sube, la pendiente es empinada, hasta una loma que Chaim quiere alcanzar para acampar en ella por la noche. Me alienta y yo me obstino; mis pies son una pura ampolla.

Pero una noche en el desierto, con Chaim, al raso, en aquel momento, es una verdadera sinfonía de felicidad. A la mañana siguiente reemprendemos la marcha, más lentamente pues sigo andando con dificultad. Distingo a lo lejos un campamento de refugiados palestinos donde ondea la bandera de las Naciones Unidas. Caminamos a lo largo de filas de casitas bajas de paredes de arcilla roja. Cerca de Jericó nos detenemos en una pequeña tienda de comestibles, para aumentar nuestra reserva de provisiones: *corned-beef* y verduras en conserva.

Esta ciudad que fue antaño el regalo de Marco Antonio a Cleopatra es un espejismo surgido del desierto. Majaguas gigantescas de un rojo suntuoso, naranjales, platanares hasta perderse de vista... Después del calor asfixiante del desierto, es un milagro de sombra y de frescor. Compramos gasa para vendar mis llagas, y puedo visitar más confortablemente las soberbias ruinas romanas.

Nuestro plan era atravesar la orilla oeste del Jordán, y llegar a Mishmarot, un *kibbutz* donde vive el hermano mayor de Chaim, Mordechai. Pero mis pies no me permiten ir tan lejos, tengo ampollas de varios centímetros de diámetro. Cien kilómetros de marcha sin calzado adecuado es imposible. Volvemos a dirigirnos, pues, hacia Tel-Aviv para comprar allí lo necesario. Chaim decide tomar el autobús algunos trechos. Comemos en el campo en medio de los vergeles, del perfume casi mareante de los limones amarillo oro o verdes, de las naranjas, de los pomelos. El cielo estrellado nos sirve de techo. Tengo la impresión de flotar en una magia suspendida en el tiempo. La puesta del sol, la salida del sol, la sombra perfumada, el sabor de los pomelos frescos cogidos con nuestra propia mano... incluso el sufrimiento físico, a cada paso, contribuye a este estado de euforia en el que me hallo sumergida. He realizado esta marcha en medio del dolor, superando mis límites, y, por una vez, estoy orgullosa de mí misma.

Con un par de rangers en los pies, considerablemente aliviada, estoy dispuesta a partir nuevamente hacia el Norte. Chaim, siempre atento, no ha dejado de alentarme, deteniéndose cada vez antes de que me hunda. Ahora mi paso es mejor. Seguimos a lo largo de la costa, atravesando villas y pueblos de otra época. Hezliya, Shefayyim, Netanya, la perla del Sharon, playas soberbias de kilómetros de arena suave. Avihavil, Hadera.

Mi amor por este país aumenta cada día, y mi amor por Chaim también, el guía, el revelador de esta felicidad romántica. Me traen sin cuidado hoteles y playas de lujo: dormir bajo las estrellas, encender una fogata, abrir una lata de conservas riendo, y comer una naranja a dentelladas, a mi edad, es el verdadero lujo de la libertad. Ducharse bajo los torniquetes de los huertos embalsamados, contemplar el vuelo de las gotitas de agua preciosa a la luz… Me gustaría poder gritarla, esta dicha.

En Mishmarot, conozco a Mordechai Edwar, hermano mayor de Chaim, y a su mujer Gila, así como a sus dos hijitas. Mordechai es técnico, en la pequeña fábrica del *kibbutz*. Muy amable, gentil conmigo, parece más educado que Chaim. Observo con interés, por primera vez, este modelo de vida comunitaria que tanto ha hecho soñar a la juventud de los años setenta. Cada mañana, los hombres parten a trabajar en los huertos o en la fábrica, y algunas mujeres también; las demás comparten las diferentes tareas comunitarias, cocina, colada, cuidado del jardín, custodia de los niños, escuela. Las casas son pequeñas, sobriamente amuebladas, y las comidas se toman en un inmenso refectorio. Lo único que me molesta de un *kibbutz* es la ausencia total de vida privada. Vivir permanentemente a la vista de los demás, delante de los demás; me siento demasiado individualista e independiente para poder soportarlo mucho tiempo.

Nos quedamos sólo dos días en Mishmarot, y volvemos a Tel-Aviv. Mi amor está aquí. Tierra y hombres a la vez. El hechizo es total.

La voz de mi madre que descuelga el teléfono.

—¿Eres tú, Patsy?

—No vuelvo, mamá. ¡Me quedo en Israel con Chaim!

Voy siempre derecha al grano. Y, como de costumbre, no escucho sus argumentos. ¿Para qué?; me los sé de memoria. «Eres demasiado joven, tus estudios…» Me anuncia su llegada, con papá, a Tel-Aviv en el próximo avión, y soy convocada junto con Chaim en el hotel.

La entrevista es tensa. Mis padres, nerviosos; Chaim, agresivo. En Bélgica quizás se habría callado, pero aquí en Israel, en su casa, toma la delantera. Bruscamente interrumpe la conversación que me enfrenta a mis padres.

—¡De todas maneras, no era virgen!

La cólera y la incredulidad se reflejan en el rostro de mamá. Esta provocación ridícula está manifiestamente dirigida a incomodar a mis padres. En efecto, se quedan trastornados. Chaim jamás les ha hablado en este tono, con una falta total de respeto. Ya no les gustaba, y ahora tienen miedo por mí. Mamá dirá más tarde que este día de discusiones en una habitación anónima de un hotel de Tel-Aviv fue el comienzo de una larga serie de días difíciles. Supongo que les hizo falta un gran valor, aquel día, para no enfrentarse brutalmente a este hombre que les robaba a su hija con tanta arrogancia. Sabían que perderían el contacto conmigo, si lo hacían. Esperaban que yo iba a recuperar el sentido común, tarde o temprano, y que cuando eso ocurriera no vacilaría en recurrir a ellos. Una ruptura entre nosotros habría sido demasiado grave. Ni mi padre ni mi madre podían utilizar esta estrategia.

Al contrario, papá decide sacar el máximo partido posible de la situación.

—De acuerdo, puedes quedarte, aún tienes un billete de regreso abierto, pero pongo una condición a esta estancia prolongada. Vas a inscribirte en la escuela, y aprender hebreo.

Por supuesto, acepto apresuradamente esta proposición que evita un drama. Pues aún no tengo dieciocho años, y la autoridad de mi padre sigue constituyendo, con todo, un freno a mi sed de libertad total.

Vuelven a partir. Un adiós tenso, y heme aquí sola en el mundo con Chaim Edwar; voy a vivir con él. Dormir con él, despertarme con él para siempre.

Un cubo de cemento que da a un jardín. Es una casa, la de los padres de Chaim al este de Tel-Aviv, en las afueras, entre Ramat-Gan y Petakh Tikwa. Calles polvorientas, edificios alineados, que lindan con el desierto.

La casa familiar de mi príncipe encantador se parece a todas las de este barrio sin alma. Una vasta habitación central, otras tres habitaciones pequeñas, que sirven para todo. En cada una de ellas, una cama y un armario atiborrado de mantas. Hay también una cocina y un pequeño baño. El tiempo ha puesto a prueba la solidez de las paredes. En su unión con el tejado, se filtran por algunos lugares rayos de sol. O la lluvia.

El padre de Chaim, Sholomo, delgado, nervioso, el mentón adornado de una barba blanca puntiaguda, es el primer judío practicante que conozco. Lleva a cada lado de las orejas los *peyots* tradicionales, tirabuzones de cabello que descienden justo por debajo del lóbulo de la oreja. Luce siempre un sombrero oval, de color negro, sobre sus cabellos grises. A este hombre no le gusto. Me rechaza desde el primer momento. Soy cristiana, y, para este judío, emigrado del Yemen, eso es una maldición. Al principio no he entendido por qué se desplazaba por la casa con tanta lentitud, apoyándose en las paredes con sus manos delgadas y nudosas. Finalmente, me he dado cuenta de que estaba permanentemente borracho. Vuelve a casa a las cuatro de la tarde, y hurga en todos los armarios en busca de una botella de vodka. El vaso dosificador está en su bolsillo. Es una manera de vivir o de suicidarse, no lo sé, pero llega a beber tanto que sufre un síncope.

Leah, su esposa, es expresiva. Una mujercita fuerte que lleva largos vestidos sobre un pantalón bombacho. De origen yemenita, también, se casó con Sholomo cuando aún era púbera. Una niña que quedó encinta al tener su primera regla. Que obedece al esposo y a los hijos según la tradición secular, hasta convertirse en su esclava. La mujer pertenece al marido, la madre debe entregarse a los hijos. Durante el día trabaja en un hogar infantil. Por la noche, vuelve a casa rápidamente para estar presente al regreso del marido y de los hijos, y atender sus deseos, siempre sonriente.

Es la única en hacer el esfuerzo de aceptarme en la familia. A pesar de su marido, que no tarda en tener el insulto en la punta de la lengua. A este hombre le oiré a menudo gruñir, como si yo no estuviera allí:

—¡Puta cristiana! ¡Perra cristiana!

Nos han dejado instalarnos en el fondo del pequeño patio, detrás de su casa, en otra construcción de cemento. Minúscula. Es nuestra casa. Además de la habitación principal, hay en ella una cocina liliputiense y un rincón para la ducha. En invierno, utilizamos una estufa de fuel oil, y el agua se calentará como en la mayoría de las casas israelíes, por energía solar. En verano, es un horno. Pero esta existencia espartana, a pocos metros de los padres de Chaim, me agrada. Siempre el idealismo de mi edad, el atractivo de la novedad. Encuentro romántico tener que desplegar cada noche el sofá cama que ocupa toda la habitación, y también levantarme temprano por la mañana, de puntillas para no despertar a Chaim. Heme aquí pionera, yo también, de una nueva vida.

Chaim no se levanta hasta el mediodía, toma una ducha, se pone su traje y una corbata, y parte hacia misteriosos asuntos. La mayor parte de la gente aquí trabaja en pantalones cortos y camiseta en verano, pero Chaim opina que es importante tener la apariencia de un joven ejecutivo dinámico. Ha terminado su servicio militar, y dispone de todo su tiempo para construir nuestro futuro. Lo ve grande. Fundar una empresa, hacer importación-exportación, ganar mucho dinero. Mientras tanto, se contenta con vender enciclopedias a domicilio.

Yo tengo mis propias preocupaciones de ama de casa. Enciendo ante todo la radio, en la frecuencia de Kol ha Shalom, la Voz de la Paz. La emisora no pertenece al Estado, y emite a partir de un buque situado fuera de los límites marítimos de Israel, así pues ilegalmente, según Chaim. Tiene para mí la ventaja de difundir canciones, en hebreo y en inglés, de hablar de paz y de amor, y de ayudarme a barrer y a limpiar nuestra casita. Luego, paso a la colada. A mano. Las sábanas se secan al exterior en media hora, tan brillante es el sol. Al final de la tarde me tomo tiempo para ir a hacer una visita a la tía de Chaim. Es una mujer que se casó con un francés, y el hecho de poder hablar un poco mi lengua materna me relaja. Hablar inglés es siempre difícil con Chaim, aunque he hecho progresos, y el hebreo me exige más esfuerzos.

Yo no soy en absoluto buena cocinera. Mi madre es experta en la materia, pero en los fogones no sirvo para nada; por suerte hacemos las comidas en casa de los padres de Chaim. Una noche durante la cena, compuesta como la mayor parte de las veces de una deliciosa sopa de pollo y verduras, Sholomo se levanta bruscamente, insultándome. Habla en hebreo y demasiado deprisa para que pueda comprenderle, pero me resulta evidente que he hecho algo mal, sin querer. Chaim parece defenderme, la discusión termina por apaciguarse, pero toda la familia parece estar incómoda. Debo esperar a que estemos solos en nuestro nido de cemento para preguntarle a Chaim qué ofensa he podido cometer.

—Mi padre ha pensado que echabas leche en tu plato, al lado del pollo. Se niega a cenar frente a alguien que no come *kasher*.

—¿Leche? ¡Pero si era mayonesa!

Estaba tan borracho que la ha tomado por leche. Ahora bien, hay una regla *kasher* que exige, cuando se ha comido carne, que se espere varias horas antes de consumir lácticos. Ignoro el sentido de esta regla. Y me cuesta encontrarle una explicación. Discuto con Sholomo en cada cena.

Yo no trato en absoluto de ofender a nadie en esta familia. Los respeto, del mismo modo que quisiera que se me respetara a mí, y como *kasher* porque ellos comen *kasher*. He hecho muchas preguntas sobre esta regla, tanto a Chaim como a los demás. En su origen, se trataba de reglas de higiene, me dicen. No había que comer la carne de animales carnívoros. El cerdo, que come de todo, era considerado un carroñero, así pues impuro, al igual que todo lo que proviene del mar y no lleva escamas protectoras. Me parece que, al paso de los siglos, la mayor parte de estas reglas se han vuelto absurdamente obligatorias…

Mis disputas con Sholomo hacen pesada la atmósfera de la casa.

Leah no dice nada. Su rostro ha envejecido prematuramente, y su cuerpo está cansado de haber echado al mundo demasiado pronto a sus hijos. Soporta los gritos de su marido alcohólico. Debía de ser una bonita muchacha antaño, en el momento del éxodo de los judíos yemenitas, cuando la hicieron casarse, sin pedirle su opinión, con Sholomo, a fin de evitarle a éste su alistamiento en el ejército israelí.

Leah ha parido cinco muchachos, de los que se siente orgullosa. Perdió a uno de sus hijos en la adolescencia. Le queda el mayor, Mordechai, que vive en el *kibbutz*, Asher, un joven de carácter abierto y agradable, que se siente muy a gusto con las mujeres y los niños, lo contrario de Chaim, al que se podría calificar de «macho» puro y duro; y luego está Goory, el último, de ocho años; con él es con quien aprendo mejor el hebreo. Ante todo, porque se divierte con lo que le parece un juego, y también porque tiene un carácter feliz.

Chaim sigue siendo el ojito derecho de su madre. Aquel a quien se le perdona todo, «el mejor». Lo que tan a menudo dice él es una verdad establecida para su madre. Ésta me ha dejado entender que Chaim había cometido algunas tonterías, de adolescente, porque se había dejado arrastrar por sus compañeros.

—No es culpa suya…

Leah está orgullosa de su hijo, herido en el ejército. Eso se traduce en una adoración que me incomoda cuando, a veces, la expresa con énfasis. Un día, la mujer saca de una caja de cartón una camisa desgarrada roja de sangre.

—¡Recibió una bala durante un tiroteo! ¡Aquella noche cuando volvió a casa, su uniforme estaba rojo de sangre!

—Pero, ¿por qué guardar esta camisa manchada! ¿No quiere lavarla?

—A Chaim le gustaría guardar un recuerdo.

¿A Chaim o a ella? O a los dos. Lo que quiere Chaim, su madre lo quiere también. La camisa manchada regresa a su caja de cartón, preciosa reliquia del héroe. Cuando yo comience a dudar sobre la bravura del héroe y sus hazañas, ya será demasiado tarde.

El ejército es un perpetuo tema de cólera para Chaim. El ejército no le proporcionó los cuidados médicos que necesitaba, el ejército se burla de él, Chaim, el valiente... Cada año los veteranos del ejército deben incorporarse nuevamente al servicio durante un mes, y eso hasta la edad del retiro. Y son también movilizados en caso de alerta. Ignoro por qué Chaim, paracaidista de elite, no es llamado como los demás.

—¡Es a causa de mi herida en el brazo!

Lleva siempre un vendaje elástico, como los deportistas. Jamás descubrí realmente qué impedimento sufría, y si la herida había dejado secuelas. Chaim es un héroe del ejército porque él lo dice.

Me he inscrito en el curso de hebreo, pero las lecciones se transforman en fastidiosas discusiones políticas. El año anterior, el presidente egipcio Anuar El-Sadat había venido a Jerusalén a pronunciar un discurso en la Knesset, el Parlamento israelí, y sopla en el país, por primera vez desde hacía años, un viento de optimismo. El restablecimiento de la paz con los países árabes es posible. Yo estoy a favor de la paz, naturalmente, pero odio la política. Apoyo a Israel, conozco su historia, y comprendo los conflictos históricos que le enfrentan a los palestinos. Pero he comprobado que la mayor parte de los palestinos son gente corriente, no terroristas, que tratan simplemente de ganarse la vida. No tengo ganas de entrar en discusiones arbitrarias. Decido, pues, abandonar el curso. He adquirido una base suficiente en Bélgica —estoy dotada para las lenguas— para poder hablar hebreo con el pequeño Goory. Éste me enseña canciones, me sirve de traductor, me corrige las faltas. Hablo también mucho con Leah, de cosas sencillas, como la cocina yemenita, el hogar, los hombres, la familia. Me entero así, por fragmentos, un poco de la historia de esta mujer valerosa.

Sholomo y ella eran ricos cuando salieron del Yemen para establecerse en Israel. Y su llegada a la Tierra Prometida después de la guerra fue dura. Hacinados en campos improvisados, viviendo en cobertizos metálicos, donde el calor era horrible en verano, sufrieron condiciones de vida espantosas. Leah me cuenta que algunos europeos abusaron de los judíos yemenitas, a los que consideraban de casta inferior. Vio a una mujer apoderarse de un niño yemenita con el pretexto de aliviarle de las condiciones espantosas de vida, y no devolverlo jamás. Las mujeres sin hijos se procurarían así bebés a buen precio en los campos de inmigración.

El sistema jerárquico de castas en Israel, tal como me lo describe Leah, es asombroso. Los judíos de Europa o de América ocupan la cima de la escala social, los judíos del norte de África, el nivel inferior, al igual que los yemenitas. Les atribuyen una reputación de campesinos patanes y groseros, un espíritu de clan, y costumbres demasiado árabes en su modo de vida. Leah se considera víctima de un rechazo y de un cierto desprecio. Así la familia Edwar quedó sumida en la pobreza. Y Chaim ansía ser rico.

Es un supervisor maníaco y temible del hogar. Inspecciona la casa al volver del trabajo, y no escatima sus observaciones. Incluso injustificadas.

—¡Eres una mala mujer! ¡Hace tres semanas que no has lavado las sábanas! ¡O quizás un mes!

—¡De ningún modo! Las lavo dos veces por semana, como me has pedido.

—¡No las veo extendidas fuera!

—¡Porque se secan en menos de una hora! Las vuelvo a poner inmediatamente. ¡Es por eso que no las ves secarse!

Como no parece creerme, a partir de aquel día dejo las sábanas extendidas, y espero a que él vuelva para retirarlas.

Es el tipo de hombre que pasa el dedo por la mesa, y hace una mueca acusándome de no haber limpiado el polvo, o de no haber barrido, o de lo que sea. De hecho, tiene tendencia a rebajarme constantemente a mi estatuto de ama de casa, y esta actitud me molesta. Le amo, pero no sé todavía lo que quiero hacer de mi vida, y un porvenir en forma de arpillera o de colada obligatoria bajo las órdenes de un marido maníaco no me tienta, la verdad. Pues en él es una manía. Incluso aunque no haya nada de polvo, me acusa de haber descuidado la casa... Yo protesto, pero llega a convencerme de que estoy equivocada.

Mujer, hay que ser mujer de la cabeza a los pies, siempre en actitud humilde de obediencia al hombre. Yo me escapé para unirme a él, es un hecho, y sigo enamorada, y ciega, pero esta fuga no ha resuelto mis problemas. De vez en cuando me siento feliz de estar aquí, bajo el cielo que amo, y a su lado. En otros momentos, sufro cruelmente el vacío, la ausencia de amigos, de familia. Y esta calle polvorienta, que lleva siempre a la misma tienda de comestibles, a la misma parada de autobús, me deprime.

Una carta de mamá trae buenas noticias. El 16 de noviembre de 1978 es el cumpleaños de papá. Ella escribe: «He invitado a toda la familia para darle una sorpresa, y a todos sus amigos; daremos una gran fiesta. Sería maravilloso si pudiéramos estar al completo. Os ofrezco los billetes de avión, para que vengáis los dos.»

Chaim empieza negándose. Pero yo insisto tanto que acaba por ceder. Una hora antes del comienzo de la fiesta, aterrizamos en Bruselas. Mi hermano Éric ha venido a buscarnos para llevarnos a casa de la abuela, al objeto de mantener la sorpresa. La abuela vive justo al lado de la casa de mis padres.

Chaim está de mal humor, y en estos casos encuentra cualquier pretexto para echar a perder el ambiente. Con un encarnizamiento sorprendente. Ante todo, se niega a subir en el coche que conduce Éric. Tomamos un taxi. A continuación yo sueño con tomar un baño en la suntuosa bañera de la abuela, para solazarme, pero él se niega. Yo no me atrevo a protestar, y sin embargo llevo sin ver una bañera mucho tiempo. Ignoro por qué cedo. Me domina.

Para rematar la función, se niega a dirigirse a casa de mis padres a la hora de la gran sorpresa. Mi hermano Éric no comprende.

—¡Es la hora, la fiesta ha comenzado!

—No quiero ir allí.

Éric no hace comentarios y desaparece para avisar a mamá, la cual, a su vez, viene a intentar razonar con Chaim. Como éste no da ningún motivo para su negativa, que es un enfurruñamiento evidente, mi madre se muestra firme:

—¡No es el momento de hacerse el testarudo! ¡Si tienes un problema, nos lo explicarás mañana!

Chaim cede, de mala gana. Se digna asistir a la fiesta, al grito de alegría de papá que me estrecha en sus brazos. Y de repente, se muestra sumamente cortés con todo el mundo. Otro hombre. Pero se enfurruña de nuevo al día siguiente, y se niega obstinadamente a hablar con mi hermano Éric. Y me impide acercarme a mi perra. Mi pobre *Princesa* no para de mover la cola y de mirarme con sus ojos tiernos, pero los de Chaim están velados de desprecio.

—¡Deja a este perro, es ridículo!

Una semana en Bruselas, entre dicha y pena, duda e inquietud. Como en una niebla, no siento más que una cosa, el miedo de perderle. Obedezco, soy como un perrito fiel. No me doy cuenta de lo que le molesta. En realidad, como todos los posesivos, tiene miedo de mi familia, de la influencia que ésta pueda tener sobre mí. Le he contado mis peleas de chico malogrado con mi hermano Éric, y sin duda lo detesta. Como debe de detestar a papá y a todos los hombres que podrían tener alguna clase de autoridad sobre mí.

Tomo nuevamente el avión para Tel-Aviv, obstinada en seguir mi destino con los ojos cerrados.

Poco después de nuestro regreso, una mañana, asisto a una escena desconcertante. Llaman violentamente a la puerta. Al mirar por la ventana, veo a un colega de Chaim, un joven que, por lo que yo sé, vende enciclopedias con él. Chaim sale para discutir con él en el patio, y cierra la puerta. Disputan, y yo aún no entiendo suficientemente su lengua para captar el tema de desacuerdo. Están los dos muy nerviosos. De pronto el visitante saca un revólver del bolsillo. No apunta el arma contra Chaim, sino que se limita a mostrarla. La amenaza es clara. No quiero saber lo que pasa. Normalmente un vendedor de enciclopedias no se pasea con un revólver en el bolsillo, es todo lo que sé. Salgo muy deprisa, paso por delante de los dos hombres como un torbellino, diciendo solamente a Chaim:

—¡Perdóname!

Refugiada en casa del tío Henri, el francés, espero un poco antes de regresar a casa. El hombre del revólver ya no está, ¡pero encuentro a Chaim loco de rabia!

—¡Tienes que quedarte siempre a mi lado! ¿Qué te ha dado para marcharte?

Su voz patina en los agudos, su rostro aparece deformado, esta cólera se me clava en el corazón. ¿Por qué se encarniza contra mí? Yo no tengo nada que ver con su historia. Al contrario, yo no quisiera ni mezclarme en ella, ni cuestionarla.

—¡Tu deber es estar conmigo! ¡Protegerme si tengo necesidad de ello!

¿Yo? ¿Protegerle? ¿Contra un revólver?

—Pero, ¿por qué te ha amenazado este hombre?

—Eso no te incumbe.

La imagen ideal del hombre con el que soñaba pasar mi vida estalla repentinamente en pedazos.

Sin embargo, resisto, me niego a pensar que es un cobarde, que está probablemente mezclado en asuntos turbios, que lo ignoro todo de él en el fondo. El amor es difícil de matar. Tan difícil que yo no he terminado de sufrir. Y de descubrir en mí una naturaleza que ignoraba. La paciencia, la humildad, la autoridad, todo lo que rechacé en mi adolescencia, voy a soportarlo hasta el avasallamiento.

Los días siguientes, Chaim hace todo lo posible para que yo no olvide lo que él llama mi «traición».

5

EL CASTIGO

—¡Te prohíbo hablar con nadie! ¿Me has comprendido? ¡Con nadie, sin mi permiso!

La hipocresía reina mientras dura la comida en familia. Chaim se comporta allí normalmente, pero en cuanto nos hemos retirado a la casita del lastimoso patio trasero, no debo abrir la boca. Es una tortura mental. La soledad y el silencio impuestos me aprisionan más que los muros de una ciudadela.

Dos Patsy se enfrentan entonces en mí, la que está furiosa por ser tratada tan injustamente, y la que la sermonea:

—Patsy, eres inmadura, no eres más que una niña sin educación; debes aprender a obedecer al hombre que amas.

Así, la Patsy sumisa gana la partida a la Patsy rebelde. Acepto el castigo. Y cuando mi verdugo decide finalmente liberarme, le estoy agradecida por ello. Me he sumergido en su universo, la inercia puede conmigo, una especie de desidia, de indiferencia. Pierdo el apetito y peso ya seis kilos menos. Temo la reaparición de los síntomas que me agobiaban antes de mi encuentro con Chaim.

Leah, madre atenta, es mi única confidente. Y aún se trata de una confidencia discreta. Le dejo entrever que soy desgraciada, y ella promete hablar de ello con su hijo. He tenido una mala idea. Después de una conversación con su madre, cuyos detalles ignoro, Chaim es preso de una cólera negra.

—¿Tratas de humillarme? ¿Quieres hacer creer a mi madre que soy incapaz de hacerte feliz? ¡Prohibición de hablar!

El rostro joven que yo amo, de cejas enmarañadas, espesas, de cabello tupido, parece cambiar al paso de los días. Lo va endureciendo su maldad gratuita.

Sola en la cabaña, que yo encontraba romántica y que no es otra cosa que miserable, decido cocer unos huevos duros. Pongo una cacerola sobre la estufa, y espero a que el agua empiece a hervir. De pronto la estufa se incendia, una fuga de fuel probablemente. Corro hacia la puerta pidiendo socorro. Asher se precipita y sofoca el fuego.

—¿Por qué has llamado a mi hermano pidiendo ayuda? —me pregunta Chaim.

—¡Había fuego! ¡Era urgente!

—¡Te había prohibido hablar! ¡Poco importan las circunstancias! Has desobedecido, te prohíbo ahora salir de casa.

Esta vez, la Patsy rebelde se impone a la otra. Nadie me ha tenido jamás físicamente prisionera. Si quiero salir, saldré. Pero, ¿a dónde ir? ¿A quién pedir ayuda? Sin dinero, sin amigos, hablando un hebreo balbuceante, dependo enteramente de Chaim. En cuanto a llamar a mis padres para pedir socorro, no acabo de decidirme. Rehusé sus consejos, quise afirmar mi independencia, será desesperante para mí pedirles ayuda. Demasiado duro. Entonces, como último recurso, acordándome de un amigo de mi padre, Samuel Katz, un hombre de negocios afincado en Tel-Aviv, decido pedirle asilo. Este hombre atento no se negará a ayudarme, y podrá servir de intermediario entre mis padres y yo.

En cuanto Chaim se ha marchado, preparo febrilmente mi pequeña maleta, y me largo. Pero, de pronto, sobre la marcha, mi mente vacila. Pierdo contacto con la realidad. Se hace el vacío en mi cabeza. Desorientada, sin saber en qué dirección avanzar, incapaz de dar un paso, me refugio en un bosquecillo de naranjos. Acurrucada al pie del árbol, la maleta apretada contra mí, me duermo. Una inconsciencia total. Ignoro cuánto tiempo he permanecido allí. Si me hubieran dado una inyección de anestesia, el resultado no hubiera sido diferente.

El bosque de naranjos donde me he refugiado está situado junto a un hospital psiquiátrico. Es un ayudante técnico sanitario el que me descubre. Yo llevo una hoja de afeitar en la mano; no la he utilizado, ni siquiera recuerdo habérmela llevado conmigo. Ignoro qué tenía intención de hacer con ella. Me despierto lentamente de esta curiosa ausencia, el enfermero me habla amablemente, se da cuenta de que yo no corro ningún riesgo, ni soy un peligro para nadie. Por lo demás, he recobrado mi ánimo, le respondo con toda normalidad, cuando me propone acompañarme a mi casa. Dócilmente, me levanto para seguirle. La Patsy alelada reemprende el camino que lleva a Chaim.

Acabo de cometer una serie de pecados contra Chaim. Desafiar su autoridad saliendo sola, hablar con alguien, y, lo peor de todo, con un hombre. Su cólera se expresa en una retahíla de insultos violentos. Grita durante horas. No sé siquiera lo que grita.

Cuando el silencio vuelve a la cabaña, concluye con la sentencia habitual:

—Te prohíbo hablar con nadie.

La soledad se vuelve totalmente insoportable, y una vez más decido marcharme. La misma maleta, la misma huida con intención de refugiarme en casa de Samuel Katz. El destino está nuevamente en contra mía. Al pasar por delante de la casa de los padres de Chaim, descubro a Goory, el hijo menor, que trata inútilmente de hacer bajar a un gatito refugiado en lo alto de un árbol, y que maya desesperadamente. Este espectáculo me enternece, me tomo tiempo para ayudar al niño y al gato, y me pillan en flagrante delito de fuga.

La maleta a mis pies, espero la avalancha de insultos habitual. Pero Chaim se comporta exactamente al contrario. Con aire contrito, lleno de remordimientos:

—Perdóname, Patsy, tengo mal carácter... Te amo... Te lo suplico, no me abandones. Te lo suplico... Te amo...

Acaba de decir las palabras que yo esperaba. Como el gatito en su rama que, enloquecido por la altura, se tranquilizaba en mis manos hace unos momentos.

Vuelvo a entrar, el brazo de Chaim alrededor de mi hombro. Me ama.

Todo el país resuena aún con la noticia. Hace unos meses, en Camp David, en el estado de Maryland, Anuar El-Sadat y Menahem Begin han firmado el tratato de paz entre Egipto e Israel. La paz depende, entre otros problemas, de la evacuación del Sinaí, en un plazo relativamente breve.

Yo también he firmado una extraña paz con Chaim, que me ha dejado enflaquecida, y abrumada de fatiga. El día en que me decido a pedir finalmente la opinión de un médico, me entero de que estoy embarazada de tres meses. Es curioso, pero lo sospechaba instintivamente. Dibujaba siluetas de mujeres encinta en todos los trozos de papel que encontraba. Así que no soy estéril. Todos los argumentos de Chaim para convencerme de ello eran estúpidos. Y había casi conseguido convencerme definitivamente. ¡Voy a tener un bebé!

Estoy en las nubes, eufórica, feliz. Este hijo en mi vientre me devuelve de golpe toda la energía perdida, toda mi determinación. Ya tengo un objetivo preciso, ahora: ser madre.

Chaim recibe la noticia con una calma que me sorprende. Como si no le interesara. Yo me esperaba tener que discutir con él de esta esterilidad que no lo era, del futuro, del bebé, pero no pasa nada de esto. Aquí los niños son problema de las mujeres. ¿Dijo solamente, «Está bien», o «Me alegro por ti, por nosotros»? No me acuerdo en absoluto. Si le hubiera señalado un grano en mi nariz, no habría reaccionado de otro modo.

Inquieta a causa de problemas de hemorragias, acudo a la consulta de una ginecóloga, que confirma el embarazo, me prescribe reposo y pregunta:

—¿Ha tomado usted su decisión?

En Israel, el aborto es ilegal, pero resulta fácil recurrir a él.

—Lo conservo.

Me arrancarían el corazón, arrancándome un hijo. Chaim se muestra amable durante este período de reposo, muy protector, y vela por mí, doblegándose a mis caprichos.

Mis padres, siempre atentos a no perderme de vista, envían billetes de avión para ofrecernos unas cortas vacaciones en Bélgica. Partimos.

Yo no les he comunicado aún la noticia, y aunque saben perfectamente que vivimos juntos en Israel, aquí, en su casa, deberemos continuar durmiendo en habitaciones separadas. A fin de cuentas, oficialmente, no saben nada: Chaim no ha pedido a mis padres la autorización de vivir conmigo. Fui yo quien se marchó…

Mamá no se da cuenta de mis vestidos anchos. De todas maneras, si sospecha algo, no hablará de ello hasta que yo misma no lo haya hecho. Nuestra asistenta, Hélène, que conoció a mi madre en la cuna, y a la que yo considero como mi abuela, intenta una aproximación:

—¿Patsy? Puedes hablar conmigo, ya lo sabes… Sé muy bien lo que es ser joven…

Pero incluso a ella me niego a confiarme. Un embarazo que apenas comienza, balbuceante, tan frágil, con todo mi pasado de problemas hormonales… Quiero saber primero si el bebé goza de buena salud. Decido hacer una ecografía. En Bélgica, el examen me lo pagará la Seguridad Social, y nadie sabrá nada de ello. Eso es lo que yo pienso. Pues unos días más tarde llega una carta a la casa, a nombre de Madame Heymans. Y mi madre, pensando que la carta va dirigida a ella, la abre tranquilamente, para enterarse de que está encinta de cuatro meses…

Yo estoy en el baño, ocupada en cepillarme mis cabellos castaños siempre lacios, y en repartirlos cuidadosamente mediante una raya bien recta. Mamá me tiende la factura del centro médico, sin una palabra. Luego se decide:

—He sido una estúpida de no observar nada…

Toma la noticia calmosamente en apariencia, aunque no la hace feliz.

—Iremos a comprar ropa adecuada esta tarde.

Es en medio de los vestiditos y de los baberos, de los cochecitos de bebé, donde ella inicia el tema, siempre tranquila.

—¿Qué tienes pensado hacer ahora?

Me encojo de hombros. Nada. Esperar. Ella no insiste. Pero la presión familiar se deja sentir los días siguientes. Una presión firme, y lógica en el fondo, procedente de mis padres.

—Patsy, has decidido vivir con Chaim, nos has dicho que tomabas esta decisión como un adulto; ahora hay que afrontar las consecuencias de esta elección. Debes mostrarte responsable.

—¿Responsable? ¿Quieres decir casarme con Chaim?

—Hay que legitimar a este niño.

El matrimonio jamás se me había ocurrido. Jamás pensé siquiera en casarme con Chaim. Un papel no sirve para nada a mis ojos. El verdadero compromiso reside en otra parte, es personal, no tiene necesidad de ser registrado por un cura, o un alcalde. Viviendo con un hombre, puedo tener el sentimiento de estar casada con él, sin que me haga falta para ello ceremonia alguna. Pero a Chaim le complace la idea. Y la insistencia de mis padres acaba por vencer mi resistencia. Para dar gusto a todo el mundo; a fin de cuentas, ¿por qué no? Sólo mi viejo amigo de la infancia, Didier, le declara a mi madre de sopetón, plantado en medio de la cocina:

—¡No hay que obligarla a casarse! Es una locura. ¡No lo hagáis!

—Si hay una posibilidad entre un millón de que este matrimonio tenga éxito, hay que intentarlo. Patsy está encinta, es católica, es preciso al menos que se case por lo civil.

Didier hace de abogado, argumenta tanto como puede, pero papá y mamá no cambian de opinión. Mi abuelo materno, que inmediatamente sintió antipatía por Chaim, insiste para que el matrimonio se haga bajo el régimen de separación de bienes. Molesta, me resisto, pero él se muestra inflexible.

—Patsy, si no haces lo que te pido, desheredo a tu madre, así de simple. No quiero que Chaim se lleve ni un céntimo de esta herencia.

Aquella noche, en el salón, Chaim y yo discutimos ásperamente. Él se queja de ser tratado como un extraño, de no ser aceptado en la familia. Yo trato de contemporizar.

—Mis padres quieren este matrimonio, ¡no digas tonterías!

—Quizás, y pronto voy a formar parte de la familia. Sin embargo, al conducirse así, ¡me rechazan!

Heme aquí presa entre dos fuegos, y no sé qué hacer. Me resulta difícil resistir a las presiones de Chaim, y difícil también defender la postura de mis padres. Pero finalmente me decido a zanjar la cuestión.

—Hay que aceptar. Chaim. Por mi madre. Es preciso.

¿Orgullo herido? ¿O decepción de no poder aprovecharse de una herencia codiciada? Regresa a su habitación gruñendo. Y al día siguiente se niega a hablarme. Pretende tener asuntos que solucionar en la ciudad y desaparece todo el día. A su regreso, me ignora completamente. La ley del silencio nuevamente, y durante cinco días. Cuando finalmente condesciende a dirigirme la palabra, encuentra a una Patsy penitente y dócil, totalmente sometida a su marido.

La sesión en casa del notario me pone nerviosa. Cuando menciona la cláusula de separación de bienes, y le pregunta a Chaim si está de acuerdo, no me atrevo apenas a mirar los rasgos crispados de mi futuro marido. Con el rostro pálido, como vacío de sangre, acaba por murmurar:

—Sí.

Matrimonio. 20 de julio de 1979. Yo llevo un amplio vestido camisero color marrón, y un chaleco beige. Mi abuela me ha regalado un precioso broche de diamantes, una joya familiar de gran valor, que he prendido sobre mi jersey. Chaim parece tranquilo y sereno. De pantalón claro, blazer azul marino y corbata, se mantiene a mi lado ante la mesa del alcalde, en el ayuntamiento de Bruselas. El padre Edgar es mi testigo. La ceremonia es corta. Chaim es el primero en responder «sí». Yo miro directamente ante mí, y, cuando llega mi turno, tengo la sensación de recibir un puñetazo en la cara. Quedo aturdida. Vacilo en responder, las imágenes bailan en mi cabeza, se agolpan: el rostro de mi futuro marido, deformado por la cólera, su voz baja e injuriosa, sus exigencias, luego veo a su madre, Leah, sumisa, cansada y resignada, finalmente a su padre, temblando, el aspecto lamentable, buscando una botella de vodka... De mi boca no consigue salir una palabra. El silencio impuesto por Chaim vuelve a mi como un eco. En el fondo de mí oigo gritar una vocecita, que dice «¡No! ¡Di que no!». Pero nada sale de mi boca.

Me vuelvo hacia los rostros inquietos y atentos que hay detrás de mí. Mis hermanos, Éric, Géry, Michel, en fila, mis padres... No puedo hacerles eso. ¡No puedo gritar «No» y huir! Lo han preparado todo, el *buffet*, la fiesta, son ellos los que han pagado los billetes de avión para vernos. Ellos los que me han dicho: «¡Patsy, compórtate como un adulto!»

¿Y Chaim? ¿Humillarlo? ¿Plantarlo allí? ¿Y mi bebé? Esos segundos de pánico son terroríficos. Ponerse la cuerda al cuello es una expresión que dice exactamente lo que pretende decir. Siento como esta cuerda me aprieta la glotis, comprime mis músculos, hasta que murmuro:

—Sí.

Chaim mete un anillo de oro blanco en mi dedo, con dificultad pues las manos se me han hinchado desde que estoy encinta. Y cuando me toca hacerlo a mí, me tiemblan tan violentamente que estoy a punto de dejar caer la alianza.

Mamá lo ha previsto realmente todo. Tenemos derecho a dos camas gemelas, sábanas nuevas y mantas para nuestra noche de bodas, en mi habitación. Pobre mamá, me hace una pregunta incómoda, que debía de tener en la cabeza desde hacía días, pero que no podía formular antes de que su hija estuviera oficialmente casada con Chaim.

—Patsy, ¿podrías pedirle a Chaim que se quite el *slip* cuando toma la ducha? Lo encuentro todos los días, empapado, sobre el embaldosado.

¿Por qué hace eso?

—Chaim, ¿por qué lo haces?

—¡No puedo quitarme el *slip* antes de tener al alcance de la mano una toalla, o un albornoz para envolverme en él!

Interiormente, me digo que eso no le impide recogerlo luego en lugar de dejarlo negligentemente en el suelo para que mi madre o quien sea lo haga en su lugar. Pero es sincero en cuanto al tema de la desnudez. Jamás le he visto desnudo. Insiste en ocultarse bajo las mantas. Y sin embargo, llevo su hijo.

—Recógelo al menos, por mi madre…

—De acuerdo, de acuerdo, lo meteré en el cesto de la ropa sucia… y basta de historias.

Y, a partir del día siguiente, mi madre tiene el gran placer de encontrar los calzoncillos de Chaim, empapados, en medio de la ropa sucia.

He tenido que discutir mucho para conseguir quedarme en Bélgica hasta el parto. Papá encontró lógico sugerir a su yerno que buscara un empleo mientras tanto. Pero Chaim se niega a trabajar a las órdenes de nadie. Quiere ser su propio jefe, y comienza por instalarse resueltamente en el despacho de mi padre, que se encuentra al lado de nuestra habitación.

Telefonea durante horas, a todo el mundo, a sus contactos en el negocio de importación-exportación, interesándose por todos los productos. Desde los cigarrillos hasta el barril de gasolina. Por la noche, ante mi padre crispado, habla de millones de dólares, de negocios jugosos...

—Pronto no tendré ya necesidad de trabajar.

Se levanta por la noche, según los desfases horarios, para ocupar el despacho, me despierta para que pase un télex. Se ha buscado una socia en los negocios, una joven morena, más bien bajita, de tez mate, que reside en el hotel Métropole en la plaza de Brouckère, en pleno centro de Bruselas. Va a visitarla casi cada día, la telefonea a menudo, y como hablan en inglés, llego a la conclusión que no es ni belga ni israelí. Pero no sé nada más de ella. Los asuntos de Chaim siguen siendo su dominio, y su misterio.

Yo me aburro. Cuando Chaim no me encarga trabajo de despacho, ayudo a mamá a hacer la colada. Vamos a veces de compras para el bebé, pero los días se hacen largos. Yo aguardo.

Chaim se vuelve más que posesivo. Al principio podía encontrar eso halagador, pero ahora me ahoga. Mi perra es su tema de celos preferido.

—La quieres más que a mí...

—No, no la quiero más que a ti.

—De acuerdo, lo admito.

En realidad, no admite nada. Su táctica es la campaña de persuasión insidiosa. Jamás dirá francamente: «¡Deshazte de esta perra!» Pero hace sentir, adivinar, que es eso lo que quiere. Va con rodeos, insinúa, avasalla la mente, abre surcos, y luego, como una serpiente, se desliza hábilmente en una grieta. Y es mucho más fácil ceder ante él, que resistir sus exigencias mezquinas. Sobre grandes problemas me mostraría quizás más resistente, pero con los detalles corrientes no tengo el valor de resistir. Me agota.

Sé también que esta aparente tranquilidad oculta una cólera que espera el momento oportuno para manifestarse. A fuerza de negarme a separarme de *Princesa*, mi pequeña teckel, me abruma un gran cansancio. Poco a poco decido inconscientemente no ocuparme ya de ella, olvidarla. Y, como si ella no esperara otra cosa que mi desdén para partir, *Princesa* se marchita y muere.

Experimento un sentimiento de culpabilidad terrible. Y el nuevo blanco de Chaim toma forma. Mi mejor amigo, Didier.

—Háblame un poco de tu amigo Didier. ¿Has salido con él?

Rompo a reír y lo confieso todo.

—Estuvimos tentados de hacerlo, en un momento dado, pero finalmente nuestra amistad era más fuerte, no queríamos echarla a perder.

Pone mala cara. Luego, unos días más tarde, gruñe:

—Pasas demasiado tiempo con Didier. ¡Quiero que pongas fin a esa relación!

Y, del mismo modo que he aprendido a ignorar a mi perra, comienzo a guardar distancia con mi amigo de la infancia.

En cambio, no tengo el derecho de manifestar la más pequeña sospecha hacia la dama del hotel Métropole. Se dirige allí muy temprano cada mañana, y le pide a menudo a mamá que le acompañe en coche. Yo imagino que este hotel es un lugar de trabajo agradable. Este palacio de encanto anticuado, de esplendor novocentista, de artesonados magníficos, dispone de *suites* soberbias y de un personal muy esmerado. Chaim no regresa a veces hasta las cuatro de la madrugada, en taxi. Un día, la curiosidad puede más que yo.

—¿Cómo es que pasas tanto tiempo con ella? ¿La invitas a restaurantes elegantes, y a mí me llevas a Mac Donalds?

—¡Se trata de relaciones profesionales! ¡Únicamente profesionales! ¿Quieres que triunfe? ¡Entonces déjame trabajar tal como quiero!

Es cierto en el fondo. ¿En qué voy a meterme? ¡Me porto como una chiquilla! ¿Quién soy yo para criticar sus relaciones de negocios, cuando él simplemente se preocupa por subvenir a nuestras necesidades y a las de nuestro futuro hijo?

Mediados de octubre de 1979, a un mes de la fecha prevista, siento contracciones. El médico comprueba que el cuello se ha dilatado ya, y me aconseja reposo. Niño o niña, no he querido saberlo durante la ecografía. Y no hemos elegido nombres, pues Chaim no tiene ganas de discutir sobre ellos. No se puede decir que manifieste un entusiasmo delirante.

Unos días después de esta visita de control, el 18 de octubre, las contracciones se reanudan, más regulares, y me siento presa del pánico. No tengo más que dieciocho años, voy a ser madre. La realidad me invade brutalmente, no estoy preparada. Mi cuerpo está dispuesto, pero yo no. ¡Me siento niña de repente!

Apenas llego al hospital, ya estoy loca de terror y de dolor. La enfermera intenta calmarme en la sala de urgencias.

—¡Cójase de mi brazo, y cálmese, pequeña!

Me agarro a su brazo, y lo muerdo hasta hacerlo sangrar. Una reacción animal, incontrolable, y que me apacigua; pero la desgraciada mujer se niega a poner los pies nuevamente en la sala.

Tengo la garganta seca. La frecuencia de las contracciones aumenta, la dilatación es casi total, pero el médico teme aún verse obligado a practicar una cesárea, y se niega a que me den de beber por si tuviera que operarme. Le suplico a Chaim que me dé lo que sea, un paño mojado, cubitos… Él se niega también, y se marcha. Es la enfermera la que se compadece de mí, y acepta ir a buscarme un vaso de agua, mientras estamos solas.

Y en medio de los dolores, vuelve el pánico. Chaim me ha prohibido beber, ¿y si se entera de que le he desobedecido? La cabeza me da vueltas. Por suerte, antes de que la enfermera vuelva, siento una formidable necesidad de empujar, grito, y me llevan apresuradamente a la sala de partos.

Una minúscula niña de dos kilos y medio, de cabellos negros y brillantes, de inmensos ojos claros, aterriza sobre mi pecho. Es aterradora, esta nueva vida, las responsabilidades. Estoy inundada de emociones contradictorias, pero, al contemplar este pequeño rostro, en un segundo, todo queda borrado. Siento por este primer hijo un amor poderoso, fuerte, incuestionable. Un nombre me viene a la mente.

—Tú eres Marina…

Las enfermeras se llevan a Marina envuelta en un papel de plata, como un bombón precioso. Marina era una niña que yo vigilaba por la noche, en la época en que hacía de canguro para pagarme el viaje…

Mi hija sufre un déficit de calcio, hipoglucemia e hipotermia. No es necesario ponerla en una incubadora, pero estará en una sala especial cuya temperatura es mantenida a 32 grados. Han introducido una sonda por su nariz minúscula, y tengo el derecho de tomarla en mis brazos con una blusa, una mascarilla, guantes y botas estériles. De haber esperado una semana más, quizás habría tenido problemas mucho más graves, ha dicho el médico.

Es duro. Las otras tres madres de la habitación tienen a sus hijos con ellas. Les dan de mamar con toda tranquilidad, mientras yo me veo obligada a someterme a la humillación del sacaleche para alimentar dos veces al día a mi lejano bebé. Estoy desesperada, gravemente deprimida, como ocurre a veces después del parto. Chaim se muestra alentador.

—Todo irá bien…

Cinco días más tarde me dan el alta, pero Marina tiene que quedarse en el hospital. Su salud mejora, pero la inquietud no me abandona, y una noche, hacia las diez, no lo aguanto más.

—Tengo que ir a verla.

—¡No puedes verla a esta hora! ¡Es contrario al reglamento del hospital!

—Quizás no me dejen cogerla en brazos, pero al menos sí verla a través del cristal. ¿Sólo un poco?

Chaim ha comprendido que no dormiré esta noche sin haberla visto, y me lleva en coche hasta el hospital.

Marina, mi hija, es una muñequita perfectamente formada, todo el mundo la encuentra encantadora, estoy orgullosa de ella como jamás lo he estado de nada. En mi cabeza acaba de inscribirse una certidumbre.

—Patsy, estás hecha para tener hijos. He aquí tu misión en la vida.

Me entregan a Marina diez días más tarde; tiene que permanecer a la misma temperatura tres semanas más, sin salir de casa. Para ella, la habitación es sobrecalentada, y nosotros dormimos mal. Pero está allí.

Los negocios de Chaim no traen dinero. Ha repintado todas las ventanas de la casa de la calle de las Flores, y, en contrapartida, mis padres nos han comprado un viejo Ford. Chaim lo utiliza para sus citas, de las que yo lo ignoro todo. Continúa jactándose de progresar... Pero los gastos han aumentado últimamente. Ocupa tanto tiempo la línea telefónica que ya nadie puede comunicar con papá, y, cuando éste se halla de viaje, apenas puede hablar con nosotros. La factura se eleva a 350.000 francos belgas, y cada vez que mi padre o mi madre tratan de abordar este tema con él, Chaim encuentra siempre un pretexto para desaparecer.

Mi padre ha agotado su paciencia.

—Chaim, lo siento mucho, pero no podrás utilizar más mi teléfono.

La factura de télex sube entonces a 60.000 francos belgas por las dos semanas siguientes. Chaim pone nervioso a todo el mundo. Su letanía permanente, que consiste en presentarse como «el mejor», hace ahora suspirar a la familia. Los Heymans somos tan discutidores como solidarios. Las puertas golpean a veces, pero si alguien del exterior pretende crear problemas, el bloque se forma inmediatamente. La familia forma, pues, bloque, incluyéndome a mí, ante la falta de cortesía de Chaim. Y una noche la disputa que me enfrenta a mi marido alcanza proporciones insoportables. Él ataca a mi padre y le reprocha su actitud. Cuando se trata de ataques dirigidos contra mí, soy incapaz de defenderme, pero si afectan a papá, o a otro miembro de la familia, me convierto en una furia. Como le hago frente, abandona la casa dando un portazo. Regresa al cabo de un momento. Pero yo cierro la puerta y las ventanas de golpe, gritando:

—¡Ya que estás fuera, quédate! ¡Estoy en mi casa, es la casa de mis padres, y tengo el derecho a quedarme en ella! ¡Sube al avión y lárgate!

Inmediatamente el tono cambia.

—¡Estoy desolado, Patsy! No sé por qué he reaccionado de este modo. Perdóname, no lo haré más.

Entonces abro la puerta, y todo termina con una escena ridícula antes de que mis padres vuelvan. No quiero humillarle ante ellos. Un hombre como él puesto en la calle por una mujer...

Todos los pretextos son buenos para desencadenar una crisis de rabia...

—¿Dónde está tu alianza?

Cuando me mira fijamente de esa manera, los ojos arrugados, el ceño fruncido, adivino lo que sigue.

Me he quitado la alianza ayudando a mamá a preparar la cena de año nuevo, y he debido de ponerla sobre el borde de la ventana de la cocina... Toda la familia pasa el San Silvestre en nuestra casa de Nassogne. Estamos en el salón, ante la chimenea de piedra donde crepita el fuego, confortablemente instalados en los viejos y buenos sillones de piel. Me sentía muy bien. Mamá termina de preparar la bandeja de frutos del mar. Habrá salmón ahumado, jabalí, y estamos a punto de pasar a la mesa.

Me precipito a la cocina, para recuperar mi alianza, pero ya no está allí. Sin embargo, yo estaba segura de haberla dejado sobre el borde de la ventana. Al volver al salón, me hago la desenvuelta con la esperanza de desactivar una escena.

—La he extraviado, pero no hay de qué preocuparse; sin duda la encontraremos.

Estamos momentáneamente solos en el salón, y él se aprovecha, ya que delante de mis padres no se atrevería a mostrarse brutal. Me golpea en el hombro tan violentamente que pierdo el equilibrio, me sujeta las muñecas apretándolas como en un torno, me sacude sin miramientos, en su mirada una expresión maligna:

—¡Te exijo que la encuentres inmediatamente!

Febrilmente, vuelvo a registrar la cocina. Siento vergüenza, culpabilidad por haber perdido el símbolo de su poder sobre mí. Mi madre no comprende este frenesí súbito; tiemblo de nerviosismo.

—¿Qué te ocurre, Patsy?

—¡Mi alianza! ¡Es preciso que la encuentre!

Pasamos las dos la casa entera por el tamiz, sin poder hallar el anillo. Tranquilamente instalado en la cama de la habitación, la puerta abierta, fumando un cigarrillo, Chaim insiste irónicamente:

—Entonces, ¿la encuentras o no?

Mamá se contagia de mi nerviosismo, pues hemos levantado cada cojín, examinado todos los rincones de la casa, sin resultado.

—Si no la encuentras, ¡eso quiere decir que ya no eres mi mujer!

Al borde de una crisis nerviosa, sollozo durante toda la cena de nochevieja, y mamá, que siente piedad por mí, se encuentra en el mismo estado. La cena es un desastre. Papá hace lo que puede por hablar de esto y de lo otro, pero la fiesta, las vacaciones, se han estropeado.

Durante las semanas siguientes, Chaim no se pierde la ocasión de recordarme el hecho. Hasta el día en que me muestra triunfalmente la alianza. Aliviada, feliz, le pregunto dónde la ha encontrado.

—En la cocina, la noche de fin de año, estaba sobre el borde de la ventana...

—¿Y la has guardado todo el tiempo? ¿Por qué?

—¡Os la pegué bien! La dejé sobre el aparato de radio. Estaba seguro de que nadie iría a buscarla allí.

La sonrisa irónica, malvada; parece encantado de su mala jugada. El anillo está nuevamente en mi dedo, pero al contarle esta historia a mamá no me atrevo a mirarla a los ojos. Tengo vergüenza, estoy trastornada, y ella también. ¿Quién es este hombre? ¿A qué clase de juego está jugando? Yo no quiero saberlo todavía. Más vale así, pues si analizara su personalidad después de este comportamiento, mi historia de amor ya no tendría ningún sentido. Así pues, me impongo olvidar. Ocultar la cabeza en la arena, no expresar nada, protegerme. Callar...

Ahora que estamos casados, que soy la madre de su hija, Chaim estima que puede permitírselo todo, incluso flirtear con las muchachas. A esto también me esfuerzo por no prestar atención. Pero es algo penoso de soportar.

Una joven francesa de tez de porcelana y largos cabellos castaños vive en el barrio con su familia. He hablado con ella sólo una o dos veces, la encuentro un poco esnob. Pero Chaim la aprecia mucho. Desde mi ventana le veo atravesar la calle para hacerle una visita, una o dos veces al día, con el pretexto de que ella se encuentra en cama con una mala gripe. El aire culpable que adopta, los pretextos que encuentra, traicionan sus intenciones.

—¿Estás obligado a ir a verla tan a menudo?

—¿Qué hay de malo en ello? ¡Tú también tenías un amigo, ¿no?! ¡Tu Didier! Y no había nada malo en ello, ¿verdad?

Después de nuestra vecina, le llega el turno a mi joven prima Cathy, de paso en Bruselas. Cathy es encantadora. Pasa algún tiempo en casa de la abuela, y un día viene a verme. Se encierra conmigo en el baño, para hablarme a solas.

—Me molesta tener que decirte esto, Patsy, pero, bueno... es a propósito de Chaim... Me ha escrito una nota, me pide que salga con él. Yo le he respondido que se vaya a paseo, no pienses lo contrario. ¡Le he dicho lo que pensaba de él!

—Has debido confundir sus intenciones, Cathy. ¡Estoy segura de que lo has comprendido mal!

Ella me mira con inquietud, sorprendida por mis palabras. ¿Me niego a saber?

—De acuerdo, Cathy, te prometo reflexionar sobre ello...

Mi prima se marcha, dejándome sola frente al espejo. Ha dicho lo que tenía que decir; si yo insisto en mantener una venda ante mis ojos, es problema mío.

Como los grandes proyectos de Chaim no han visto la luz, en febrero de 1980 decide que debemos regresar a Israel, seguro de que allí las cosas le irán diferentes.

Mis padres nos ayudan a montar un hogar, con muebles que amontonamos en una caja de tres metros y medio de largo. Atiborro los espacios vacíos con los paquetes de pañales para Marina, pues en Israel son sumamente caros. Nuestro viejo coche Ford será enviado con el resto del equipaje por barco.

Me llevo conmigo mis sueños y la esperanza de que todo irá mejor allí. En su país natal, Chaim recuperará el equilibrio, formaremos una familia, una verdadera, feliz y estable familia. Mamá vendrá a vernos en vacaciones. Generosamente, mi padre le ha ofrecido a Chaim 250.000 francos belgas para iniciar una nueva vida.

Marina tiene cuatro meses el día de nuestra partida. Unas hermosas y redondas mejillas, y ojos claros.

Quiero creer en la felicidad.

6

EL PADRE DE MI HIJO

—¡Firme aquí!

Los formularios de entrada a Israel están redactados en hebreo. En el avión, Chaim me ha explicado que estos papeles me darán el estatuto de inmigrada y me permitirán recibir una ayuda financiera del gobierno, así como una vivienda gratuita.

—En este país, más vale fingir que eres judía, si quieres integrarte.

Firmo. Alquilamos una casa en Hod Hasharon, una ciudad situada a pocos kilómetros de Tel-Aviv, y de los padres de Chaim. La casa es minúscula, un rectángulo de dos habitaciones y un jardincillo en el patio plantado de ramilletes de balsaminas rojas y rosas y cuatro limoneros, cuyos frutos ingiero como si fueran naranjas. Muy cerca de allí un jardín de infancia, donde paso horas contemplando cómo se divierten los pequeños, soñando el día en que Marina podrá unirse a ellos. Este lugar modesto es nuestra primera casa de verdad. He instalado las sillas del salón frente a la ventana, para poder admirar las flores y los limoneros.

Inicio una verdadera vida de ama de casa. El hogar, el mercado, Marina, ocupan mis días, en tanto que Chaim busca trabajo. Siempre maníaco, inspecciona cuidadosamente la casa al volver, en busca de un grano de polvo inexistente, pero es tranquilo, tierno, respetuoso. Tenía, pues, razón de esperar. Echaba de menos su país; la felicidad está cerca.

Marina es una niña lista y dócil, que raramente llora, y se muestra tan poco exigente que a veces llego a olvidarme de la hora del biberón. Es un bebé que duerme de una tirada hasta la mañana, lo que constituye un regalo del cielo. Si mi segundo hijo fuera tan tranquilo… Tengo la silenciosa convicción de que estoy nuevamente embarazada.

Chaim circula en el viejo Ford, cuya matrícula no se ha preocupado de cambiar. Y no tiene permiso de conducir. Esta inconsciencia me inquieta siempre un poco. Ha colocado en el banco los 250.000 francos regalados por mi padre, sin convertirlos en libras israelíes, pues una ola de inflación acaba de abatirse sobre las cotizaciones, y piensa hacer una pequeña fortuna con ello.

Los tiempos son difíciles, todo está terriblemente caro. Los esfuerzos de Chaim por encontrar un empleo se saldan regularmente con fracasos. La crisis no es el único motivo, ya que le han salido varios trabajos, pero ninguno le conviene. O dimite, o se hace despedir inmediatamente. Su empleo más estable dura tres semanas. Es contratado como director en una pequeña sociedad, y, una noche, vuelve disgustado:

—¡Ya estoy harto! ¡Esta casa está dirigida por imbéciles! ¡No quiero verles ya ni en pintura!

Nuestros ahorros se consumen a ojos vistas, pronto no quedan más que 40.000 francos belgas en el banco. Chaim cambia a menudo de banco, y cada vez los empleados le dedican una acogida solícita. Ignoro todo lo que hace referencia a estas transacciones que él lleva con gran misterio. Pero sigue insistiendo en que le acompañe con Marina. Yo no veo la utilidad de quedarme en el coche ante la puerta del banco, si él no quiere que entre.

Esta vez ha depositado los 40.000 francos salvados de nuestra fortuna en una nueva cuenta en el banco Leumi de Hod Hasharon. Y se produce un curioso hecho. Al recibir el último extracto de cuenta descubre un error. Un gran error, ya que alguien ha añadido un cero, lo cual hace ascender la suma a 400.000 francos belgas. Chaim está tan excitado que esta vez es incapaz de guardar la noticia para él. Estoy, pues, al corriente, y cuando mamá viene a pasar unos días a Israel, se lo cuento. Por teléfono, mamá se lo hace saber a su vez a papá.

—Hay que decir a Chaim que se ocupe de ello inmediatamente. El banco ha cometido un error, y se dará cuenta de ello tarde o temprano, ¡y querrá recuperar el dinero!

Pero Chaim no quiere. Entonces mi padre aconseja poner este dinero en una cuenta remunerada, así cobrará los intereses y podrá devolver el capital. En estas condiciones, el banco no podrá causarle problemas. Chaim dice que va a reflexionar. Pero los consejos de los demás le importunan. En lugar de mostrarse razonable, creyéndose más astuto, retira el dinero, compra acciones, y trata de seducirme hablando de beneficios exorbitantes. Las acciones de alto riesgo, según él, deberían aportar el doble en poco tiempo. Rápidamente, pierde dinero, pero se obstina, y, en unas semanas, ya no le queda nada. Todo se ha convertido en humo. Incluso el segundo bebé, cuya llegada le anuncio, no ha conseguido frenar su locura especulativa.

Henos aquí en Bélgica para unas cortas vacaciones regaladas, naturalmente, por mis padres. Es allí donde sorprendo una conversación que me trastorna. Chaim ha salido de nuestra habitación mientras cambio a Marina, está al teléfono, y le oigo hablar en hebreo. Al cabo de unos minutos, comprendo que el interlocutor es la suegra de su hermano mayor Mordechai. Esta mujer, a la que él llama su tía, es una judía moderna, a la que quiere mucho y respeta. Pero una palabra que acaba de pronunciar me oprime el corazón. *Hapala.* Aborto.

—¿Cómo hacer para que aborte? ¿No es demasiado tarde?

En cuanto ha colgado, me lanzo al ataque:

—¿Por qué hablas de aborto?

—¡Es demasiado pronto para tener un segundo hijo! ¡Puede muy bien ser anormal! ¡Y además no podemos permitirnos semejante locura!

Un nudo horrible me aprieta la garganta, intento deglutir, tragarme las lágrimas.

—¡Me niego a abortar!

Voy a refugiarme detrás de las cortinas de la ventana. Y lloro, balanceándome hacia delante y hacia atrás, como una loca, acurrucada en un rincón, acorralada. No sé cuánto tiempo lloro antes de que mamá llegue a la habitación.

—¿Qué ocurre, Patsy? No quería entrar, no quiero mezclarme en vuestros asuntos, pero no soporto oírte sollozar así. ¡Vas a enfermar!

Entre dos sollozos desgarradores, dejo escapar la verdad. Sabía que mi madre no lo soportaría. Sale de la habitación hecha una furia, dispuesta a enfrentarse con Chaim. Oigo desde lejos la disputa.

—¡Ni hablar de que Patsy aborte! ¿Me has entendido, Chaim? ¿Cómo te atreves a hablar de una cosa así?

—¡Le he dicho que era demasiado pronto para tener un segundo hijo! Acaba de tener a Marina, ¡y de todos modos no podemos permitírnoslo económicamente!

Tras una discusión encrespada, mi madre termina diciendo:

—Si se trata de un problema económico, ¡yo me hago cargo de él! Los gastos médicos, la comida, los vestidos, todo lo que queráis, ¡lo pagaré todo!

No recibe respuesta. Sin embargo, yo empiezo a conocer a Chaim. No dejará escapar el tema mientras no lo haya intentado todo para lavarme el cerebro e implantar allí su idea. Día tras día, retoma la discusión, pero en este punto soy capaz de resistir. Inflexible. Puede hacerme ceder en casi todo, pero no sobre un aborto. Jamás. Pero es victoria que él va a hacerme pagar.

—¡Plánchame los tejanos!

—¡Acabo de sacarlos de la lavadora, y espero a que se sequen!

—No, los quiero ahora. ¡Plánchalos!

—¡Pero si están mojados!

—Plánchalos hasta que estén secos.

Mamá me ve hacer, en silencio. Chaim vigila mis esfuerzos. El vapor me nubla los ojos, que yo no me atrevo a levantar hacia mi madre. Sé demasiado bien lo que está pensando. Cuando he terminado esta tarea estúpida, coge los tejanos finalmente secos, y los deja caer sobre una silla.

—Bueno, a fin de cuentas ¡prefiero ponerme otros!

El embarazo me agota. De regreso a Israel, no tengo fuerzas para ocuparme de la casa, y Chaim a veces me echa una mano, para lavar la vajilla, o arreglar sus cosas, pero la mayor parte del tiempo me reprocha mi negligencia, inspecciona la casa, me lanza invectivas.

Tiene una manera muy suya de insultarme. Jamás una palabra grosera, sino frases que hacen daño, que me rebajan, y me culpabilizan con eficacia. Se diría que no ha terminado de hacerme pagar el desafío del aborto. Como ha tenido que ceder, necesita hacerme sentir que es él quien lleva las riendas. Yo me sumerjo en el torpor, duermo dieciséis horas por la noche… No me levanto más que para ocuparme de Marina, y poco antes de que Chaim vuelva a casa. En realidad, estoy totalmente deprimida, y no me doy cuenta de ello. Me niego a afrontar la realidad. Nada funciona.

—¡Bien! ¡No se puede decir que la casa brille de limpieza!

—¡Evidentemente! ¡No he limpiado nada!

Esta vez me he reído en su cara. Aprieta los labios en un rictus desagradable, y trata de decir la última palabra:

—Bueno, la casa no está limpia, pero lo estará pronto, ¡es lo esencial!

Me entran unas ganas locas de desafiarle nuevamente. Cierra el pico, Patsy, calma, no hagas estallar las cosas. Cállate.

Yom Kippur, 1980. Este día está destinado a hacer penitencia. Chaim no suele asistir al servicio de la sinagoga, pero respeta el ayuno. Debería pasar el día de plegaria, para que le perdonen los pecados cometidos el año anterior, y hoy tendría que comportarse de manera ejemplar. Nada de eso. Está irritable, se aburre, se queja de este aburrimiento, y declara de repente que va a encargarse de la educación de Marina.

Mi pequeñita, que no tiene aún un año, comienza a probar su equilibrio, intenta levantarse sola, se agarra a la tela de las sillas para llegar a ponerse en pie. Su padre la observa. Y me observa a mí cuando ayudo a mi hija a sentarse nuevamente, sin caer.

—¡Déjala tranquila! Si es capaz de levantarse, ¡es capaz de volverse a sentar sola!

Marina vuelve a empezar su pequeño ejercicio, se agarra al cojín, se iza, y busca mi aprobación con la mirada.

—¡Bravo!

Aplaudo a mi bebé, que sonríe orgullosamente. Luego vacila, el temor reemplaza a la sonrisa, me suplica con los ojos que la coja, como de costumbre. En el momento en que me inclino sobre ella, Chaim gruñe:

—¡No! ¡Marina, tienes que llegar sola! ¡Puedes arreglártelas perfectamente!

Le habla como a un adulto, y el pequeño rostro se crispa. El labio inferior comienza a temblar, tiene miedo, va a llorar. Entonces me adelanto para ayudarla, y Chaim se echa sobre mí, me agarra el brazo, me arrastra hasta la cocina, me empuja fuera y cierra de golpe la puerta en mis narices. Oigo girar la llave en la cerradura. ¿Se ha vuelto loco? Doy la vuelta a la casa para mirar lo que ocurre en la habitación por la ventana. Chaim obliga a Marina a estar de pie. A la niña le tiemblan las piernas, llora de desesperación, buscando vanamente ayuda a su alrededor. Pero su padre se sienta en una silla y pone los pies sobre el cojín donde se aferran penosamente las manitas.

Marina me busca, y, al girar la cabeza, me descubre detrás de la ventana, lo cual provoca llantos adicionales. No comprende mi impotencia, y pronto lanza gritos penetrantes. Siento que me vuelvo loca, lloro como ella, tiemblo, se desencadena en mí una verdadera crisis nerviosa, y me sujeto el vientre con las dos manos, para proteger a mi bebé de seis meses. Esta tortura gratuita es insoportable. Marina llora sin interrupción, yo no puedo soportar verla, oírla, me desplomo en el porche, acurrucada, las rodillas bajo el mentón, tapándome los oídos, pero los gritos de mi hija me atraviesan los tímpanos. Jamás la había oído gritar de esta manera. Quisiera morirme.

La pesadilla estúpida dura una hora y media antes de que las piernas de Marina acaben por ceder y caiga al suelo. Con gruesas lágrimas de agotamiento en sus mejillas, se sumerge en un sueño agitado, sacudido de sollozos y de hipos. Sólo entonces Chaim se decide a abrirme la puerta.

—¡Bueno, ahí está! ¡Ha comprendido!

Le ignoro, más vale ignorarlo. Es más importante para mí arrullar a mi pobre bebé, reconfortarla. Por lo demás, no tengo fuerzas para discutir su crueldad. También yo estoy agotada a causa de todos los sollozos que me ahogan.

El médico ha calculado que mi segundo hijo nacería alrededor de Navidad, y regreso a Bélgica con Chaim para dar a luz.

Voy a cumplir veinte años, y hemos decidido celebrar mi cumpleaños, Navidad y la llegada del bebé por anticipado, dado que la fecha del alumbramiento es aún incierta.

Mamá ha hecho locuras. Un anillo espléndido que ella ha hecho montar especialmente para mí, utilizando los diamantes de su broche. Dos diamantes de un quilate cada uno, enmarcados por otros dos más pequeños, y engarzados en un anillo de oro blanco. La maravilla no salva por desgracia el obstáculo de mis articulaciones hinchadas, y mamá tiene que llevarlo otra vez al joyero para hacerlo agrandar. La mirada de Chaim ante esta joya que me ha dejado extasiada es la del varón vejado en su orgullo. Corre inmediatamente a comprar otro anillo con un pequeño zafiro que le cuesta 6.000 francos belgas.

Llega Navidad, y como lo habíamos celebrado por anticipado, este día resulta un poco extraño. En previsión del alumbramiento sorpresa, vamos a celebrar el año nuevo, también por anticipado, en Nassogne. A propósito del anillo, todos evitamos hablar del incidente del año anterior, pero nadie lo ha olvidado, supongo. La atmósfera es tensa de todos modos. Transcurren varios días sin que yo sienta la menor alerta. El tocólogo se pregunta si su colega israelí no se ha equivocado en su cálculo. Finalmente, la noche del 1 al 2 de enero, las primeras contracciones me despiertan brutalmente.

—¡Chaim, despierta, hay que ponerse en marcha! ¡Es muy violento!

—¡Aguarda un poco!

Me empuja al otro lado de la cama para volver a dormirse. Yo espero, echada en el silencio de la noche, angustiada. Su voz adormecida tenía la resonancia de la orden a la cual debo obedecer. Las contracciones se hacen más frecuentes. Trato de despertarlo en varias ocasiones, pero es mi madre la que, alertada por el barullo, surge de la habitación vecina y obliga a Chaim a conducirme inmediatamente al hospital. Siento ya la necesidad de empujar, y llegamos casi demasiado tarde. La enfermera y la comadrona se ven obligadas a retener la cabeza del bebé con una compresa de gasa. El médico, una mujer, está furiosa de que hayamos esperado tanto tiempo. Hay motivo para ello, el cordón umbilical, enrollado en torno del cuello del niño —le da incluso dos vueltas— habría podido estrangularlo. En medio de esta agitación, nace mi hijo. A la voz que me pregunta el nombre de inscripción, le respondo:

—Rony.

Es el primero que se me ha ocurrido. Pero tenemos cinco días para declararlo en el ayuntamiento. Chaim telefonea orgullosamente a sus padres para anunciar la buena noticia. Un hijo es algo importante. Luego se vuelve a dormir. Le veo al día siguiente por la tarde con mis padres, pero no vuelve a aparecer hasta dos días después. Llega al hospital, a una hora avanzada de la tarde, visiblemente bebido.

—¿Dónde estabas? ¿Por qué no has venido a vernos?

—¡Bueno, he celebrado dignamente el nacimiento de mi hijo!

—¿Con quién?

—Con amigos.

Me pregunto cuáles, pues conoce a poca gente en Bruselas. Al día siguiente, al volver del ayuntamiento, anuncia tranquilamente:

—Bueno, ya está, ¡se llama Simon!

No se preocupó en absoluto del nombre de nuestra primera hija. Tampoco habíamos decidido nada para el segundo. El nosotros no está de moda.

Mis padres se inquietan de verdad. Mamá me ha encontrado triste hoy, y no comprende que Chaim no esté a mi lado. Cuando llamo por la noche para hablar con Chaim, éste se niega a ponerse al aparato. La familia trata de convencerle, pero en vano. Al día siguiente permanece aún en la cama, mientras toda la familia toma ya el desayuno. Esta vez mi padre pierde la paciencia, y declara que lo arrastrará por el cabello hasta el hospital si hace falta. Todo el mundo está de acuerdo, ha agotado ya la paciencia de los míos, que estiman que ha llegado el momento de darle una lección.

Papá llama a la puerta de la habitación, y, al no obtener respuesta, entra, despierta a Chaim y lo trata de perezoso, de insensible y de cruel.

—¡Abandonas a tu mujer y a tu hijo! ¡Un inútil, eso es lo que eres! ¡Pretendes conseguir cosas que jamás llegan a término! ¡Ahora ya basta, te vas a levantar, a vestirte e irás a ver a Patsy al hospital!

La cólera paterna le coge desprevenido. El ataque acaba de afectarle en los dos frentes más sensibles: la familia y el éxito profesional. Supongo que en aquel momento está enfermo de humillación, pero es demasiado cobarde para responder con más fuerza que él. Mi padre es un hombre equilibrado, sólido, cuya voz grave, cuando truena, es impresionante.

Veo llegar a mi habitación a un Chaim enfurecido. Un diluvio de reproches se me viene encima. Mi padre le acusa injustamente, según él, así pues me toca a mí recibir el castigo.

—Te prohíbo hablar, te prohíbo dirigir la palabra a tu padre y a tu madre.

¿Cómo puede creer ni por un segundo que yo vaya a obedecer? ¿A mis propios padres? ¿Cuando, además, vivimos bajo su techo?

—Chaim, me pides algo imposible. No puedo.

—Sí que puedes. Te lo ordeno.

Se vuelve amenazador, y ya no sé qué decir. Me embarga nuevamente el pánico, que me hace latir el corazón aceleradamente. Ese pequeñín en mis brazos que debería llenarme de alegría no lo consigue. Estoy débil, cansada, Chaim trata de destruirlo todo a mi alrededor. Mi amigo Didier ha desaparecido de mi vida. Mi perrita está muerta. Chaim desgasta, quiere que esté sola, totalmente.

—¡Te prohíbo dirigir la palabra a tus padres!

Y se marcha. Ha comprendido por mi rostro desesperado que cedo. Cuando llega mamá por la tarde, acabo de dar una vuelta por las tiendas del hospital en la planta baja, y coincido con ella ante el ascensor. Abre la puerta con un caluroso buenos días, pero yo aparto la cabeza.

—¿Patsy?

Yo miro a las paredes, al suelo, a mis pies, todo salvo a mi madre… Al llegar al primer piso, la dejo sola, plantada en la cabina, estupefacta, y me alejo por el pasillo. Cuando vuelvo finalmente a mi habitación, en la planta de maternidad, descubro una nota sobre la almohada: «Patsy, si nos necesitas a papá o a mí, siempre estaremos contigo.»

Ella ha comprendido, en aquel momento, hasta qué punto Chaim me tiene bajo su dominio, que ejerce sobre mí una influencia total, demente. Y también que yo estoy absolutamente alucinada por este hombre.

Lloro durante horas, aterrorizada. Tras un parto, una mujer es siempre más vulnerable que de costumbre, y experimento sentimientos confusos de alienación e impotencia. Incluso con la perspectiva de los años, la pregunta sigue sin respuesta. ¿Cómo pude soportar, obedecer, continuar mi vida con Chaim? ¿Dónde había ido a parar aquella rebelión que me hacía saltar a la menor tentativa de autoridad de mis padres, a la más pequeña burla de mis hermanos?

En el nacimiento de Simon soy como un saco vacío, sin fuerzas, sin voluntad. La obstetra ha adivinado muchas cosas, y yo le he contado un poco el resto. Ella intenta abordar prudentemente la cuestión.

—¿Y si cambiara usted de hospital, usted y el bebé? Para reposar, para tomarse tiempo de reflexionar. No vería a su marido durante algún tiempo, eso no sería malo.

—Pero, ¿y si me encuentra?

Imagino que las consecuencias serían aterradoras. Es curioso que cuando uno está metido en una trampa, como una rata en una jaula de laboratorio, no encuentra el medio de salir de ella.

—Voy a reflexionar sobre esto. Pero no creo que sea lo que debo hacer.

Chaim se lanzaría en mi busca, yo sería culpable de haber huido, todo sería culpa mía, no suya. Jamás es culpa suya.

Así, unos días más tarde, abandono el hospital en su compañía, y él nos lleva a casa de un judío muy religioso que acumula las funciones de casa de comidas *kasher* y de especialista de la circuncisión. Quiere que Simon sea circuncidado. No le importan en absoluto las reglas de la religión judía, ni la higiene. El hombre que efectuará la operación ni es rabino ni médico. No se toma la molestia de murmurar una plegaria, sino que opera rápida y limpiamente sobre la mesa del comedor. Simon ni siquiera ha llorado. Yo no he puesto la más mínima objeción.

Después, regresamos a casa de mis padres, donde continúo obedeciendo a mi marido. Cada mañana, mamá deposita la ropa limpia ante la puerta de la habitación, sin ningún ruido. Se ocupa de Marina sin comentarios. Prepara las comidas que tomamos todos juntos, a pesar del silencio helado y estúpido de Chaim, y del mío. Esta crueldad mental no tiene el menor sentido, pero la familia ha decidido tolerar la situación hasta el absurdo, para evitarme problemas con mi marido.

Éste ha conseguido, como una araña, tejer una tela impenetrable entre los míos y yo. Imagino que tanto a mi padre como a mis hermanos les gustaría pulverizar esta tela, y rescatarme definitivamente de las garras de Chaim. Pero saben también que hacer frente a este hombre, cuando yo misma no lo pido, cuando me resigno, no haría más que complicar la situación, hacerme a mí más desgraciada, y a ellos también.

Mi familia es formidable.

Simon es un niño nervioso y difícil, no tiene la calma de su hermana, y duerme raramente tres cuartos de hora seguidos. Las noches son fatigosas, así como los días, pues llora constantemente. Yo estoy absolutamente agotada de ocuparme de él noche y día.

Chaim elige este período de tensión para decretar que Marina, que no tiene aún quince meses, debe aprender a ser limpia. Se aplica noche y día a la tarea, la obliga a quedarse en su orinal durante horas. Se me llenan los ojos de lágrimas, pero también me prohíbe llorar. Tengo la autorización, excepcional, teniendo en cuenta la ley del silencio que me ha sido impuesta, de hablar con mi hija y contarle historias para relajarla, pero no de retirarla del orinal. Los gemidos de Marina me producen un verdadero suplicio, los brazos me piden cogerla.

Mi madre y yo intercambiamos miradas elocuentes, sin atrevernos a hablar, el silencio entre nosotras está lleno de sufrimiento. Ha ido a buscar el anillo de diamantes, pero no me lo ha entregado. Su mirada ha dicho: «No hago eso para causarte daño, sino para impedir que Chaim te lo coja.»

Simon tiene dos semanas cuando Chaim decide regresar a Israel. A las seis de la mañana abandono la casa, con mis dos pequeños. Chaim, el marido, el padre, ha tomado su decisión en un impulso, y la familia me ve partir en silencio. Mortalmente triste, no me atrevo a decir hasta la vista. Ni siquiera eso.

7

MADRE CULPABLE

Dejamos la casita de Hod Hasharon para instalarnos en un apartamento de Tel-Aviv. Tel-Aviv, la Israel moderna, dicen algunos. Yo detesto esta ciudad. Para mí, no es más que un conjunto de bloques de hormigón sin ninguna originalidad. La circulación en ella es demencial, y reina una humedad permanente. El apartamento no está situado en el centro de la ciudad; de todos modos tampoco voy al centro jamás... Parece que la contaminación acaba allí con las moscas y los mosquitos. En este país, que tanto amo, Tel-Aviv es el último lugar donde querría vivir.

Chaim y el sol agobiante de esta ciudad me abruman de forma parecida. Él puede ser encantador, seductor, o comportarse como un bruto incontrolable. Un ángel o un demonio. Cambia de cara como una moneda, en pocos segundos. Cara, es una sonrisa resplandeciente de gentileza, así fue como le conocí. Cruz, es un loco. No recuerdo cuándo y por qué me pegó por primera vez. Tal vez quería sólo zarandearme, y no supo dominarse...

A menudo, después de una disputa entre nosotros, cuya causa no puedo generalmente determinar, hurga en mi armario, saca los vestidos y los desgarra a tijeretazos. Esta conducta infantil me pone enferma, pero no quiero darle la satisfacción de demostrarlo. Mi resistencia vale lo que vale. En cuanto veo que ha montado en cólera, saco los vestidos y se los tiendo:

—¡Venga! ¿Quieres divertirte con tus tijeras? ¿Es eso?

Desgarra un vestido, y yo lo miro hacer con un pequeño sentimiento de venganza. El juego ya no le divierte, puesto que yo parezco burlarme de él.

Me pone a veces en situaciones totalmente inexplicables. Un día me hace salir del apartamento con los niños. Él sale detrás de nosotros, cierra la puerta con llave, sube al coche y desaparece. Yo ignoro completamente por qué me inflige este castigo, y me encuentro sola ante mi propia puerta, Simon en los brazos, Marina a mi lado. El biberón de Simon está en el interior. ¿Cómo darle de comer si Chaim no regresa?

Yo espero, busco la manera de reaccionar, qué debo decir a su regreso. Finalmente, cuando vuelve, le recibo alegremente.

—Has tenido una buena idea, nos hemos divertido mucho. Hemos hecho como si fuéramos de merienda; hacía buen tiempo hoy y fresco. Entonces, nos hemos instalado en la hierba para jugar. Marina ha cogido briznas de hierba para trenzar brazaletes... Lo hemos pasado muy bien.

La estratagema es grosera, y la réplica fácil. Esta vez nos encierra en el apartamento. Durante varios días no podemos hablar con nadie, y prácticamente no tenemos nada que comer. Como Chaim no ha ido al mercado, y no hay leche, me veo obligada a mezclar harina con agua para el biberón de Simon. No es la primera vez.

Pero el castigo más duro, el que me produce un sentimiento casi de locura, de abandono en una soledad infinita, es el silencio. Prohibición de hablar. El único medio de salir de ello es llorar, sentarme a sus pies suplicándole que me perdone mis culpas. Él hace durar su placer, me lanza de vez en cuando una mirada fatigada, como si yo fuera un cachorro caprichoso y quejumbrón. Se sumerge de nuevo en su libro o su periódico, fuma un cigarrillo, me ignora el tiempo que él considera necesario para la expiación.

A veces, al mirarme en el espejo por la mañana, tengo la impresión de no existir ya. Patsy ha desaparecido, le han lavado el cerebro. La tortura mental destilada de esta manera, cuando se depende enteramente del verdugo, destruye por completo. Uno ya no tiene amor propio, ni una parcela de orgullo, se arrastra.

Chaim anda corto de dinero. En esta época todos los israelíes tienen dificultades. Begin ha tomado medidas drásticas, todo el mundo se aprieta el cinturón...

Una noche mi marido me lleva al restaurante. Como cada vez que decide llevarme a cenar fuera, aguardamos a que Marina y Simon se hayan dormido. Dejarlos solos, encerrados en el apartamento, me impide apreciar la cena. No vivo hasta que regresamos, pero no puedo oponerme a sus deseos. Por suerte, hasta ahora, jamás ha ocurrido nada en nuestra ausencia.

Esta noche me ha pedido que me vista, que lleve joyas. El lugar donde vamos es del todo corriente, y mi elegancia está allí absolutamente fuera de lugar. Me siento como si fuera al mercado en traje de noche. Se acerca un desconocido. Chaim lo invita a nuestra mesa, y le muestra el broche. El hombre lo examina como si estuviera valorándolo. Me hace sentirme incómoda.

—No está mal. Pero los diamantes no son muy grandes. En cuanto a la calidad, no sé…

Al volver, Chaim me pide que le entregue el broche.

—¿Para qué?

—Más vale meterlo en una caja fuerte.

No lo volveré a ver.

Es él quien lleva las finanzas del hogar, el que lo decide todo.

—¡Firma ahí! Al pie de la página.

Es una hoja en blanco, y me niego a firmar nada en blanco.

—¡Firma, te digo! Es para reemplazar un formulario de impuestos; eso me evitará tener que volver a casa para hacerte firmar.

Yo obedezco, y él extiende ante mí varias hojas de papel, todas ellas en blanco.

—¡Firma más! Para el caso de que me equivocara al copiar el formulario.

Como sus crisis de cólera son totalmente imprevisibles, accedo a todas sus exigencias.

De pronto, la historia del banco resurge. Chaim está obligado a hablarme de ello, pues soy la única que puede ayudarle. El error ha sido descubierto, los 400.000 francos belgas que perdió jugando a la bolsa le son reclamados por el banco Leumi de Hod Hasharon, deduciendo los 40.000 francos que le pertenecían, claro. Chaim es absolutamente incapaz de restituir la cantidad. Eso no es quizás tan grave, pero hay algo más, que se ve obligado a confesarme.

—Fui condenado en octubre de mil novecientos setenta y ocho, por el tribunal de Nazaret, a un año de prisión con suspensión de sentencia, y tres años de libertad condicional… Si el banco presenta la denuncia, iré a la cárcel, anularán la suspensión.

—¿Por qué fuiste condenado?

—Por fractura.

—¿Pero qué clase de fractura? ¿Qué hiciste?

No hay respuesta. Estoy casada con un ladrón. Patsy Heymans, te has enamorado de un ladrón, te has casado con él, y es el padre de tus hijos. ¿Y si va a prisión? ¿Qué va a pasar con tus hijos? Participa poco en nuestro mantenimiento, la verdad, pero ese poco nos es absolutamente necesario.

El choque de esta revelación, el miedo, el disgusto… mi mente se nubla. ¿Cómo escapar de una situación semejante? La solución de Chaim es simple, e inmunda.

—¡Tus padres! Sólo ellos pueden proporcionarnos el dinero. Los vas a llamar, a explicarles la situación. Si pagan la suma que exige el banco te permitiré reanudar el contacto con ellos.

¡Chantaje! Nos tiene como rehenes, a los niños y a mí, alejados de mi familia desde el nacimiento de Simon, y ese secuestrador me pide a mí, a la víctima, que inicie negociaciones. Siento vértigo. Prisión, ladrón, chantaje, dinero…

—¡Vas a telefonearles! ¡Enseguida!

Es horrible lo que me pide que haga, pero no tengo elección; desobedecerle provocaría un desastre. El teléfono me tiembla en las manos, mi voz enronquece cuando escucho la voz alegre de mamá, de papá, felices de oírme después de tanto tiempo, haciendo una multitud de preguntas sobre los niños. Yo rompo a llorar. Me cuesta mucho contar la historia, y papá me pide detalles; es normal. Me esfuerzo por no hablar de Chaim como de un ladrón, pero no puedo evitar decir que él había cometido un robo con fractura, que estafó al banco, y que me autoriza a hablarles a condición de recibir la suma indispensable para evitar que vaya a la cárcel. Es un rescate lo que pido por teléfono.

Papá discutirá ásperamente con Chaim, pero termina por aceptar, por los niños y por mí. Ya lo sabía este monstruo.

Cuando mamá llega a Israel para traer el dinero, y le tiende el cheque a Chaim, está pálida:

—¡Os lo advierto! ¡Es la última vez que os damos dinero!

Si mi familia tenía aún algunas ilusiones sobre Chaim, se acabaron. A partir de entonces, mis padres aguardarán atenta y pacientemente el momento en que decida abandonar a este hombre destructor, a este individuo ávido y aprovechado que probablemente sólo puso sus ojos sobre mí por interés.

Ahora me repliego sobre mí misma. El sentimiento de fracaso, el engaño, la ilusión… ya no quiero saber nada más. Es mi única defensa, la huida hacia dentro de mí misma. Me niego incluso a admitir, y lo haré durante años, que fui YO quien llamó a mis padres para pedir el rescate. Psicológicamente, es demasiado insoportable.

La estafa de Chaim ha saltado a la prensa, y su apellido familiar se convierte en un impedimento para encontrar trabajo. Pero en Israel es muy fácil cambiar de nombre. El Estado concede grandes facilidades a los inmigrados que deseen adoptar un patronímico hebreo. Chaim Edwar llena simplemente los formularios necesarios para convertirse en Chaim Yarden. Los firma, unos cuantos sellos, y todos nos convertimos en Yarden.

Pero Chaim Yarden no se siente muy cómodo. Sigue en la piel de Chaim Edwar, obligado a pedir ayuda a la familia Heymans. Su carácter se agria cada vez más, las crisis de cólera se inician en cuanto se despierta. Sale de casa ladrando órdenes, regresa a ella criticando lo que he hecho, o lo que no he hecho.

—No has puesto este papel en su sitio, no has limpiado esto, no has arreglado lo otro... has dicho esto, y aquello...

Yo trato de contrarrestar sus ataques más crueles, de no demostrar jamás que me ha humillado o herido. Pero no puedo devolverle sus golpes. De puntillas, ni siquiera llego a su mejilla, y me rechaza con facilidad. Esta débil resistencia no sirve más que para aumentar su furor. Me golpea cada vez más violentamente, y se las arregla para no dejar huellas. Me pega en la espalda, en el estómago, a veces incluso me arranca un puñado de cabellos.

Recibo tantas palizas que acabo volviéndome insensible al dolor. Como esos niños que ya no temen el castigo de sus padres. Reúno todas mis fuerzas para no llorar. Me niego a darle esta satisfacción. Entonces, para olvidar, cuento hasta el infinito, me recito el alfabeto hasta que él se calma. Yo soy una persona introvertida, que tiene dificultad en expresar sus sentimientos y sus emociones; lo conservo todo en el interior desde mi infancia. Cuando era adolescente, este exceso estallaba en forma de rebelión y en cólera. Ahora me evado mentalmente.

A veces le gano la partida a Chaim, aunque sé que jamás ganará la guerra.

Un día, tras una violenta disputa, instalé a Marina y a Simon en el cochecito, para ir a la oficina de subsidios. Tengo derecho a un bono de manutención en tanto que inmigrada. Por lo general, vuelvo inmediatamente a casa, para entregárselo a Chaim. Pero aquel día, con la rabia en el vientre, voy directamente al banco a cobrar el dinero, y me lo gasto todo. Ropa y juguetes para los niños, maquillaje para mí.

A mi regreso, él comprende inmediatamente lo que he osado hacer. Su mano golpea mi rostro con tal fuerza que tengo la impresión de que me ha roto la nariz. Sangro abundantemente, y no consigo respirar. En el dispensario, al día siguiente, le cuento al médico la clásica mentira.

—Me levanté por la noche, y tropecé con una puerta.

A él le gustaría saber más de esta puerta, me parece. Una puerta no provoca tantos daños... Las puertas aparecen frecuentemente en el discurso de las mujeres golpeadas, o las escaleras. Pero yo no voy a decir: «Mi marido me pega.» El médico me examina cuidadosamente, no puede hacer nada por mí, excepto curarme la nariz. Afortunadamente, ésta no se ha roto, y me marcho con un medicamento para atenuar la hinchazón y el dolor.

Después de haberme pegado, Chaim adopta según las ocasiones, dos tipos de actitud. Puede transformarse en marido contrito, desolado por su comportamiento, llorando por sí mismo más que por mí.

—Estoy afligido, no lo volveré a hacer jamás.

Pero la mayoría de las veces, después de la paliza, recibo además un buen sermón. Es culpa mía, mi conducta le ha obligado a castigarme. He cometido tantos errores que la letanía puede durar hasta las cuatro de la mañana. Aprendo, así, pues, a soportar lo que venga después: adormilada, los ojos entreabiertos, murmuro «sí» de vez en cuando para responder a los reproches y a las justificaciones. Es largo. Chaim da la impresión de que jamás dejará de hablar, y esta tortura verbal acaba de destruir lo poco que me queda de razón.

Mi mayor preocupación es preservar a los niños de toda violencia. Sería insoportable que vieran cómo me golpea. Por suerte, jamás me ha pegado delante de ellos. Todavía…

Nuestros escasos amigos son parejas que llevan una existencia parecida a la nuestra. El marido dicta la ley, la mujer obedece. Éstas son las únicas personas que Chaim me autoriza a ver. Su ejemplo sirve para justificar su propia conducta. Un marido «tiene el derecho de…». Una mujer «no tiene el derecho de…». Llego a olvidarme de que existen otras formas de vida familiar y social, como la que llevan mis padres, por ejemplo, que funciona de manera diferente, con amor y respeto mutuos. Yo he aceptado una norma, la de Chaim Yarden. Vivo en una niebla de sumisión perpetua.

El deber conyugal forma parte de ella. Una buena esposa debe consentir al deseo del esposo. Varias veces por semana. En materia de sexualidad, existe un «estilo yemenita» como se dice en Israel. Consiste en que todo pasa muy deprisa. Cada vez, tengo la impresión de sufrir una violación psicológica.

Una noche, estoy sentada en el comedor, ocupada en dar de comer a Marina y Simon. Para simplificar las cosas, he preparado un plato para los dos, y la misma cuchara va sucesivamente de una boca a la otra.

—¿Qué clase de madres eres tú? ¡Indigna! ¡Perezosa y estúpida! ¿Cómo puedes hacer una cosa así?

—¡Es más fácil, y a los niños no les molesta! Les da absolutamente igual. ¿Por qué te enfadas?

—¡Me enfado porque los tratas como si fueran perros!

Abandona temporalmente el combate, para volver a la carga por la noche. Soy una mujer calamitosa, una madre indigna, no sé hacer nada bien, fracaso en todo lo que emprendo...

—¡No puedo dormir con una mujer como tú! Vete a dormir al salón.

La perspectiva de dormir sola es un alivio. Cojo una manta y no tardo en dormirme sobre el sofá. En mitad de la noche, viene a sacudirme por el hombro.

—Despierta... Vuelve a la habitación.

Ya sé lo que está deseando, y no siento ningunas ganas de someterme, así que mantengo los ojos cerrados, fingiendo dormir profundamente. Al cabo de un instante, regresa a su habitación. La noche siguiente, por mi propia iniciativa, me instalo en el sofá.

Durante unos días, siento que se prepara la tempestad. Él no dice nada, pero mi rechazo silencioso le saca de sus casillas. Por mi parte tengo los nervios a flor de piel, el enervamiento se mezcla con una repentina fatiga física. Reconozco los síntomas, es el principio de un nuevo embarazo.

—Chaim, necesito leche para los niños.

—Coge harina y agua, ya lo has hecho otras veces.

—Simon ha crecido, le hace falta...

No tengo tiempo de terminar mi frase, me empuja con tanta fuerza que me desplomo en el suelo. Sorprendida por lo repentino del ataque, quedo alelada durante unos segundos. Él lo aprovecha para darme un puntapié en el estómago, y la punta de su zapato me corta el aliento. Doblada por la cintura, me ahogo, busco aire. Vuelve a rechazarme con el pie, y esta vez golpea en los riñones. Un dolor insoportable me perfora la columna vertebral. Marina, refugiada en un rincón de la habitación, se pone a gritar de terror. Simon rompe a llorar. Es la primera vez que se atreve a pegarme en su presencia, y eso aumenta infinitamente el dolor. El sufrimiento me invade, ya no veo nada, voy a desvanecerme. De pronto llaman a la puerta del apartamento, y la voz de un vecino preocupado pregunta qué ocurre.

Chaim me empuja a un lado, y va a entreabrir la puerta.

—¡No es nada! Se me ha caído un cenicero grande.

La voz no insiste, y Chaim vuelve a cerrar la puerta gruñendo.

Durante dos semanas me cuesta caminar. Debo hacer un esfuerzo de voluntad para ocuparme de los niños. Me resulta imposible sentarme, y tengo que hacer mis comidas de pie, esperando el momento en que podré finalmente echarme sobre el vientre, y no moverme. Me golpeó en la región del coxis, y el dolor es insoportable. Deberé sentarme sobre almohadas durante mucho tiempo.

El gobierno israelí hace una oferta a las parejas jóvenes que acepten instalarse en el norte del país reduciéndoles el interés del crédito de vivienda. Chaim decide aprovecharse de ello, y me lleva a ver un apartamento en el octavo piso de un inmueble nuevo en Karmiel, una ciudad situada a treinta y cinco kilómetros al este de Haifa.

Yo no me he recuperado aún de mis lesiones, sé que estoy encinta por tercera vez, y la depresión me abruma. Una sensación de vacío interior, y de profunda ansiedad al mismo tiempo. Mi cuerpo no reacciona como las otras veces.

Chaim necesita justificar un empleo y un salario suficiente para obtener este apartamento, pero no tiene ni lo uno ni lo otro. Entonces telefonea a Bruselas, y le pide a mi padre que mande una carta de su empresa que certifique que está empleado por él por un determinado salario. El chantaje está implícito. Si mi padre se niega, aplicará la ley del silencio, y cortará nuevamente mi comunicación con la familia. Papá lo sabe, y acepta.

La mudanza se prepara; nuestro apartamento está invadido de cajas de cartón. Yo me arrastro haciendo paquetes, algo no funciona. Una noche, soy presa de violentas contracciones, y de una hemorragia. Chaim llama a una ambulancia que me lleva al hospital, y el auxiliar médico me recomienda que apriete las piernas, como si, por mi sola voluntad, pudiera impedir lo inevitable. Sufro, tengo miedo, pero cuando el médico me quiere examinar, me niego.

—Hace falta el permiso de mi marido.

—¡Eso es completamente absurdo! ¡Hasta los hasidim aceptan que un médico varón examine a sus mujeres en caso de urgencia!

Y los hasidim forman parte de los judíos más tradicionalistas... Pero tengo demasiado miedo de la cólera de Chaim, si tomo esta decisión sola. Le hacen llamar, y él exige que sea una mujer la que me examine. Como eso es imposible, se resigna, de mala gana, a dejar que sea el médico.

El bebé está muerto. Después de haber practicado el legrado necesario, el médico me explica que ignora la causa de la muerte del feto y que va a realizar algunos exámenes para determinarla. Mi padre, que se encuentra de viaje de negocios en Israel, viene a verme al día siguiente. Estoy sola en mi cama, llorando la muerte de mi hijo desconocido. Papá está muy triste. No lo sabe todo. Tampoco a él soy capaz de decirle la verdad.

Esta noche he tenido una pesadilla horrible, que se repetirá regularmente. Me arrancan del vientre los miembros de un niño, los echan al cubo de la basura como vulgares pedazos de pollo. Me despierto sudorosa, la respiración jadeante, abro desmesuradamente los ojos para recuperar la realidad. Tengo miedo de volver a dormirme. La pesadilla va a volver... Y vuelve.

He puesto al mundo dos hijos uno detrás del otro. El tercero nace muerto. Me siento vacía de fuerzas, mortalmente cansada, y aterrada ante la idea de que jamás podrá tener un nuevo hijo.

Cuando salgo del hospital me encuentro con que debemos dejar el apartamento por vencimiento del contrato de arrendamiento, pero el inmueble de Karmiel está aún en obras. Nos instalamos por un mes en casa de los padres de Chaim. Encuentro nuevamente a Sholomo, sus insultos y su vodka, y a Leah y su amabilidad de mujer sumisa. Después voy a buscar al hospital el resultado de los exámenes practicados en mi hijo que jamás llegué a ver. El médico está perplejo.

—El niño era perfectamente normal, no hemos podido determinar la causa de la muerte. Llevaba muerto dos meses, mucho antes del inicio de las contracciones.

Durante dos meses he llevado a mi hijo muerto. Ahora comprendo la sensación de vacío, de estar deshabitada, y tan deprimida. Dos meses. La muerte de mi hijo coincide con la paliza de Chaim. Fue cuando me golpeó en la espalda y sentí aquel violento dolor, como una barrena en toda la columna vertebral. Él mató a nuestro hijo a puntapiés.

Es horrible, pero prefiero guardar para mí este horror, no hablar de él. Enfrentar a Chaim con este hecho sería inútil, y todavía más penoso. Conseguiría convencerme de que yo soy la responsable de ello, que todo es culpa mía, y que debo llevar sola el luto de la tragedia. Sola. Siempre sola y siempre culpable. Ya no me quedan lágrimas, ni resistencia, este drama ha terminado conmigo.

Sholomo Edwar me ha declarado abiertamente la guerra. En presencia de Leah me ignora, pero en cuanto ella ha salido, desencadena el tiro. Yo soy la hija de puta cristiana, o la puta cristiana, de Chaim. Me vigila, sigue cada uno de mis gestos mientras hago la casa. Si abro una ventana, la vuelve a cerrar, si enciendo la luz, la apaga. Tengo la sensación de que me sigue un enfermo mental por doquier. En general, consigo olvidarme de su presencia, no tengo otra solución, pero, un día, se muestra particularmente odioso.

Primero me sigue por la calle, cuando salgo a hacer los recados, vacilando a mis espaldas, borracho de vodka, gritando sus obscenidades habituales. No le hago caso. Pero por la noche, cuando estamos a la mesa, de pronto se dispara.

Comemos huevos pasados por agua. Sholomo irrumpe, y señala a los niños con el dedo gritando:

—¡Perros cristianos!

A mí puede insultarme, llamarme todo lo que quiera, pero *no a los niños. A los niños, no.* Jamás dejaré que nadie insulte a mis hijos. Cojo los huevos y los lanzo contra él, gritando:

—¡Atáqueme a mí! ¡Me da igual! ¡Hágame desgraciada! ¡No me importa! ¡Pero deje en paz a mis hijos!

Un huevo se ha aplastado contra la pared, el segundo aterriza sobre el casquete del viejo Sholomo, ¡que se burla!

—¡Ah, bien! ¡Muy bien! ¡Mira lo que has hecho! ¿Estás orgullosa de ti?

Chaim a abierto unos ojos como platos de la sorpresa, pero se calla. Por una vez, está de mi parte. La pobre Leah quiere limpiar la pared, pero Sholomo se lo prohíbe, y su gorro seguirá también manchado de amarillo huevo. Varias semanas después, delante de mí, les muestra las manchas a los visitantes.

—¡Mirad lo que hizo la cristiana!

—¡Dígales también por qué lo hice! ¿No se lo dice? ¿Por qué?

Entonces sale de la habitación mascullando:

—¡Malditos cristianos!

Sufro una carencia importante de vitaminas. Mi piel se seca, mis dedos, agrietados, empiezan a sangrar. No puedo siquiera pelar una cebolla, la acidez me daña la piel, y me cuesta abrir y cerrar las manos. Si me lavo los cabellos, las manos se me llenan de ampollas. Las encías se retraen y se hinchan.

Durante mis embarazos, Chaim siempre me prohibió tomar medicamentos, incluso las vitaminas habituales. Y el médico me ha recomendado que no quede encinta antes de seis meses. Pero mi marido se niega a que yo utilice un anticonceptivo. No quiere ni discutir al respecto. A principios de septiembre de 1981 me despierto una mañana, segura de que he quedado encinta de aquella noche. No hay evidentemente ningún síntoma, pero yo lo *sé*. A pesar de la tensión que reina entre nosotros, a pesar de la advertencia del médico y de mi fatiga, me siento feliz. La certidumbre está ahí, en mi vientre, todavía sirvo para algo, puedo aún traer un hijo al mundo. Es lo único que cuenta en este momento. Lo único.

Nuestra estancia en casa de los padres de Chaim se prolonga. El nuevo inmueble no es aún habitable. Y es en esta época cuando Chaim decide finalmente sacar su permiso de conducir. Este permiso parece plantear problemas muy complicados. Me explica ante todo que debe cambiar de situación militar, pasar una visita de control por su herida en el codo, y también un test psicológico. Este procedimiento dura una semana. Luego me muestra un permiso flamante.

—¡Me ha costado, con todas esas pruebas!

—¿Qué clase de pruebas? ¿Quieres decir un examen físico?

—No, pruebas mentales.

—¿Por qué? Fue en el codo donde te hirieron, no en la cabeza.

—Sí, pero es el reglamento.

Asombrada, le escucho mientras me cuenta orgullosamente cómo ha «cogido en la trampa» al psiquiatra.

—Le dije: «¡Despego a menudo hacia Bélgica!» Entonces, él cruzó los brazos y me miró curiosamente preguntando: «¿Quiere usted decir que es capaz de volar?» «Claro que no, ¡despego en avión!»

Chaim está muy orgulloso de esta respuesta que él considera astuta, y habría, en su opinión, convencido al médico de que está sano de mente. ¡Fue así como obtuvo su permiso de conducir con facilidad!

Y a partir de ahora, su nuevo estatuto militar le obliga a participar en pequeñas misiones en el ejército de reserva. Por ejemplo, vigilar las esquinas de las calles. Un trabajo que por lo general se reserva a los veteranos de más edad, y que no se confía a los reservistas jóvenes. Las relaciones entre Chaim y el ejército israelí son bastante misteriosas para mí. El guapo paracaidista, el héroe —que tiene miedo de subir a los árboles— hace de ordenanza y debe someterse a pruebas psicológicas por una herida en el codo... es extraño.

Mientras estamos en casa de los padres de Chaim, me beneficio, a pesar de los insultos de Sholomo, el padre, de una relativa protección por parte de Leah, la madre. Chaim sabe perfectamente que ella no toleraría que me hiciera, físicamente, daño. Pero una noche, en la intimidad de nuestra habitación, pierde todo control, me sujeta por los cabellos y me obliga a salir de la cama tirando de ellos tan violentamente que tengo la sensación de que me arranca el cuero cabelludo. Mis cabellos son largos, y la presa es fácil. Una vez me ha arrastrado al suelo, me llena de puntapiés, eligiendo bien los lugares. Yo cuento silenciosamente: uno... dos... tres... Acurrucada en la oscuridad, no tengo ni la fuerza ni la voluntad de resistir. Luego coge unas tijeras y corta salvajemente mi cabellera. Cuando su rabia ha pasado, ya no tengo casi nada en la cabeza.

A la mañana siguiente, Leah me contempla con estupefacción. Mi larga cabellera lacia, que se balanceaba habitualmente en torno de mi rostro y sobre mis hombros, ya no es más que un revoltijo de unos pocos centímetros.

—¿Qué ha pasado?

Me encojo de hombros.

—Ha sido Chaim.

Leah mira a su hijo, interrogándole con la mirada. Él responde con desenvoltura.

—Cuanto más fea esté, mejor será...

La madre baja los ojos. No se enfrentará a su hijo. Hasta el benjamín obtiene de ella absolutamente todo lo que quiere. Le vi un día sacar a su madre de la cama cuando ésta acababa de sufrir una operación, y no se tenía en pie, exigiendo no recuerdo qué. ¡Un bol de leche, quizás! Y Leah acabó por obedecer al chiquillo, tambaleándose sobre sus piernas.

Simon acaba de cumplir diez meses, y lo estoy cambiando, cuando Marina entra en la habitación para pedirme algo. Apenas he girado la cabeza para responderle, cuando mi bebé se inclina y se cae de espaldas. Su cabeza golpea contra el suelo, y queda allí extrañamente silencioso. Con el corazón encogido por la angustia, lo recogo con precaución, apretándolo entre mis brazos.

—Perdón... perdón, cariño mío... perdón, Simon...

El pequeño no llora, y tengo miedo de comprender lo que eso quiere decir. Un traumatismo craneal. Pronto es presa de vómitos. Estoy sola en casa, debo esperar al regreso de Chaim para que nos lleve al hospital, pero cuando llega, media hora más tarde, se encoge de hombros:

—¡Ni hablar! ¡Que te sirva de castigo! Eso te enseñará a ocuparte de tus hijos seriamente.

—Chaim, por favor, ¡si no lo quieres hacer por mí, hazlo por Simon! ¡Es tu hijo!

—¡Tienes lo que mereces!

Toda la noche acecho desesperadamente signos de mejoría en el pequeño rostro de Simon. Siempre letárgico, vomita de vez en cuando. Y yo estoy allí, impotente, culpable. Me duermo y me despierto en plena pesadilla. Me he visto como madre indigna, bajo los rasgos imprecisos de una mujer anónima, que resultaba ser yo. Finalmente Chaim acepta llevarnos al hospital, representando con el médico el papel de padre responsable y preocupado, mientras yo me siento nerviosa y culpable, y debo de tener aspecto de ello.

—¿Señora Yarden? ¿Por qué ha esperado tanto tiempo para traer a este niño? ¿Le ha pegado usted? ¿Le ha hecho algún daño? Tiene una conmoción cerebral. ¡Esas cosas no pasan solas!

¡Es horrible, horrible! Me acusa de malos tratos, pide exámenes suplementarios para determinar si Simon ha sido o no maltratado. Como el hospital está abarrotado, instalan a Simon en una cuna en el pasillo, y paso todo el día sentada en una silla, velándolo. La mirada de las enfermeras, de los médicos, que pasan por el corredor, me acusa. Yo no he dicho la verdad sobre Chaim. Estoy débil por su causa, aterrorizada, cansada, anulada, y me siento culpable, es verdad, ¡culpable de no haber respondido inmediatamente que era él el monstruo! Yo jamás he levantado la mano sobre mis niños. Jamás.

Simon se restablece lentamente. Cuando consigue ingerir líquido sin vomitarlo, me dejan partir con él.

Ya no tengo ninguna confianza en mí. Chaim tiene razón. Simon se ha caído porque yo he mirado hacia otro lado, no he prestado atención. Soy estúpida, y no sirvo para nada. Y soy una madre indigna, el médico lo ha dicho. No se espera tanto tiempo para llevar a un hijo al hospital. Una madre no espera. Una madre debe saberlo todo, dominarlo todo, conseguirlo todo.

Chaim no deja de recordarme el incidente, como prueba de mi incapacidad para ser una madre digna de este nombre. He dejado caer a mi hijo. Pero él ha estado a punto de dejarlo morir. Se muestra mucho más preocupado por el sexo del niño que por su cabeza. Inspecciona todos los días el aparato genital del bebé para estar seguro de que se desarrolla normalmente, y cuando un día cree adivinar una diferencia de tamaño entre los testículos, ¡nos envía inmediatamente a la consulta de un pediatra! Que nos asegura, por supuesto, que Simon está perfectamente constituido.

Esta preocupación maníaca me descompone. La sexualidad de Chaim me repugna. El amor con él no es el amor. Sino una especie de gimnasia desesperante que él me obliga a sufrir, lo quiera o no.

El modo de vida en Israel, las prácticas religiosas especialmente, me parece complejo. Me hago una idea de ello por las costumbres de los padres de Chaim. Sholomo no muestra ningún fervor en la vida cotidiana, pero observa escrupulosamente las reglas del *sabbat*. Leah no es practicante, pero sigue en general la actitud de su marido. Sólo, de vez en cuando, se le ocurre encender la luz cuando está prohibido.

El *sabbat* es un tema de disputa entre padre e hijo. Un día de *sabbat*, los niños son el centro de las hostilidades. Juegan en el patio. Yo he dejado la puerta entreabierta para vigilarlos desde lejos, pero Sholomo, considerando que los niños se comportan irrespetuosamente —no se juega durante el *sabbat*—, para no verlos, cierra la puerta de golpe. Yo voy a abrirla nuevamente, él la vuelve a cerrar con violencia, y así seguimos hasta que Chaim monta en cólera y por una vez acude en mi defensa. Por desgracia, en el curso de la disputa, acaba por cerrar desdichadamente la puerta sobre el dedo pulgar de su padre. Sholomo lanza un alarido; se pasa el resto del día enseñando su dedo hinchado y mascullando entre los vapores del alcohol:

—¡Mirad! ¡Mirad lo que le ha hecho a su padre un día de *sabbat*!

Desde el laicismo total al integrismo de los hasidim, los judíos pueden adoptar toda clase de actitudes frente a la religión. Están los liberales, los conservadores y los ortodoxos. Los que comen *kasher* y los que se burlan de ello. Es extremadamente complicado. Alguien a quien se califica de «religioso», por ejemplo, no es forzosamente hasídico, alguien muy religioso es clasificado en la categoría hasídica, pero según las convicciones de aquel que habla, el término «religioso» puede revelar una mirada admirativa, esnob o desdeñosa.

Los hasidim son perfectamente reconocibles por su manera de vestir. Las mujeres van ataviadas con largos vestidos informes cuyas mangas les cubren los puños, y gruesos calcetines altos, de manera que no muestren más que un mínimo de piel. Los hombres llevan traje negro, sombreros negros de anchas alas, los *schreimeil*, y largos tirabuzones de cabellos a cada lado de la cabeza, los *peyots*.

El día de su matrimonio, una mujer muy hasídica debe afeitarse enteramente la cabeza, a fin de estar lo menos seductora posible para los otros hombres. A partir de aquel día, llevará una peluca, o un pañuelo adornado de falsos bucles, para salir. Los cabellos tienen un peso simbólico muy fuerte en la religión judía, ignoro la razón. Pero he sufrido las consecuencias, la noche en que Chaim casi me afeitó la cabeza.

Los hasidim hablan el *yiddish* entre ellos, y consideran el hebreo antiguo, *loshen kodes*, como una lengua sagrada reservada a la religión. Están exentos del servicio militar, pero desempeñan un papel importante en la vida política del país. Constituyen una minoría, pero el peso de su voto es a veces decisivo, y con frecuencia poseen las riendas del poder.

Chaim y yo llevamos una existencia absolutamente laica, pero nos esforzamos por respetar los principios de sus padres. Si quiere fumar un día de *sabbat*, por ejemplo, Chaim sale al jardín. Tratamos de ser discretos en la no observación del *sabbat*, pero no hemos renunciado a utilizar el coche. Cada fin de semana, o casi, vamos a merendar al campo, o a pasar una noche bajo la tienda. Chaim se lleva un televisor portátil, y se pasa el tiempo ante la pantalla, ignorándonos, a los niños y a mí. Pero esos momentos son lo que más me gusta; la naturaleza, los paisajes espléndidos, lejos de Sholomo, me traen una gran bocanada de oxígeno. Hasta el día en que Chaim me va a privar de este único placer.

Es un día de verano, hemos instalado la tienda en un rincón próximo al mar de Galilea. Chaim nos ha dejado allí en coche, bajo un bosquecillo de eucaliptos, y se ha marchado a pescar. El lugar es particularmente árido. Tras haber instalado a los niños, recojo algunas ramitas para hacer un fuego, que me cuesta mucho encender. Una gran ráfaga de viento esparce algunas brasas, el fuego prende en las hojas secas, y comienza a extenderse con rapidez espantosa. Aparto a los niños, y pisoteo las hojas, pero cada vez que consigo apagar un foco, se enciende otro, y tengo miedo de que llegue a los árboles. Finalmente, agotada, consigo detener este conato de incendio. Chaim vuelve, y sufre una crisis de cólera. Soy una imprudente, una estúpida, hasta el punto que ordena:

—Te vas a quedar aquí, y volveré a buscarte cuando me venga en gana.

Hace un calor espantoso, y me refugio bajo un árbol con los niños. Marina es ya bastante mayor para inquietarse por la cólera de su padre.

—Papá nos ha gastado una broma, va a volver, no tengas miedo… Va a volver pronto.

Por más que trato de adoptar un tono ligero, no estoy muy tranquila. Este lugar es salvaje, hostil, el sol nos agobia y la sombra es escasa. Aparece de repente un coche, y el conductor, asombrado de ver a una mujer sola con dos niños en aquel lugar desierto, se detiene a mi altura:

—¿Necesita ayuda?

—No, gracias, todo va bien, gracias.

Aceptar la ayuda de un extraño no haría más que aumentar la cólera de Chaim: hay que esperar, soportar, mirando el cielo deslumbrante, la tierra seca. Entretengo a los niños como puedo. Durante tres horas. Finalmente el amo regresa, pero me impide subir al coche en el último momento.

—¡Me llevo a los niños, pero tú te quedas aquí!

Y se pone en marcha, avanza despacio, y yo corro detrás del coche, angustiada. Durante varios minutos, cada vez que estoy a punto de alcanzar la portezuela, acelera, obligándome a correr y a forzar la marcha. El rostro de Marina detrás del cristal trasero, aterrorizado, me hace tomar conciencia de la crueldad de este juego imbécil, y me paro instantáneamente.

¿Quién es este hombre al que he amado, para jugar así con el miedo? ¿De qué placer morboso tiene necesidad? ¿Qué quiere demostrar? Que es el dueño indiscutible, poderoso, absoluto. Viendo que yo ya no «juego», consiente en dejarme subir al coche.

Esta escena cruel, en este paisaje árido y hostil, el coche que acelera y reduce, yo corriendo detrás de mis hijos, todo esto es un anticipo del futuro que me espera, pero yo lo ignoro todavía.

8

DECIRLO FINALMENTE

Este cuarto embarazo es más difícil de sobrellevar que los anteriores. Desde los primeros meses sufro graves problemas de circulación en las piernas. Una noche, cuando Simon ha empezado a llorar, y Chaim duerme inmóvil como de costumbre, me levanto para ir a ver a mi hijo, y mi pierna cede bajo mi peso, completamente entumecida. Me desplomo. Al día siguiente en el hospital, la pierna me duele tanto que el médico me aconseja reposo, sin querer hacer radiografías a causa de mi embarazo.

—Quédese echada un día o dos. Si no mejora, vuelva a verme.

Chaim no puede admitir en absoluto que yo esté obligada a guardar cama, sin hacer nada. Ni hablar de reposo; debo ocuparme de un montón de ropa sucia, preparar la cena, dando saltitos sobre una pierna. Aquella noche me despierta con un sobresalto a las dos de la mañana.

—¡Ve a prepararme un *gulasch*!

—No, estoy durmiendo.

—¡Sí!

—Es largo de preparar, Chaim... Estoy cansada...

Me saca de la cama a la fuerza, y me empuja hacia la cocina, gritando, sin preocuparse de los niños o de los vecinos.

—¡Hazme *gulasch*! ¿Me oyes? ¡Quiero *gulasch*!

Tengo punzadas en la pierna, estoy medio dormida, pero obedezco. Hay buey en la nevera, lo corto a dados, corto en lonchas cebollas y tomates, lo hago cocer a fuego lento con paprika y especias, hasta que la carne está bien tierna. Leah, que ha oído ruido en la cocina, se ha levantado, y pretende ayudarme, pero la mirada furiosa de su hijo la disuade. Me mira hacer en silencio. Cuando el manjar está listo, lleno un plato y me doy la vuelta para presentárselo a Chaim, pero éste ha desaparecido. Voy por toda la casa, con el plato humeante en la mano, en busca de mi marido, pero lo encuentro en la cama, durmiendo a pierna suelta.

He llegado al mismo estadio de dependencia que Rachel. La única amiga que tengo, una joven de la vecindad a cuya casa voy a menudo por las tardes con los niños. Rachel ha quedado encinta un número incalculable de veces, y no tiene más que un hijo, silencioso y huraño. Cada vez que he tratado de saber un poco más sobre su vida, ella ha eludido mi pregunta así:

—Perdóname, ya es hora de que vuelvas a tu casa, yo debo preparar pollo para mi marido, quiere comer pollo esta noche…

Pollo, o *gulasch*, en cualquier caso, eso es lo que *quiere* su marido. Ella tiene tanto miedo de él como yo de Chaim. El miedo paranoico de hacer algo que no concuerde con un deseo o una orden. Y nos prohibimos incluso todo comentario entre nosotras, sobre su comportamiento.

Rachel y yo nos parecemos, sin querer admitirlo. Estamos solas, somos desgraciadas e incapaces de confiar la una en la otra. Si me confío a ella, ¿irá a repetírselo a su marido? El cual se lo repetirá a Chaim… Y ella siente la misma desconfianza hacia mí. De todos modos, a partir de ahora, voy a ver menos a Rachel. Finalmente nos mudamos.

El apartamento no está todavía terminado, y nos vemos obligados a dejar momentáneamente nuestras cosas en los otros apartamentos aún desocupados de la misma planta. Me paso el día corriendo de un lugar a otro, cocinando aquí, ocupándome de Simon allá. Chaim está raramente en casa, y me las arreglo sola.

La ventana de la cocina en el octavo piso da a un paisaje de rocas y de bosques desmirriados. A menos de cien metros distingo los tejados azules de un campamento de beduinos: los corderos, las cabras y los pollos. Esta parte de Karmiel es una zona de nuevas construcciones que atraen a muchas parejas jóvenes. Chaim piensa hacer aquí negocios, abrir una tienda de artículos sanitarios. Baldosas, fontanería, grifos, el tipo de cosas que necesitarán los nuevos ocupantes. Ignoro por qué razón ha decidido registrar este negocio a mi nombre, y no al suyo. Le he preguntado por qué, y me ha respondido:

—Eres demasiado tonta para comprender, firma los papeles, y no te preocupes de nada más.

En cuanto abre la tienda oficialmente, apenas le veo en la casa; es un alivio. Tengo paz, y no quiero saber nada más. Pero hay cosas que no se pueden ignorar. Huellas de maquillaje en una camisa, rojo de labios.

—¿De dónde sale esta mancha, Chaim? ¿Qué es?

—Nada, bolígrafo.

El asiento del pasajero del coche está más inclinado que de costumbre.

—¿Has traído a alguien?

—A nadie.

Una noche no vuelve. A la mañana siguiente, hacia las diez, reaparece tranquilamente.

—¿Qué pasó? ¿Por qué no me avisaste?

—¡Pero si traté de hacerlo! Tenía asuntos que solucionar. Telefoneé a uno de los obreros que trabajan en el inmueble, ¿no te dio el mensaje?

En el fondo, me da igual. Con tal que me deje en paz, me contento con estas respuestas vagas. Una paz que se parece mucho a una soledad total, ya que los demás apartamentos siguen desocupados, y somos los únicos inquilinos en el último piso del inmueble. No tenemos teléfono, la cabina más próxima está a un kilómetro y medio, y de todos modos no puedo llamar más que a cobro revertido. Chaim guarda todo el dinero con él. Mi pasaporte y mi tarjeta de identidad también. No tengo nada, no poseo otra cosa que mis hijos. Debo alargar la mano para poder comprar algo, o recibirlo de Chaim.

Hago progresos en hebreo, pero mi vocabulario es aún limitado, y a veces no consigo comprender algunas palabras, cuando escucho la radio, por ejemplo.

—¿Qué quiere decir eso, Chaim?

—Eres demasiado estúpida para entenderlo.

Oigo eso tantas veces que acabo por creerlo. Debo de ser realmente estúpida. Una o dos veces por semana, estoy autorizada a dirigirme a la tienda de comestibles, pero sin dinero. Firmo notas que Chaim examina detenidamente.

—¿Por qué dos paquetes de arroz? Uno tiene que ser suficiente. No debes comprar otra cosa que alas de pollo, no tenemos medios para más.

Las únicas ocasiones en que llevo un poco de dinero es cuando voy al mercado de verduras, y Chaim se las arregla la mayoría de las veces para acompañarme. Toda la ropa de los niños procede de mis padres, él no tiene dinero para vestirlos. Sin embargo, no se priva de trajes nuevos. En cuanto a los juguetes, están excluidos del presupuesto. Yo misma fabrico cuadernos para pintar, invento juegos. Para alegrar este triste universo intento una estratagema.

—Chaim, por favor, ¿puedo guardarme el cambio del mercado para comprar juguetes a los niños?

Él se ríe en mis narices.

—Te lo ruego, ni siquiera nos daremos cuenta del gasto.

—Bueno, de acuerdo, puedes quedarte la calderilla.

Mi pequeño montón de monedas aumenta rápidamente. En unas semanas he conseguido comprar juguetitos baratos, y este éxito le hace cambiar de opinión.

—¡Guardas demasiadas monedas! Dámelas.

Una vez, una sola vez, consigo hacerle comprar de mala gana una chaqueta para Simon. Es una talla demasiado grande, pero en lugar de quejarme, decido hacer yo misma los arreglos: acortar las mangas, y proveerlas de una goma. Estoy contenta de mi obra; por una vez tengo la impresión de servir para algo.

—¡Mira lo que he hecho! ¿No está mal, eh?

Y se lanza a una diatriba que dura horas, recordándome que dejé caer a Simon al suelo, y multitud de tonterías, reales o imaginarias que supuestamente he cometido. Mala esposa, mala madre, indigna, incapaz…

—De acuerdo. ¡A partir de ahora te pediré permiso para TODO!

La sonrisa de satisfacción que esboza no tarda en desaparecer, cuando comienzo a seguirle por el apartamento como una chiquilla, gimiendo:

—¿Puedo abrir la ventana? ¿Puedo encender la lámpara? ¿Puedo sentarme?

—¡Cierra la boca o te daré una paliza delante de los niños!

Mensaje recibido. Más vale que sujete mi lengua. Los niños son un medio de chantaje cuyo valor él conoce.

En la parte baja del edificio, las madres se encuentran dos veces al día, por la mañana y por la tarde, para vigilar a los niños que juegan en el patio al sol.

—¿Puedo ir yo?

—¡Los niños, sí, pero tú no!

—¡No puedo dejar a los niños jugar solos, vigilándolos desde el octavo piso!

—De acuerdo. Puedes ir, ¡pero no hables con nadie!

Puedo cerrar mis labios, pero él no es capaz de impedirme abrir los ojos y los oídos. A mi alrededor, jóvenes madres alegres, niños alegres que juegan lanzando gritos de placer. Mujeres que gastan su dinero como les parece, libres de ir a donde quieren, de hacer las cosas cuando les place. «Limpiaré la casa mañana, no tengo tiempo hoy…» «Ayer estaba fatigada, y

Aaron preparó la cena...» «Mi marido me ha regalado este collar...»

En el aislamiento en que Chaim me hace vivir, casi había olvidado que una mujer casada puede ser así. Simplemente libre y feliz. Él me ha separado de la realidad, lenta, sistemáticamente. Y he aquí que, poco a poco, bajo el sol de este patio, escuchando a las demás mujeres, me doy cuenta de que mi matrimonio no es normal. No es normal que no pueda hablar con estas mujeres. No es normal que responda a sus preguntas temerosamente, con un sí o con un no.

Cada vez me resulta más difícil no hablarles. Son amistosas, abiertas. Una de ellas es una americana de origen alemán, y me decido a hacerle alguna pequeña confidencia. Pero sigo siendo prudente. Un día me dice tranquilamente:

—Las paredes son delgadas aquí...

Ella sabe que mi marido me pega regularmente, su mirada me dice que quiere ayudarme, pero la violencia de Chaim la retiene. Me doy cuenta de la anormalidad de mi existencia, del peligro que corro si sigo sufriéndola, pero aún soy incapaz de exteriorizar mis sentimientos. Mi orgullo, un pudor enfermizo, me impiden pedir ayuda. Y también me domina el miedo, completamente irracional, de que Chaim se entere de lo que pueda haber dicho. Temo hablar, confiarme, existir en suma.

A menudo he sentido la violenta necesidad de suplicar a mis padres que me perdonen, y vengan en mi socorro. Me asfixio sin conseguir satisfacerla. He querido a este hombre, esta situación ha sido elección mía; ahora lo pago. Mis padres lo comprendieron todo, o casi todo, desde el principio, yo no. Es aterrador darse cuenta de la propia falta de razón. Aterrador hundirse en un error tan monstruoso, y no poder impedirlo.

El abuelo está de crucero. Está de paso en Israel y su barco hace escala en Haifa. Vamos a verle, pero él acoge a Chaim con un desdén y una frialdad evidentes, sin tratar de disimular su antipatía y su desconfianza. Me doy cuenta de hasta qué punto Chaim ha conseguido enajenarse toda mi familia. Cuando me despido de mi abuelo, la soledad es aún más pesada, más cargada de amargura. ¿Qué hago al lado de ese hombre? ¿A dónde ha ido el amor?

Junio de 1982 se acerca, pronto voy a dar a luz, y mi madre ha tomado la decisión de venir a ocuparse de Simon y de Marina para aliviarme. Pero, una vez más, el bebé se retrasa sobre la fecha prevista, y mamá no puede demorar su partida. Tiene que volver a Bruselas antes del alumbramiento. ¿De qué hemos hablado las dos? Como de costumbre, de nada que se refiera a Chaim. Me niego a saber lo que ella piensa, a llorar, o a echarme en sus brazos. Es así.

Mamá acaba de tomar el avión de regreso, y la noticia llega de repente. El ejército israelí lanza una operación de gran envergadura sobre el Líbano. «La paz para Galilea.» El objetivo es destruir las bases de comandos de la OLP, desde donde se lanzan los ataques terroristas contra el país. Transportes militares pasan por Karmiel en dirección al Líbano, las carreteras son bloqueadas.

6 de junio de 1982, es la guerra. Israel ataca el sur del Líbano. La aviación machaca las posiciones palestinas desde hace cuarenta y ocho horas —tras el atentado contra el embajador israelí en Londres— cuando llegan mis primeras contracciones, hacia las cinco. A la una, estimo que ya es hora de ponerme en camino hacia el hospital de Haifa. Normalmente se tardan unos cuarenta y cinco minutos en llegar allí. Una vez en la carretera principal, lamento no haber pedido una ambulancia. Por todas partes tanques y blindados, barreras, soldados que verifican las identidades.

Me echo en el asiento trasero, esforzándome por respirar profundamente a cada dolor. El coche se para, un soldado se asoma, y Chaim le explica la situación; nos ponemos de nuevo en marcha. La escena se repite no sé cuántas veces. Dos horas y media más tarde llegamos finalmente al hospital de Haifa capaz de acoger las urgencias de partos. Todos los demás han sido requisados para los soldados heridos. E, incluso aquí, los pasillos están llenos de camillas. Soy una de las raras personas que tiene la suerte de conseguir una cama minúscula, en un box enmarcado por cortinas. Chaim parte inmediatamente para llevar a Simon y a Marina a casa de sus padres en Tel-Aviv. Tiene una larga ruta que hacer. Voy, pues, a dar a luz sola, lo cual más bien me alivia, pero, entre los gritos de las demás mujeres, me cuesta relajarme. Me molestan, y me disgustan, yo no tengo costumbre de gritar durante el parto. Me cuesta soportar esta histeria que me rodea, esta falta de control.

La noche pasa con una lentitud exasperante. Pierdo mucha sangre. Me han puesto bajo oxígeno. Cinco médicos me rodean por la mañana, algo no va. Consideran la posibilidad de una transfusión, luego finalmente se deciden a practicar una cesárea de urgencia. Justo en el instante en que van a inyectarme la anestesia, siento la necesidad irresistible de empujar… La jeringuilla queda en suspenso, y unos minutos más tarde, alguien dice:

—Es una niña.

Penosamente distingo una cosita oscura, violácea, que hacen desaparecer inmediatamente de mi vista, y grito:

—¡Está violeta! ¡Eso no es normal!

—No, mujer, no, cálmese, siempre es así al nacimiento.

—No, no trate de hacerme creer eso, es mi tercer hijo. ¡Sé lo que me digo!

¡Pero el tocólogo ha desaparecido ya con mi bebé! Y me quedo allí sola en aquel box exiguo, angustiada, los brazos vacíos. Lloro en silencio.

Me instalan en una sala prevista para tres camas, donde se encuentran ya seis mujeres. Transcurre el día, y luego la noche, veo cómo las demás mujeres dan el pecho, cuidan a su bebé, lo cambian, mientras yo aguardo desesperadamente noticias del mío. Estamos en guerra, y los recursos del hospital son limitados. Nadie cambia las sábanas, las comidas son escasas, y cuando Chaim viene a visitarme, no hace siquiera ninguna pregunta sobre el parto. Está decepcionado quizás de haber tenido otra hija...

—Ve a verla, por favor, dime como está, nadie quiere decirme nada desde esta mañana.

Unos minutos más tarde vuelve anunciándome:

—Está bien.

Y se marcha.

La noche llega sin que nadie me dé noticias concretas. Cada vez que hago una pregunta a una enfermera, ésta promete ir a ver a mi hija y no vuelve. El sufrimiento físico, el agotamiento, no son nada al lado de esta angustia que me atenaza. Por la noche, es horrible, imagino lo peor hasta que amanece. Ni siquiera sé a qué servicio la han llevado, he dado a luz a una desaparecida. Finalmente, a la mañana siguiente, una enfermera me trae mi bebé, con una sonrisa tranquilizadora:

—Todo va bien.

Examino minuciosamente a mi pequeña, con la alerta en el corazón y en los ojos. Tiene manchas azules en los pies que se detienen en los tobillos como calcetinitos, y otra minúscula, en la nalga. Y una marca de nacimiento extraña, un pequeño círculo oscuro en el pecho. La enfermera se inclina.

—No es nada. El padre es yemenita, y eso ocurre frecuentemente entre ellos. Desaparecerá con el tiempo.

Recuerdo, en efecto, que Simon había tenido una marca parecida en las nalgas, y ha desaparecido ya.

Mi hija pequeña, que ha tenido un nacimiento tan difícil, se llama Moriah, por la montaña donde Abraham ofreció a su hijo Isaac en sacrificio. Moriah. Que su padre considera como la ocasión de recibir una prima de paternidad, sin más ternura.

Veinticuatro horas después del nacimiento de Moriah tengo que dejar el hospital abarrotado. No cabe ni imaginar el más pequeño mimo para mí. Chaim no quiere esperar al día siguiente para cobrar la prima. En cuanto llegamos a casa me ordena que vaya al banco. Yo estoy demasiado débil, demasiado agotada, me siento mal, no puede pedirme una cosa así… le suplico que me deje reposar un poco, pero él insiste. Entonces, voy a ocupar mi lugar en la larga fila de espera, dándome vueltas la cabeza de fatiga, y temblando sobre mis piernas.

En cuanto le he traído la preciosa prima de paternidad, Chaim decide ir a buscar a Simon y Marina a casa de sus padres.

—Pero no tendré fuerzas para ocuparme de ellos; ¿no podrías esperar una semana?

Mi petición es idiota, soy una niña mimada. La cólera ruge sobre mi cabeza. Entonces, para apaciguarlo, me pongo a limpiar la casa. En un solo día ha conseguido poner el apartamento patas arriba. Al verme atacar la pila de platos sucios que él ha amontonado en el fregadero, Chaim consiente en retrasar el retorno de los niños.

Una semana más tarde, vamos a buscar a Simon y Marina. El pequeño Goory, hermano menor de Chaim, me pregunta inocentemente:

—Supongo que has tenido una niña, ya que Chaim no nos ha dicho nada…

El nacimiento de Moriah ha desencadenado el estado de alerta en nuestro hogar. Las disputas se hacen cada vez más violentas, las palizas más severas. Los vecinos de abajo no pueden seguir ignorándolo. Chaim llega a amenazarme con irse con los niños. Ha entrado en un ciclo de violencia que no puedo controlar en absoluto. Imposible evitar la discusión que surge por cualquier cosa. Disputamos, la crisis no resuelta provoca otra, luego llegan el acceso de rabia y los golpes, la tensión vuelve a caer, y todo empieza de nuevo. Una rutina miserable, agotadora, odiosa…

Necesito unos zapatos, y me trae un viejo par que pertenecen a su madre, para evitar el gasto.

—No me los puedo poner, Chaim, ¡son dos números más pequeños que el mío!

Soy una ingrata, me falta discernimiento, no comprendo nada de nada, soy egoísta y estúpida… Culpable, en todo caso, de haber traído tres hijos a un universo tan caótico. Me ocupo de ellos como puedo, pero no siempre tengo la fuerza necesaria para educarlos como es debido, hablarles, explicarles, reír con ellos. Nuestra existencia es lúgubre, y yo soy la responsable de ello. Debo sacar la lección de todo eso, tomar una decisión, y seguir como pueda.

En secreto, hago el juramento de no tener más hijos. Mamá me ha dejado un poco de dinero antes de regresar a Bélgica. Chaim lo ignora. Puedo ir a consultar a un médico a escondidas, y conseguir un dispositivo intrauterino. Entre 1979 y 1982 he quedado encinta cuatro veces. Si viviera en la felicidad, o la serenidad, no me quejaría, pero no tengo derecho a infligir a otro hijo semejante existencia.

¿Cómo se las ha arreglado para saberlo? ¿Tiene espías por todas partes? ¿Me han visto? ¿Me han denunciado?

—¿Te vas a hacer retirar este objeto?

—No. Tres hijos en nuestra situación, en medio de disputas, es ya bastante difícil. Me niego.

—Ah, ¿te niegas?

—Me niego. Ni hablar de ello.

Me echa fuera, cierra la puerta con llave, y él se queda en el interior con los niños. Le oigo prorrumpir en amenazas como un loco furioso, y gritarles a los niños:

—¡Es una mala madre! ¡Es malvada!

Acurrucada contra la puerta, el oído al acecho, oigo llorar a Moriah. Largos minutos pasan, y el llanto no se detiene. Moriah no está costumbrada a que se la deje llorar tanto rato. Su orina tiene un índice de urea muy elevado, y, con el calor del verano y las capas de tejido, sufre irritaciones graves. Hay que cambiarla y lavarla frecuentemente, pero a Chaim le importa poco. Camino arriba y abajo del pasillo como un animal herido preso en la trampa, desesperada por el llanto de Moriah. Golpeo la puerta, cada vez con más fuerza, y acabo por gritar.

Él abre la puerta, y silba como una serpiente, antes de cerrarla nuevamente de golpe.

—¡Haces demasiado ruido!

Me ha empujado violentamente. Tengo miedo de que desaparezca con los niños, miedo de pedir ayuda, no sé qué hacer. Pasa una hora, luego dos, y tres, Moriah sigue llorando. Estoy echada ante esta puerta como un perro que aguarda a su amo. Un felpudo. Una ruina de sufrimiento. Finalmente Chaim abre la puerta y ladra sus órdenes.

—¡Bien! ¡Tengo que salir! ¡Te vas a quedar aquí dos horas,

limpiar la casa, hacer la cocina, y ocuparte de los críos! Cuando yo vuelva, ¡fuera!

Moriah se ha saltado una comida y un biberón. Tiene la cama empapada, y la piel ulcerada, está deshidratada. Procuro bañarla lo más deprisa posible, darle de comer y arrullarla. Pero no consigo hacerla dormir. Solloza, y se ahoga con el llanto. Al cabo de una hora y media, agotada, acaba por sucumbir al sueño. Entonces, corro arriba y abajo para limpiar la casa, preparar la comida, lo hago todo al mismo tiempo. Ha dicho dos horas… Pero está ausente mucho más tiempo, y, al volver, no lleva a cabo su amenaza. Simplemente, reinstaura la ley del silencio.

Durante seis largas semanas no me dirige la palabra en casa. No existo. Pasa junto a mí, y yo, mujer invisible, no tengo derecho a unas palabras más que en el exterior. Pasa sus veladas leyendo en el salón, ignorando completamente a los niños. Al cabo de seis semanas, ya no soporto más este vacío, voy a sentarme a sus pies, sollozando, y confieso todos los pecados que él quiere. Soy una mala madre, una mala esposa, mendigo su perdón. Mucho rato, durante horas. Para recibir finalmente con una voz muy tranquila el alivio momentáneo:

—Está bien, te perdono.

¿Abandonarlo? El pensamiento se me ocurre cada vez más a menudo, pero lo alejo inmediatamente. No puedo, no debo, no, no… Y en primer lugar, ¿cómo?

No sé cómo soy capaz aún de mostrar una sombra de resistencia cuando él levanta una mano contra mí en el curso de una discusión:

—¡No puedes dominarme intelectualmente, y entonces me pegas!

La bofetada cae igualmente, pero le he herido en lo vivo. Es más fuerte que yo físicamente, pero yo soy más inteligente que él. No es «el mejor», como clama tan a menudo.

Me encuentro en la puerta, echada en el rellano durante horas. Avergonzada ante la idea de que los vecinos puedan verme en una situación tan humillante, me refugio en la terraza del inmueble. Sigo temiendo que traslade su agresividad a los niños. Sabiendo que yo tengo miedo de que se produzcan estas palizas ante ellos, ha encontrado, para aterrorizarme, una técnica aún más odiosa. En voz baja, insinuante, siniestra, me dice:

—Ve a la habitación, y espérame, te voy a pegar… Ve, o lo hago delante de los niños…

Llegada a este punto de obediencia aterrorizada, acabo por

confiarme a Sarah, la joven de origen americano que parece comprender mi situación. Ella me explica:

—Convendría que te pegara delante de testigos, si no la policía no hará nada. Y aun así, se contentarán con sermonearle un poco, y tú deberás volver al domicilio conyugal con él… A menos que te haya enviado al hospital… Pero, de todas maneras, para poder presentar una denuncia es necesario uno o varios testigos. Tengo una amiga que vive justo debajo de vosotros. La próxima vez que Chaim te pegue, abre la puerta y grita socorro. Ella vendrá con otros vecinos, y atestiguarán en tu favor delante de la policía.

No tengo que esperar mucho. Pero el problema es reunir valor mientras él golpea, con el dorso de la mano, una y otra vez. Decirse: venga, Patsy, grita, llama, pide ayuda, es tu única posibilidad de escapar de ello… Está la vergüenza, la humillación, la culpabilidad, una mezcla de sentimientos que sólo las mujeres maltratadas pueden imaginar. Reunir todo el valor en plena tempestad emocional.

Finalmente, lo consigo. Corro hacia la puerta para abrirla y pedir socorro. Mi llamada resuena en los pasillos desiertos. Los vecinos se asoman tímidamente al corredor, levantan los ojos hacia el piso donde yo grito. Algunos suben unos escalones, para ver lo que pasa, pero su presencia no disuade a Chaim de continuar golpeándome mientras me persigue por el corredor.

Dar así el espectáculo es duro. Estoy en el suelo, me da puntapiés, y los vecinos vuelven poco a poco a su casa en silencio. Jamás me he sentido tan humillada en mi vida. Al día siguiente todo el mundo se niega a testificar. La vecina me dice que tienen miedo.

—Es demasiado violento tu marido, han visto lo que es capaz de hacerte sufrir. Es un loco furioso. Déjale.

Si estuviera sola, la cuestión no se plantearía probablemente. Ya no le amo. Pero está mi familia, y la humillación profunda que para mí representa reconocer mi fracaso ante ella, y, sobre todo, están los niños. Tres niños a los que no se puede meter en una maleta para partir hacia la aventura. Moriah se desarrolla con dificultad, más lentamente que los otros, es la consecuencia de su nacimiento difícil. Una vez por semana debo llevarla a una clínica de Haifa, para una sesión de quinesiterapia. Me enseñan los ejercicios que debo realizar en casa, para ayudar a su crecimiento muscular. La hago echarse boca abajo, y hago rodar sus puñitos sobre una gruesa bola de goma, apoyando con fuerza para fortalecer los músculos. El ejercicio es doloroso para ella, y su llanto resuena en el apartamento. La atmósfera no puede ser más siniestra.

Tengo veintidós años, soy madre de tres hijos, y sin embargo, en muchos aspectos, soy aún una niña. Echo de menos a mi familia, a mi madre, a mi padre, su experiencia y su solidez, su amor. Mi orgullo me impide pedirles ayuda. Pienso a veces en el socio de mi padre, Samuel Katz. Papá me dijo que podía dirigirme a él en caso de urgencia. Me decido a telefonearle en febrero de 1983. Ignoro lo que voy a decirle, pero es absolutamente necesario que hable con alguien, que comience a desenredar la complicada madeja que me tiene prisionera.

Porque estoy prisionera. Cada mañana, Chaim me exige que le exponga mi programa del día, y no tengo derecho a cambiarlo luego. Elijo, pues, una mañana en la que debo llevar a los niños a la clínica para los cuidados de Moriah. Hay una cabina telefónica no lejos de allí, apenas a un kilómetro.

Por el camino me doy cuenta con horror de que he olvidado el papel donde tengo escrito el número de teléfono de Samuel Katz. ¿Qué hacer? Si regreso a buscarlo a casa, corro el peligro de cruzarme con el coche de Chaim. Entonces trato de poner mi cerebro en orden y recordar el número. Pero se produce un vacío total en mi cabeza. Sin embargo, sé que conozco este número, lo he mirado con frecuencia. No me queda otra solución: abro la puerta de la cabina, descuelgo el aparato, y milagrosamente el número se forma bajo mis dedos.

Lo primero que le pido a este hombre es que no repita nuestra conversación a nadie.

—Quizás tenga necesidad de su ayuda, es posible que me decida a abandonar a Chaim… quizás, no lo sé…

Me embrollo en mis explicaciones y mis «quizás». Le digo que soy desgraciada, pero no me atrevo a mencionar los malos tratos. Samuel Katz trata de calmarme, percibe que estoy a punto de sufrir una crisis de histeria, pero es demasiado cortés, es demasiado diplomático para hacerme directamente la pregunta. ¿Por qué quiere abandonar a Chaim? Lo sabe, sin duda. Dice simplemente:

—Patsy, cuando usted se decida estaré allí para ayudarla, no vacile en llamarme.

En aquel momento, yo ignoro completamente que papá le ha hablado ya de mis problemas conyugales. Ignoro también que mis padres van a venir pronto a Israel, para un viaje de negocios, junto con mi tío.

Regreso al apartamento, el corazón latiéndome locamente,

aterrorizada ante la idea de que Chaim pueda saber lo que acabo de hacer, como si estuviera escrito en mi frente en grandes letras luminosas: «He telefoneado al enemigo.» A partir de este momento, mis padres discuten con Samuel Katz la mejor manera de ayudarme.

Papá me dirá más tarde que si se hubiera dejado llevar por sus propios sentimientos, me habría simplemente obligado a partir con los niños. Pero comprendía que yo era la única, evidentemente, en poder tomar una decisión semejante. Que ésta debía proceder absolutamente de mí, y que era preferible hacerme comprender que estaban dispuestos a ayudarme.

Mamá decide venir a verme, sola, a su llegada a Israel, espera que me confíe a ella. Chaim ignora completamente a mi madre: simplemente no está allí, no existe. Es invisible, o casi, gran parte del día. Mamá me lleva de compras, y, el colmo de los lujos, encarga bistecs para cenar. Chaim disfruta de este extra, pero no se toma la molestia de dar las gracias. Una sonrisa, una cortesía es demasiado para él...

Por mi parte, yo trato de tener buen aspecto, me río, canturreo, como si todo fuera bien. Aún no le he contado nada, pero mamá me conoce lo suficiente para saber que el orgullo me lo impide, espera, y elige bien el momento para eludir la presencia de Chaim. Salgo de la habitación un instante para ir al baño, y ella me sigue, llamando suavemente a la puerta:

—¿Puedo entrar, Patsy?

Rápidamente, en la intimidad de la exigua pieza, habla:

—No quieres decir nada, pero quiero que sepas una cosa. Sé perfectamente lo que pasa entre Chaim y tú. Si necesitas ayuda, te la daremos, pero la decisión debe venir de ti.

—Shi... itt...

La puerta entreabierta, Chaim a pocos metros, no he respondido otra cosa que este «chitón» angustiado. Con todo, al regresar a Bruselas, mamá está segura de que voy a volver. Ignora dentro de cuánto tiempo, pero le dice a mi padre:

—Lo hará. Hará falta tiempo, quizás meses todavía, pero le dejará, lo presiento.

Es la Pascua judía, y marchamos de *picnic*. Es algo que yo adoraba hacer antes con Chaim. Un antes que no está lejos en el tiempo, y que, sin embargo, a mí me parece siglos.

En la Pascua, los judíos comen tradicionalmente el *matza*, el pan ácimo, pero Chaim prefiere el pan no *kasher*, y nos cuesta encontrarlo en estas fechas. He comprado, por tanto, una buena cantidad por anticipado, y lo he puesto en el congelador. El día del *picnic*, en el coche, se desencadena una disputa a propósito de un error que he cometido. He puesto sal en el biberón de Moriah en lugar de azúcar en polvo. Este hecho es estúpido, yo soy la primera mortificada por ello, y por supuesto Chaim me trata de «madre indigna». Está ya de un humor insoportable cuando aparca el coche a la sombra de un bosque de eucaliptos.

Sale del coche cerrando la puerta de golpe, y se aleja sin darse la vuelta. Yo instalo a los niños, saco la cesta de la merienda, y elijo el mejor rincón de sombra. Espero. Hay otra familia a poca distancia de nosotros que aprovecha también este hermoso día de primavera. Extiendo un mantel de papel, y comenzamos a comer, Chaim vuelve. Muerde un pedazo de pan, y lo escupe:

—¡No es fresco este pan! ¡No has sabido congelarlo en el buen momento!

Si sólo se hubiera quejado una vez, lo habría soportado, pero la historia del pan congelado se repite durante toda la tarde, como un *leitmotiv* surtido de insultos. Ni siquiera sirvo para congelar pan.

Yo observo a los niños, Marina juega tranquilamente con unas hojas. A los tres años y medio, es una niña tranquila y reservada, sumamente temerosa. Se agarra a mis faldas a donde quiera que vayamos, su necesidad de protección es inmensa, tiene miedo de todo. Simon, por su parte, es un niño hiperactivo. Ha tomado la costumbre de desplazar su rabia a los objetos, un zapato, un guijarro, lo que sea, para gastar su exceso de energía. Tiene más de dos años, pero se despierta aún en plena noche llorando, como un bebé. Moriah, que tiene diez meses, no puede mantenerse de pie sin que la sostengan. Es allí, a la sombra de los eucaliptos, en el maravilloso campo de Israel, que yo amo y que ya ni siquiera contemplo, donde tomo mi decisión. En medio del penoso concierto de las lamentaciones de Chaim sobre el tema del pan congelado. Pascua de 1983. Se acabó. No lo soportaré más.

Marina está en la escuela, sé que Chaim estará ocupado en la tienda durante horas. Coloco a Moriah en su cochecito, Simon trota a mi lado, su manita aferrada a mi falda. La cabina telefónica aparece a mi vista, se acerca, estoy delante de la puerta, la abro y llamo a mis padres. A cobro revertido, no tengo dinero. El sonido del timbre se alarga, allá en Bruselas, pero yo siento una dolorosa tranquilidad. Cuando finalmente oigo la voz de mamá, digo muy deprisa:

—Mamá, he decidido abandonar a Chaim.

Ya está, lo he hecho, lo he dicho finalmente.

9

LA HUIDA

Papá se ha hecho cargo de la situación, y ha descubierto inmediatamente dos problemas. El primero es que Chaim guarda mi pasaporte. Debo solicitar un duplicado sin que él se dé cuenta. El segundo es más grave. Según la legislación vigente en Bélgica, los niños nacidos de un matrimonio mixto tienen automáticamente la nacionalidad del padre. Marina, Simon y Moriah son, pues, israelíes incluso en mi país.

No me resulta fácil telefonear. Mis padres están pendientes de mis llamadas, y arreglan las cosas para que siempre haya alguien en casa para descolgar el teléfono. Las conversaciones son cortas, prácticas. Papá me informa de que va a venir a Israel el jueves 21 de abril de 1983, ha reservado una habitación en un hotel de Tel-Aviv, el más próximo a la embajada de Bélgica. Convenimos en que le llamaré cada día a partir de cierta fecha, entre las diez y las doce de la mañana, o entre las seis y las ocho de la tarde si me es posible. El complot familiar para mi liberación está en marcha, y mientras tanto yo debo continuar mi vida normal. En caso de urgencia, antes de la llegada de papá, deberé llamar a Samuel Katz.

Tengo que obrar con cautela para tener éxito. La vida cotidiana con Chaim es un camino sembrado de humillaciones y de peligros. No puedo decirles a los niños la verdad, por miedo de que dejen escapar una observación que me perdería. Cada vez que Chaim busca una pelea, me abstengo de provocarla con una respuesta, por lógica que sea, para evitar una paliza. Pero no puedo tampoco de repente empezar a soportarlo todo. Resultaría sospechoso. Y si sospecha de mi intención, se marchará con los niños.

Mi padre pensaba poder contar con nuestra embajada, pero los funcionarios no tienen ningunas ganas de implicarse en lo que ellos consideran un conflicto familiar. Yo obtendré un nuevo

Jueves por la mañana. Es preciso que siga sin el menor fallo la rutina habitual. Preparo el desayuno como cada día, el pan, la confitura, leche para los niños, café para Chaim y para mí. Ayudo a Marina a vestirse para la escuela, sabiendo que no va a ir a ella. Guiso pollo y pasta en salsa de tomate para el almuerzo. Pongo en marcha una colada. Llega por fin la hora de partir. Lo he hecho todo mecánicamente como una muñeca articulada, tensa hasta notar una rigidez en todos mis músculos.

¿Habrá notado algo? Hablo de todo un poco, con el miedo de no mostrarme bastante natural. ¿Hablo demasiado? ¿O no hablo lo suficiente? ¿Tengo aspecto nervioso? ¿No sabré responder si me pregunta de repente: «¿Qué ocurre?»

Llegamos ante la tienda. Chaim sale del coche, yo ocupo el lugar del conductor, las piernas me flaquean. Arranco y avanzo varias manzanas, hasta que estoy segura de que no puede verme, doy media vuelta y vuelo al apartamento. Dejo los niños unos minutos con mi amiga, subo las escaleras corriendo, recupero las bolsas de debajo de la cama, y me concedo el tiempo de preparar una pequeña puesta en escena destinada a Chaim. La bolsa que llevo habitualmente se quedará en la entrada, como si simplemente hubiera salido unos minutos con los niños. Cojo otra para meter en ella mi cartera…

En el momento de cerrar la puerta me sobrecoge un escalofrío. El impacto de la realidad que estoy a punto de vivir. Patsy, muchacha, es ahora. Tomas tu vida en las manos, decides el futuro de tus hijos… ¿Has hecho lo correcto para ellos? ¿No podrías realmente haber hablado de esta decisión con tu marido? ¿Como con un ser normal? Ante esta puerta me vuelvo adulta. Toda mi vida con Chaim desfila por mi cabeza. Su madre ha sido buena conmigo, voy a darle un disgusto al partir con los niños. ¿Pero a quién más causaré pena? No pienses en Leah, Patsy, piensa en ti, en los niños. ¡Pon fin a este calvario, huye para siempre de esos golpes, de esos insultos, cierra esta puerta!

Me cuesta, moral y físicamente, cerrarla, esta maldita puerta. Durante un instante, el símbolo que ella constituye me parece más fuerte que yo…

No me doy la vuelta ya, bajo por la escalera, doy las dos bolsas a mi amiga. Ella me seguirá con su coche, nos encontraremos dentro de cinco minutos en el aparcamiento. Ahora, si me cruzo con Chaim por desgracia, él no notará nada en el coche que pueda inquietarle.

Los niños sienten que pasa algo desusado. Yo aprieto a Moriah en mis brazos quizás demasiado fuerte. Marina y Simon no se separan de mí ni un milímetro mientras regresamos al coche.

No puedo aún decirles nada, aún no. Tengo que arrancar, conducir hasta el aparcamiento. Ejecuto todos los gestos necesarios, separada de mi cuerpo, me veo actuar desde arriba, desdoblada. Una vez en el aparcamiento, esperando a mi amiga, les doy a los niños una explicación sencilla, que ellos puedan comprender.

—Vamos a ir a ver al abuelo, y luego nos iremos a pasear con él... Haremos un viaje...

Con los ojos fijos en la esfera de mi reloj, espero la llegada de mi amiga, que llega con retraso, demasiado retraso. ¿Qué ocurre? Quizás me he equivocado con ella. Quizás me ha abandonado. O ha advertido a Chaim. Cada silueta de hombre que se perfila en el horizonte es una angustia. Hela aquí finalmente excusándose por no sé qué problema, que no me tomo la molestia de escuchar. Meto las bolsas en el interior del coche.

—Hasta la vista, Patsy. Voy a seguirte en coche, hasta que te hayas reunido con tu padre. Buena suerte, Patsy. *Good luck...*

Conduzco, literalmente, en trance. Mi trayecto me obliga a pasar por delante de la tienda de Chaim. No hay ninguna abertura que dé a la calle por la que paso, pero Chaim, por alguna razón, podría muy bien estar en la acera.

Son un poco más de las nueve cuando llego finalmente a la plaza principal. Mi padre, inquieto por este retraso, me estaba buscando por el retrovisor. Veo finalmente su mano hacerme el signo de que le siga, la de mi amiga que me dice adiós, y los dos coches del comando de fuga emprenden la ruta hacia Tel-Aviv, al sur de Karmiel. Yo sigo aferrada al volante, con las manos temblorosas. Hay un momento en que debo hacer una señal a mi padre para que se detenga al borde de la carretera al mismo tiempo que yo.

—Tengo miedo de tener un accidente, estoy demasiado nerviosa, coge a los niños contigo.

—Cálmate, todo irá bien...

Pero él también está temblando. Su rostro está rojo, y el sudor perla su frente. Hace un calor asfixiante. Debo hablar con calma a los niños; apenas conocen a su abuelo.

—Vais a subir al coche con el abuelo, y yo os seguiré. ¿De acuerdo, Marina? ¿Simon?

Obedecen con una confianza candorosa. Incluso mi pequeña Moriah, demasiado pequeña para comprender. Nos ponemos de nuevo en marcha, y les veo, el rostro inquieto detrás del cristal, vigilando mi coche, asegurándose de que les sigo. Papá ha decidido tomar la carretera de la costa, que nos llevará muy cerca de la embajada de Bélgica, en la calle Hayarkon, y de su hotel. Aún no tiene mi pasaporte.

Allí, debo buscar un lugar para dejar el coche. Dejaré las llaves de contacto en la guantera. Así Chaim podrá llevárselo cuando lo encuentre. Mientras papá reserva una habitación contigua a la suya, y me espera en ella con los niños, yo trato de aparcar el coche en el aparcamiento privado de un edificio, al abrigo de las miradas, pero una mujer me dice con aire agresivo:

—¡Ah, no! ¡No se puede quedar ahí! ¡Es privado!

—Se lo ruego, ¡no estaré ni dos minutos!

Me mira con expresión maligna, y prefiero no correr el riesgo de enfadarla más. Vuelvo a salir, y me dirijo al aparcamiento del hotel. No hay ninguna plaza libre.

Los niños tienen hambre, pedimos una comida en la habitación, y papá se pone al teléfono para hablar con la embajada. El télex no ha llegado aún. No vamos a poder tomar los dos primeros vuelos, es evidente. Papá vuelve a salir para ir a la agencia de viajes a modificar las reservas. Siento un nudo en la boca del estómago. Los niños se duermen en unas camas gemelas. Echada a su lado, contemplo el techo sin verlo. Lo hecho, hecho está, he huido, estoy en este hotel con Marina, Simon y Moriah, huyendo. No puedo dar marcha atrás.

Papá llega con dos reservas diferentes. Una opción de vuelo de la Australian Air Lines, que parte para Viena dentro de dos horas. Otra de la Lufthansa con destino a Francfort, dentro de cuatro. Luego me da dinero para que vaya a hacerme una foto de identidad.

Encontrar un fotomatón en Tel-Aviv es difícil. Ando por las calles, paso por delante de toda clase de tiendas, atravieso cruces, nada, y el tiempo pasa. Finalmente distingo el escaparate de un fotógrafo artesano, pero debo aún esperar varios minutos antes de que las fotos estén listas. Apenas consigo arrastrar los pies hasta una parada de autobús para volver al hotel. No sé ya qué hora es, dónde estoy, ni qué hago.

Una zombie. Mi padre estaba preocupado:

—¿Pero adónde has ido?

De hecho, este retraso no tiene importancia, ya que han surgido nuevas complicaciones. El precioso télex ha llegado por fin, pero el empleado encargado del código se ha marchado a comer. Mi padre está furioso. Aquí, la hora del almuerzo puede prolongarse con una siesta, o un paseo, nadie tiene prisa… Hace calor.

Papá corre a la embajada y espera hasta las dos y media de la tarde, en que regresa el empleado. El ambiente no es precisamente de total cooperación. El personal de la embajada ejecuta las órdenes del Ministerio de Asuntos Exteriores de mala gana. Al lado del nombre de los niños, en la línea de nacionalidad, el funcionario quiere escribir «ciudadanos no belgas». Mi padre le sugiere que lo haga en neerlandés, y no en francés, esperando que el aduanero israelí tendrá menos posibilidades de comprender así el sentido de esta inscripción. Pero el otro se niega con énfasis.

Papá vuelve con mi pasaporte y la terrible nota, «No belgas», en francés en el texto.

—Patsy, si te hacen preguntas al respecto, no mientas. Haz simplemente como si no comprendieras el hebreo.

Es demasiado tarde para embarcar en el vuelo de la Lufthansa. Air France nos propone un vuelo a última hora de la tarde con destino a París, es el último avión del día que parte para Europa, y quedan plazas en él.

Hasta el aeropuerto Ben Gurion, en el coche de alquiler de papá, avanzamos al ralentí, presos en un embotellamiento monstruoso. Como nunca los había visto en Tel-Aviv. Pronto serán las cinco, y el avión despega a las siete. Parece como si la ciudad se pusiera en contra mía, me ahoga, trata de retenerme...

—Relájate, Patsy, tenemos tiempo de sobra...

Llegamos con una hora de anticipación, en efecto, a pesar de los atascos.

En el puesto de seguridad del aeropuerto, un guardia nos pregunta:

—¿Van ustedes a Bélgica con tres niños, y no llevan maletas?

Mi padre responde con calma:

—Tienen todo lo que necesitan en Bélgica, y preferimos no ir cargados.

—¿Y el padre? ¿Dónde está? ¿No viaja con ustedes?

—Está trabajando, se reunirá con nosotros más tarde.

Este intercambio de réplicas se produce por encima de mi cabeza. Yo estoy aterrorizada, y mi rostro debe de revelarlo todo. Pero el guardia reflexiona un momento, y luego inclina la cabeza haciéndonos signo de que pasemos.

Nos queda ahora el control de pasaportes, y la ansiedad, que no hace más que aumentar desde que hemos puesto los pies en el aeropuerto, comienza a contagiarse a los niños. Están sobreexcitados, fatigados, y desorientados por este día. Los tres lloriquean. Simon reclama algo de beber.

Una mujer de uniforme, detrás de una ventanilla, examina nuestros papeles. Yo me concentro. No mientas, Patsy, y recuerda, no hablas hebreo. Finges no entender nada de lo que dice esta mujer, arqueas las cejas, abres desmesuradamente los ojos, no comprendes en absoluto la pregunta que te hace al menos tres veces... Pero ella repite finalmente la pregunta en francés:

—¿El padre es israelí?

—Sí.

Ella tiene el pasaporte belga en sus manos, donde figura el nombre de mis hijos y la mención «no belgas». Ignoro si ella lee el francés. Lo habla mal.

—¡Estos niños son israelíes!

Marina y Simon lloriquean. Moriah gime en mis brazos, y mi padre acude en mi socorro. Señala una cafetería al otro lado del detector de metales. Teóricamente, si paso esta barrera con los niños, ya no estoy en territorio israelí.

—Déjela que se ocupe de los niños, tienen sed. ¿Permite usted?

—De acuerdo.

Pero la mujer conserva mi pasaporte en sus manos, y, mientras mi padre me empuja hacia el paso, le oigo decir:

—¡Estos niños no tienen derecho a salir del país así!

Y papá le responde con calma:

—¿Ah, no?, ¿por qué?

—Todos los ciudadanos israelíes deben pagar un impuesto, al abandonar el país.

—¿Ah, sí? ¿Y qué hay que hacer?

—Pagar cincuenta y cinco dólares por niño. Hay un banco arriba en el pasillo. Yo guardaré el pasaporte. Vaya a pagar.

Mi padre sigue las instrucciones, deben de flaquearle las piernas mientras sube a este corredor, corriendo hasta la ventanilla del banco, y poniendo sobre el mostrador los dólares. Vuelve finalmente con el recibo de pago del impuesto. Con una gran sonrisa, se lo tiende a la mujer, recupera mi pasaporte, pasa la barrera y se reúne conmigo en la cafetería.

—¡Es la primera vez que pago una tasa de aeropuerto con tanta alegría! Dios, que miedo me ha dado esta mujer.

Ahora podemos enviar un telegrama a Chaim para decirle que los niños están seguros y que están bien. A menos que se produzca una catástrofe, ya no puede suceder nada.

De pronto una voz me hace sobresaltar.

—¿Son ustedes los Heymans? ¿Madame Heymans?

Yo me vuelvo roja, papá está sobre ascuas. Aquí tenemos la catástrofe. Chaim ha conseguido deshacer nuestro plan.

—¡Les esperan a ustedes para despegar! ¡Apresúrense! ¡Apresúrense!

Corremos hasta la puerta de embarque, un camarero nos hace subir deprisa. Yo no sé ya quién lleva a quién, Simon en mis brazos, o Moriah, Marina arrastrada por el camarero, o mi padre llevando a los dos… una niebla. El olor del desinfectante en el interior del avión, las conversaciones de la gente... Me deslizo entre los asientos, la puerta del avión se cierra antes incluso de que yo esté sentada. Unos minutos más tarde volamos hacia París.

Era el último avión del día, y hemos estado a punto de perderlo, después de todas estas angustias, equivocándonos tontamente de hora. ¡El despegue estaba previsto para las seis y no para las siete, como los dos habíamos anotado!

Mi padre pide un escocés doble, que ingiere de un trago. Yo ya no pienso más que en sonar la nariz de Simon, hacer tragar un zumo de frutas a Marina, cambiar a Moriah que se ha hartado de hacerse pipí en los pañales desde hace dos horas... Tengo la impresión de no haberme dado cuenta de lo que pasaba hasta despertarme en París.

10

PERFIL 21

La voz es dulzona, obstinada, persuasiva:

—¡Tienes que volver! Sabes muy bien que te amo… ¿Patsy? ¿Me dices que me amas tú también?

—No, no te amo.

Un mes después de mi marcha se ha decidido a telefonear. Mis padres han dudado primero de pasarme el teléfono. Tienen miedo de las presiones y del poder que él podría aún ejercer sobre mí. Pero yo soy sólida. Me las arreglaré. Los miles de kilómetros que nos separan me ayudan a resistir. La justa verbal no acaba: se excusa, me quiere, yo digo no y no, y finalmente:

—Voy a Bélgica. Te convenceré de que vuelvas a Israel conmigo.

Llega unos días más tarde, los brazos cargados de flores. Rosas color frambuesa. Mi madre está terriblemente inquieta.

—No le hables.

—Claro que sí, voy a hablar con él.

—No le conoces, te va a manipular. Es capaz de hostigarte hasta que cedas; tengo miedo por ti, Patsy.

—No temas nada. Estoy decidida. Dejadnos solos, necesito arreglar esta historia por mí misma.

Mamá sube al primer piso con los niños, yo dejo la puerta del salón entreabierta. Papá ha desaparecido, pero yo sé que no está lejos. No están tranquilos ninguno de los dos, pues yo he vivido cinco años bajo la dominación de este hombre, de ellos tres en Israel en condiciones insensatas, y les cuesta creer que sea capaz de resistirle. Con todo, curiosamente, sé que puedo ser ahora tan fuerte como fui antes débil. Él está de pie, los brazos llenos de flores en este salón donde yo me enamoré, cegada por una pasión inexplicable por este tirano. Es la primera vez desde que le conozco que me ofrece flores.

—Gracias. No las quiero.

—Sí, tómalas...
—No.
—Tómalas, Patsy...
—No.
—Pero si yo te quiero; debes aceptar estas flores...
Me cansa, de modo que las acepto con un encogimiento de hombros, voy hasta la cocina, y las echo al cubo de la basura. Tienen el color de la sangre. Estoy contenta de haberlas tirado. Este gesto aumenta la confianza en mí misma. Retorno al salón.
—Las he echado al cubo de la basura.
Él finge oír esta provocación, e inicia una letanía de te amo, tú sabes que me amas, dime que me amas. Es difícil no escuchar al que dice que os ama. ¿Y si fuera sincero?
—¡Dime que me amas, Patsy, dímelo!
—No, no te amo.
Lucho para mostrarme inflexible con él, siempre tiene la última palabra. ¿Por qué es tan difícil? Insiste, y finalmente acaba por arrancarme:
—De acuerdo, te amé, pero ya no.
Sigue una larga discusión, una sucesión de reproches que Chaim trata de refutar sistemáticamente, uno por uno, con una mala fe pasmosa.
Los golpes, la violencia:
—Yo jamás te he pegado, es el fruto de tu imaginación... bueno, de acuerdo, quizás te he zarandeado una o dos veces, ¡pero si lo he hecho es porque lo habías merecido!
Le recuerdo que los niños eran desgraciados, inestables, no conseguían llevar una vida equilibrada con él.
—¡Eso es culpa tuya, eras una mala madre!
Se enfada un poco, su máscara comienza a caer, el aspecto «estoy desolado, te pido perdón» desaparece ya, y siento que la cólera se apodera de él, a punto de estallar. Se muestra tan indignado que llego a preguntarme si no tendrá razón. ¿Siquiera un poco? Una madre desgraciada no se da cuenta de que hace compartir su desgracia a sus hijos... Me prohíbo seguir haciéndome la pregunta, no más de tres segundos. Está manipulándome otra vez. Ataco el tema del dinero. Siempre lo tenía él, y yo jamás... ni siquiera para comprar lo estrictamente necesario para los niños. Hemos comido tantas alas de pollo que las sentía crecer en mi espalda.
—¿Qué querías que hiciera? He tratado de encontrar trabajo, como todo el mundo, ¡pero nadie quería contratarme!
¿Está realmente convencido de lo que dice o se burla de mí? Miente como respira, se niega a asumir la responsabilidad de su

comportamiento, de sus actos. Es un bruto sin ninguna fuerza de carácter, que se niega a verse tal como es. Es capaz de mantener durante horas, días, meses enteros, que nada es culpa suya, que es el otro el que se ha equivocado, el otro que es estúpido, el otro que debe adaptarse a su visión de las cosas, suponiendo que tenga una.

Se acabó, veo claramente en él. No es un hombre adulto, consciente, responsable, respetuoso de los demás. No piensa más que en sí mismo, como un chiquillo, capaz, después de haber robado mermelada y haberse embadurnado la cara con ella, de responder insolentemente que no la ha tocado, ¡que jamás ha habido mermelada!

Ni siquiera ha pedido ver a los niños, cuando sabe que están allí. Está mucho más preocupado por su orgullo de varón. ¡Que se le pueda abandonar a él, Chaim, es inconcebible! Que una mujer consiga enfrentársele, ¡eso no es posible!

—¡Fue tu padre quien te convenció de que volvieras a Bruselas con él!

—No. Lo decidí yo sola. Tomé esta decisión por mi propia iniciativa, nadie me obligó a nada. Te abandoné, y todo ha terminado entre nosotros. Ya basta.

Esta vez, él ha comprendido, el golpe es terrible. Mientras podía inventar historias, tratar de convencerse de que yo era débil, influenciable, incapaz de razonar y de decidir sola, aún podía contenerse. Pero ya no puede, y por fin se muestra tal como es.

—Lo nuestro ya no tiene importancia, todo lo que digas me tiene sin cuidado. Cueste lo que cueste, destruiré tu vida. Destruiré tu vida.

Le creo. Tiene la mirada de un loco.

Chaim sale de mi casa con las manos vacías, sus rosas en el cubo de la basura. Se acabó realmente. Esta vida que él ha jurado destruir no hace más que empezar para mí. Yo había olvidado el sabor delicioso de la libertad: ir y venir cuando me apetece, sin temor, sin sentirme culpable, sin pedir permiso a nadie. Me esfuerzo por borrar de la memoria los cinco últimos años. Olvidar a Chaim, el hombre, al marido, puedo hacerlo, pero ignorar lo que he vivido es imposible.

Me entero ahora de muchas cosas sobre él. Samuel Katz ha averiguado cómo Chaim, el héroe, dejó el ejército. Todos los soldados israelíes son clasificados en diferentes categorías. Chaim lo estaba en la denominada «perfil 21». El «perfil 21» designa a los individuos considerados demasiado inadaptados e inestables para realizar el servicio militar. Algunos de ellos no tienen siquiera el derecho de poseer un permiso de conducir. Parece que Chaim fue clasificado «perfil 21» después de una trifulca con un oficial. Nada de disparos de fusil, de maniobras y de herida militar, como él se jactaba, sino una vulgar riña, en el curso de la cual fue herido en el codo.

Ya nada me asombra ahora: ni el hecho de que hubiera tenido dificultades para obtener aquel famoso permiso pasando tests psicológicos, ni que no fuera un reservista como los demás, y le confiaran la vigilancia de un cruce de calles, en vez de un fusil, o también que tuviera tantas dificultades para encontrar un empleo.

Me entero también de por qué mi abuelo se mostró tan distante con nosotros cuando nos encontramos con él en Israel. Durante los seis meses que precedieron a su muerte, el abuelo me envió regularmente 10.000 francos belgas, y yo jamás le di las gracias. Nunca llegué a saberlo. Chaim se guardaba el dinero, y nosotros comíamos alas de pollo. Es demasiado tarde ahora para pedirle perdón al abuelo. Es una pena que se suma a otras. Pero rehúso reflexionar sobre todas estas cuestiones, no quiero pensar más en ellas, el simple hecho de oír su nombre me pone enferma. Me siento presa de emociones violentas, oscuras, turbias. No quiero recordar nada de mi vida pasada. Se acabó del todo. Quiero que toda la familia lo sepa:

—De acuerdo, me casé con él. Y fue un error. Ahora quiero pasar la página. Comienzo una vida nueva, y ya no quiero oír hablar más de él.

Mis padres saben que me pegaba, pero no hacen preguntas al respecto, y yo tampoco hablo. El recuerdo que me resulta más penoso es aquella llamada telefónica, en la que tuve que pedir a mi padre que salvara a Chaim de la prisión enviándome el dinero necesario para pagar al banco. Chaim debía aceptar en contrapartida el dejarme hablar con mis padres normalmente. Un verdadero chantaje. Papá envió el dinero, pero Chaim no firmó el papel en casa de un abogado, precisando que no se opondría más a que yo tuviera contactos con mi familia.

Me cuesta creer que todo eso haya sucedido, que les haya causado tantas inquietudes. He reprimido de tal manera el recuerdo de este incidente penoso que ya no me acuerdo siquiera de haber telefoneado. Si mis padres hacen alusión a él, les ruego que se detengan. Siento demasiada vergüenza. Esta vergüenza, esta necesidad de olvido, me impiden afrontar el procedimiento legal. Para divorciarme, debo volver a tener contacto con Chaim, y no consigo decidirme a ello. Más tarde lo haré, me digo, más tarde.

Los niños también olvidan. No preguntan jamás por su padre. Es bastante lógico, ya que Chaim los ignoraba la mayor parte del tiempo, y no pueden echarle de menos. Ahora, si les preguntan quién es su padre, responden indiferentemente Jacques, Éric, o Géry. Mi padre o mis hermanos se han convertido para ellos en padres de sustitución.

El pediatra está satisfecho de su evolución. Se han abierto como flores al sol. Marina está más relajada, sonríe fácilmente, Simon es un guapo niñito de piel de color de la miel, siempre tan imposible y exuberante, pero mucho menos agresivo. Moriah, que no podía mantenerse de pie a los diez meses, anda ahora como cualquier niño de su edad.

Más que todo en el mundo, aspiro a una vida normal, y ellos también. Es bueno verlos correr libremente, respirar, comer, reír, dormir, tener caprichos, incluso ser regañados, devorar un pastel... La mirada de los niños no miente jamás sobre su equilibrio.

26 de septiembre de 1983, en la pequeña capilla católica de Saint-Paul, el padre Albert, un primo de la familia, bautiza a mis hijos. Marina tiene casi cuatro años, hoyuelos en sus redondas mejillas. Simon, apenas dos años y medio. Un poco nervioso, observa el entorno. Moriah, que tiene ahora quince meses, se debate en mis brazos.

El padre Albert comienza por Marina, hace la señal de la cruz sobre su frente, luego se aproxima a Simon, que retrocede ligeramente.

—Mi hermanita primero...

¡Quiere primero comprobar que no hace daño!

Mis hijos están ahora bautizados, como el resto de la familia.

Chaim llama de vez en cuando, desde Israel, y siempre a cobro revertido, para pedir noticias. Luego el cobro revertido nos es solicitado desde distintas ciudades europeas. Parece viajar mucho, pasar de un buen hotel a otro, y llevar una vida bastante confortable, pero ignoro la razón de sus viajes, ni cómo consigue financiarla. En Israel, siempre se quejaba de no tener bastante dinero.

Por mi parte, he reanudado mis estudios de secretariado, pasado exámenes bastante difíciles, y, después de las Navidades de 1983, debo realizar un período de prácticas en una empresa. Papá acaba de establecer relaciones con una pequeña empresa de transportes instalada en Mons, a sesenta kilómetros de Bruselas, y en ella es donde realizaré mis primeras prácticas. Mis padres han alquilado una casita en esa población y la están arreglando para pasar allí el mayor tiempo posible.

Me decido a pasar unas pequeñas vacaciones con los niños en nuestra casa de Nassogne. Este día nieva un poco. Copos de nieve se aplastan blandamente sobre el parabrisas del coche, durante el trayecto. Moriah está sujeta en la parte de atrás en su sillita de automóvil, Simon y Marina están sentados a su lado. Hay poco tránsito, y circulo lentamente.

—Cógeme la mano, Patsy…

A Marina le gusta mucho que le coja la mano. Me llama Patsy, como toda la familia, y su hermano y hermana han adoptado también la misma costumbre. Sujeto la manita de mi hija con la mano izquierda y el volante con la otra. Cantamos el *Frère Jacques*, en francés, y luego una pequeña canción infantil en hebreo. Me gustaría que siguieran practicando las dos lenguas.

Hace unos ocho meses que dejé a Chaim. Y es aquí, en esta autopista casi desierta, este final de mes de diciembre, donde comienza a concretarse la amenaza de Chaim: «Destruiré tu vida.»

Dejo de canturrear. Acabo de darme cuenta de que un coche nos sigue de cerca. El poderoso haz de los faros inunda mi cristal trasero de luz blanca. Se trata de un coche grande, probablemente un BMW, o un Audi, y no comprendo por qué no me adelanta. Cada vez que acelero un poco, él hace lo mismo. Y si reduzco la marcha, él la reduce también. Mi primer pensamiento es tan aterrador como el que surge después: puede tratarse de un chiflado de la carretera, que ha descubierto a una mujer sola con niños. Pero quizás se trata de Chaim…

—¿No cantamos ya, Patsy?

—Marina, estáte quieta y baja el seguro de las puertas.

—¿Pero por qué?

—Hazlo, Marina, sé buena.

Simon se inquieta.

—¿Qué ocurre? ¿Qué pasa, Patsy?

—No lo sé, cariño. Nada. Todo va bien, tranquilos. Hay que ser prudente, eso es todo.

Ahora los niños se callan. Veo por el retrovisor cómo los ojos de Marina se agrandan por la angustia. El peligro está realmente detrás de nosotros, no sé qué forma va a adoptar. Los kilómetros desfilan, en medio de una tensión extrema. Jugamos al ratón y al gato circulando por una carretera resbaladiza de nieve fundida. Pongo mi Toyota a ciento sesenta kilómetros por hora, su máximo, el perseguidor acelera, entonces voy reduciendo progresivamente la velocidad hasta cuarenta, y me mantengo en ella obstinadamente, mucho rato. Finalmente, el coche se decide a adelantarme, y distingo al pasar a dos hombres en su interior. Por el perfil, el conductor podría ser Chaim, pero no estoy segura de ello. Los veo desaparecer delante de mí, rodando siempre al ralentí por el carril de la derecha. Sé que la próxima área de descanso no está lejos, que hay allí una tienda de patatas fritas, seguramente cerrada porque ya es tarde, pero, de todos modos, decido detenerme en ella, para poner más distancia entre mis perseguidores y yo.

Un error por mi parte, ya que, al acercarme al área de reposo, distingo el coche en el aparcamiento. Evidentemente, el conductor espera a que pase para reanudar su persecución. Si pudiera reflexionar con calma en este momento, seguramente daría media vuelta, y regresaría a Bruselas, pero no se me ocurre otra cosa que aparcar yo también, y observar este coche, para tratar de adivinar lo que los dos hombres van a hacer. Marina está ansiosa.

—¿Por qué te paras?

—Tengo que descansar un poco. Unos minutos.

Ella acepta provisionalmente esta mentira. El coche está parado en el otro extremo del área de descanso, a la salida del aparcamiento, y sus faros iluminan la carretera. Ahora estoy muerta de miedo. Para reanudar la marcha no tengo más que dos soluciones. Esperar a que ellos se vayan, pues su coche bloquea la salida, o lanzar fogonazos con los faros para obligarles a despejar la vía. Elijo la segunda solución diciéndome: «Si uno de los hombres sale del coche, conseguiré pasar arrimándome a un lado.» Unos segundos solamente después de mi aviso con los faros, aunque ese lapso me parece una eternidad, el coche arranca y toma la dirección opuesta, hacia Bruselas. ¿Es que han renunciado? ¿Darán media vuelta un poco más lejos? Vuelvo a tomar la autopista hasta la salida siguiente, que lleva a Marche-en-Famenne, la pequeña ciudad donde hacemos los cursos cuando estamos en el campo. La calzada está muy resbaladiza, me veo obligada a ir deprisa, y tengo miedo. Miedo de sufrir un accidente, de que los niños queden heridos, de que el coche me atrape. Las manos aferradas al volante, los ojos fijos en la carretera reluciente y grasienta, llego finalmente, los nervios a flor de piel, al aparcamiento anónimo de un supermercado.

Es preciso que me calme, que las palpitaciones de mi corazón se detengan. El supermercado está aún abierto, pero hay pocos clientes en este atardecer de un día invernal, oscuro y nevoso. Vigilo cada coche que pasa, y, menos de un minuto más tarde, veo a mis perseguidores pasar en tromba. Parece que he conseguido despistarlos. Pero Chaim conoce la región, sabe dónde se halla nuestra casa de campo, ha sido invitado a ella varias veces. Si se trata de él, sabe forzosamente que voy a Nassogne. Y me arriesgo a toparme con él si voy allí.

Circulo ahora prudentemente por carreteras comarcales, atravieso el pueblo de Ambly, en dirección a la casa, pero me detengo en la de unos amigos. Marie-Anne y Olivier viven con sus tres hijos en una pequeña casita. Sé que no puedo imponerles mi presencia. Pero, después de contarles mi historia, acepto la proposición de Olivier de acompañarme hasta la casa de mis padres.

Me gusta enormemente nuestra casa. Su aislamiento principalmente, pero, por una vez, preferiría que su entorno estuviera más habitado. Una gran fila de árboles la oculta, y la hace invisible desde la carretera. Por lo general, aparco en el arcén de esta carretera, pero esta noche cruzo la verja en coche, y subo por el sendero, hasta detenerme al abrigo de las miradas. Olivier da la vuelta a la casa, inspecciona el jardín, mientras yo espero con los niños en el coche. Todo está normal.

Me instalo rápidamente, y Olivier promete pasar de vez en cuando para comprobar que todo marcha bien. Yo le llamaré en caso de necesidad. Olivier se marcha. Cierro la pesada puerta de roble macizo, y paso el cerrojo. Llamo inmediatamente a mis padres en Mons para contarles mi siniestra aventura. Papá se toma la cosa con calma.

—No creo que debas inquietarte, Patsy, se trata probablemente de dos hombres que se han divertido estúpidamente dándote miedo.

¿Es que me habré vuelto paranoica hasta el punto de ver por todas partes el perfil de Chaim? Mi padre se muestra tan tranquilizador, tan razonable, que acabo por calmarme. Pero cuando cuelgo el teléfono, el silencio de la gran casa me aterroriza. Compruebo otra vez cada postigo antes de preparar la cena y acostar a los niños en una habitación que da a la parte delantera de la casa. Me acuesto a su lado en la misma habitación. Apago todas las luces después de haber instalado una vela cerca de mi cama.

Olivier llama dos o tres veces durante la velada. Ha recorrido los alrededores y no ha visto a nadie. Pero antes de acostarme, voy a coger un fusil de caza en el armero de mi padre. Papá me enseñó a tirar cuando era una chiquilla. Lo cargo, dejando el cañón abierto, y lo escondo bajo la cama. Es terrible, pero, si Chaim se atreve a introducirse en esta casa para llevarse a los niños, *sé* que soy capaz de disparar contra él.

No consigo dormirme, las horas transcurren en medio de la negrura con una lentitud aterradora. Trato de imaginar todo lo que podría hacer Chaim. Cortar la línea telefónica, forzar los postigos, o merodear por el exterior… Quizás está allí, en el jardín, bajo una ventana, esperando a que amanezca para actuar. ¿Pero, qué quiere? ¿Cuáles son sus intenciones? La oscuridad amplifica todos los ruidos nocturnos, el menor crujido de la madera es una amenaza, el silbido del viento en los árboles me da a veces ganas de gritar, aunque no hay ninguna posibilidad de que alguien pueda oírme.

A la mañana siguiente el sol brilla en un cielo invernal resplandeciente de claridad. La atmósfera está libre de las angustias nocturnas, y el miedo de la víspera me parece un poco ridículo. Los niños desayunan alegremente. Me convenzo de que Chaim no está en Nassogne; de lo contrario, habría intentado algo esta noche.

Como necesito provisiones para los cinco días de vacaciones, regreso al supermercado con los niños. Esta mañana el sol ha secado la carretera, circulo con toda seguridad. Detrás de mí, un BMW marrón. Mi corazón da un brinco, y luego intento razonar. Detente, Patsy, te estás volviendo majareta, hay montones de coches marrón de este tipo… ¡déjalo ya!

Marina y Simon recorren las estanterías jugando delante de mí, mientras yo lleno dos carros de provisiones. Moriah se instala en una sillita metálica, entre mis brazos. Después de haber pasado por la caja, llevo el primer carro al coche con los niños para descargarlo, y regreso seguidamente a coger el otro. Me siento más tranquila, alegre incluso, los niños se divierten y parlotean. Atravieso el aparcamiento medio vacío empujando mi carrito hacia el coche.

De pronto levanto los ojos, ¡está allí! Chaim. El impacto es tan violento que quedo inmovilizada en el sitio, pensando: «¡Mierda! Tenía razón.»

Con el corazón latiéndome alocadamente, les grito a Marina y Simon que están delante de mí:

—¡Venid a mi lado! ¡Vuestro padre está aquí!

Avanza hacia nosotros y se detiene a media distancia. Esforzándome en ser amable, el cuerpo exangüe y la boca seca, consigo murmurar:

—Hola...

Él responde cortésmente «Buenos días». Luego ordena con sequedad:

—¡Vas a volver conmigo a Israel!

—¡Ni hablar! Después de lo que me hiciste sufrir, jamás. No iré, y lo sabes. Ahora, déjanos tranquilos.

Parece sorprendido de la virulencia de mi respuesta. No debe de reconocer a la antigua Patsy, la esclava obediente. Luego, de un salto, se echa sobre nosobros, arranca a Moriah del carrito, y parte corriento hacia el BMW marrón que yo había visto antes. Corro detrás de él, y le cojo por la camisa, mientras grito:

—¡Secuestra a mi hija! ¡Deténgale! ¡Deténgale!

Marina y Simon corren también detrás de mí, gritando de miedo, Chaim consigue deshacerse de mi presa, llega al coche y echa a Moriah al asiento de atrás. En el momento en que va a instalarse en el volante estoy a la altura de la portezuela y continúo gritando a los clientes que nos observan:

—¡Hagan algo, deténganle! ¡Ha cogido mi bebé!

Algunos transeúntes se aproximan a nosotros. Marina y Simon en lágrimas, más asustados por mis gritos que por la presencia de su padre, se refugian en los brazos de una mujer que los consuela, mientras yo, agarrada a la portezuela, continúo gritando:

—¡Mi bebé! ¡Mi bebé! ¡Se marcha con la pequeña! ¡Ayúdenme!

Chaim trata de cerrar la portezuela, pero yo consigo impedírselo, me inclino desesperadamente empujándolo para tratar de coger a Moriah, que está aterrorizada, se debate sin comprender, y se escapa de mis manos.

Nadie me ayuda. En este instante podría perder la partida. Chaim podría rechazarme de un golpe brutal, cerrar la portezuela y arrancar. Pero está muerto de miedo. Mis gritos, la violencia con la que resisto, mi determinación, o su cobardía, no lo sé... Finalmente, un hombre mayor, de unos sesenta y tantos años, surge de la pequeña multitud reunida a nuestro alrededor, se acerca, se inclina hacia Chaim, lo coge por el hombro, y tras haber observado con seguridad la matrícula del vehículo, ordena en alemán:

—¡Salga de ahí!

Chaim es joven y vigoroso, podría sin problemas derribar al anciano caballero. En lugar de ello, balbucea miserablemente: «heu... heu... heu...». Sin dejar de sujetarlo por el hombro, el desconocido le obliga a salir del coche, y yo me precipito al interior para recuperar a Moriah. Mi salvador se interpone entre Chaim y nosotros. Otras personas nos rodean, y alguien dice:

—Hay que ir a la comisaría, señora.

Con la voz temblorosa por las lágrimas, respondo:

—Sí, pero es preciso que alguien nos acompañe. ¿Y si trata de huir? ¿Y si lo vuelve a intentar?

El anciano caballero, tranquilizador, acepta venir con nosotros. La comisaría de policía se encuentra una calle más allá. Nos dirigimos a ella en procesión. El caballero en su coche, los niños y yo en el Toyota, y Chaim en su BMW marrón. Tiene demasiado miedo para huir ahora. No se atreve.

En el puesto de policía le pido al desconocido que telefonee a mis padres. Se encarga de ello amablemente, los tranquiliza, y luego viene a decirme que se han puesto en camino.

Este hombre es un amor de abuelo. Hace una breve declaración, diciendo honestamente lo que ha visto, y la policía le permite marcharse. Pero, antes de partir, viene a confiarme con un pronunciado acento valón, característico:

—Sabe usted, he intervenido porque este hombre, con su piel bronceada y sus cabellos negros, tiene el aspecto de un árabe... y ya sabe usted, los árabes...

Chaim niega contra toda evidencia haber intentado secuestrar a los niños. Pretende que quería simplemente hablar conmigo, pero su explicación laboriosa no convence a la policía. Le confiscan sus papeles, y lo encierran en una celda, mientras deciden lo que harán con él. Unos minutos más tarde, golpea la puerta de la celda gritando:

—¡Quiero café!

Un policía suspira y sirve café en una taza. Desaparece para llevárselo. Casi inmediatamente oigo gritar:

—¡Ah, no! ¡Nada de café instantáneo!

Supongo que se tendrá que contentar con él. Luego reclama a gritos una manta, que le llevan, después una segunda manta, y luego la comida.

—¡Es mala!

Las miradas que intercambian los policías dicen claramente lo que piensan de él. Su comportamiento no habla precisamente en su favor.

La llegada de mi padre provoca una amplia sonrisa en uno de los policías. Los dos son cazadores, se conocen.

—¡Monsieur Jacques Heymans!

Tengo la suerte de que todo eso ocurra en una pequeña ciudad donde la gente se conoce. Pues el incidente es grave a fin de cuentas. La policía me interroga detenidamente, y consigue averiguar la ruta seguida por Chaim, después de varias llamadas telefónicas. Ha alquilado el BMW en Alemania, y no ha venido solo a Bélgica. Tres hombres se alojaban con él en el hotel. Al parecer, habían conspirado juntos para secuestrar a los niños. Su plan era interceptarme la noche anterior en una carretera rural, y los engañé al tomar la salida antes de Nassogne. Curiosamente, no intentaron nada durante la noche, probablemente a causa de la vigilancia de Olivier. Quizás Chaim también recordó las armas de caza de mi padre. Sea lo que fuere, cuando ha intentado actuar solo ha fracasado. Esperaba convencerme para que volviera con él a Israel, para continuar jugando a los tiranos, para seguir pegándome y aterrorizando a los niños, ¡y hacernos comer alas de pollo!

Tengo que admitir delante de la policía que ni uno ni otro tenemos la custodia de los niños, puesto que no he realizado ninguna gestión oficial. Así pues, Chaim no ha infringido la ley. Un juez para casos infantiles de Bruselas nos lo confirma, no se puede actuar contra él. Lo único que yo puedo hacer, a la espera de regularizar mi situación, es ocultarme en alguna parte; que pierda mi pista. La policía sólo puede mantenerlo a buen recaudo hasta esta noche.

Es curioso cómo reacciona uno, en plena angustia, en estado de *shock*. No tengo más que una obsesión desde que estamos en la comisaría: los dos carritos de provisiones que he dejado en el aparcamiento.

—Mamá, por favor, ve a recuperarlos.

¿Pero dónde poner estas provisiones? ¿Dónde voy a refugiarme? Chaim va a salir de este puesto de policía por la noche, libre para volver a empezar. Y más furioso aún.

11
LA BATIDA

Esta aventura ha perturbado, naturalmente, a los niños. Simon, que exterioriza fácilmente sus emociones, desplaza su rabia estrellando sus juguetes contra la pared:

—¡Papá malo! ¡Déjanos tranquilos! ¡Malo!

Moriah, demasiado pequeña aún, no ha comprendido nada, pero Marina, cuyo carácter es bastante parecido al mío, se encierra en sí misma. Adopta ahora la costumbre de chuparse el pulgar, cosa que jamás había hecho, y se hace pipí encima varias veces al día. Por la noche, moja el colchón, cuando desde siempre había sido limpia. Antes dibujaba con aplicación, y ahora la veo trazar garabatos infantiles. El pediatra prescribe ligeros tranquilizantes, que no voy a darle. Prefiero enviarla unos días a casa de mi madre, en un ambiente familiar y tranquilizador que la apacigua enormemente.

Para explicar a mis hijos lo que ha pasado, no tengo otra solución que decirles la verdad.

—Papá os quería llevar, porque quiere que volvamos a Israel.

—Papá malo.

Sin una investigación previa, el juez para casos infantiles vacila en confiarme legalmente la custodia de los niños. Soy yo quien se marchó, quien abandonó el hogar conyugal con mi hijo y mis dos hijas. Sin embargo, la tentativa de secuestro y el terror manifiesto que Chaim les inspira consiguen convencer a este juez de que están realmente en peligro. El 17 de enero de 1984, el tribunal de Bruselas atribuye provisionalmente la custodia a mi hermano Éric, en calidad de tutor, sabiendo perfectamente que continuarán viviendo conmigo.

Nos encontramos en Mons, en la casita que mis padres han alquilado para nosotros. Sus paredes de ladrillo no la distinguen de sus vecinas. Muy agradable, está situada en el cruce de dos calles, cerca de una tienda de comestibles. La circulación es importante, y entramos en general por detrás de la casa, que está rodeada de una cerca alambrada. Jamás me olvido de cerrar el portal con llave, y por prudencia les digo a los niños que vivimos en una ciudad que se llama Gand. Si alguien les pregunta algo, un esbirro de Chaim por ejemplo, espero que esta falsa información nos permitirá ganar tiempo.

He encontrado una escuela para ellos, a trescientos metros de la casa. Esta proximidad me tranquiliza. No hay más que dos clases: un jardín de infancia para los pequeños y un aula reservada a los niños de siete a doce años. Por supuesto, en el momento de la inscripción, les muestro la copia de la sentencia de custodia, dejando bien claro que no deben entregar los niños a Chaim bajo ningún pretexto. La amenaza es permanente, vivo bajo tensión. En cuanto pierdo de vista un segundo a los niños, empiezo a sentir pánico.

—No tenéis que hablar con desconocidos, sólo el abuelo y la abuela pueden venir a buscaros, o los tíos. Nadie más. Tened cuidado con las personas mayores que no conocéis. No dejéis que os cojan de la mano.

A fuerza de machacarles las precauciones a tomar, tengo miedo de asustarlos. No quiero describirles a su padre como un monstruo malvado que vendrá a llevárselos, pero es preciso, por desgracia, que desconfíen de él.

Nuestro número de teléfono es secreto, sólo lo saben mis padres y los amigos íntimos. No me quedo nunca sola por la noche, no lo soportaría. Mi padre o uno de mis hermanos viene a dormir a la casa. Si mis amigos vienen de visita, les aconsejo que presten atención a los coches que pudieran seguirles.

Cuando debo circular entre Mons y Bruselas, por la autopista, tomo cada vez salidas diferentes, y me detengo en el arcén y compruebo que nadie me sigue antes de continuar el viaje. Conservo sistemáticamente en la memoria los números de las matrículas de los coches que me parecen sospechosos. Se ha convertido en un acto reflejo.

Papá, que posee permiso de armas, guarda una pistola en la casa. La escondemos encima de un armario, y me ha enseñado a cargarla y descargarla, me ha recomendado incluso que practique regularmente, para conocerla bien, y utilizarla sin azararme en caso de necesidad. Es extraño haber llegado a este punto. Y lógico también. Toda la violencia de Chaim, sus amenazas, su tentativa de secuestro me incitan a ello. «Siento», y mi familia también, que no ha abandonado la partida.

La primera resolución judicial me tranquiliza un poco. El 3 de abril de 1984, el tribunal de Bruselas me concede, después de una investigación, la custodia de mis hijos. Chaim tiene derecho a verles, bajo condiciones estrictas. Las visitas sólo podrán tener lugar los lunes y miércoles por la tarde, en casa de mis padres, en Bruselas, y en mi presencia. Los nombres de Marina, Simon y Moriah son tachados del pasaporte de Chaim. No solamente suprimidos, sino visiblemente tachados, a fin de que sea inmediatamente interrogado en la aduana si trata de viajar con ellos.

Yo espero, aunque sin demasiada confianza, en que ejerza su derecho de visita. Una mañana, llega una carta certificada. Reconozco en el gran sobre de color pardo su escritura en letras mayúsculas. Ha sido enviada desde Bruselas, y no contiene más que un folleto sobre una organización de ayuda a mujeres solas. Lo echo todo a la basura. Encuentro la broma de dudoso gusto, mientras me pregunto qué estará tramando.

Los días de derecho de visita de Chaim, me dirijo a casa de mis padres, y espero. No viene nunca.

Unas semanas más tarde, nueva carta certificada, idéntica escritura, siempre con el sello de Bruselas. Esta vez se trata de una muestra de un perfume llamado «Claro de luna». Su juego es desconcertante, sigo sin comprender su objetivo, pero esta vez guardo el sobre, y su contenido, por si acaso.

He descubierto hoy en el retrovisor un coche sospechoso. Un Toyota azul vivo, que me sigue a cierta distancia desde hace varios minutos. Salgo de la autopista por el primer cruce, y el coche me sigue. Aparco en un pequeño centro comercial, y el Toyota azul pasa a toda velocidad sin detenerse. Respiro y me sermoneo. Me estoy volviendo paranoica. Es preciso que me calme.

Un poco más tarde, en la carretera, el mismo Toyota azul. Es el mismo, estoy segura. De nuevo me detengo rápidamente, y de nuevo me pasa. No me gusta nada todo eso. Tanto más cuando que lo veo pasar otra vez cuando tomo la callecita de Mons donde vivimos.

No puede ser Chaim, o alguien que me siga por cuenta suya, es ridículo. No se utiliza un coche tan llamativo para una misión de vigilancia. Alguien ha debido de comprarse un Toyota en el barrio, eso es todo.

Moriah ingresa en el jardín de infancia, el otoño de 1984, la vida se organiza según una rutina bien regulada. Cada mañana llevo a los niños a la escuela en coche, los dejo, espero que entren, y me marcho a trabajar. Por la noche, los recojo con las mismas precauciones, y, después de la cena, pasamos la velada jugando a cartas, o haciendo rompecabezas. No hay televisión en nuestra casa, no la quiero. Este artefacto embrutecedor no interferirá en la educación de mis hijos. Somos felices este otoño, estoy más tranquila, y hemos adoptado dos cachorros, *Max*, un teckel de tamaño mediano, y *ET*, también un teckel, pero minúsculo. Es muy feo, y lo adoramos, me recuerda un poco a *Princesa*.

El 17 de octubre por la mañana he dejado a los niños en el colegio como de costumbre antes de ir a trabajar, y he salido de la oficina a comprar material de escritorio cuando papá recibe una llamada telefónica enloquecida de la directora de la escuela.

—¡Debe venir enseguida, el padre está aquí, quiere llevarse a los niños!

Papá se precipita a la escuela. Mientras, Éric llama a todas las papelerías de la ciudad para tratar de encontrarme. Mi padre llega en el momento en que Chaim disputa violentamente con las maestras blandiendo un documento ante sus ojos. Y llama a la policía sin aguardar más.

Durante este tiempo, yo vuelvo tranquilamente a la oficina con mis clips y cajas de papel carbón. Éric me aguarda allí. Salgo disparada, con la rabia en el corazón, y llegamos en mitad del caos.

Comprendo, al cabo de un buen rato, que el papel blandido por Chaim como una amenaza es una carta que ha obtenido, Dios sabe cómo, de un abogado belga declarando que tiene la custodia de los niños. Provisto de este supuesto documento, simplemente se ha dirigido a la escuela, reclamando a Marina, Simon y Moriah Yarden.

La maestra se ha negado, por supuesto, a entregárselos, y él ha tenido el descaro de coger a Moriah de la mano, diciendo:

—Soy su padre, me los llevo a Francia.

No me imaginaba encontrar semejante resistencia. La maestra ha vuelto a coger a Moriah, y la ampara en sus brazos, su colega de la clase de los mayores ha venido a prestarle ayuda, y, mientras discutían furiosamente la validez de este papel, nos han avisado.

La policía resuelve de esta situación penosa comparando los documentos: mi sentencia del tribunal de Bruselas es evidentemente más fiable que la carta de un abogado. Los niños me son devueltos inmediatamente. Pero, al salir de la escuela, observo un coche aparcado no lejos de allí. Un hombre espera al volante, y nos observa. Mi padre se aproxima con decisión a él.

—¿Qué está usted haciendo aquí?

El hombre parece turbado, más bien molesto, pero nos responde con toda decisión.

—Soy detective privado. Este individuo vino a verme un día, se presentó como el tío de unos niños de padre israelí y madre belga. Me contó una historia según la cual la madre era sospechosa de maltratar a los niños. Había prometido a su hermano, que estaba en Israel, que verificaría por sí mismo la situación y le daría noticias. Yo acepté ayudarle, sin desconfiar *a priori*. Empezamos vigilando su casa de Bruselas, para poder seguirles la pista. Así fue cómo les seguimos hasta Mons. Luego, yo telefoneé a todas las escuelas del lugar. Cuando conseguí localizar a los niños, este hombre vino conmigo, como estaba convenido, para ver cómo iban los pequeños… Y fue entonces cuando comprendí que él era el padre, y no su tío. Y que quería llevárselos con él… Evidentemente, yo no estaba de acuerdo, y me puse incluso furioso. Lo planté, pero me quedé fuera para ver lo que iba a pasar. ¡Vaya sucio individuo! Se creyó haberme… Me contó una sarta de mentiras. Lo había preparado todo. Hubiera tenido que sospechar, cuando aparcó un coche un poco más lejos… Apuesto algo a que había previsto saltar a él con los niños y llegar a la frontera francesa. Pero estén tranquilos, ha dejado de ser mi cliente. Por el contrario, si tienen necesidad de mí, no se sabe nunca, aquí está mi teléfono.

El del Toyota azul era él. Chaim había previsto cambiar de coche en el último momento. Habríamos quizás interceptado el azul, pero habríamos dejado pasar el otro tranquilamente.

Ahora conoce mi dirección en Mons. La casa, la escuela, todas las precauciones que he tomado, ¿serán suficientes? ¿Debo abandonarlo todo e ir a esconderme en otro lugar? Ésa no es la solución, o no voy a dejar de huir jamás. Cada vez que aparezca de nuevo, la vida de los niños será completamente trastornada. Mis nervios también. No quiero vivir así. Prefiero quedarme aquí, y afrontar el peligro con prudencia. Una extremada prudencia.

Pero cada vez que reaparece, siento exactamente el mismo terror de antaño. A veces consigo controlarlo, a veces se apodera de mí brutalmente, me invade, y ya no sé lo que hago.

Compruebo mi fragilidad cuando ocurre algo que normalmente no hubiera debido producirme semejante pánico.

Estamos en un fin de semana de caza en la casa de Nassogne. La casa está llena de invitados, mis dos hermanos han decidido dormir en nuestra antigua cabaña de caza en medio del bosque. La velada toca a su fin, después de un día agotador. Papá, que ha bebido un poco, se exaspera por una tontería, que ya ni siquiera recuerdo. Pero se encoleriza, y yo también. Como en mi adolescencia, dominada por los nervios, grito tan fuerte como él. Mi padre sale dando un portazo. Yo decido marcharme. Como antaño. Estoy hasta la coronilla, me largo, me precipito al coche para ir a reunirme con mis hermanos en la cabaña.

Pero mi padre me sigue y empezamos de nuevo a discutir violentamente, hasta que papá, encolerizado, no puede reprimir el gesto de darme un cachete. El simple hecho de ver la mano de un hombre levantada contra mí desencadena una reacción completamente absurda. Es a Chaim a quien veo, es él quien levanta la mano. Me veo nuevamente bajo su dominio, temblorosa, sumisa, enloquecida. Los golpes van a llover, golpes, y más golpes, y yo ya no podré soportarlos, ya no podré contarlos.

Me precipito fuera de la cabaña, para huir a través del bosque. En todas partes deben oírse mis gritos. Mis hermanos corren detrás de mí, y cuando finalmente consiguen atraparme, estoy hablando sola, sobre Chaim y sobre los peores momentos de nuestro matrimonio... Deliro completamente.

Me hacen subir al coche de Éric, mi hermano mayor. Michel, el pequeño, se ve obligado a sujetarme para impedir que salte del coche en marcha. Y mientras circulan a toda velocidad hacia la casa del médico, ¡lo cuento todo! Vomito todos los horrores vividos, la conducta bestial de Chaim. Jamás he hablado así, jamás he dado tantos detalles. Hasta ahora, mis hermanos siempre habían creído que se trataba sólo de amenazas, de disputas verbales, nada más. Se quedan aterrados.

El médico debe venir hasta el coche para darme dos inyecciones de Valium. Me pincha a través de la ropa, imposible hacer otra cosa. Y acabo por calmarme. Lentamente, esta verborrea, esta oleada de terrores inhibidos, va apaciguándose. Agotada por la furia que se ha apoderado de mí, me tranquilizo. Ya no sé lo que he dicho. Pero, a partir de ese día, oiré a menudo a mis hermanos y sus amigos sugerir repetidamente:

—Patsy, ¿y si tres o cuatro de nosotros lleváramos a este individuo a dar una vuelta por el bosque? ¿Entiendes lo que queremos decir?

Éric es de la opinión que merece en todo caso un buen vapuleo, varios incluso, sólo para hacerle entender que nos deje en paz. Mi padre está de acuerdo.

—Deberíamos romperle los dos brazos, así necesitaría a alguien incluso para ir al baño, y eso le daría ocasión para reflexionar.

Se desahogan así, sabiendo perfectamente que uno no se puede tomar la justicia por su mano. Pero no son ganas lo que les falta. He debido de contarlo todo en mi delirio para que se muestren tan indignados.

La guerra de nervios no me deja reposo. Un mes después de la segunda tentativa de secuestro, el abogado belga de Chaim nos informa de que el tribunal de Haifa, en Israel, ha concedido unilateralmente la custodia de los niños a su padre desde el 10 de junio de 1984; hace de ello, pues, varios meses. Él está encargado de hacer ejecutiva esta sentencia en Bélgica.

—¡Es ridículo! ¿Cómo un tribunal puede dictar un veredicto sin que siquiera me hayan advertido del procedimiento? ¿Me han pedido acaso mi versión de la historia?

Nuestro abogado obtiene copias de dicha sentencia, donde se dice que Chaim me acusa de maltratar a los niños. El Tribunal le ha creído sin escuchar siquiera a la defensa. Eso es lo que explica su audacia. Si no lo hubiéramos impedido, los niños estarían definitivamente en Israel.

En la mayoría de países del mundo, las dos partes están representadas en principio en el proceso, pero, en Israel, el demandante debe simplemente aportar la prueba de que ha comunicado la fecha del proceso al otro. Y el abogado de Chaim dice poseer esta prueba. Tiene copia de los recibos que he firmado para cada carta certificada que Chaim me ha enviado. El folleto dirigido a las mujeres solas, y el perfume «Claro de luna». A Dios gracias, he conservado el último sobre y su contenido, lo que nos permite bloquear momentáneamente el ataque que acaba de lanzar.

Presento una denuncia ante la policía judicial, acusando a Chaim de haber utilizado documentos falsos para obtener la custodia de los niños. Efectúo también una petición de separación de bienes, y exijo que pague una pensión alimentaria para los niños. Jamás he deseado su dinero, y en esos momentos menos aún, pero he decidido pasar radicalmente a la ofensiva.

El 28 de febrero de 1985, el tribunal de Bruselas confirma su decisión. Tengo la custodia permanente de los niños, pero como Chaim se niega al divorcio, y yo no puedo proporcionar ninguna prueba de los malos tratos que he sufrido, deberé esperar aún cinco años antes de quedar liberada de este matrimonio.

Mientras tanto, Chaim es condenado por el juez a pagar una pensión de 7.500 francos belgas al mes por cada hijo. Jamás enviará el dinero, pero yo no esperaba que lo hiciera. Simplemente, tengo la posibilidad, ahora, de enviarle a prisión, por no pagar lo estipulado. Las cosas parecen marchar. Él no da señales de vida.

A mí me toca calmarme. Debería ser capaz de volver a mi casa sola por la noche. Hace dos años que soy independiente, y un tribunal me ha considerado suficientemente adulta para confiarme la custodia de mis hijos. Patsy, deja de hacer la niña, controla tu angustia, afronta la noche, vete de fin de semana, es primavera…

Después de pasar un fin de semana en Nassogne, por primera vez desde hace cuatro meses, no les pido a mi padre o mi hermano que me acompañen a Mons. He decidido ser valiente. La noche cae. Aparco el coche delante de mi casita de ladrillo, abro la puerta, hago entrar a los niños, enciendo la luz, cierro la puerta.

Alguien ha estado aquí. Tengo la sensación extraña, casi palpable, de ello. Sin embargo, en apariencia no se ha tocado nada, ninguna puerta ha sido forzada, ningún cristal roto. Pero percibo algo distinto. ¿Es un olor? No sé.

—Niños, os vais a quedar en la cocina, sin moveros. Si grito, corréis a casa de los vecinos, ¿de acuerdo?

Tres pares de ojos me miran con angustia. Están de acuerdo. Subo por la empinada escalera que lleva al primer piso. No hay ventanas en esta parte de la casa, está oscuro, y tengo un miedo terrible, hasta la náusea. Me sujeto el estómago con las dos manos, los dedos crispados hasta hacerme daño en el vientre. Inspecciono las habitaciones, una a una, abro todos los armarios, tratando vanamente de tranquilizarme a medida que no encuentro nada sospechoso. Mis joyas están ahí, la pistola en lo alto del armario…

Bueno, mi primera noche sola, y me he dejado dominar por el miedo. Es mi imaginación, mis nervios, no tengo derecho a asustar a los niños así. Intento tranquilizarles.

—No pasa nada… Todo va bien. ¡Vamos a cenar y nos acostaremos temprano, todo el mundo está cansado!

A las 11 de la noche, estoy aún despierta, acechando el más pequeño ruido. Y de pronto, llaman con violencia a la puerta de entrada, justo debajo de la ventana de mi habitación. Me levanto precipitadamente en la oscuridad, y aparto suavemente las gruesas cortinas. A la luz del farol, veo dos agentes de policía. Uno de ellos muestra algo. Un pasaporte, sobre el cual adivino la foto de Chaim. Realmente, pasa algo. Bajo corriendo, abrochándome el cinturón de mi bata, y abro la puerta. Uno de los policías me saluda diciendo:

—El señor Chaim Yarden está con nosotros, en la parte trasera del coche, desea…

—¡Me niego a que entre en mi casa!

—Escuche, señora, iré derecho al grano. Su marido afirma que usted se droga, que la vende, que pega y tortura a sus hijos. Nos ha dicho que les había hecho usted cortes en los dedos y las orejas…

—¿Está loco?

—No tenemos orden de registro, pero si no le molesta, querríamos simplemente ver a los niños.

—Ustedes, sí. No tengo nada que ocultar. ¡Entren!

Guío a los dos policías hasta la habitación de las niñas, enciendo la luz susurrando para no despertarlas:

—Vengan, pueden ustedes mirarles los dedos, las orejas, ¡todo lo que quieran!

Evidentemente, no se toman la molestia de ir a ver a Simon. Volvemos a bajar a la cocina, y mientras uno de los hombres husmea un poco por la casa, pero sin permitirse abrir un armario o un cajón, el otro charla conmigo fumando un cigarrillo. Su conclusión, tras esta cortés investigación, es que yo no tengo el aspecto de drogadicta. Yo insisto.

—Llévenme a la comisaría, si quieren hacer una toma de sangre…

—No tenemos derecho a ello. Pero será preciso que vaya usted a una clínica, y hacerlo. Acuda mañana a la comisaría con los niños, después de la escuela.

Se marchan dejándome con mi miedo y mi furor. No puedo quedarme sola. Ha vuelto, está allí, en la sombra. Con policías, además. Acusándome de infamias insensatas.

Mi madre vuelve a partir del día siguiente para apoyarme en esta nueva prueba. Se queda en casa mientras yo me dirijo, como se había acordado, a la comisaría, con los niños.

Los policías actúan con una calma y una amabilidad muy profesional. Llevan a los niños a una habitación donde les dan juguetes. Van a hacerles preguntas aparentemente banales, sin traumatizarlos. Mientras tanto, soy interrogada por un inspector.

—¿Dónde estaba usted este fin de semana?

—En la casa de campo de mi familia, en Nassogne, con amigos…

—Su marido dice haberla visto el domingo por la tarde, en el centro de Mons, mientras se dedicaba usted a vender drogas. Es la tercera vez que pone una denuncia, y en cada ocasión nos ha proporcionado informaciones que parecen precisas.

Es tan estúpido que no me siento siquiera nerviosa. Respondo a las preguntas sin ningún temor.

—¿Le había hablado él ya de droga?

—Recuerdo que una vez, en Tel-Aviv, me indicó un lugar, donde, según él, se podía comprar. Eso es todo.

—¿Piensa usted que sería capaz, para perjudicarla, de esconder droga en su casa?

—¡La verdad! No creo que llegara hasta ahí...

Los niños regresan, la policía ha comprobado su buena salud, mental y física, y me autorizan a volver a mi casa. En el coche, reflexiono. Esta obstinación no parece propia de Chaim. En general, él intenta salirse con la suya, pero si falla, renuncia bastante deprisa, y trata de probar otra cosa... Ahora bien, ha venido tres veces a acusarme a la comisaría de Mons. ¿Por qué está tan seguro de sí? Es preciso que registre la casa.

Mamá vigila a los niños en la cocina, y yo inspecciono todos los rincones de la planta baja. Armarios, cajones y demás. No encuentro nada. Si realmente ha escondido algo aquí, ha debido de meterlo en la habitación. Allí están mi cama y dos mesillas de noche con cajones. Uno me sirve para guardar mis efectos personales. El otro es el cajón secreto. Los niños me dejan en él mensajes, dibujitos, cosas que han hecho en la escuela. No hay nada sospechoso en mis objetos personales, pero en el cajón secreto descubro un pequeñísimo papel amarillo doblado en cuatro. Al despegarlo me doy cuenta de que está demasiado bien hecho para la mano de un niño. Contiene minúsculos granos de color beige grisáceo, como arena.

Inmediatamente advierto de ello a la policía. Me recomiendan que les lleve lo que he encontrado al día siguiente, sin perder tiempo. Envuelvo la cosa misteriosa en papel de aluminio, y la escondo encima del armario, fuera del alcance de los niños. Toda la noche no dejo de preguntarme qué puede ser este polvo curioso. ¿Veneno? Al día siguiente lo entrego en la comisaría. Pasará al laboratorio. Tendremos los resultados dentro de unos días.

Al volver a casa, pienso de repente: «¿Y si hubiera otras papelinas envenenadas diseminadas por la casa?»

Media hora después, cuatro coches de policía se detienen ante la puerta, y esta vez los agentes ya no se muestran tan corteses. ¡No han tenido necesidad del laboratorio para comprender que les he llevado heroína! Me piden que les enseñe los brazos. Lo hago. Hay en ellos pequeñas huellas de pinchazos.

Yo doy sangre regularmente, pues poseo un grupo sanguíneo bastante raro y difícil de encontrar —O negativo—, y he considerado deber mío el hacerlo, poco después de mi regreso a Bélgica. Muestro mi tarjeta de donante, y uno de los policías observa:

—Supongo que le hacen análisis, y no aceptarían la sangre de un drogadicto. Debemos ir a verificarlo.

Me han sometido a un interrogatorio meticuloso que he tenido que firmar. Aprovecho para comunicar mis temores a los policías, y pedirles que registren minuciosamente la casa, por si yo no hubiera encontrado el resto.

—Comprenden, tengo miedo por los niños. Comprueben todo lo que quieran, llévense lo que deseen, prefiero que sean ustedes los que encuentren esta droga, si queda un resto, y no los pequeños.

Me hacen un análisis de sangre y de orina. Los resultados indican que he comido pescado en la cena, y mucho café. Ni rastro de droga.

La policía no revela nada de su investigación a Chaim; por el contrario, le escuchan atentamente cada vez que renueva sus acusaciones contra mí. Él se obstina, convencido de que le van a creer, ignorando que la policía belga no es tan ingenua.

Su coche es desmontado pieza por pieza. No transporta droga como se hubiera podido suponer, pero posee un mapa de Europa en el cual ha marcado con un trazo de bolígrafo todos los centros conocidos de distribución de la droga. Ello no constituye, por desgracia, una prueba suficiente para arrestarlo. Pero yo comienzo a preguntarme si no habrá encontrado el modo de financiar su amenaza de destruir mi vida.

Los viajes, el abogado, los tribunales, el detective privado, los hoteles, el alquiler de coches… ¿De dónde saca el dinero para pagar todo eso, el «pobre» Chaim?

Yo sigo yendo a casa de mis padres los días de su derecho de visita, el lunes y el miércoles. Tres cuartos de hora en coche cada vez.

A veces, Chaim se presenta en la puerta, pero no llama. Se queda allí, plantado como un poste. ¿Esperando qué? Una vecina me telefonea un día para quejarse. Chaim se ha instalado en su jardín, para vigilar la casa. Le veo también en varias ocasiones recorrer a grandes pasos la calle por la acera de enfrente, pero sigue sin venir a preguntar por los niños. Juega aún un juego diabólico cuyas reglas no consigo adivinar.

Aproximadamente unas tres semanas después del incidente de la droga, el coche de Chaim reaparece en la calle de nuestra casa de Mons. Pasa varias veces por delante de nosotros al ralentí, ignoro con qué propósito. Hago entrar a Moriah, que jugaba en el jardín. Aguardo. Le veo aparcar, venir hasta el portal, cerrado con llave, y sacudir las rejas de hierro forjado para llamar mi atención. Salgo y me mantengo prudentemente a distancia.

—¿Qué quieres?

—He venido a ver a los niños.

—Espera aquí.

Regreso al interior a discutir el problema con papá. Las condiciones de derecho de visita son estrictas. Los lunes y los miércoles por la tarde, y únicamente en Bruselas, avenida de las Flores. No es ni el día adecuado ni el lugar correcto. Nuestro abogado, por teléfono, declara no saber realmente qué hay que hacer. Nos aconseja simplemente:

—Teniendo en cuenta que no actúa de manera legal, a ustedes les corresponde elegir. Si quieren actuar estrictamente, digan no. Si prefieren ser amables, digan sí.

Estoy casi decidida a dejarle entrar. Papá está allí, no arriesgo gran cosa.

—Verifica, con todo, su pasaporte antes...

—¿Tú crees?

—Nunca se sabe. Ve a pedírselo.

Siento un escalofrío en todo el cuerpo al acercarme tanto a él. Aunque la verja esté de por medio.

—Dame tu pasaporte, voy a comprobarlo.

Me lo muestra de lejos, sin abrirlo. Yo exijo poder consultarlo. Entonces aparece su sonrisa maligna, provocativa, y me responde como si yo fuera una chiquilla de diez años:

—Entonces aquí lo tienes, hay que abrirlo, en la primera página hay un número, y en la segunda, ya ves, se encuentra una foto... y luego...

Le arranco el pasaporte de las manos y corro nuevamente a la casa, mientras él no deja de proferir insultos. Hojeo el documento, no lleva los nombres de los niños. Todo va bien. Papá me lo coge de las manos.

—Déjame verlo en detalle.

Pasa las páginas una a una, lentamente, y de pronto observa algo:

—Mira... Patsy, falta una página, la ha arrancado...

Saltamos nuevamente al teléfono para llamar al abogado, que confirma:

—La disposición del tribunal especifica que los nombres de los niños deben estar tachados visiblemente, en su pasaporte. Es la única manera de alertar a las fronteras si viaja con niños. Como no es el caso, desconfíe usted.

A través de la verja, le miro con disgusto.

—No puedes entrar en nuestra casa. Has arrancado una página de tu pasaporte, y sé cuál, los niños no están en él.

Inmediatamente se pone a gritar.

—Ah, con que ésas tenemos, ¿eh? ¡Te niegas a dejarme ver a los niños! ¡Devuélveme el pasaporte!

—No.

—Muy bien, te advierto que voy a la comisaría.

—Ve. Pero yo me guardo el pasaporte.

Parte hecho una furia, y yo telefoneo a todos los puestos de policía de los alrededores. Ignoro dónde irá a denunciarme. Uno de los funcionarios a quien telefoneo de pronto me interrumpe.

—Está aquí, acaba de llegar. Le llamo dentro de unos minutos.

Efectivamente, unos momentos más tarde me comunican la explicación que Chaim ha dado:

—Nos ha presentado un pasaporte israelí sobre el cual, efectivamente, los nombres de los niños están tachados. Ha dicho que tenía dos pasaportes por precaución, porque desconfía de usted, y pretende que es usted quien ha arrancado la página que falta.

—¡Pues miente!

—Es posible, pero le pido que me traiga el pasaporte que usted tiene.

Llego a la comisaría, y veo con claridad que los oficiales están decididos a obligarnos a arreglar la diferencia.

—Les dejaremos solos a los dos, para que puedan ustedes hablar, ¿de acuerdo?

Yo no tengo ningunas ganas de encontrarme sola cara a cara frente a él, pero el funcionario insiste:

—Hay que acabar con ello, de una vez por todas…

No tengo elección. Es preciso que me mantenga cortés, que no tiemble, que demuestre a los policías, que seguramente nos escuchan, que él es el mentiroso. No podrá conmigo, soy fuerte.

Nos sentamos a uno y otro lado de una mesa cuadrada, en una sala de reuniones triste y fría, de paredes desnudas. Él pasa inmediatamente a la ofensiva, desgranando el rosario de sus recriminaciones habituales. Mi padre me obligó a dejar Israel; él, Chaim, no me pegó jamás, y si lo hizo fue porque se vio obligado a ello, dado mi comportamiento de madre indigna, etc. Cada vez me cuesta más conservar la calma. Cuando, de pronto, estallo, adopta un tono meloso, pegajoso, insoportable.

—Vamos, Patsy, no te enfades, no seas tan maleducada… Eres realmente una mala chiquilla… Y pretendes educar correctamente a unos niños cuando tú hablas tan mal…

Después de tres cuartos de hora de discusiones interminables y vanas, un policía viene a pedirle sus documentos de identidad a Chaim. Yo aprovecho para preguntarle:

—¿Estoy obligada a permanecer aquí con él? Esta discusión no conduce a ninguna parte, y estoy muy nerviosa...

El funcionario se encoge de hombros sin responder, y yo salgo con él. Chaim se queda en la sala de reuniones, mientras comprueban sus papeles. Están redactados en hebreo, y nadie allí entiende nada. Yo ofrezco mi ayuda, al verlos tan confusos.

—Eso no es un documento de identidad, sino su tarjeta de reservista del ejército.

El ordenador se pone en marcha, las informaciones sobre Chaim se van reuniendo en la comisaría de Mons. La impresora las escupe simultáneamente.

Ha sido expulsado de Bélgica una vez, ha intentado secuestrar a los niños, está bajo sospecha de ser un traficante de drogas. Esta vez los policías no necesitan más. Es bastante para ellos, y le hacen subir a un coche, para conducirlo nuevamente a la frontera francesa. Es expulsado del territorio belga por segunda vez.

Todo el mundo sabe que en Europa las fronteras no significan gran cosa, y que, en cuanto lo desee, Chaim podrá volver, a pie o en coche, a acosarme. La batida no ha terminado, temo que va a ser larga. A veces llego a pensar que no acabará nunca, nunca, y que todas las puertas son una amenaza, todas las esquinas de las calles, todas las noches negras.

Felizmente siempre amanece y la mañana me devuelve la sonrisa de los niños embadurnada de leche, o de mermelada... La vida es más fuerte que el siniestro Chaim.

12

UN AÑO DE INDEPENDENCIA

Necesito un empleo, y tener mi propia casa. Ante todo, porque la compañía de transportes por carretera de Mons, donde yo estaba empleada en período de prácticas, se ha declarado en quiebra, y luego, porque ya es hora de que controle por mí misma la vida de mi pequeña familia. Me fijo un plazo para conseguirlo: el comienzo del curso escolar de 1985. Encuentro un empleo gracias a los anuncios por palabras en los servicios administrativos de Olivetti. El salario es bajo, tengo que clasificar facturas durante ocho horas al día en una oficina superpoblada y ruidosa. Detesto este tipo de trabajo, pero lo he encontrado yo sola, sin ayuda de las influencias de mi padre, y estoy orgullosa de él.

Las oficinas están situadas en un edificio moderno que yo encuentro muy feo, en el Boulevard du Souverain, en Bruselas. Encerrarme allí todas las mañanas no me produce una alegría delirante. Durante algún tiempo no tengo siquiera mesa propia, y me paseo con mi pila de documentos de un lugar a otro. Llevo siempre conmigo un pequeño marco, con la foto de mis hijos. Este detalle no parece gustar a mi superior jerárquico.

—¿Por qué lleva consigo esta foto a todas partes?

—¡Porque son mis hijos!

—Los hijos son una cosa, ¡el trabajo es otra!

La cosa no empieza demasiado bien. Surge, además, otro problema, la lengua. En Bruselas, muchos asuntos se tratan en neerlandés, y los burócratas tienen cierta tendencia a desdeñar a la gente que no habla más que el francés. Rápidamente, tengo un roce con cierto Walter Boghaert, el jefe de proyectos del departamento de *marketing*. Me llama por teléfono dándome las órdenes en neerlandés, con gran rapidez, y me veo obligada a responder:

—Hábleme en francés.

Y cuelgo. Este jueguecito dura poco tiempo. Probablemente cansado de que le cuelgue el teléfono en las narices, acaba por llamar a otro número para pedir lo que quiere, siempre en neerlandés, a una empleada más acomodaticia que yo. Cuando nos cruzamos en el vestíbulo de entrada, nuestras miradas se evitan. A pesar de todo ello, mi contrato temporal es renovado, y paso a la gestión informatizada de *stocks*. Ambiente poco entusiasmador, decorado impersonal... Aquí cada uno parece no pensar más que en una cosa, subir un escalón, sin importarle demasiado aplastar a los demás.

Contra lo que cabría esperar, encuentro un aliado, en la persona de un hombre mayor que yo, y tan cascarrabias que lo han relegado a este despacho del sótano. Adora la tranquilidad y el aislamiento, es un experto en informática, y se convierte en mi profesor, paciente y eficaz. Descubro en mí misma un don nuevo: imaginar conceptos informáticos. Pero, para transformarlos en programas bien estructurados, necesito aprender mucho, y él me ayuda considerablemente. Mi contrato es renovado, otra vez, y puedo a partir de ahora contemplar la posibilidad de dejar de depender económicamente de mis padres, así como de instalarme en alguna parte con los niños.

Encuentro una casita, no lejos de la casa familiar, en el número 9 de la Rue Verte, en el barrio de Kraainem. Es estrecha y oscura, pero consta de tres pisos, cinco habitaciones y un pequeño patio en la parte trasera. El día en que firmo el contrato de alquiler constituye un hito en mi vida. Es la primera vez que Patsy, a los veinticuatro años, asume enteramente las responsabilidades de madre de familia.

Elijo la escuela de los niños. Inscribo a Simon en la escuela católica de Saint-Joseph, en la sección de lengua neerlandesa. He comprendido que más vale ser bilingüe para triunfar en Bruselas. La escuela no está lejos de mi despacho. Para las niñas, elijo otra escuela católica, y neerlandófona, la institución Mater Dei.

Explico nuevamente las precauciones a tomar a la dirección de ambas escuelas. Ante todo, muestro la copia de la sentencia que me concede la custodia exclusiva de los niños. Toda alteración del ritmo habitual debe ser objeto de una vigilancia particular. Si es preciso que falten a clase por una razón cualquiera, la justificación, escrita o telefónica, no debe venir más que de mí.

Mi primer coche propio, un viejo Citroën dos caballos de un verde descolorido por el sol, basta ampliamente para mis necesidades. No le pido nada extraordinario. Cada mañana, hacia las 8, me lleva gallardamente hasta la escuela Saint-Joseph de Simon, donde dejo a los tres niños. Desde allí, una amiga conduce a Marina y a Moriah a su institución. Sus hijos están inscritos también en ambas escuelas. Este arreglo me permite correr inmediatamente a mi oficina, donde trabajo todo el día, con una pausa de media hora para comer y hacer los recados. A las 5 recojo a Simon, y luego a las niñas.

Según la circulación, llegamos a casa a las cinco y media o a las seis menos cuarto. Me dedico entonces a mis hijos. Los deberes, los juegos, los rompecabezas sobre todo. Luego, el baño, las risas, la cena, y todo el mundo a la cama a las siete y media. Una vez los críos bien arropados, me ocupo de la casa y el planchado.

Este período es mi mejor recuerdo de esta época de mi vida con Marina, Simon y Moriah.

A Simon le ha costado habituarse a esta nueva rutina, sus deberes en neerlandés le plantean problemas. Mi hijo es un perfeccionista, y se pone nervioso cuando no consigue copiar perfectamente el alfabeto. Rompe las hojas de su cuaderno para volver a empezar, llorando. A veces le descubro chupándose el pulgar con fastidio, sentado sólo en el sofá, un perro sobre las rodillas, el otro apoyado contra él. Este niño está estresado por las largas jornadas de concentración en la escuela, tiene necesidad de ejercicio, necesidad de gastar su exceso de energía. Instauro, pues, el cuarto de hora de fútbol en el patio de la casa, y el pequeño se siente mucho mejor después de haber golpeado con empeño su pelota. Único niño de la familia, Simon se considera el jefecito. Así, ¡ha decidido que las «niñas» no tienen derecho a entrar en su habitación!

—De acuerdo, Simon, no entrarán en tu habitación, sólo que contigo ocurrirá lo mismo, no podrás ir a la suya…

—¡Ah, no!

Este pedacito de hombre voluntarioso acaba por aceptar una convivencia más fraternal…

Gracias a la semana de treinta y ocho horas, tengo la posibilidad de librar un miércoles por la tarde de cada dos. Alquilamos a veces una barca, cuando el tiempo lo permite, y paseamos por los estanques cerca del Val Duchesse. Todos nos desahogamos, nuestra vida es agradable, los niños se muestran cada vez más solidarios; si uno ha hecho una travesura, los tres responden al mismo tiempo:

—¡He sido yo!

Estoy orgullosa de ellos. Y de mí también. Sé que no me las arreglo mal del todo, a pesar de ser una madre «indigna», como él decía.

Chaim siempre está ahí, en alguna parte en la sombra, tratando de atormentarnos. Un empleado de la Seguridad Social me telefonea un día respecto a un problema sobre mi dirección.

—Usted no ha escrito la misma que tenemos en nuestros archivos... Según nosotros, usted está domiciliada en la Rue de la Clinique número sesenta y siete, y no en la Rue Verte, número nueve...

Me precipito a verificar esta historia en el ayuntamiento donde la empleada me muestra, en el registro de estado civil, el texto de un cambio de dirección, ¡escrito por la propia mano de Chaim!

—Su marido vino él mismo a hacerlo...

Me veo obligada a rectificar, a explicar, a redactar un documento que estipule que nadie más que yo puede modificar mi dirección legal.

El 67 de la Rue de la Clinique es la dirección de un centro comunitario judío, y de una sinagoga. ¿Por qué ha indicado Chaim esta dirección? La explicación es a la vez simple y diabólica. Trataba de hacer creer que vivíamos juntos nuevamente, y, si yo no hubiera corregido este error voluntario, hubiera debido iniciar un nuevo período de separación de cinco años antes de obtener el divorcio.

Cuando comenzábamos a relajarnos un poco, y yo empezaba a no desconfiar sistemáticamente de todo lo que pasaba a mis espaldas, consiguiendo dormir mejor por la noche, y los niños recuperaban su equilibrio gracias a una vida familiar casi normal, la sombra diabólica de Chaim resurgió el verano de 1986.

Nassogne es una pequeña ciudad donde todo el mundo se conoce y los vecinos apenas tienen secretos entre ellos. Un sábado de verano, el dueño de la estación de servicio de la esquina telefonea a la casa de campo de mis padres:

—He visto a Chaim hoy. Ha cambiado mucho, pero seguro que era él. Lleva una larga barba enmarañada, y un sombrero negro plano...

En un principio, no doy importancia alguna a esta información, pero el mismo día la policía de Nassogne detiene a Chaim, que viaja en coche, para verificar su identidad. La policía no pretende arrestarle, trata simplemente de demostrarle que es indeseable en la zona. El oficial controla su vehículo, metralleta en bandolera, y le aconseja sin miramientos que no merodee por los alrededores de Nassogne.

El verano discurre, sin otro incidente, hasta el mes de septiembre.

Mamá tiene de pronto un extraño presentimiento. Todo está tranquilo, demasiado tranquilo desde hace algún tiempo, le recuerda la calma que precede a la tempestad. Es incapaz de explicar por qué, pero está segura de que algo se prepara. Y un día, en una pequeña carretera rural, entre Nassogne y Marche, se cruza con un vehículo, y reconoce a Chaim al volante.

—Ha cambiado muchísimo físicamente, es verdad. La barba, el sombrero negro… se diría que se ha disfrazado. Pero he podido reconocer su mirada; me ha hecho una impresión extraña. Es él, ¡y se diría que es otro!

Me cuesta imaginármelo con barba. Se había dejado alguna vez crecer el bigote, pero la barba, jamás. ¿Y ese sombrero? Si trata de pasar inadvertido con semejante atavío, consigue más bien lo contrario. Eso no me gusta nada. Una lucecita roja se enciende en mi cabeza, la señal de alarma. Pero no sucede nada durante tres meses.

Principios del mes de diciembre. Tengo la impresión de haber sido seguida por un coche de Bruselas. Pensando en mis hijos, me doy cuenta de que el momento más peligroso del día es el breve lapso que los dejo en el patio de la escuela Saint-Joseph. La amiga que acompaña a Marina y a Moriah a su institución no llega siempre en el mismo instante que yo, por supuesto. Decido que, a partir de hoy, después de haber dejado a Simon, seré yo quien lleve a las niñas a la escuela. Eso complica mucho el comienzo de mi jornada de trabajo y papá trata de razonar un poco.

—No puedes estarlos vigilando a cada segundo, Patsy, y al mismo tiempo hacerlo todo. ¡No tenemos la menor prueba de que alguien, Chaim o cualquier otro, te haya seguido!

Considero razonable su opinión: no puedo vivir continuamente en estado de alerta, controlarlo todo permanentemente. A menos que pretenda vivir como una prisionera y encerrar a los niños conmigo, prohibirles hablar, moverse, salir… Me obligo a calmarme.

El 11 de diciembre de 1986 es el día más terrible de mi vida.

—Simon, despierta… ¡Venga, es la hora! ¡Apresúrate, Marina, ponte el abrigo!

A las ocho menos cuarto, salimos. Cinco minutos más tarde, llego a Saint-Joseph, doy un beso a Simon, a Marina que lleva de la mano a su hermanita, luego a Moriah, y los dejo.

Estoy de excelente humor esta mañana, sin ninguna desconfianza, contenta de este pequeño universo en el cual vivo. Los niños están bien, me gano la vida, mi autoridad de madre de familia se ha afirmado desde que vivo sola con ellos. Chaim está lejos de mis pensamientos. Un fantasma borroso, cuya única influencia es esta rutina de seguridad que he instaurado.

Ningún coche sospechoso en el retrovisor. Me deslizo en la circulación, madre de familia corriente que va a la oficina como otros miles de trabajadores.

Pero a partir de este día maldito de diciembre dejaré de ser una madre de familia corriente. Durante mucho tiempo. Mucho, mucho tiempo.

13

EL RELATO DE MARINA

Siento la nariz fría. Patsy nos da un beso ante el portal de la escuela, y nos mira entrar en el patio. Luego, vuelve a subir al coche y se marcha. Mi hermanito Simon se va a su clase. Yo espero con Moriah a la señora que nos lleva todos los días a la escuela. Ya no me acuerdo del rostro de esa señora hoy, pero en aquel momento la conozco muy bien, y Moriah también.

Patsy acaba de marcharse, y dos hombres salen de un coche que estaba aparcado detrás del suyo. Se dirigen hacia nosotras. Tienen un aspecto extraño con grandes abrigos negros, y sombreros negros, planos como tortas. Llevan también una larga barba negra y unos curiosos cabellos en tirabuzones sobre las orejas. No los conozco. Uno de ellos me dice:

—¡Quiero que llames a Simon!

—¿Por qué?

Parece tener prisa, y el otro también.

—Porque toda la escuela va a ver una película hoy, y no hay sitio para vosotros en el autobús. Nosotros os vamos a llevar al cine.

Tiene aspecto de conocernos, pero yo lo encuentro extraño, y pienso que no deberíamos escucharle, ni seguirle. Le digo:

—Mi madre ha dicho que no debemos subir a un coche con personas que no conocemos.

—No, mujer, no... no tengas miedo. Si no vienes, te quedarás aquí todo el día, ¡sola!

Naturalmente, no tengo ganas de pasarme el día sola en esta gran escuela, mientras los demás se van al cine. Me digo que más vale ir con él.

Simon está ya en el vestíbulo de la escuela, pero le veo de lejos:

—¡Simon!

Me oye, y vuelve. Al principio, no quiere venir con nosotras, pone mala cara, pero yo le digo que todo va bien. Nos gusta mucho ir al cine. El señor que nos conoce se sienta delante y el otro conduce el coche. Nos sentamos detrás, y hay otros dos señores en un coche detrás de nosotros.

El señor nos da regalos. Para Simon, unos soldaditos de plástico, para mi hermana y para mí, un conejito que toca el tambor. Toca cuando se gira una llavecita que tiene en la espalda. El coche rueda unos instantes, y luego el hombre dice que tiene que ir a telefonear para saber si los otros niños han llegado ya al cine. Yo espero que no lleguemos con retraso. El hombre que está al volante no habla, me parece que no le gusta hablar. El otro vuelve, y nos cuenta que la película ha sido anulada, debido a que uno de los autobuses ha sufrido una avería. Nos quedamos decepcionados.

—¿Volvemos a la escuela, entonces?

—Ya veremos. Ante todo, vamos a tratar de encontrar el autobús.

No encontramos el autobús. Y en lugar de ir al cine, nos llevan a una casa grande, donde hay un señor viejo con una larga barba gris. Nos hace preguntas, pero no me acuerdo de cuáles; no parece que le gustemos mucho. Telefonea a alguien, y discute a continuación con el hombre que tenía que llevarnos al cine. Dice que hemos de volver a subir al coche para ir a otra parte.

Llegamos a un apartamento, donde hay otro hombre que se llama señor Armoni. Lleva los cabellos muy largos y no deja de sonreír. Pero cada vez que le pregunto cuándo vamos a ver la película, responde:

—Mañana... mañana...

14

EL DÍA MALDITO

Varios niños están ya en el vestíbulo de la escuela, bajo la vigilancia de una maestra, pero no veo a Simon por ninguna parte.

—¿Dónde está mi hijo? ¿Dónde está Simon?

—No he visto a Simon.

—¿Pero lo ha visto después de las clases?

—No, no lo he visto.

—¿No estará en el campo de fútbol jugando?

—Es posible.

Hace bastante buen tiempo para que los niños jueguen fuera, y, después de las clases, la mayor parte de los niños se van al campo de fútbol. Pero éste se encuentra hoy desierto.

Comienzo a inquietarme seriamente. Busco una explicación lógica. Mis padres han vuelto hoy de un viaje a Londres, quizás han venido a buscar a los niños. Debe de ser eso. Tiene que ser ésa la explicación.

Me precipito a la escuela de las niñas, a toda velocidad por las callecitas estrechas y sinuosas, conduzco mi viejo Citroën como un bólido de carreras, entro en el aparcamiento de la institución Mater Dei, y me dirijo a la puerta trasera. Las niñas no están allí. Presa completamente del pánico, recorro el edificio en busca de una maestra. Una de las hermanas me responde:

—¡Pero es que no las hemos visto hoy!

—¡Eso no es posible! ¡Marina tenía un examen escrito! No las han visto ustedes, ¿y no han llamado?

Confusa, la hermana no sabe qué responderme. Voy de clase en clase, como una loca, haciendo la misma pregunta a todo el mundo:

—Busco a mis hijas, Marina y Moriah…

Luego voy a ver a la directora, que comprueba el registro de asistencia de los niños.

—No han venido hoy.

—Pero, bueno, ¡no he escrito ninguna nota de ausencia, y no he telefoneado! ¡Debieran ustedes haberme prevenido inmediatamente! ¿No les ha parecido extraño? ¿Sobre todo por Marina, que tenía un examen hoy?

Me asfixio de angustia, aferrándome aún a la idea de que mis padres han venido a buscarlos, contra toda lógica, pues sé perfectamente que me habrían avisado... Llamo a mi madre desde el despacho de la directora, y le pregunto con voz enloquecida:

—¡Dime que has pasado a buscar a los niños!

—No, no me tocaba a mí...

—No están aquí, mamá, ¡Chaim se los ha llevado! No les han visto en la escuela en todo el día, ni a Simon, ni a las niñas...

Ella me grita algo por teléfono, pero yo he colgado sin decirle siquiera dónde estoy.

Mi madre llama a mi padre, que avisa a la policía, pero yo estoy ya en el coche. Me precipito al aeropuerto. Me vienen a la cabeza ideas completamente absurdas, la rabia se apodera de mí, imagino situaciones de pesadillas para los niños, atados o amordazadas en alguna parte, llorando y gritando de miedo.

En el aeropuerto, me lanzo entre los viajeros y los equipajes, sin una idea precisa de lo que debo hacer. ¿Adónde ir? ¿A quién dirigirme? Acudo a la oficina de la policía del aeropuerto, cerca del control de pasaportes, en el primer sótano. Allí es donde detienen a los pasajeros cuyos papeles no están en regla, o son sospechosos. Un gendarme se esfuerza por comprender mi explicación enloquecida, me cuesta formular una frase que no esté entrecortada por la emoción.

—¡Mi marido! ¡Se ha llevado a los niños! ¡Los ha cogido!

Con un gesto frenético, le indico la zona de control que hay a su espalda.

—¡Quiero comprobar todas las puertas de embarque! ¡Por favor!

—¡No tiene usted derecho!

—¡Mis hijos han desaparecido!

Él levanta los brazos al cielo.

—¿Y qué quiere usted que yo le haga?

Tiemblo de emoción y de rabia. Le golpeo con mis puños impotentes para hacerle comprender mi tragedia. Subo a una silla para salvar el tabique bajo que me separa de la zona de embarque. Oigo que alguien dice:

—Déjela pasar.

¡Alguien, seguramente, que ha comprendido que derribaría un muro de hormigón para pasar!

Corro por el interminable vestíbulo que conduce a las puertas de embarque. De puerta en puerta pregunto llorando:

—¿Ha visto usted a un hombre con tres niños pequeños?

Me cruzo con un grupo de pasajeros que desembarca. Les interrogo uno a uno. Uno de ellos, un árabe, me pregunta:

—¿Tiene usted problemas?

Le grito:

—¡Mi marido se ha llevado a los niños!

—¿Está usted divorciada?

—Casi.

—¡Entonces es normal! Los niños deben quedarse con su padre.

Todo se vuelve borroso a partir de ese momento. El mundo se desvanece a mi alrededor. En cambio, mi madre se acuerda muy bien. Me ha esperado en la calle, delante de la casita de la Rue Verte, durante dos horas. Loca de pena. Finalmente, ha visto mi coche doblar la esquina; yo circulaba en sentido prohibido. He aparcado, salido del coche, mi madre ha visto que yo estaba sola, y ha venido a recibirme al portal. Pero he pasado por delante de ella, sin detenerme.

Con los ojos llenos de lágrimas, he recorrido la calle de arriba abajo, en una especie de trance, apretando contra mí las cosas que los niños habían dejado en el coche aquella misma mañana: la chaqueta de Simon, y la muñequita de Moriah. Mi muñequita.

Entonces mi madre ha pedido ayuda a mi hermano Michel, interno en el hospital Saint-Luc. Me han llevado al servicio de urgencias, instalándome en una silla de ruedas en la que me veo vagamente llorar, distinguiendo siluetas a mi alrededor, como en una niebla. Una eternidad, me parece. Han dicho que trataba de hablar, pero que mis frases eran incoherentes, que me agitaba en la silla, obstinándome en subirme los calcetines, sin parar.

Entre dos sollozos, parece que he dicho:

—Moriah va a faltar a su cita con el pediatra… Todo iba tan bien... Los niños hacían progresos… ¡Las orejas de Moriah! ¡Es preciso que no se moje las orejas!

Recupero la conciencia en una cama de hospital, aún llorando. Didier, mi mejor amigo, entra en la habitación, trata de consolarme, y yo no consigo siquiera responderle. Mamá le pide a un psiquiatra que me dé algo para hacerme dormir. Él se niega. Ella le suplica que no me deje en ese estado.

—Por el momento, es preferible que llore.

Papá me jura que no dejará de buscar, hasta que encuentre a los niños.

—¡Te los devolveré! ¡Cueste lo que cueste!

A la mañana siguiente me instalan en la casa de la avenida de las Flores. Sigo en un estado curioso, una especie de inconsciencia, de coma vigílico. Respiro, pero eso es casi todo lo que funciona en mí. Como si todo lo demás se hubiera detenido al mismo tiempo... Mi cerebro se niega a admitir este horror.

Regresamos al hospital, donde debo tener una entrevista con un psiquiatra. Mi madre está autorizada a asistir a ella, y su presencia me pone nerviosa. Me culpabilizo, me siento mal, me parece que todo es culpa mía.

—No necesito psiquiatra. Me las arreglaré sola.

El médico prescribe tranquilizantes, y somníferos, y me ordena dejar de trabajar durante seis semanas. Mi hermano Éric me lleva, junto con su mujer Carolina, a nuestra casa de Nassogne. Yo llevo conmigo a todas partes la foto de Marina, Simon y Moriah. Fue tomada aquí, en el campo, un día en que mi padre acababa de segar la hierba. Marina y Simon habían cubierto a su hermanita de manojos de hierba cortada, y reían.

Cada vez que contemplo esta foto me echo a llorar, sin poder detenerme. No consigo recuperarme. Tengo miego. Nada puede consolarme. No logro comer, y adelgazo. Una semana pasada así, anegada en lágrimas.

Papá, por su parte, se ha lanzado a la acción desde el primer día. Ha presentado denuncia por secuestro. La policía ha alertado a las Interpol, y a todos los puestos de control de Europa. Pero la vigilancia se limita a los aeropuertos, por desgracia. No hay ningún medio de evitar que Chaim atraviese una frontera terrestre con los niños.

Más tarde ha ido a ver a Joseph Hadad, el embajador de Israel en Bruselas. La vicecónsul Miriam Resheff asiste también a la entrevista. Es ella quien le informa de que Chaim se había presentado en la embajada el 2 de diciembre, nueve días antes del secuestro, para prorrogar su pasaporte. Miriam Resheff, que le había conocido ya, se quedó sorprendida de su cambio.

—Tenía el aspecto de un judío hasídico, sumamente piadoso. La larga barba, los *peyots*, el sombrero negro y el traje negro. Una transformación completa.

Miriam accedió a su petición con mucha reticencia, pues Chaim era conocido en la embajada por su capacidad de generar problemas. Pero en su calidad de ciudadano israelí tenía derecho a la prórroga de su pasaporte. No le concedió más que un mes, el mínimo autorizado. Le promete a papá que hará todo lo posible para ayudarnos a recuperar a los niños. El embajador, por su parte, ha avisado a todos sus colegas del extranjero. Las embajadas, los consulados de Israel, en Europa y los Estados Unidos, son advertidos. Si Chaim no regresa a Israel, y quiere una nueva prórroga de su pasaporte, tiene que hacerlo antes del 2 de enero de 1987.

Mi padre ha sometido a un verdadero interrogatorio al director de la escuela Saint-Joseph. De ello ha salido que unas horas antes del secuestro, dos hombres, vestidos como hasidim, llegaron a la escuela, y hablaron con varios niños. Sólo hicieron preguntas banales, para ganarse la confianza, o para poner a punto su secuestro. El empleado encargado del mantenimiento les preguntó qué estaban haciendo allí, y ellos se marcharon inmediatamente.

Papá ha aclarado igualmente otro misterio. Una trágica coincidencia quiso que mi amiga encargada de recoger a las niñas para llevarlas a la institución no pudiera venir aquel día. Había enviado en su lugar a una de sus amigas, y la joven ignoraba que la ausencia de los niños podía significar lo peor.

Cuatro días después de la fecha maldita, el 15 de diciembre, Miriam Resheff informa a mi padre de que Chaim le ha telefoneado.

—Está en Israel, y dice que los niños están bien.

Parece lógico que haya regresado allí, donde obtuvo la custodia de los niños sin que yo fuera informada en su momento. Mi padre toma inmediatamente el avión para Israel, y despega el 17 de diciembre para Tel-Aviv. Va a comprobar sobre el lugar los medios legales a mi disposición para recuperar a los niños. Yo me reuniré con él en cuanto me encuentre físicamente capaz. Deberíamos esperar lógicamente una pelea de tribunales, tratos difíciles, pero también la esperanza de ganar el pleito. Mi padre contrata rápidamente a un abogado, y detectives privados. Se concede un mes para encontrar a Marina, Simon y Moriah.

Pero con Chaim nada es nunca lógico. La mentira y el disimulo definen su concepción de la existencia. Y quiere destruirme la vida.

15

TERAPIA

Una amiga bienintencionada me ha llevado por la fuerza de tiendas, y me he vestido, ciertamente, pero no como de costumbre. Un largo vestido de lana, que me baja hasta los tobillos, demasiado elegante y demasiado caro, apagado y gris, como mi existencia. Dos vuelos parten hoy para Israel, y tengo una plaza en el primero. Me encuentro en la fila de espera, curiosamente tranquila. Es el efecto de los tranquilizantes. La cola ante el mostrador de la compañía El Al avanza con lentitud. Llego ante la empleada para enterarme que, al haber tomado la agencia demasiadas plazas, me han tachado de la lista. En compensación, me ofrecen una plaza en clase negocios en otro vuelo.

La vida, a veces, nos depara encuentros extraños. Walter Boghaert, el jefe del departamento de *marketing* de Olivetti, está a unos metros de distancia. El hombre que insistía siempre en hablarme en neerlandés, y al que yo le colgaba el teléfono en las narices. Es alto, bien formado, vestido con camiseta y tejanos, y un pullover que me parece caro pero cuyo color choca con el resto de su ropa. Un mechón pardo ondula sobre su frente. Nos hemos evitado en el trabajo, pero aquí me tranquiliza encontrar un rostro familiar. Me adelanto para decirle buenos días; él tiene aspecto sorprendido y reservado. Como sospechaba desde hacía mucho tiempo, habla bastante bien el francés, lo suficiente para explicar que marcha de viaje de vacaciones a Israel.

—¿Y usted?

Tan tranquilamente como si hablara de las llaves perdidas de mi coche, le respondo:

—A buscar a mis hijos, que se fueron hace unos días.

Es al mirar maquinalmente la fecha en mi billete de avión, en el momento de embarcar, cuando me doy cuenta: 19 de diciembre. ¡Hace ocho días que mis hijos han desaparecido! No me he percatado del paso del tiempo esta semana, no sé lo que he hecho durante estos ocho días, nada aparentemente.

—¿Permite usted que me siente a su lado un instante?

Walter Boghaert me saca del libro en el que me he sumergido al despegar.

—Por favor.

Se instala en un asiento vecino. Yo aguardo cortésmente, mi libro abierto sobre las rodillas, dispuesta a reanudar la lectura, que es lo único que me hace olvidar la realidad. Pero él inicia una conversación. Me explica que va a pasar unos días a Tel-Aviv en un albergue de juventud, y que luego visitará Eilat. Por lo general, viaja en clase de negocios, pero, para sus vacaciones, él mismo se paga el billete en clase turista... Yo estoy en clase de negocios, por accidente... Charla trivial, en el transcurso de la cual le repito simplemente que voy a buscar a mis niños, sin dar detalles.

A la hora de la cena, la azafata le pide que vuelva a ocupar su lugar. Es una lástima, empezaba a apreciar su compañía, y el asiento de mi lado está libre.

—¡No molesta a nadie estando aquí!

—Lo lamento, pero si autorizáramos este tipo de cosas, todo el mundo querría hacer lo mismo.

Mi compañero de viaje me propone que vaya a reunirme con él después de la cena.

Yo no tengo hambre, y no consigo ya concentrarme en mi libro, de manera que voy a reunirme con él en la parte trasera. Es curioso, ya no tiene nada del hombre un poco serio y obsesionado por el neerlandés que he conocido en la oficina. Reanudamos nuestra charla. Me entero de que generalmente pasa sus vacaciones en África, que le encanta viajar, sumergirse en culturas diferentes. No es de los que se van a broncear en una playa durante horas. Yo tampoco. Es la primera vez que va a Israel, habla fluidamente cuatro idiomas, pero ni una palabra de hebreo; entonces, yo le hablo del país. Me escucha moviendo la cabeza con gestos de asentimiento de vez en cuando. Este hombre de veintisiete años no es muy locuaz, pero es tranquilizador, apaciguador. Adivina confusamente que no me encuentro en mi estado normal. Hablo mucho y de manera extraña. Pero no me lo hace notar. Me lo dirá más tarde.

Comprendo que los tranquilizantes me han vuelto charlatana, lo cual no forma parte de mi carácter. En otras circunstancias hubiera guardado las distancias, pero ahora me oigo hablar, hablar, como uno bebe agua cuando tiene sed...

El vuelo es desviado a Viena por un problema mecánico. Y

cuando todo está arreglado, la hora hace imposible nuestro aterrizaje en Tel-Aviv. Está prohibido que un avión aterrice después de la puesta del sol el día del *sabbat.* Ha venido de quince minutos, pero nos vemos varados en Viena, y la compañía El Al debe ofrecer a sus pasajeros una noche de hotel.

Por desgracia, no me he llevado más que ropa ligera para Israel, y es invierno en Viena. Gruño ante el empleado de El Al:

—¡Ya podrían ustedes regalarnos ropa de abrigo!

Walter sonríe ante mi desparpajo. Pero, una vez sola en mi habitación del Hilton, ya no soy tan vindicativa. Sentada en mi cama, paso la velada ante la foto de mis hijos, llorando, hasta caerme de fatiga.

Visita de Viena obligatoria al día siguiente. No tenemos otra cosa que hacer esperando el despegue. Tiemblo de frío. Walter me escucha hablar, hablar de todos los temas posibles, pero sigo sin decirle una palabra de mis hijos. Este tema me pertenece sólo a mí, no podría seguramente compartirlo con un casi desconocido.

En el aeropuerto de Tel-Aviv le presento a Walter a mi padre. Lo acompañamos en nuestro coche hasta su albergue, situado en la carretera que lleva al hotel donde papá ha tomado habitaciones. En cuanto estamos solos, mi padre resume la situación. El abogado que ha contratado debe tratar de revocar la sentencia que atribuye la custodia de los niños a Chaim desde 1984. Mientras tanto, mi padre ha echado mano de su red de relaciones de negocios, que se extiende por varios continentes. Uno de sus contactos le ha recomendado una agencia de detectives privada, dispuesta a trabajar para nosotros.

Mi padre se acuesta temprano como de costumbre, y a las ocho de la noche me encuentro sola mirando fijamente las paredes de mi habitación sin poder dormir. Si no hago algo, me voy a volver loca. Decido ir a dar una vuelta hasta el albergue de juventud de Walter.

Van a despertarlo, y llega soñoliento por el pasillo, convencido de que ha ocurrido una catástrofe. Me mira pasmado cuando le digo tontamente:

—Es preciso que hable con alguien.

—Bien. Voy a ver si la dejan entrar aquí.

Pero las mujeres no son admitidas en los dormitorios de los hombres. Coge su chaqueta, y nos marchamos afuera.

Hay un parque al otro lado de la calle, que bordea la orilla del río Hayarkon. La noche es fresca, y todo está húmedo. Walter quiere ofrecerme su chaqueta, pero yo necesito pasar frío, para calmarme. Estoy hirviendo interiormente. Una necesidad de estallar me supera.

Me lanzo a una oleada de palabras desordenadas. Debe de costarle entender algo. Cuento mi historia a fragmentos, mezclo los pedazos del rompecabezas gigantesco que no consigo poner en orden. Nunca me había confiado a alguien de este modo, ni de otro, por lo demás. No comprendo por qué lo elegí a él, cuando apenas le conocía; le cuento todo lo que llevo en el corazón. ¡Con lo que me cuesta hablar de ello con mi familia! Es justamente porque es un desconocido, o porque se muestra tranquilo, tan tranquilo. Me hace de vez en cuando una pregunta para tratar de encontrar una lógica a mi relato. No se pone nervioso, escucha. Las humillaciones, los golpes, la soledad, la desesperación, la culpabilidad, el amor arruinado, el odio, la fuga. Tiemblo de pies a cabeza, al revivirlo todo, y cuando llego al final, el secuestro de los niños, tengo la impresión de que todo va a estallar dentro de mí. Con los puños apretados, plantada ante él, debo de tener el aspecto de una loca.

—Si eso te puede aliviar, Patsy, ¡golpea! Anda, pégame a mí.

Es algo tan inesperado, y tan amable, que mis puños se relajan, las lágrimas brotan, y me desplomo llorando como una niña sobre su hombro. Me he vaciado. Supongo que tenía necesidad de ello.

Mi problema es que lo reprimo todo, hasta la explosión. Y a veces eso puede durar mucho tiempo. ¿Qué especie de animal desollado vivo soy, así pues?

Más tarde, al volver al albergue, Walter me propone una idea:

—Yo salgo para Eilat mañana por la mañana. Si quieres venir, relajarte, descansar, pensar en otra cosa, ven a reunirte conmigo, serás bienvenida.

Y pensar que le colgaba el teléfono en las narices...

Leah no ha cambiado apenas, un poco más vieja, un poco más fatigada. Nos invita, a papá y a mí, y al detective privado, a entrar en su casa.

Leah siempre se mostró amable, pero ignoro lo que pueda pensar ahora de mí. Si se considera la historia desde su punto de vista, yo abandoné a su hijo y me llevé a sus nietos. Eso es en cierta manera verdad, pero ninguna prohibición legal me impedía ir a Bélgica, y siempre le he dicho a Chaim que era libre de venir a verme, a condición de respetar las reglas.

Leah parece comprender mi sufrimiento. Chaim ha viajado mucho, me dice, regresó a Israel en 1985, y se ha vuelto muy religioso. No está segura de que esta transformación sea sincera, pues no frecuenta mucho la sinagoga, y no respeta aún el *sabbat*, pero lleva permanentemente las ropas tradicionales de los hasidim. El día en que la policía le arrestó en Nassogne, lo recuerdo bien, era un sábado, y a pesar de su barba y su sombrero, no hubiera debido conducir un día de *sabbat.*

Leah sabe poco, en realidad, pero lo que sabe despierta nuestro interés. Chaim estableció amistad con los miembros de una secta ultraconservadora, entre las más integristas de los judíos hasídicos, los satmar. Un satmar tiene una filosofía simplista de la existencia, según Leah. Todo lo que es judío es bueno, todo lo que no es judío es malo.

—Esta gente son verdaderos fanáticos. Y si Chaim se ha unido a ellos, seguramente le estarán ayudando a hacer lo que hace.

Yo soy como ella, no creo en una conversión de Chaim, el hombre que come «la carne que me gusta» y fuma a escondidas los días de *sabbat*... He visto a judíos hasídicos cuando vivía aquí. Siempre he respetado sus creencias, cada uno tiene derecho a vivir como cree oportuno. Espero sólo que den prueba de la misma generosidad conmigo. Pero Leah no ha visto a los niños, e ignora dónde está Chaim.

Mi padre tiene que regresar a Bélgica. Yo voy a quedarme aquí. No podré hacer mucho en período de vacaciones, salvo permanecer en contacto con la agencia de detectives y los abogados. Me siento frustrada, inútil, y todavía en estado de *shock.* A papá no le gusta la idea de dejarme sola en el hotel con mi caja de tranquilizantes. Por otro lado, sabe que pasar las fiestas en casa sin mis hijos sería para mí una verdadera tortura. La proposición de Walter de reunirme con él en Eilat le parece una buena solución, y me alienta a partir.

Yo había ido ya a Eilat con Chaim, pero nos quedamos en casa de unas personas que él conocía, y no vi nada de la región. Llamo a Walter por teléfono al albergue de la juventud de Eilat. Todo es sencillo con él.

—Te esperaré a la llegada del coche.

Este autocar tarda medio día en recorrer los trescientos kilómetros que separan a Tel-Aviv de la ciudad costeña más turística del país. Contemplo el paisaje, que rápidamente se vuelve austero y árido, unos campos cultivados de vez en cuando alrededor de un *kibbutz.* Trato de no pensar en nada.

Eilat es el reino de las *boîtes* nocturnas y de los cafés ruidosos. La clásica trampa para turistas. Detesto esta ciudad inmediatamente. Paso la Nochebuena y el día de Navidad con Walter y sus amigos, y ya no puedo estarme quieta más tiempo. Necesito hacer algo, lo que sea, encontrar el comienzo de una pista que me lleve hasta los niños. Uno de los detectives de la agencia me ha sugerido que vaya a visitar las comunidades hasídicas dispersas por el territorio. Todas tienen escuelas. Las posibilidades son mínimas, pero bien hay que empezar por algo.

Walter propone que viajemos juntos. Él se aprovechará de mi conocimiento del hebreo y, en mi compañía, podrá hacer un poco de turismo. Yo, por mi parte, accecharé los rostros de todos los niños. Unas pocas provisiones de pan, atún en conserva, aceitunas y queso, una manta de *camping*, nos bastan para emprender el camino. Elegimos un autocar que se dirige al Norte, bordeando la frontera jordana en dirección al mar Muerto. Nuestro destino es la fortaleza de Massada. Ésta se levanta en la cima de una colina rocosa, ciudad impenetrable construida hace dos mil años por el rey Herodes I.

Bajamos del autocar delante de un *kibbutz*, y desde allí seguimos por un sendero estrecho y empinado que se encarama hasta la entrada del sitio de Massada. El palacio de Herodes es una estructura monumental colgada tan arriba que, en el último piso, los pájaros vuelan por debajo de nuestra cabeza. Aquí, en el año 70 antes de Jesucristo, dos mil judíos celotes se refugiaron después de la caída de Jerusalén. Rechazaron a los romanos durante tres años. Y, antes que capitular, los sitiados eligieron el suicidio colectivo. A lo lejos se distingue las ruinas de los campamentos de los sitiadores romanos.

No hay palabras para describir el respeto que inspira este lugar trágico y soberbio. Se puede caminar durante horas en esta fortaleza, de terraza en sótano, de peristilo en columnas corintias. Los visitantes son numerosos, pero se contentan en general con dar la vuelta al palacio. Walter y yo no nos cansamos del espectáculo. Cuando el guardián anuncia la hora de cierre, le pido en hebreo:

—¿No podemos quedarnos a dormir aquí?

—Está prohibido.

—Pero es tan hermoso esto, por favor…

—Es imposible, por razones de seguridad. La frontera jordana está muy cerca, ¡hay terroristas!

—No tenemos miedo de los terroristas.

—¡Pero hay serpientes!

Walter no comprende nada de mi conversación con el guarda, al que yo trato de amansar. Se la resumo:

—Dice que hay serpientes.

Walter se encoge de hombros con indiferencia. Pero el guarda me mira con aspecto desconfiado ahora:

—¿Cómo es que habla usted el hebreo tan bien?

—A causa de mi marido.

—¿Él? ¡Pero si no habla hebreo!

—Le voy a hacer una confidencia, no es mi marido…

Una sonrisa cómplice, y se muestra de acuerdo en que acampemos aquí. Pero sin hacer fuego, pues si los soldados divisan una fogata en un lugar supuestamente desierto por la noche, tendríamos problemas, y él también.

La calma solemne que reina aquí me ayuda a relajarme. Llego a discutir con Walter y a mostrarme más razonable que la primera vez. Este hombre se ha convertido en amigo mío; tenía mucha necesidad de él. Jugamos a la batalla, y pasamos la noche en una torre, envueltos en los sacos de dormir. Por la mañana, el sol se levanta lentamente al este, por la parte de Jordania, un resplandor rosado en un cielo azul noche, y luego anaranjado sobre azul pálido. Queríamos ver amanecer sobre Massada; no hemos quedado decepcionados. Una ópera resplandeciente. Un pajarillo surca el aire como una flecha, y de pronto la tristeza se apodera nuevamente de mí. Los rostros de los niños se mezclan confusamente con esta sinfonía de colores, sus risas con el viento entre las piedras. Walter hace fotos, y yo contemplo el vacío.

Pasamos la noche siguiente en el *kibbutz* de Ein Gedi. Al día siguiente nos dirigimos en autocar a Jerusalén, donde espero descubrir comunidades hasídicas. Pero unas lluvias torrenciales nos inmovilizan; imposible salir a la calle. He venido aquí para nada.

Al regresar a Tel-Aviv reanudo el contacto con la agencia de detectives. No tienen ninguna pista. Entonces nos dirigimos al Norte, unas veces a pie, otras en autocar o en autostop. Visitamos pequeñas comunidades hasídicas. Trajes negros, sombreros negros, cabezas bajadas. ¿Cuántas hay en el país? ¿En qué rincón de esta tierra árida se ha refugiado Chaim?

Las relaciones entre Walter y yo son ahora de franca camaradería. Él me alienta a disminuir la dosis de tranquilizantes, pues éstos me mantienen especialmente distraída. No duermo durante varios días, pero tengo la impresión de volver a la realidad. La parada siguiente en un albergue de Haifa, el 31 de diciembre por la noche, nos mezcla con una banda de adolescentes ruidosos y alegres que se disponen a festejar la nochevieja. Tengo miedo de no pegar ojo en toda la noche, pero, al contrario, me derrumbo de sueño, sin píldora. Por primera vez desde hace días, me despierto en forma.

Las demás visitas que hacemos a las comunidades hasídicas, al norte y centro del país, son desesperantes. Los niños tienen un talante excesivamente serio. Las niñas, ocultas bajo largos abrigos, llevan calcetines de lana y gruesos zapatos. Los niños llevan casi todos gafas minúsculas de montura cuadrada, y miran al mundo que les rodea con un aire triste. No percibo en ellos ninguna espontaneidad, me parecen prematuramente envejecidos.

Mis tres hijos, tres agujas en este inmenso pajar, ¿están destinados a vivir así? Marina, que hacía dibujos de todos los colores sobre la mesa del salón, Simon que jugaba con su balón de fútbol, Moriah que apenas comenzaba a jugar. A veces busco en estos rostros infantiles una mirada que se escabulle temerosamente, una sonrisa que ha debido de existir. Lo que más me impresiona en ellos es su aire triste. Van vestidos de tristeza. Privados del sol de la infancia.

Walter tiene que regresar a Bélgica; sus vacaciones han terminado. Me ha sido de una gran ayuda. Nuestra amistad se ha cimentado en circunstancias particulares; he derramado a su lado muchas lágrimas, y sabe de mí más que mi propio padre, quizás. Pero él tiene su vida normal, y yo la mía, complicada, que Chaim ha jurado destruir.

—Walter, no te sientas obligado a llamarme cuando haya vuelto. Si quieres mantener el contacto, de acuerdo, pero, en caso contrario, no me importa, no te sientas obligado a hacerlo.

Después de la marcha de Walter, paso todavía algunos días en casa del amigo de papá, Samuel Katz, y, con la esperanza de descubrir un indicio cualquiera, regreso a Karmiel, a nuestro antiguo apartamento del octavo piso. He conservado una llave que traje conmigo. Delante de esta puerta donde viví el infierno a veces, siento un escalofrío.

Aparentemente, Chaim ha conservado el apartamento, pero ya no vive en él desde hace tiempo. Todas nuestras cosas siguen allí, amontonadas en cajas de cartón. Descubro algunas cartas dirigidas a mí y sin abrir. Me entero así con asombro de que debo dinero al gobierno. Impuestos impagados sobre mercancías del almacén que Chaim había abierto a mi nombre. Recupero una caja que contiene nuestros objetos de plata, magro recuerdo que decido llevarme a Bélgica.

En la tienda, una joven que Chaim empleaba se muestra muy amable, pero no tiene mucho de qué informarme.

—Se quedó algún tiempo en el apartamento, y luego hizo sus maletas y desapareció. Conozco a una mujer, una cartomántica, que le conocía, podría quizás ir a verla…

Lo sobrenatural no me tienta mucho, pero, a fin de cuentas, ¿por qué no? Jugando el juego, aprenderé quizás alguna cosa.

Después de pedir veinte shekels, la cartomántica me pide que le de el nombre de tres países.

—Argentina, Brasil, Canadá.

—¿Por qué esos tres?

—Porque siguen un arden alfabético.

No parece apreciar mi lógica, y empieza a revolver suavemente las cartas.

—¡La cifra seis es importante en su búsqueda!

No he avanzado mucho. Seis. ¿Seis días, seis semanas, seis meses? Me niego a pensar en años.

Ninguna pista, en ninguna parte, es el desierto. Papá regresa a Israel, y decide cambiar de detectives privados. ICTS es el acrónimo de International Consultant for Targeted Security. Esta agencia tiene corresponsales en el mundo entero. Nueva York, Londres, Bruselas, París. Su director, Dany Issacharof, es un hombrecillo rechoncho que no tiene aspecto de ser lo que es, un ex agente de la agencia gubernamental de seguridad israelí «Shin Beth». Su especialidad es la vigilancia de los aeropuertos, pero acepta trabajar para nosotros, por amistad hacia mi padre, del cual es uno de sus contactos de negocios desde hace mucho tiempo. Pone a dos hombres a trabajar en el expediente.

Eitan Rilov es delgado y nervioso, está siempre en movimiento. Habla deprisa y con énfasis. Se presenta como el más inteligente, y el más astuto. Tengo la impresión de que desprecia a las mujeres en general. Se dirige siempre a mi padre, como si yo apenas existiera. Eitan Rozen es, por contra, un hombre abierto, afable, de pequeña estatura, pero evidentemente en mejores condiciones físicas que el otro. Es él quien se hace cargo del aspecto europeo del dossier.

Todo esto es extraño. La desaparición de mis hijos se ha convertido en un «asunto», un «dossier». Hace ahora un mes que tuvo lugar el secuestro, y yo imaginaba que en un mes encontraríamos a los niños, en algún lugar de Israel.

Un hombre no puede desaparecer así, volatilizarse con tres niños a su cargo. Ahora estoy obligada a fijarme otra fecha límite, seis meses probablemente. Lo peor es que seguramente no sirvo para nada en este «asunto». Es un trabajo de especialista. Yo, la madre, ¿qué he conseguido hacer en un mes? Una depresión, y la visita de algunas escuelas hasídicas…

—Más vale que vuelva a su casa, en Bélgica; nosotros nos encargaremos de todo.

Privada de acción, espectadora impotente de mi desgracia, me siento aún más desposeída.

16

EL RELATO DE MARINA

Pasamos un mes en el apartamento del señor Armoni. Me gustaría saber dónde está Patsy, pero él no me dice nada. El hombre que vino a buscarnos a la escuela dice que es nuestro padre. Es muy diferente del recuerdo que tenía de mi padre, no le reconozco. Le pregunto dónde está Patsy. Él responde:

—Yo quería que vinierais todos juntos conmigo, pero ella no ha querido acompañarnos.

Echo de menos a Patsy, no me siento cómoda con esta gente. Me acuerdo muy bien del número de teléfono de la abuela, y voy a llamarla. Un día descuelgo el teléfono, y marco el número, pero no oigo la voz de la abuela. Sólo unos ruidos extraños, y alguien que repite siempre lo mismo. Papá se da cuenta de que he tratado de telefonear sin su permiso, y se enfada mucho. Dice que jamás debo utilizar el teléfono.

Nos sentimos muy tristes de no celebrar la Navidad con Patsy. En vez de eso, el señor Armoni y su mujer han preparado una cena para celebrar otra fiesta, pero no sé como se llama ésta. Han encendido muchas velas, y leen oraciones en una lengua que no comprendemos. Luego nos sentamos en el sofá.

Moriah está sobre las rodillas de papá, el señor Armoni está sentado a nuestro lado y nos hace subir, a Simon y a mí, sobre sus rodillas. Su mujer toma una foto.

No nos gusta quedarnos encerrados aquí todo el día. Una sola vez, nos autorizan a salir. Papá y el señor Armoni nos llevan al zoo.

Un día, papá dice que nos vamos de viaje. El señor Armoni nos conduce al aeropuerto. Estamos muy excitados, y yo tengo un poco de miedo en este gran avión. Llegamos a un aeropuerto donde hay mucha gente, es una gran ciudad que se llama Londres.

Después de este viaje, nos instalamos en un lugar llamado el

Centro Comunitario Judío. Está en Stanford Hill. En el barrio, las casas son todas parecidas, pequeñas y pegadas unas a otras, formando largas filas. Toda la gente que vive aquí son judíos. Papá dice que nosotros somos judíos también. Hay un gran parque al final de la larga calle, con dos lagos.

De repente, debemos seguir nuevas reglas en la casa. El viernes comienza una cosa que se llama el *sabbat*. No se debe montar en bicicleta, no se debe encender la luz antes del sábado por la noche, después de la puesta del sol. Papá nos dice que tenemos muchas cosas que aprender.

Hay un hombre santo, llamado rabino, que nos recita plegarias, y nosotros tenemos que repetirlas antes de beber o de comer cualquier cosa, incluso un pedazo de pan. Hay que bajar los ojos y ser muy obedientes. Nos dicen las reglas para comer bien *kasher*, pero hay muchas, y nos cuesta recordarlas.

Aprendemos también una historia que es una gran desgracia para los judíos. Seis millones de judíos fueron muertos por un hombre malvado llamado Adolf Hitler. Los mató sólo porque eran judíos. Pero los que no murieron sacaron de ello una lección, deben ayudarse mutuamente, y, sobre todo, jamás, jamás, confiar en los no-judíos.

Papá le dice a Simon que debe dejarse crecer los cabellos para hacer los *peyots*. Es el nombre que da a los rizos que lleva a cada lado de la cabeza.

Un día hay una gran reunión con personas. Nos hacen recitar muchas plegarias, y el rabino nos dice que tenemos ahora nuevos nombres. Yo ya no me llamo Marina, me llamo Sarah. Simon se llama Joseph, y Moriah, Rachel. Es difícil al principio no equivocarnos. Pero cuando llamo Simon a mi hermano en vez de decir Joseph, papá se enfada.

Muchas cosas son diferentes. Rachel y yo hemos cambiado de ropa. Llevamos vestidos largos y gruesos calcetines de lana que nos pican mucho en las piernas. Joseph tiene que llevar un gorrito continuamente.

17

LA CASA VACÍA

Bruselas, Rue Verte n.º 9. Abro la puerta de la casa vacía. Mi madre ha venido a limpiar, la cocina está impecable, la ropa lavada, no hay un grano de polvo sobre los muebles. Una propiedad glacial. Mamá no ha tenido el valor de quitar los objetos familiares que reavivan mi pena. Los dibujos de Marina están aún amontonados en la mesa del salón, al lado de cositas preciosas que ella misma fabricaba con papeles de colores. La pelota de Simon sigue allí, inmóvil en un rincón del salón. La caja de plástico reservada para la merienda de Moriah reposa sobre la mesa de la cocina.

Contemplo los dibujos pegados a la puerta de la nevera. Esta casa estaba llena de vida, de risas y de gritos de niños. Su silencio me asfixia. Los detalles son lo que más daño hace. Los regalos de Navidad amontonados en un rincón del armario, un jersey doblado, solitario, una muñeca muda. Lloro durante horas.

He encontrado en el buzón una nota: «Llámame. Walter.» No tengo ganas de hacerlo. Voy a reanudar mi trabajo en la Olivetti. El superior jerárquico me anuncia el mismo día que ya no formo parte de la empresa.

—El médico le prescribió una baja de seis semanas. Y nosotros nos hemos enterado de que se había marchado a Israel. Si se ha tomado usted vacaciones, es que no estaba tan enferma, supongo.

Ella procura elegir las palabras, pero yo comprendo entre líneas. Una mujer que acaba de perder a sus tres hijos en semejantes circunstancias no puede ser productiva.

—Escuche, señora, he perdido a mis hijos, mi vida está completamente destrozada. ¡No crea usted que el hecho de perder mi trabajo va a trastornarme mucho más!

Salgo del despacho como una furia mascullando por lo bajo: «¡Vejestorio!»

Walter está delante del ascensor, como si me esperara. Me sigue sin decir nada, hasta el aparcamiento. La noticia de mi despido ha corrido ya por los despachos. Muchos empleados critican a la dirección. Walter opina, como ellos, que no es manera de comportarse.

—Puedes contar conmigo.

—Gracias.

No soy muy expansiva. Resulta que él es la única persona extraña a mi familia en la que puedo confiar. Será mi amigo. Como Didier en mi infancia.

No hay ningún rastro de Chaim. En Tel-Aviv, el Ministerio del Interior no tiene información alguna sobre su posible regreso al país. No ha renovado su pasaporte desde el 2 de enero. Se halle donde se halle, está ahora en situación irregular.

La pista hasídica parece la más evidente, y es a ella a la que mi padre primero se dedica. La comunidad más importante se encuentra en el estado de Nueva York; hay que saber si Chaim ha pedido un visado para los Estados Unidos. Pero la embajada estadounidense en Bruselas no tiene fichero informatizado, y necesita tiempo para estudiar los dossiers en microfilm. No tendremos respuesta antes de finales de febrero.

En Israel, los detectives privados se dedican a los expedientes de la seguridad social, a los registros de las escuelas, a los archivos bancarios. Una investigación pesadísima, que no aporta nada. Chaim y los niños se han volatilizado.

No hay mucho que yo pueda hacer. Los niños pueden hallarse en este momento en cualquier lugar del mundo. En Israel, en los Estados Unidos, en Francia, en Holanda, en Austria, en Alemania, en el Brasil, en Canadá, en Argentina… y en otra docena de países, en los que se sabe que hay comunidades hasídicas implantadas. El mundo entero está contra mí; es inmenso.

Y la pena me paraliza. No soporto vivir en esta casa vacía, y me refugio en la de mis padres. A veces me despierto por la mañana con la seguridad de haber soñado con los niños, pero sin poder acordarme de mi sueño. Siempre tengo frío, estoy enferma, floto en mi cabeza.

No he dicho nada de Walter a mis padres, pero nos vemos cada vez más a menudo en secreto. Él comparte un apartamento con cuatro estudiantes, en Lovaina, una pequeña ciudad universitaria. Por la noche después de su trabajo, nos dirigimos allí en coche, para discutir durante mucho rato. Le cuesta comprender que sea capaz de hablar de mi vida sin expresar lo que siento.

Hace mucho tiempo que Chaim mató toda emoción en mí. Con los niños puedo mostrarme afectuosa y tierna, pero con los adultos guardo las distancias, y si algo me molesta, me refugio en el silencio. Walter tiene que mostrarse sumamente diplomático para llegar a decirme lo que no funciona.

—Tu madre, por ejemplo, debe de estar desconcertada, frustrada, por no poder consolarte. No te permites jamás llorar delante de ella.

—Llorar ha sido siempre para mamá una solución, tanto para las penas como para las alegrías. Yo no puedo. Me resulta imposible.

—Sufre al verte así.

—Lo sé, pero no puedo llorar. Soy incapaz de llorar. Excepto cuando estoy sola, fuera de la mirada de los demás. De otro modo, me siento indecente.

Walter concluye:

—Entonces, ¿no es más que eso? ¿Eso es todo? No es más que un pequeño problema.

Efectivamente, ser incapaz de llorar en los brazos de la propia madre no es el fin del mundo. Es una cosa que puedo asumir. Haga lo que haga, o diga lo que diga, Walter jamás reacciona impulsivamente. Es su manera de hacer bajar la tensión. Reflexiona mucho antes de exponerme su visión de las cosas. Al principio, esta calma, esta lentitud deliberada, esta ausencia aparente de reacción, me exasperan. A menudo suelo reaccionar violentamente a los consejos que me da, me encolerizo o soporto mal que me obligue a reflexionar. Es exactamente lo que él busca.

—Prefiero que descargues tu agresividad contra mí, en vez de envenenarte con ella.

Consigue formidablemente transmitirme su fuerza interior. Cada vez que siento que se debilita mi determinación, que intento replegarme en mí misma, como una tortuga, él interviene con firmeza:

—¡Mírate! ¿Qué te pasa? ¡Tienes que pelear! ¡Has de ser fuerte!

Yo no me doy cuenta de ello todavía, pero esta relación es una especie de reeducación. Lo contrario de las locas relaciones de dominación que Chaim había querido instaurar entre nosotros. La huella es profunda, y me debato aún entre dos redes invisibles.

Nuestro médico de familia, Jean-Luc Vossen, escucha pacientemente mis quejas:

—He fracasado en todo en mi vida. Mis estudios, mi matrimonio, mi papel de madre, soy una nulidad.

En un mes he pasado de cincuenta y cinco a sesenta y cinco kilos. Una verdadera bola. Me levanto por la mañana sin ninguna energía. Cada día que se anuncia es una prueba que no siento deseos de afrontar. Me acuesto por la noche pensando en los niños, me levanto pensando en los niños. La vida es un paisaje sombrío y triste. Las horas, los días, transcurren. Los detectives continúan sus investigaciones, la policía está alerta, pero no pasa nada. NADA. Nadie ha conseguido descubrir dato alguno sobre Chaim, y yo no puedo actuar por mi cuenta. Me vengo abajo, me ahogo, quisiera que el mundo entero se apiadara de mí. El doctor Vossen me da una pequeña reserva de calmantes bastante enérgicos, para utilizar sólo en caso de urgencia.

—Por lo demás, dieta estricta, ejercicio dos veces por semana, ¡procure tener una ocupación! Haga algo con su tiempo. Póngase un objetivo cotidiano.

Detesto nadar, pero me impongo ir a la piscina, tres veces por semana, y realizar un número determinado de largos. Al comienzo no es nada del otro mundo, pero un día llego a la cifra de cincuenta piscinas por jornada. El ejercicio me agota, dándome la inmensa satisfacción de haber realizado algo. Obsesionada por mi peso, no ingiero más de 1.500 calorías al día. Llevo demasiado lejos este juego peligroso. Me fundo como la nieve al sol. Al observar a la Patsy descarnada en el espejo, la encuentro regordeta. La anorexia me acecha.

Mi hermano Michel, interno en el hospital Saint-Luc, me propone una nueva tarea. Trabajar desinteresadamente en el hospital, ocuparme del transporte de enfermos en sillas de ruedas. Le doy las gracias y le sugiero algo que me interesa más; la sala de juegos de los niños hospitalizados. Y comienzo ilusionada enseguida. Como todo lo que hago en general, me empleo a fondo. El voluntariado ocasional se convierte en un trabajo cotidiano. Pronto la sala de juegos no me basta, quiero también ocuparme de los niños más graves que no pueden desplazarse. Con mi caja de cartón atiborrada de libros, de rompecabezas y de juguetes, hago mi recorrido cama por cama. La sonrisa valerosa de estos pequeños, inmovilizados por la enfermedad, que no se quejan, me ayuda a tener perspectiva sobre mí misma. Los míos ya no están aquí, conmigo, pero probablemente gozan de buena salud y están seguros. Patsy, me digo, deja de tener lástima de ti misma, ¡mira a esos niños! Ayúdales.

He tomado afecto a una niña marroquí, que lucha contra la leucemia. La quimioterapia le ha hecho perder los cabellos, pero no su alegría. Decidimos juntas transformar su habitación, gris y descolorida, en un acuario gigante. La pequeña colorea y luego recorta peces de papel, yo los cuelgo del techo al extremo de un hilo. Pronto llega a haber tantos peces en su habitación que la asistenta comienza a quejarse, pero seguimos adornando el acuario con algas de papel.

Una mañana, la cama de la pequeña está vacía, los peces y las algas siguen flotando en el techo, pero la niña ha desaparecido en reanimación. Una última visita a un cuerpo inerte, acribillado de tubos, que sin duda no oye la historia que le cuento, y al día siguiente nos ha abandonado.

18

EL RELATO DE SARAH

Hemos pasado sólo tres semanas en Londres. Luego papá nos ha enviado, a Rachel y a mí, a hacer un largo viaje en avión. Un hombre ha cuidado de nosotras, hemos ido hasta América, a una ciudad que se llama Nueva York. Papá ha dicho que nuestro hermano Joseph se reunirá pronto con nosotras.

Rachel y yo vivimos ahora con una familia que no conocemos. Hemos de esperar la llegada de papá y de Joseph, que será dentro de una semana.

Cuando papá está aquí, pasan cosas muy extrañas. Está cambiando siempre de nombre, y es muy complicado para nosotros. Dice que se llama David Mizrahi; pero hay personas que le llaman de otra manera. Se enfada cuando le hacemos demasiadas preguntas.

Un día, papá nos dice que vamos a mudarnos. Iremos a otro país esta vez, a México. Durante algún tiempo, no sé cuánto, vivimos con otra familia. Hemos visto muchas familias diferentes desde que Patsy ya no está con nosotros. Luego papá encuentra una casa para nosotros solos. Aquí la comunidad judía es muy pequeña. Hace calor en México. La gente habla español, y es muy difícil aprender nuestras lecciones. En la escuela, los niños se pelean mucho. A mí me han robado mi nuevo par de tijeras y también mi goma.

Papá está siempre de mal humor. A veces se pone enfermo de cólera contra nosotros. Cuando dice que no somos listos, nos pega en los dedos con un lápiz, una y otra vez. Eso duele. Un día Joseph jugaba a la pelota, y papá le dijo que se parara, pero Joseph no obedeció. Entonces papá le arrancó la pelota y la reventó con un cuchillo.

Estamos cansados de comer todo el tiempo cereales y copos de maíz, nunca hay otra cosa. Papá nos hace recoger con la mano todas las porquerías que hay por el suelo. Dice que «las niñas deben hacer la casa». Se enfada mucho con nosotros si hablamos de Bélgica, y entonces ya no nos habla más. No nos gusta cuando se enfada así.

Antes, cuando estábamos en casa del señor Armoni, papá era realmente muy amable con nosotros. Pero ahora no me gusta vivir con él. Nos pega a menudo. Si hacemos algún ruidito cuando él duerme, nos da una bofetada. Pero si uno de nosotros quiere hacer la siesta, y hay ruido, no le importa. No me parece justo. Y luego, también, antes, en Bélgica, yo podía tomar el baño sola, pero ahora él me lava al mismo tiempo que a mi hermana y mi hermano. No me gusta eso.

19

LA PRIMERA PIEZA DEL ROMPECABEZAS

Tras madura reflexión, Walter me ofrece ir a vivir a su apartamento, hasta que mis problemas se arreglen. No regresar a la casa vacía. No volver a casa de mis padres... Me siento como un vagabundo en tejanos y zapatillas deportivas. Acepto, aunque tengo la impresión de huir de algo, más que de ir hacia delante. Guardamos discreción sobre este arreglo. Nadie sabe en Olivetti que el señor Boghaert vive en mi compañía.

Mi franqueza, a menudo brutal, es un rasgo de mi carácter que ha seducido a Walter, pero nos crea a veces problemas.

—Te quiero, Walter, te quiero como querría a mi mejor amigo. Estoy bien contigo. Pero eso no es pasión. Sé que contigo puedo enfadarme y que tú comprenderás. Me siento protegida, al abrigo de todo. Chaim ha sido la gran pasión de mi vida, pero ahora se acabó. Amé apasionadamente una vez, y no podría volver a amar a nadie de esta manera. La pasión es algo que he conocido, que he probado, y no quiero más.

Walter es sólido, y admite este pacto de amistad.

Invento mil maneras de evitar discusiones dolorosas a propósito de los niños. En cuanto Walter evoca el tema, doy un brinco, de repente estoy muy ocupada: «Olvidé comprar mantequilla... Tengo que ir a limpiar el baño...»

Él ve con claridad en mí, y acaba por concebir una estrategia que me obliga a hablar: en los embotellamientos entre Bruselas y Lovaina sabe que no puedo escaparme. Un día, me pilla desprevenida:

—Patsy, ya es hora de que te pongas nuevamente a trabajar. La búsqueda de los niños no te ocupa todo el tiempo.

—No lo conseguiré.

—¿Por qué no? Es preciso que ahorres dinero para pagar las investigaciones. Debes ayudar a tus padres a financiarlas. Así que encuentra un empleo, y reanuda la vida normal.

Me ha sacudido de verdad. Tiene razón. Lamentarme, siquiera sea en silencio, sobre el pasado, no sirve de nada. Acaba de darme la motivación que me hacía falta. Ganar dinero para participar en los gastos, ya muy considerables, en que se ha metido mi padre para recuperar a los niños. Tengo un objetivo. Busco en los anuncios por palabras, y elijo un empleo similar al que ocupaba en Olivetti. Walter me detiene:

—Puedes encontrar algo mejor que eso. Sigue buscando.

Cree en mí, en mis capacidades, en mi inteligencia, y yo empiezo a creer también un poquito. Chaim me había anulado completamente.

—Cuando te pregunten cuánto quieres ganar, limítate a responder: ¿cuál es el salario normal para este puesto? ¡Ya verás, funciona!

Las noticias de la embajada de los Estados Unidos en Bruselas sobre una posible petición de visado por parte de Chaim se hacen esperar. Hubiera debido tener una respuesta a finales de febrero, pero esta fecha hace tiempo que ha quedado atrás. Telefoneo continuamente, aun a riesgo de cansar a todo el mundo.

El 26 de mayo de 1987, a petición de los servicios de policía, la televisión belga efectúa un llamamiento público a toda persona susceptible de dar informaciones sobre los niños. Es la primera vez. Al día siguiente, un empleado de la embajada de los Estados Unidos, un tal Leider, telefonea para indicarme que posee información. ¡Había olvidado transmitirla! ¡La televisión le ha refrescado la memoria!

Chaim había pedido un visado para los niños, y para él. Declaró que la madre no podía, por desgracia, viajar con ellos. La embajada de los Estados Unidos aceptó esta petición, el 2 de diciembre de 1986. El mismo día en que la de Israel le renovaba el pasaporte. Dio como dirección el n.º 56 de Mercator Straat, en Amberes, a sesenta kilómetros de Bruselas. Los hasidim están al frente de un importante negocio de diamantes en esta ciudad, y nuestro detective, Eitan Rozen, realiza justamente allí una investigación, suponiendo que la ayuda hallada por Chaim en Bélgica proviene de la región. Regresa triunfalmente:

—¡Esta ciudad es un mercado de cotilleos! Uno de mis informadores dice que un tal Moise Aaron Reich había ayudado a Chaim antes del secuestro.

La dirección de Reich es la dada por Chaim en su petición de visado americano, Mercator Straat. Es la primera pieza del rompecabezas. La información se confirma cuando el detective descubre una infracción por estacionamiento ilegal en esta calle, ante esta casa, a nombre de Chaim Yarden.

Esto es lo que cuenta el informador de Eitan Rozen: Chaim se presentó en la comunidad hasídica como un pobre judío, sin recursos, que había tenido la desgracia de casarse con una belga procedente de una familia católica muy acomodada y poderosa en el terreno político. Les pidió ayuda para salvar a sus hijos, que sufrían la influencia de esta familia, ¡y a los que su madre maltrataba! Imagino que el fantástico poder de persuasión de Chaim debió de funcionar a la perfección. Lo demostró ante el juez del tribunal de Haifa con su derecho de custodia, hizo creer que yo había metido a los niños en un orfelinato, declaró que estaba loca, y juró que era absolutamente necesario arrancar a los pobres pequeños a su madre indigna.

Los satmar no le pidieron que aportara otras pruebas, le creyeron bajo palabra. Así, nos cuenta el informador, los limosneros hasídicos fueron de casa en casa, defendiendo la causa de Chaim en el seno de su comunidad. Guardaron una parte de lo recolectado, y entregaron a Chaim 10.000 dólares para financiar su evasión. Y añadió: los niños están en Nueva York, en casa de personas que van a hacer de ellos unos «buenos pequeños judíos».

El detective Eitan Rozen ha conseguido hablar con Reich, el cual ha confirmado que Chaim Yarden formaba parte ahora de la secta satmar. Según este hombre, Chaim se ha refugiado en una comunidad satmar, bien sea en Brooklyn, en el barrio de Williamsburg, o en Monroe o Monsey, dos pequeñas ciudades situadas en el norte del estado de Nueva York.

Monroe, Monsey, Brooklyn... por fin nombres, nombres que se pueden hallar en un mapa, por fin un relato que devuelve la corporeidad a los niños. No han desaparecido completamente, están allí, o allí...

Que reciban una educación judía no me preocupa, lo que me angustia es el término empleado por el informador: «buenos pequeños judíos». El fanatismo religioso, sea cual sea, me da miedo. Los satmar son fanáticos, lo dicen incluso los mismos judíos. Y yo sólo recuerdo los rostros tristes de aquellos niños de cuatro, diez o quince años... tan graves y tan austeros que se les veía perdidos en un mundo donde la infancia no es más que un largo período de adoctrinamiento.

Papá descorcha una botella de champaña para celebrar el acontecimiento. Yo no aguanto beber siquiera un vaso de alcohol. Y con la emoción, además... Walter me confesará más tarde:

—Te encontré gritando de alegría, sola, en la ventana.

20

EL RELATO DE SARAH

Papá nos ha dicho que íbamos a regresar a los Estados Unidos, porque los mexicanos son gente mala. Papá les miente a las personas del aeropuerto, les cuenta que hemos venido a México para tres semanas de vacaciones, pero que nos quedamos mucho más tiempo. Cuando el señor que mira los pasaportes le pregunta a mi hermano cómo se llama, él responde Joseph, y papá se enfada mucho, porque el señor dice que allí hay escrito Simon, en la libretita. Le da una gran bofetada a Simon. Me gustaría que papá se decidiera por los nombres, porque es muy difícil ser dos personas a la vez.

Nos llevan a vivir a una ciudad llamada Monsey. Vivimos en Maple Terrace, n.º 8, con un señor y una señora que se llaman Borochov. Es una casa de dos pisos. Vivimos en una habitación del sótano.

El otro día oí hablar a papá con un rabino. Hablaba de mí, y creo que le dijo al rabino: «Su padre es otro hombre, pero el señor Jacques Heymans me obligó a casarme con su madre, sin embargo.» Entendí estas palabras. Eso me produjo un golpe en la cabeza. Ahora he decidido que no querré oír más cosas, hago como si hubiera una gran manta negra, no quiero acordarme de nada.

21

SEIS MESES YA

Oscilo entre dos comportamientos. Está la Patsy que se encierra en un silencio huraño, y la que adopta repentinamente por una actitud descortés y agresiva contra todo el mundo. De esta manera, nadie se atreve a hacerme preguntas. Siempre he tenido la impresión de ser mi mejor interlocutor. Me hablo interiormente, y lo que me pueda decir a mí misma no le interesa a nadie.

Walter se esfuerza por discutir conmigo, pero yo me niego sistemáticamente a abrirme.

Moriah cumplirá cinco años el 7 de junio de 1987. Tengo una verdadera fijación en esta fecha. Walter acaba por hacérmelo confesar, en el coche, a fuerza de persuasión.

—Quería comprar un regalito, algo que la esperara a su regreso, pero no consigo hacerlo. Eso me hace mucho daño. No puedo comprar un pastel para que se lo lleve a la escuela, no puedo invitar a sus amiguitas a una fiesta, no puedo siquiera enviarle una carta a ninguna parte. Ni siquiera eso. Es monstruoso.

—Llora, Patsy. Déjate ir, te sentirás mejor después. ¡Llora!

Las lágrimas me suben a los ojos, se forma un nudo en mi garganta, pero consigo controlarme, contando silenciosamente, uno… dos… tres… He derramado ya un océano de lágrimas desde que los niños han desaparecido. Eso basta. Voy a mostrarme fuerte, no quiero llorar más, nunca más. Ya estoy harta de todo este líquido, tengo necesidad de solidificarme.

El 7 de junio, unos amigos me llaman por simpatía. Les estoy agradecida, pero sus palabras de consuelo, sus buenas intenciones, me traspasan el corazón más duramente que una hoja de cuchillo.

Cuatro días más tarde se cumplen seis meses del día del horror, del 11 de diciembre. Estamos a 11 de junio. Ha transcurrido el tiempo límite que me había fijado. No haré más apuestas sobre el futuro. Soportaré el tiempo. El tiempo que haga falta.

Los detectives de la agencia ICTS se han enterado por las oficinas de inmigración de Nueva York que Chaim y Simon tomaron un vuelo de la Pan Am, Londres-Nueva York, el 7 de febrero de 1987. ¿Consiguió, pues, primero llegar a Londres y luego a Nueva York, sin ser molestado? Su pasaporte israelí estaba caducado, la policía belga había prometido alertar a todos los aeropuertos europeos. La alerta no fue dada, así pues, como se había convenido. Ahora lo es, pero demasiado tarde. Por otra parte, nada permite suponer que Marina y Moriah hubieran viajado con él. Sin embargo, obtuvo visados para ellas también. Dos hipótesis se ofrecen: o inmigración se olvidó de registrar a las niñas en sus archivos, o las hizo viajar con nombre falso.

Tengo una entrevista de trabajo en una pequeña empresa informática, la IES, para un puesto en el departamento administrativo. El director general, señor René Vanderheynde, me pregunta cuál era mi salario en Olivetti. Yo utilizo el método de Walter:

—¿Cuál es el salario normal para este puesto?

Me anuncia una cifra dos veces más elevada que mi antiguo sueldo. Acepto su proposición, y luego le confieso lo que ganaba antes. Se queda con la boca abierta.

Mi trabajo consiste en administrar los pedidos hasta el cobro de facturas. Necesito un ordenador. Walter, que me ha enseñado ya muchas cosas sobre la informática, me ayuda a preparar un programa de gestión de pedidos. Progreso.

Durante este tiempo, papá continúa orquestando las pesquisas en todos los frentes. La agencia de detectives ha lanzado una operación de investigación en todos los barrios hasídicos de Nueva York. Mi padre se ocupa de arreglar los detalles legales, a fin de que tengamos toda la autoridad para traer a los niños a Bélgica, el día en que…

A menos que no haya otra solución, no quiero que sufran el *shock* de un nuevo secuestro. He firmado unos poderes que dan oficialmente a mi padre el derecho de inscribir a los niños en su pasaporte. Y él ha pedido visados a nombre de los pequeños. Así éstos podrán viajar con toda legalidad, tanto con él como conmigo.

Mis padres vuelven a Nueva York, alquilan un coche, conciertan una cita con el embajador de Bélgica en Washington, que les recibe calurosamente. Establecen también contactos con el Ministerio de Justicia, en otros departamentos del Estado. Luego regresan a Nueva York, y contratan los servicios de un abogado, un judío religioso llamado Franklyn Snitow, con el fin de hacerme conceder la custodia de los niños ante la ley americana. Si me remplazan así en todas estas gestiones, es porque en esa época mi corazón habla en lugar de mi cabeza en cuanto se trata de mis hijos, y no siempre me muestro muy racional... Esperamos que la acción de Snitow va a hacer presión sobre la comunidad judía. Los hasidim no tienen sin duda ningunas ganas de ser acusados de complicidad en un secuestro.

Mi nuevo jefe, el señor Vanderheynde, tiene la amabilidad de dejarme utilizar el fax y el teléfono para comunicar con mi padre en Nueva York, y, a fin de agradecérselo, hago horas extraordinarias.

Con mi primer sueldo en el bolsillo, quiero también agradecer a mis padres todo lo que hacen, todo lo que gastan en esta investigación que ha tomado una dimensión internacional. Se entregan a fondo, los dos, relaciones, viajes, abogados, detectives. ¿Qué haría sin su apoyo? He elegido para ellos dos regalos extravagantes, un reloj para mi padre, un anillo antiguo para mi madre... la casi totalidad de mi primera paga. Pero sé que a partir de ahora podré ahorrar la mayor parte de mi salario.

Un artículo del periódico bruselense *La Dernière Heure* presenta el secuestro de mis hijos en términos vagos e inexactos. Se dice allí, por ejemplo, que la madre, presentada bajo las iniciales de P. H., ¡habría desaparecido también! Lo cual da a entender que yo no busco a los niños, ¡y que me da completamente igual que se hayan volatilizado con su padre!

Al día siguiente de esta publicación me precipito al periódico, pido ver al periodista que escribió el artículo. Tengo las mejillas rojas de emoción.

—¡Yo soy P. H.! ¡Soy Patsy Heymans! Haga usted su trabajo correctamente, o no lo haga.

El periodista está estupefacto:

—¿De qué diablos habla usted?

—¡De eso! —Le agito el artículo bajo sus narices—. Ahora exijo que rectifique usted sus errores. ¡Me causa un perjuicio enorme al afirmar que he desaparecido! ¡Estoy aquí, vivo aquí, en Bruselas!

—¡Pero yo no conseguía encontrarla!

—¡Es tarea suya buscar las informaciones y encontrar a la gente! ¡No soy yo quien ha de venir a buscarlo!

—Cálmese, siéntese, y cuénteme su historia.

Al día siguiente aparece un artículo completo, en primera página. Otros periodistas se interesan por el tema, y me piden entrevistas. No me niego a ninguna, todo es bueno para que se hable de los niños. Alguien quizás lea uno de estos artículos, y nos dé informaciones.

Continúo pagando el alquiler de mi casita vacía. El número 9 de la Rue Verte debe permanecer a disposición de los niños. Ser su punto de anclaje a su regreso. Con sus cosas, sus juguetes, su cama... Tengo la loca esperanza de que, si consiguen escapar un día, vayan a buscarme allí. Que alguien se presenta un día en mi trabajo para decirme: «Hay tres niños ante la puerta del n.º 9 de la Rue Verte... la esperan.»

Pero sufro la angustia, igualmente absurda, de que no consigan encontrarme si no estoy en la casa, y se vayan.

Cuando el arrendamiento del apartamento de Walter llega a su vencimiento, doy el paso. No podemos continuar pagando dos alquileres, es ridículo. Vamos a instalarnos en mi casa.

Es duro girar la llave en esta puerta. Me oprime el corazón empaquetar los regalos de Navidad para guardarlos en el sótano, pero no puedo tener esta pesadilla ante mis ojos permanentemente.

En agosto papá regresa a los Estados Unidos para una entrevista con el corresponsal neoyorquino de la agencia de detectives privados, Arik Arad, Éste le presenta a inspectores de policía que operan en las zonas de concentración de las comunidades satmar. Williamsburg y Borough Park en Brooklyn, así como Monsey y Monroe en el norte de Nueva York.

Mi padre no piensa que puedan aportarnos una ayuda eficaz. Esta historia no es para ellos más que una pelea de familia. Es él, por tanto, quien recorre las calles del barrio judío de Brooklyn con el detective Arad. Interrogan a la gente, muestran la foto de los niños en los restaurantes *kasher*. Un día, un hasid se sobresalta al mirar la foto. Dice conocer a Chaim. Arad le interroga inmediatamente.

—¿Cómo lo ha conocido usted? ¿Sabe dónde se encuentra? ¿Le acompañan unos niños?

Pero el hombre se escabulle, al parecer teme haber dicho demasiado y abandona el restaurante rápidamente. Mi padre se pone enfermo al verle marchar. Pero Arad le recomienda que no se mueva del restaurante y aguarde, mientras él sigue al hombre. Unos minutos más tarde, vuelve con un número en su libreta de notas, el de la placa de matrícula del coche del hasid desconocido.

Este número nos lleva a una dirección de Monsey. Allí vive

una importante comunidad satmar. Pero esta gente es impenetrable, vive un mundo aparte. Es una especie de secta misteriosa, en la que nadie puede infiltrarse. Papá contrata a otro detective, Ben Jacobson, ex oficial de la policía de Nueva York. Ben va a concentrar sus esfuerzos en Monsey.

Yo me alimento de noticias por teléfono. Monsey se convierte en un punto de referencia en mi cabeza. ¿Qué aspecto tiene Monsey? ¿Caminan mis hijos por las calles de Monsey?

He madurado, soy diferente. La joven Patsy que Chaim manipulaba tan fácilmente ya no existe. Cuando contemplo una fotografía de esta época, me cuesta reconocerme. Yo era una niña, que acababa de sacrificar su escolaridad para lanzarse a un amor loco. Era una niña con un bebé en los brazos, y luego un segundo y un tercero... Una niña que caminaba a la sombra de un Chaim, macizo, posesivo, torturador.

Hoy soy una mujer. Trabajo; acabo incluso de conseguir un éxito. Gracias a un sistema de inventario de *stocks* que yo misma he diseñado, he logrado recuperar un millón de francos belgas de mercancías entregadas y jamás facturadas. El señor Vanderheynde, mi jefe, ha decidido celebrar este resultado brillante con champán.

Economizo mi salario con una disciplina de hierro. Ignoro cuánto tiempo habrá que aguantar, y las investigaciones son caras. Mis padres han ido ya dos veces a los Estados Unidos. Y aún tienen que volver otra vez. La pesadilla cuesta cara.

22

EL RELATO DE SARAH

Papá nos ha presentado a su nueva amiga, Iris. No es bonita. Yo creía que era una asistenta, pero papá ha dicho que no. Ha dicho que iba a casarse con ella. Joseph se ha echado a llorar, no quiere que esta señora se convierta en su madre. Un día Iris vino de vacaciones con nosotros, a una ciudad que se llama Washington. Iris tomó una foto de nosotros, delante de las rejas que rodean una gran casa blanca. Mi hermana y yo llevamos dos largos abrigos de cuadros verdes. Joseph detesta que le tomen fotos, y trató de escabullirse. Todos nos burlamos de él.

23

LA DUQUESA DE AMSTERDAM

Eitan Rilov nos ha citado en Amsterdam. Ha encontrado a una mujer extraña que tiene que verse con él en el hotel Hilton. Ella no quiere vernos, a papá y a mí, directamente, pero Rilov está convencido de que posee información.

—Le he prometido no revelar su verdadera identidad. La llamaremos «la Duquesa». Es una francesa, una cristiana convertida al judaísmo. Tuvo un hijo de su primer matrimonio, y luego se casó en segundas nupcias con un rabino, uno de los jefes hasídicos, que murió después. Poco a poco se ha vuelto tan integrista como ellos, pero parece que esta gente la admira tanto como la detesta. Sé que ha conservado relaciones muy estrechas con su comunidad.

—¿Qué quiere a cambio de su información?

—Es muy complicado. Le han robado algunos documentos personales, muy importantes al parecer, que habían pertenecido a su marido. El ladrón trata de hacerle chantaje. Ella quiere recuperar sus documentos, y se ha dirigido para ello a nuestra agencia, pero no puede pagar los honorarios de cinco mil dólares que le pedimos. Y propone un trato. Usted paga los cinco mil dólares en su lugar, y ella se compromete a buscar a los niños en el seno de la comunidad satmar.

Me pregunto qué clase de documentos que hayan pertenecido a un rabino permiten ejercer un chantaje sobre su viuda... ¿Actividad ilegal? ¿Política? ¿Costumbres? No estamos autorizados a saberlo. Eitan Rilov, el detective, no revela siquiera el nombre del rabino.

—Hay que aprovechar la ocasión. Es una mujer muy religiosa. ¡No tiene dinero, y nos necesita! Yo sabré manejarla, confíe en mí. Sabré hacerlo.

Este Rilov, delgado y enfático, se dirige siempre a mi padre, jamás a mí. Tiene aspecto de estar seguro de sí mismo.

La Duquesa es una mujer pequeñita, vestida al estilo hasídico tradicional. La vemos atravesar el vestíbulo del hotel con una rapidez sorprendente para una mujer de su edad. Rilov hace el papel de intermediario entre ella y nosotros. Se esfuerza por no llamar a la Duquesa por su verdadero nombre, pero comete un lapsus, que nosotros fingimos ignorar. La información queda registrada.

Mi padre ha oído pronunciar la cifra de 5.000 dólares con cierta alarma. Ha gastado ya mucho dinero con la agencia ICTS. Le declara a Rilov:

—Ella tendría que darnos un primer elemento de información para demostrar su buena fe. ¡Cinco mil dólares es una suma muy grande!

Rilov hace de enlace en el vestíbulo, y regresa bastante deprisa.

—Dice que Chaim llevó los niños directamente a Amsterdam después del secuestro. Se alojaron en casa de un tal Armoni, un carpintero. No sabe el nombre de pila de ese señor Armoni.

—De acuerdo, esto es lo que proponemos. Vamos a verificar esta información, y a continuación decidiremos si aceptar o no el trato de la Duquesa.

Todo ocurre como en una novela de espionaje. La agencia se pone en marcha, y circunscribe la lista de los posibles Armoni a tres individuos de Amsterdam. El más sospechoso de los tres se llama Zvi Armoni, un judío ortodoxo, poco fanático aparentemente puesto que se casó con una cristiana convertida al judaísmo.

Para conseguir hacer presión con éxito sobre este tal Armoni, la agencia concibe un plan basado en la estafa bancaria que le había valido a Chaim cierta reputación en Israel. Un detective finge que está empleado por un banco para buscar a Chaim Yarden, y recuperar el dinero desfalcado. Armoni se hace rogar. Admite que Chaim y los niños vivieron efectivamente con él durante un mes. Podría decir más al respecto... mediante una pequeña compensación monetaria.

Entonces el detective le revela su verdadera identidad y el objeto de su misión. Le dice a Armoni que va a ponerse en contacto con nosotros, y que papá y yo decidiremos la compensación... Podríamos evidentemente acusarle, puesto que ha admitido haber participado en un secuestro. Pero no tratamos de vengarnos de este hombre, es más importante conseguir su cooperación. Armoni por su parte ha comprendido que estaba en una situación delicada. Propone dirigirse a Israel para colaborar con la agencia ICTS, a condición de que le paguen el viaje.

El interrogatorio al que se le somete allí nos permite averiguar las circunstancias del secuestro. Los niños fueron llevados primero a Malines, una pequeña ciudad belga. Desde allí, los trasladaron a Amsterdam.

Fue en el apartamento de Armoni donde los niños empezaron a recibir los rudimentos de una educación judaica, cuya primera etapa fue la celebración del Hanuka.[1]

Armoni precisa que Chaim era portador de una cantidad de 10.000 dólares para financiar su huida con los niños. Su caso no es único, otros niños han sido *socorridos* ya así por los satmar. Esta gente se arroga un derecho de fiscalización sobre la vida de la gente. Y se dan los medios de actuar.

En Amsterdam, Chaim falsificó la fecha de expiración de su pasaporte y consiguió además un falso pasaporte francés. ¡No está mal la organización de esta red! Gracias a ese falso pasaporte, pudo llevar a los niños a Londres, el 11 de enero de 1987, un mes después del secuestro. Se quedaron allí varias semanas, entre los satmar. Los alojaron en un centro de la comunidad judía, en Stanford Hill. Fue allí donde fueron oficialmente convertidos y recibieron su nuevo nombre. Sé que Marina se ha convertido en Sarah, Simon en Joseph, y Moriah en Rachel.

Las informaciones que posee Armoni confirman el pequeño papel que él jugó en este asunto: ha revelado a los detectives privados que, para la última etapa de su viaje que debía conducirle a los Estados Unidos, Chaim utilizó su verdadero pasaporte israelí, tras falsificar hábilmente la fecha de expiración. El visado, por su parte, era auténtico. Este viaje tuvo lugar casi dos meses después del secuestro. Y en aquel momento, Chaim debía de sentirse ya tranquilo, apoyado por una comunidad hermética, totalmente entregada a su causa, que le ofrecía refugios seguros en diferentes puntos del globo. Por todas partes, otros satmar podían procurarle papeles falsos, o albergarlo... Nos encontramos ante una tela de araña cuyos hilos se multiplican y se estiran hasta el infinito.

Lo que más nos ha emocionado han sido las fotos que Armoni nos ha vendido por 5.000 dólares, tras un interminable regateo. Un huracán me sumerge al descubrirlas. En ellas se ve a los niños en el interior de una casa. En una de las fotos, están jugando, durante la fiesta del Hanuka. Otra fue tomada en el zoo de Amsterdan. Tengo en mis manos el rostro de Moriah enmar-

1. Conmemoración de la consagración del Templo por los Macabeos el 165 a. de C. En esta ocasión se encienden las velas de un candelabro de ocho brazos. *(N. de la a.)*

cado en una imagen de 15 × 21. Un viejo sofá marrón se destaca sobre una pared blanca y desnuda. Ella está sentada en las rodillas de su padre, como una muñeca de trapo, brazos y piernas colgantes, en una postura que parece indicar una gran lasitud. Tiene los ojos bajos, y creo adivinar una ligera sonrisa resignada en sus labios. Chaim la mantiene sobre sus rodillas, las manos crispadas sobre sus brazos, como para impedirle que se deslice al suelo y huya. La niña lleva leotardos blancos, y un vestido de lana a cuadros negros y marrones.

Chaim no es más que una mancha negra. Negro de barba, de *peyots*, de traje y de sombrero. Reconozco sus cejas espesas y carbonosas, la mirada huidiza. Armoni está sentado a su lado, lleva gafas negras y una espesa pelambrera, una peluca de Beatles coronada por un gorro. Luce una sonrisa inclinando la cabeza hacia Simon y Marina.

Marina lleva un jersey negro con tres botones blancos, y una especie de larga falda marrón. Su redonda carita aparece enmarcada por cabellos lisos cortados a la altura de la barbilla, y un pequeño mechón lacio que le cae sobre el ojo. Con su boquita de media luna, enfurruñada, tiene el aire triste y sorprendido al mirar al objetivo. Muestra unas ojeras bajo sus grandes ojos castaños.

Simon, en el centro, viste una especie de conjunto deportivo, verde azulado rayado de rojo y blanco en el cuello y en las sisas. Es el único que mira directamente al objetivo, los labios apretados, la mirada vacía de toda expresión. No le gusta estar allí, y su rostro helado lo dice con claridad. En la coronilla, sobre sus cabellos negros como el azabache, la redonda *yarmulka*. En otra foto, mi pequeñín está sentado en una silla, en la misma actitud que su padre que se halla de pie a su lado y que le vigila con los ojos, las manos apretadas en plegaria, la cabeza baja.

Ben Jacobson, el detective americano, informa de que los niños han vivido efectivamente en Monsey. La comunidad posee allí varias manzanas de casas. Está en condiciones de darnos la dirección de la escuela donde fueron inscritas Marina y Moriah. Pero no ha podido encontrar en la zona la pista ni de Chaim ni de los niños. Los satmar han tenido noticias de nuestras investigaciones, y el rastro termina allí. Inmediatamente, mi padre se dirige a Monsey para entrevistarse con la policía local, y transmitirle toda la información que hemos podido reunir. Las autoridades prometen realizar investigaciones en la región, y mantenerse en estado de alerta.

La tela de araña ha debido de moverse.

24

EL RELATO DE SARAH

Papá dice que tenemos que partir otra vez. Hay que irse de Monsey y dirigirse a otro lugar llamado Lakewood, en Nueva Jersey. Dice que esta vez no podrá vivir con nosotros, pero promete venir a vernos a menudo.

Al principio, vivimos en casa del señor y la señora Glatzer, y después Joseph se va a casa del señor Enghorn, que es el director de la escuela. Tiene una mujer y tres hijos. Me gustaba más cuando estábamos todos juntos, pero las dos familias son amigas, así que vemos a Joseph con bastante frecuencia.

A Rachel y a mí no nos gusta la casa de los Glatzer; nunca vamos a ninguna parte. Sus hijos pueden acompañarlos, pero nosotros no. Cada vez que se van de fin de semana, o a una boda, nosotros no tenemos derecho a ir. Debemos quedarnos en casa de sus amigos. Se ve claramente que el señor y la señora Glatzer prefieren sus propios hijos a nosotros.

Al comienzo papá vino a vernos dos veces por semana, luego sólo una vez, y ahora ya no viene para nada. El otro día, Joseph le preguntó al señor Enghorn:

—¿Por qué papá ya no viene a vernos?

El señor Enghorn respondió que papá trabajaba lejos de aquí y no podía venir.

Joseph ha recibido sus primeras gafas. Han costado 100 dólares. Con estas gafas puede leer mejor su libro de plegarias.

25

ESPÍAS DE DOS CABEZAS

Tel-Aviv. Tenemos una cita junto con papá en la agencia ICTS. Hay que coordinar las investigaciones de los tres agentes encargados de infiltrarse en las comunidades hasídicas de Nueva York. Armoni es una buena pista, y, como tiene gran necesidad de dinero, ha aceptado por cierta suma partir a los Estados Unidos en busca de Chaim. Oficialmente lo buscará para proponerle un trabajo. Y mostrará como prueba de su buena relación con él la foto en la cual se le ve en compañía de los tres niños y de su padre.

Otra posibilidad se ofrece. ICTS ha metido en el asunto a un hombre llamado Nechemia, un jubilado de la policía israelí, o del Mossad, los detectives no lo concretan, pero que, dados sus antecedentes, representaría para nosotros el perfecto espía. Fue criado entre los hasidim y renunció a la vida religiosa. Este antiguo agente está especializado en la infiltración en los grupos clandestinos y en las comunidades hasídicas, cuyas actividades estaba encargado de vigilar.

Pero tenemos un problema, siempre el mismo: el dinero. Mi padre se niega a reconocer que anda corto de él. Sabe que Mizou, mi madre, se verá quizás obligada a vender algunas de sus joyas para hacer frente a los nuevos gastos. Cada vez que nos presentan a alguien capaz de proporcionar información, se habla de 5.000 o de 10.000 dólares. Siempre dólares. Mi padre pregunta a menudo con desaliento:

—¿Existe en el mundo una suma inferior a los cinco mil dólares americanos?

Decidimos dar preferencia a dos agentes infiltrados ya en Nueva York, y guardar a este Nechemia en reserva. Papá acepta pagar los 5.000 dólares de la Duquesa pero sólo cuando los famosos documentos sean recuperados. Es gracias a ella que hemos descubierto a Armoni, quien, por su parte, ha cobrado una cantidad importante por sus gastos de transporte y alojamiento, en Israel, a donde se ha dirigido con su mujer y su hijo.

Las vacaciones de Navidad se aproximan. Es la época que me resulta más dolorosa, mi pena se vuelve insoportable al revivir todos los recuerdos que se refieren a este período de fiestas. El 6 de diciembre es San Nicolás. El viejo de la barba blanca y el vestido rojo pasa por las escuelas distribuyendo regalos a los niños. El 11 de diciembre es el aniversario del día maldito. Y luego llega la Navidad de 1987. El año anterior yo buscaba desesperadamente a los niños en Israel. El 1.º de enero será el comienzo de otro año sin ellos. Y, el 2 de enero, Simon cumplirá siete años.

Sin embargo, las noticias son bastante buenas. La ICTS ha recuperado los documentos robados a la Duquesa, papá ha pagado sus honorarios, y le toca ahora a ella cumplir con su parte del contrato. Es una mujer muy conocida en los medios hasídicos, y no le costará mucho realizar una discreta investigación. Fundamos grandes esperanzas en ella. Es una mujer, es madre, y muy religiosa. No debería mentirnos, en principio. Su primer mensaje nos llega a través del detective Rilov:

—Marcho a los Estados Unidos. Voy a ayudarles.

La espera es penosa. Transcurre una semana sin una sola noticia de la Duquesa, y luego otra, y después un mes entero. No podemos hacer otra cosa que esperar, siempre esperar, día tras día, y toda la familia se encuentra en estado de estrés. Por más que hago, me siento desgarrada por un sentimiento de culpabilidad. Si no estoy pensando a cada instante del día en los niños y en la investigación, siento vergüenza. Vergüenza de pasar un momento con Walter, vergüenza de leer un libro.

Algunos amigos les preguntan a veces a mis padres por qué no abandonamos la búsqueda. En un año, dicen, los niños se habrán acostumbrado a su nueva situación. Patsy debería olvidar, rehacer su vida... No se atreven a decírmelo personalmente, a la cara. Yo encontraría eso más honesto que entregarse a este género de comentarios ante mis padres.

Olvidar y rehacer mi vida... No saben de lo que hablan. Nada más espantoso a mi entender que la desaparición, la ausencia de noticias, de toda certidumbre. La carne de mi carne vive sin mí. ¿Se puede olvidar eso?

Viernes, 12 de febrero de 1988. Un restaurante en París. Walter y yo almorzamos con Dany Issacharrof, el propietario de la agencia ICTS. El hombre habla deprisa sin dejar de devorar el contenido de su plato. La agencia posee documentos que deben ser remitidos a Armoni, en Amsterdam. La entrega de estos documentos debe hacerse con el mayor secreto. La agencia quería pedirle a mi padre una suma importante para encargarse de esta misión. Walter ha declarado que él podría hacerlo en su lugar. Issacharrof le tiende, por encima de la mesa, un sobre de color marrón amarillento, lo bastante pequeño para llevarlo en el bolsillo interior de una chaqueta.

—No lo abra. Dentro de dos días, exactamente a mediodía, irá usted al hotel Hilton de Amsterdam, le dirá usted al portero que tiene una cita con el señor Armoni. Preséntese con el nombre de Peter Feltham. El portero le señalará al señor Armoni. Verifique su identidad, entréguele el sobre, y no responda a ninguna pregunta.

Esta historia es extraña, y, al regresar a Bruselas, Walter decide examinar el contenido del sobre. Lo abre cuidadosamente al vapor. Descubrimos billetes de avión y pasaportes israelíes a nombre de Armoni y de su mujer, con visados para los Estados Unidos. ¿Por qué razón la agencia se ha encargado de los visados? ¿Qué le ha impedido a Armoni hacerlo él mismo? Walter tiene muchas ganas de hacer copias de estos documentos, pero teme la reacción de Issacharrof si se entera. No se sabe nunca, está encargado de nuestra investigación, no quisiera que un grano de arena hiciera descarrilar la máquina.

El domingo siguiente nos encontramos los dos en Amsterdam. Walter aparca su coche cerca del hotel Hilton, yo espero sola en el interior. Le veo dirigirse hacia el hotel, vestido con unos tejanos, una camiseta deportiva y una chaqueta ligera, en la cual lleva escondido el sobre. Le sigo con el pensamiento.

—Me llamo Feltham, tengo una cita con el señor Armoni.

Más tarde me contará lo que sigue:

—Descubrí un rincón tranquilo en el vestíbulo. Le dije al portero que esperaría allí. Fingía leer el periódico. Observaba las idas y venidas de la gente. A medida que pasaba el tiempo, comencé a hacerme preguntas. No sabía si había cometido un error, un gesto, que hubiera hecho huir a este Armoni. Y luego la cólera se apoderó de mí. Me decía: en el fondo este tipo es un cómplice de Chaim, guardó a los niños en su casa, prisioneros. Estoy seguro de que sabe mucho más de lo que les ha dicho a los detectives de la agencia. Tengo muchas ganas de retorcerle el cuello, en lugar de entregarle este sobre.

»Esperé una hora entera, y luego vi llegar a una mujer, un hombre y un bebé. Al principio creí que eran *hippies*. El individuo llevaba unos viejos tejanos descoloridos y una camisa, y ella un poncho marrón con motivos indios. Rubia, los cabellos lacios hasta los hombros, tan lacios que se hubiera dicho una peluca... Luego me di cuenta de que el hombre llevaba un gorro en la cabeza, entonces me acerqué a él y le dije:

»—Me llamo Peter Feltham, ¿es usted Armoni?

»La mujer se puso a gritar inmediatamente:

»—¡Es usted de la policía!

»—No. En absoluto, no soy de la policía. No soy más que un mensajero.

»—¡Sí¡ ¡Es usted de la policía!

»—Escuche... Estoy desolado. Simplemente me han pedido que le entregue esto...

»Le tendí el sobre, la mujer se calló, y Armoni decidió cogerlo. Entonces yo añadí:

»—¡Ni siquiera sé qué es!

»Armoni lo abrió, inspeccionó su contenido. Pareció satisfecho. La mujer me preguntó de repente:

»—¿Qué tiempo hace en Nueva York?

»Yo respondí que hacía sin duda más frío que aquí, y haría bien en llevarse ropa de abrigo. Armoni me dio las gracias, y me pidió que esperara cinco minutos después de su marcha para salir del hotel. Yo no esperé ni treinta segundos, el tiempo de cruzar la puerta de entrada, y sin embargo, cuando llegué a la esquina de la calle, habían desaparecido. ¡Volatilizados!

Esta gente parece vivir permanentemente en la ilegalidad.

Armoni se ha pasado un mes entero en Nueva York buscando a Chaim pretendiendo que le había prometido trabajo. Ignoro si se ha enterado de algo durante este período. En todo caso, no se ha puesto en contacto con nosotros.

La Duquesa reaparece ofreciendo unas vagas excusas. Esta vez, dice, *se marcha* realmente a Nueva York, esta vez va a *trabajar* para nosotros. Pero hasta ahora, en lugar de investigar discretamente, se ha presentado en todos los centros hasídicos de Nueva York, con la foto de los niños, chillando a todo el que quería escucharla:

—¿Ha visto usted a estos niños? ¡Los estamos buscando!

Nos hemos dado cuenta demasiado tarde de lo que estaba haciendo. En realidad, gritaba por todas partes: «¡Atención, vigilad a los niños, escondedlos bien, los buscan, están cerca del objetivo!»

Rilov se jactaba de poder manejarla, pero es ella en realidad quien ha barajado las cartas. ¿Y la agencia nos propone ahora emprender gastos adicionales para permitir a esta mujer buscar en otra parte? Esta vez, no. Toda esta gente que se aprovecha de nuestra angustia, que nos roba nuestros ahorros, que no nos dicen la verdad, que desaparecen repentinamente… es demasiado.

—¡No! ¡Es inútil seguir malgastando dinero con esta Duquesa!

Rostros asombrados por el tono rotundo que he adoptado se vuelven hacia mí. Rilov sobre todo, ése que sólo habla con mi padre, y sólo trata con mi padre… Papá aprueba mi decisión con cierta reticencia. Pero me escucha, es la primera vez que me escucha, la primera vez que yo tengo la última palabra.

El 11 de marzo de 1988, el tribunal israelí ha anulado finalmente la sentencia que atribuía la custodia de los niños a Chaim Yarden. A partir de esta fecha, yo soy la única persona en el mundo en tener legalmente derechos y deberes ante mis hijos.

Pero Chaim ha robado estos derechos, e ignoro si cumple sus deberes, de alguna manera.

26

LOS OJOS DEL CORAZÓN

Armoni no ha descubierto nada, la Duquesa nos ha engañado. No nos queda más que el antiguo agente israelí, conocido con el nombre de Nechemia.

Su llegada a la ciudad de Monsey no llama la atención; su apariencia es la de un verdadero hasid. El largo abrigo negro y el sombrero plano tradicional son auténticos. Sólo los *peyots* y la barba son postizos, pero nadie se da cuenta de ello. Nadie sabe tampoco que el dinero en metálico que ha guardado en su apartamento le ha sido entregado por mi padre.

Al comienzo, Nechemia no encuentra a nadie que pueda llevarle hasta Chaim o a la pista de los niños. Es prudente, espera sin preguntar abiertamente, ni hacerse notar. Consigue así descubrir al hombre que facilitó la pista de Monsey, el hombre del restaurante *kasher* de Williamsburg, que se largó al reconocer a Chaim en una foto, por miedo de decir demasiado a mi padre y al detective.

Este hombre dirige una compañía de transporte por carretera. Nechemia se entera de que ha empleado de vez en cuando a Chaim. Pero lleva sin verlo mucho tiempo, y no sabe dónde está. En la conversación surge el nombre del rabino Ezekiel Tauberg, que dirige una sinagoga y una escuela. Este rabino quizás sabe dónde encontrar a Chaim Yarden. Pero Nechemia nos trae también una información inquietante. Parece que después de la visita de mi padre a la policía local de la zona, uno o varios oficiales han alertado a los jefes de la comunidad satmar. Quizás incluso al rabino Tauberg.

Esta información es difícil de creer, pero resulta exacta, por desgracia, pues el mismo día, Chaim ha huido de Monsey con los niños. Nechemia se ha enterado de que la comunidad satmar de Monsey le ha proporcionado 9.000 dólares para escapar.

Estaba, por tanto, aquí el día en que mi padre explicaba a la policía de Monsey que había raptado a los niños y que era buscado... Es deprimente. Enterarnos de que estábamos tan cerca de él y que habíamos perdido la oportunidad. Me siento físicamente enferma a causa de ello. ¿Todo el mundo ayuda, pues, a Chaim en Monsey? ¿Incluyendo la policía?

Cuando el detective Rilov se permite decirme por teléfono desde Israel, que quiere hablar sólo con mi padre, le grito con rabia:

—¡No está aquí! ¡Y la madre soy yo! ¡Diga usted lo que tenga que decir!

—¡Ya llamaré a su padre!

No puedo más, estoy loca de rabia, y le cuelgo el teléfono. ¿Quién se cree que es, este macho?

En Bélgica, como en todas partes, los jueces prefieren habérselas con abogados, pero yo trato de economizar dinero, y para este procedimiento, está decidido:

—¡Me represento a mí misma en este caso!

El juez frunce el ceño, pero me autoriza a continuar. Pido que Chaim sea condenado a la pena máxima prevista por secuestro de un niño por uno de sus padres, si es arrestado y extraditado a Bélgica, es decir un año de prisión firme. El 27 de junio, el juez pronuncia esta sentencia en rebeldía. Una orden de arresto internacional es lanzada contra Chaim Yarden. La Interpol la transmite a los policías del mundo entero. Sólo falta encontrarlo. El tribunal está legalmente obligado a notificarle la sentencia pronunciada contra él. Pero como nadie sabe dónde se encuentra, los papeles son enviados a Sholomo y Leah, sus padres. Leah devuelve los papeles, indicando que su hijo «vive en alguna parte de los Estados Unidos».

Los negocios van mal. La empresa que me emplea se ve obligada a despedir personal, y yo formo parte del lote. Felizmente, recomendada por mi jefe, tengo la suerte de encontrar inmediatamente un empleo en una fábrica de maniquíes. Trabajo en la gestión de *stocks*. Se trata de una pequeña empresa familiar que posee oficinas en Bruselas y en París. Yo explico claramente mi situación a fin de que nadie se sorprenda si se presentan complicaciones en mi vida.

Walter queda fascinado por el dinamismo de la familia Heymans. Mi padre mantiene la tradición de que todos los miembros de la tribu deben mostrarse solidarios entre sí en caso de crisis. Solidarios, lo somos hasta un punto que asombra a mi compañero. Mis tres hermanos no han puesto nunca la menor objeción a propósito de los gastos emprendidos por mis padres para buscar a mis hijos. Nada de celos respecto de mí, al contrario, siempre están dispuestos a lo que sea. Estamos tan próximos que le resulta difícil, incluso a Walter, hacerse un lugar entre nosotros. Nos ha llamado afectuosamente: la mafia Heymans.

Un poco excluido del círculo familiar, se ha atribuido un papel subalterno, pero impagable. ¿Hace falta una fotocopia de un expediente? Él corre a encargarse de ella. ¿Problemas de financiación? Él propone adelantar la suma. Si debo partir de viaje, él se ocupa de todo en la casa. Yo me sumerjo en el pasado, y él se adelanta tranquilamente hacia el futuro, prepara un ambiente estable y confortable para acoger a Marina, Simon y Moriah, a su regreso.

Sabe que yo soy incapaz de quedarme sola en esta casa, vacía de mis hijos. Si regresa tarde del trabajo, yo salgo a hacer recados, esperando a que vuelva, o ceno con una amiga. Lo arreglamos todo por teléfono durante el día, desde nuestros respectivos despachos. Me sujeta firmemente de la mano. Jamás hubiera podido arreglarme sin mi familia, pero Walter se ha convertido en mi punto de anclaje. En mi peñón.

Las noticias de Nechemia mantienen muestra esperanza. Ha tomado una decisión tremendamente osada. Ha ido a ver directamente al rabino Tauberg a Monsey y le ha dicho:

—El padre de Chaim Yarden está gravemente enfermo. ¿Sabe usted dónde puedo avisar a su hijo? La familia trata de contactar con él.

Nechemia dispone de suficiente información sobre la familia de Chaim para resultar digno de crédito. Corre, sin embargo, el riesgo de que el rabino verifique sus afirmaciones llamando a Asher, por ejemplo, el hermano de Chaim, pero no toma siquiera esta precaución.

—¿Chaim Yarden? Hablé con él hace dos días. Iba a casa de mi cuñado, Stroh. Se encuentra actualmente en su casa, en Londres.

Presentamos inmediatamente una demanda ante un tribunal británico, como mi padre ha hecho en los Estados Unidos, para asegurarnos la cooperación de las autoridades. El corresponsal de la agencia ICTS en Londres, Eitan Rozen, toma la dirección de la investigación. Nechemia se dirige enseguida a Londres, a nuestras expensas, para actuar en la sombra. Visita al tal Stroh con una grabadora disimulada en su ropa. Stroh le informa de que Chaim estuvo en su casa, y que el rabino Tauberg telefoneó desde Nueva York para informarle de que su padre estaba enfermo.

En el curso de la audiencia que tiene lugar unos días más tarde ante el Alto Tribunal de Justicia, niega bajo juramento haberse encontrado jamás con Chaim en Londres. Miente, nuestro registro lo demuestra, pero una cinta magnética no tiene por desgracia ningún valor legal. Stroh admite en su testimonio que sus hijos jugaron con los míos, durante unas vacaciones en Monsey. Para mí, es lo más difícil de soportar. Es desesperante.

En Londres, a donde realizo frecuentes viajes, mi trabajo se divide en dos partes. Primero incito a la prensa a hacer reportajes sobre nosotros, a fin de ejercer presión sobre cualquier persona que preste ayuda a Chaim. Pagamos los servicios de una agencia de relaciones públicas para obtener artículos y una entrevista de mi padre en la radio. Aparte de eso, yo misma registro cada centímetro cuadrado de la comunidad hasídica de Londres. Cada fin de semana, o casi, salgo de caza, desde el domicilio de Eitan Rozen, que me aloja con su familia.

Una hora y quince minutos de metro para dirigirme a Stanford Hill. El barrio es exclusivamente hasídico. Hay en él un gran parque. Lo atravieso a pie en medio de niños que juegan. Me acerco a ellos lo más posible, sin correr el riesgo de asustarlos. Han enseñado a estos niños a desconfiar de toda persona no judía, y a considerarla como un enemigo capaz de amenazar su modo de vida.

Recorro luego el dédalo de calles, espero a que la gente salga de su casa, a que se formen grupos, para acercarme un poco, y examinar su rostro al pasar. Ignoro qué haría si tropezara de repente con Chaim… Las posibilidades de encontrar a los niños de esta manera son escasas, pero desde que me he dicho que quizás estaban allí, en alguna parte de estas casas tan parecidas entre sí, busco, busco obstinadamente. Tengo miedo. Los niños crecen deprisa. Cuanto más tiempo pase, más cambiados estarán. Llevo su foto conmigo permanentemente, en las calles de Stanford Hill.

A menudo, después de estas jornadas agotadoras, repito la pesadilla por la noche en mis sueños. Camino interminablemente a lo largo de las calles, y la gente me ve pasar como si fuera una enemiga peligrosa. Adelanto a un grupo de niños, uno de ellos es el mío, a veces Marina, a veces Simon, a veces Moriah.

Pero no lo reconozco, no sé que es él. Entonces ese niño que es el mío piensa: «Es mi madre quien pasa, pero finge no reconocerme, porque no quiere saber nada de mí.» Me despierto siempre en este instante, temblorosa, aterrorizada, me lanzo sobre la foto de mis hijos, escruto su rostro, Marina, Simon y Moriah. Los grabo en mis ojos, en mi cerebro, en mi alma.

Un equipo de la televisión británica viene a realizar un reportaje a Bélgica. Por exigencias de la película, tengo que rehacer el camino que seguí la mañana del 11 de diciembre de 1986, detenerme ante la escuela Saint-Joseph, donde vi a mis hijos por última vez. Justamente, desde hace veinte meses, he evitado cuidadosamente pasar por delante de la escuela. Es una experiencia penosa. Los periodistas están detrás de mí en el coche mientras yo conduzco, desde el n.º 9 de la Rue Verte hasta el Boulevard de la Wolume. Tengo que bajar del coche, mostrar a la cámara el lugar exacto donde dejé a Marina, Simon y Moriah. El equipo filma a los maestros, el aula de clase de Simon, el pequeño campo de fútbol. No me necesitan para eso, puedo esconderme en un rincón, y llorar toda mi pena. Y tomar un tranquilizante que el médico me ha recomendado en caso de urgencia. Es una urgencia.

Después de Bélgica, el equipo me ha pedido que les acompañe a Londres, a filmar las escenas de la vida cotidiana de los hasidim en el barrio de Stanford Hill. Allí, grupos de hombres amenazadores nos rodean enseguida, les oigo silbar sus comentarios entre dientes:

—¡Lárguense!

—¡No les queremos aquí!

—¡No queremos ser filmados por la televisión!

La mano de un hombre sobre el objetivo rechaza la cámara.

Camino sola en dirección al parque. Otro sábado, otro *sabbat* en Stanford Hill. Es verano, el día se alarga, pero también hace calor. El parque está casi desierto. Distingo a lo lejos un grupo de seis o siete niñas. Las adelanto unos pasos, cuando de pronto algo en mí reacciona. Siento un escalofrío en todo el cuerpo, mi corazón late violentamente, la cabeza me da vueltas, como si acabara de recibir un golpe en plena cara. ¿Moriah? ¿Acabo de cruzar mi mirada con la de Moriah?

Continúo avanzando, ebria de emoción, para no asustar a las niñas. Ando y ando, y luego doy media vuelta, lo más naturalmente posible, como una paseante sin objetivo, en realidad muerta de angustia. Moriah tenía cuatro años cuando desapareció. Tiene seis actualmente. Tengo que acercarme a esta niña a menos de dos metros para poder mirarla de hito en hito sin ostentación. Está en el centro del grupo.

Moriah ha debido de cambiar, por fuerza, ¿pero en qué sentido ha cambiado? Me hace falta más de una mirada para asegurarme de que es ella. ¿Se acuerda de mí? Muero de deseos de tomar a esta niñita en mis brazos, y escrutar su rostro. Pero no debo hacerlo. Las vería huir como una bandada de pájaros. Doy la vuelta al parque por tercera vez, pero una de las mayores ha observado mi maniobra y se acerca al centro del grupo para proteger a la más joven. La rodea con sus compañeras como un capullo protector.

Busco algún detalle clave, la nariz de Moriah está ligeramente desviada. Cuando era un bebé parecía bizquear... ¡Es la misma nariz! Soy incapaz de abrir la boca. El nombre de mi hija se queda aprisionado en mi garganta. Mi corazón late con tal violencia que tengo miedo de que las niñas lo oigan. No sé qué hacer.

¡La misma nariz! ¡Es Moriah, mi hija! Ella no puede reconocerme. Hace dos años, yo era más bien regordeta, he perdido nueve kilos desde entonces. Tenía los cabellos largos y lacios, ahora son cortos y un poco rizados. Tenía problemas de acné, y ahora tengo pequeñas arrugas en la comisura de los ojos y de la boca. La pena me ha transformado.

Las niñas se alejan. ¿Qué hacer? ¿No perderlas de vista? ¿Correr en busca de ayuda? Me lanzo a una cabina telefónica a doscientos metros de distancia. Mis piernas pesan una tonelada, todo mi cuerpo es de hormigón. El pánico se apodera de mí cuando me doy cuenta de que no puedo ver ya a las niñas desde la cabina. Introduzco rápidamente las monedas, mis dedos tiemblan al marcar el número de Rozen.

—¡Moriah! ¡Está aquí! La he visto.

—¡Cálmese!

—¡Pero la he visto!

—¿Está usted segura?

—¡Sí, estoy segura! Ayúdeme, por favor.

—¿Dónde está usted? Bueno, de acuerdo, yo llamo a la policía y me reuniré con usted lo más pronto posible. Vaya a esperarme al cruce del parque y la avenida.

Cuelgo y acudo al cruce, como si Rozen pudiera llegar al cabo de un momento. Recorro a grandes pasos la acera, la aguja de mi reloj no avanza. Moriah, Moriah, he visto a Moriah...

Cuando Rozen llega finalmente con la policía, nos precipitamos al lugar donde estaban las niñas, pero ya se han ido. Me vuelvo loca.

Agentes de la policía se reúnen con nosotros en los minutos que siguen. Les cuento lo que he visto, e insisto en el hecho de que las mayores parecen proteger a Moriah.

—¡No le den miedo a mi hija, sobre todo!

—¿Está usted segura de que es ella? Si tiene la menor duda, ¡más vale que nos lo diga! Sería normal, sabe usted...

—¡Estoy segura!

La policía peina el barrio en un coche camuflado. Nosotros recorremos las calles, mis ojos al acecho, y de pronto, en la esquina de una calle, distingo al grupo de niñas. Moriah está aún con ellas. Entran todas en un pequeño patio, y desaparecen en el interior de una casa. El oficial de policía me detiene.

—No tenemos orden. No podemos hacer nada. Voy a anotar la dirección, iremos a la comisaría para estudiar el problema.

En la comisaría, en trance, llamo a mi padre. Éste se precipita al aeropuerto de Bruselas para reunirse conmigo. La policía me hace una multitud de preguntas e interroga también a Rozen, quien proporciona todos los documentos legales necesarios. Y cada vez me repiten:

—¿Está usted segura?

—Miren la foto. Tiene la nariz ligeramente desviada. ¡Jamás he estado tan segura de una cosa en mi vida! Es ella.

Al día siguiente, la policía me acompaña a esta casa. He pasado la noche aterrorizada ante la idea de que la gente que la habita hubiera huido ya con Moriah. Mi padre ha llegado con un archivador atiborrado de documentos, y de fotografías. Las he mirado hasta que me dolían los ojos. Debo identificar formalmente a mi hija, esta vez.

—Si no está usted segura, o si se equivoca, no es grave. Bastará con que lo diga...

Dos agentes de policía avanzan hacia la puerta de la casa, van a entrar antes que yo, para hablar con esta gente y explicarles la situación. Hay allí una mujer y un hombre. El hombre en el dintel de la puerta responde:

—No. Esta niña es mi hija.

Esta gente parece ser judía ashkenazin. Tienen la tez clara, sus antepasados probablemente vienen de la Europa del Este. Aceptan dejarnos entrar, pero se niegan a que nos dirijamos a su hija que se refugia inmediatamente bajo la mesa. El hombre dice:

—Siempre hace eso cuando hay gente.

Un policía pregunta por qué la niña no está en la escuela con los demás niños.

—Está enferma. ¡Por eso!

La atmósfera es glacial. Tensa. Yo hablo poco, para dejar hacer a los policías. A ellos compete llevar el interrogatorio. La niña sigue debajo de la mesa, atemorizada. No puedo verla completamente, pero tiene la edad, la estatura, el color de la piel de Moriah. Una piel mate como la de Chaim. Nada que ver con la tez clara de sus pretendidos padres. Los agentes de policía reconocen que tiene la misma nariz que la de la foto de Moriah.

—Madame Heymans, ¿está usted segura?

—Sí.

Miro a mi padre, el cual mueve la cabeza en signo de aquiescencia.

—Sí, es Moriah sin duda.

El hombre protesta con virulencia.

—¡Pues, no! ¡Es nuestra hija!

Un agente me lleva amablemente fuera.

—Vaya a sentarse en el coche, todo irá bien, no se preocupe. Nosotros nos ocuparemos del resto.

Fuera, me veo inmediatamente rodeada de un grupo de hasidim hostiles. Las noticias se esparcen deprisa en un barrio como aquel. Nadie me amenaza abiertamente, pero la gente está visiblemente nerviosa, y una voz áspera me suelta:

—¿Cómo se atreve a venir a robar los hijos de los demás?

Tengo ganas de cubrirles de imprecaciones. ¿En nombre de qué religión protegen a aquellos que han robado a mis hijos? ¿En nombre de qué fe se arrogan el derecho de ser cómplices de un secuestrador? Siento deseos de gritarles eso, de hacerlos retroceder, de borrarlos de mi camino. Pero voy a sentarme en el fondo del coche y a esperar. El día termina en un *impasse*. El hombre pretende que Moriah es su hija, y yo pretendo que es la mía.

En el coche, Rozen me prueba nuevamente.

—¡Aún hay tiempo de decir que se ha equivocado usted! Todo el mundo lo comprendería.

Me habrán repetido eso un millón de veces.

—No.

Es una especie de juicio de Salomón el que debe hacer el juez.

Yo tengo el certificado de nacimiento de Moriah. Los padres de la pequeña dicen que no lo tienen. El juez pide fotografías de la niña. Yo las tengo, los padres no tienen ninguna. Yo afirmo bajo juramento que Moriah lleva en el pecho una marquita de nacimiento, y muestro una foto de cuando era un bebé en la cual se puede distinguir una minúscula mancha parda. El juez ordena conducir a la niña a una habitación para examinarla. Sólo mi padre está autorizado a asistir a la verificación. No hay ninguna marca de nacimiento, pero, en su lugar, aparece una pequeñísima cicatriz. ¡Los padres afirman que simplemente ha sido operada del corazón!

El juez está visiblemente alterado. Las coincidencias son enormes. Pero no suficientes para demostrar sin sombra de duda que esta niña es Moriah. Entonces Salomon le pide a la ciencia que resuelva. Un examen genético de la pareja, de la niña y de mí misma, dirá si el ADN es el de mi hija. Hay que esperar de seis a ocho semanas. Durante este período me está prohibido por orden del juez ponerme en contacto con la familia. Por su parte, ellos no podrán abandonar el territorio.

Nos cruzamos al día siguiente en un laboratorio donde nos efectúan una toma de sangre. El supuesto padre de Moriah pasa ante mí sin verme.

—Van a huir, papá... No los volveremos a encontrar... Esa gente se burla de las leyes, obedecen a las autoridades de su comunidad, a nadie más.

La espera es paralizante. Me niego a preparar la habitación de Moriah. Me callo y mando a paseo a todo el mundo, incluso Walter. Me duele el vientre, me duele cada parte de mi cuerpo. La angustia se oculta en mí como una rata que me corroe, allí donde nadie puede alcanzarla.

Finalmente, mi padre me llama para leerme por teléfono la carta del abogado de Londres. Dice esto: «El test genético demuestra de manera irrefutable que la niña no puede ser Moriah.»

Durante unos minutos me vuelvo paranoica. ¡Han falsificado las pruebas, se han equivocado!

Luego, se acabó. Una capa de tristeza me envuelve, engulle toda esperanza, me aniquila. Patsy, no has visto a Moriah con tus ojos, la has visto con el corazón. Moriah, ¿cómo es tu rostro ahora?

27

QUE SU MADRE NO LOS RECONOZCA YA O LA HISTORIA DEL PEQUEÑO LLAMADO JOSEPH

El libro es delgado, en formato de bolsillo, una edición pobre con papel de mala calidad. La tapa no muestra nada de particular, ni fotos, ni dibujos. Las memorias de la Duquesa. Uno de los detectives de la ICTS ha encontrado un viejo ejemplar y me lo ha traído.

Esta mujer describe su descubrimiento del judaísmo, el largo proceso de la conversión, los años de estudios, los exámenes difíciles, las entrevistas con rabinos, en forma de interrogatorio en regla. Cuenta su partida hacia Jerusalén, su noviazgo con un rabino muy poderoso, y las dificultades con que se enfrentó para hacerse aceptar en el seno de la comunidad hasídica. Cristiana convertida, ha seguido siendo a sus ojos sospechosa, aunque con el paso de los años haya llegado a ser una creyente fervorosa.

El sistema de educación hasídico la impresionó poderosamente. Desde su más tierna edad se obliga a los niños a repetir maquinalmente y durante todo el día los textos de la Biblia, sin explicarles su sentido. Deben convertirse en máquinas de repetir, sin más. Las niñas aprenden a ocuparse de la casa y a hacer la cocina *kasher*.

La Duquesa opina que se trata de la mejor educación posible para los niños. La separación de los sexos es observada rigurosamente. Un niño no tiene derecho a tocar a su madre, le está prohibido entrar en su habitación, por miedo a que distinga bajo el vestido una parte de su cuerpo. Las madres llevan la ropa interior larga, bajo un vestido largo que oculta su cuerpo desde el cuello hasta los pies.

Imagino con horror la existencia de mis tres hijos, si reciben esta educación sectaria y sufren lo que yo considero un lavado de cerebro. Ninguna ternura femenina para consolarlos. Horas de repetición mecánica.

La Duquesa cuenta igualmente la historia de un pequeño llamado Joseph Shumaker que da escalofríos. Los abuelos hasidim de este niño se inquietaban por la educación que sus padres le daban, porque dicha educación no respetaba, en su opinión, la tradición. Organizaron el secuestro del niño. La Duquesa se jacta de haber desempeñado un papel importante en la «recuperación» de Joseph. Lo hizo cambiar constantemente de nombre, vistiéndolo a veces de niña para que no lo reconocieran. Lo que esta mujer considera como un «salvamento» es un crimen a los ojos del resto del mundo. Parece ser que este tipo de historias se produce frecuentemente en el seno de este universo cerrado. Los conflictos enfrentan en general a judíos contra otros judíos, y se arreglan dentro de la mayor discreción.

La Duquesa cuenta que los hasidim contemplaban la posibilidad de someter a Joseph a una operación estética a fin de transformar completamente su aspecto. En principio, esta operación suscita graves problemas de ética religiosa. La ley judía condena la cirugía estética. Nadie tiene derecho a modificar lo que Dios ha creado. Pero Joseph ha sido visto en Nueva York, y se ha considerado que podría ser un deber desobedecer la ley divina, para «salvar» a alguien. La Duquesa declara que ella no retrocedería ante este medio si fuera necesario para poder educar «correctamente» a otro niño.

Este pasaje del libro me llena de horror. Después de haberlo leído y releído, tengo pesadillas por la noche, imaginando a mis hijos en manos de esta gente, su rostro modificado por el bisturí de un médico poco escrupuloso, consagrado a la tarea de que su madre no pueda reconocerlos. Semejante monstruosidad, realizada en nombre de la religión, me subleva.

La Duquesa enumera orgullosamente a las numerosas personas que ella consiguió convertir. Hay ladrones, asesinos, personas manifiestamente afectadas de deficiencia mental, marginados, excluidos de todo tipo, estafadores o débiles mentales.

El «perfil 21» de Chaim me viene a la memoria. ¿Se ha convertido por interés o por debilidad? Mirándolo bien, prefiero la primera hipótesis. La Duquesa no se interesa por el pasado de esta gente. Le basta con convertirlos en personas ultrarreligiosas para que a sus ojos pasen a ser *gente bien*. El hasid que se encarga de convertir a una persona no lleva demasiado lejos su investigación. Desde el momento que el converso está dispuesto a observar las reglas de la comunidad, sus motivaciones poco importan. En calidad de miembro de una fraternidad cerrada, será protegido de la sociedad exterior.

¿Qué clase de universo ha inventado esta gente? ¿Quiénes

son realmente estos individuos capaces de elegir voluntariamente semejante existencia?

Lo que representa este feo librito, lastimoso, me revuelve el estómago. Con disgusto, lo arrojo al suelo. No se queman los libros, es cierto, pero éste… No hablo de ello a nadie en ese momento, ni siquiera a Walter. Hablar de ello transformaría esta pesadilla en una realidad insoportable.

Me enteraré más tarde de que el Mossad buscó al pequeño Joseph durante tres años antes de encontrar su pista. Sus agentes tuvieron que recurrir al chantaje para liberarlo. Siguieron los pasos de un célebre rabino hasídico hasta la casa de una prostituta. Amenazado por unas fotos comprometedoras, el rabino habló, y los condujo hasta el niño. Nadie en la comunidad judía sabe, ni quiere saber; no se divulga este género de cosas. Es únicamente porque mis hijos y yo somos cristianos que el velo del secreto ha podido ser levantado sobre nuestra larga historia.

28

TODO LO QUE DIGA PODRÁ SER UTILIZADO CONTRA USTED

El 16 de enero de 1989, Dany Yssacharof telefonea a mi padre desde Tel-Aviv.

—Hay un individuo de la costa Oeste que podría ayudarnos. Un tal Abraham. Pretende tener contactos con los hasidim de Nueva York. Estaría dispuesto a reunir a antiguos colegas para montar una operación y hacer salir a los niños clandestinamente de los Estados Unidos.

—¿Cuánto?

—Trescientos mil dólares…

—¿Es una broma?

—No. Creo que debería escucharle. Conozco a ese individuo. Es un ex ranger, trabajó para una agencia de detectives, y con frecuencia lo hace con judíos. Pienso que tiene buenos contactos.

Ni mi padre ni yo queremos, ni podemos, pagar 300.000 dólares, pero papá tiene el hábito de los negocios, sabe que todo es negociable. Acepta encontrarse con este tal Abraham en Nueva York, y hacerse cargo de sus gastos de desplazamiento desde la costa Oeste de los Estados Unidos. Papá llega a Nueva York la víspera de la cita. La agencia le ha reservado una habitación en un hotel de Times Square al módico precio de 70 dólares por noche. El corresponsal local de la ICTS, Arik Arad, ha organizado un encuentro con agentes de policía que pertenecen al cuerpo de los *marshalls* de los Estados Unidos. Hay una orden internacional de busca y captura contra Chaim; tienen toda la autoridad para arrestarlo si es localizado. El agente encargado del asunto tiene un nombre inverosímil en su oficio: Tony Crook. Dicho de otro modo: Tony el Estafador.

De estatura mediana, rechoncho, cabello moreno e hirsuto, tiene el aspecto de tipo duro, cuando en realidad es sumamente amable, al igual que su compañero de equipo, Mike Hollander.

Crook y Hollander se harán pasar por detectives privados de la agencia ICTS, colegas de Arik Asad. Asistirán así a la cita con Abraham. Crook sugiere a mi padre que lleve dinero en efectivo, para el caso de que el individuo pida un anticipo.

Papá me cuenta todo esto por teléfono desde Nueva York, y su entusiasmo es contagioso.

—Este Abraham no se mezclaría en esta historia si no tuviera muchas posibilidades de éxito. La policía está de acuerdo con nosotros.

Esta llamada telefónica me pone los nervios a flor de piel. No estoy aún curada de mi aventura londinense. Demasiada esperanza puede llegar a ser un veneno. Demasiada esperanza es soñar, imaginar. Me cuesta concentrarme en mi trabajo cotidiano. Mi cuerpo está en la tierra pero mi mente flota en alguna parte entre las nubes.

Abraham tendrá unos treinta y cinco años. Más bien alto, atlético, pelo moreno y tupido, viste de manera informal. Mi padre comienza por dejar bien claras dos cosas importantes.

—No queremos recuperar a los niños por la fuerza. Han sufrido ya bastantes *shocks* en su vida. La ley está de nuestra parte, y tenemos todo el derecho de sacarlos del país. No hay ninguna razón para hacerles abandonar los Estados Unidos clandestinamente. Dicho de otro modo, lo único que tendría usted que hacer es decirnos dónde se encuentran, y eso no puede de ningún modo costar trescientos mil dólares…

Abraham está visiblemente decepcionado, pero baja rápidamente el precio. La negociación durará horas.

Al contarme esta entrevista, mi padre está asqueado.

—De vez en cuando el tono era cordial, y luego él perdía los nervios y yo también. Los niños no tienen precio para nosotros, Patsy, pero tener que regatear como si tratáramos de vulgares mercancías, o de artículos de bazar… es agotador. Finalmente le he dicho que no podíamos pagar más de treinta mil dólares, y que sólo pagaría después de haber recuperado a los niños. Aceptó, pero su informador quería cinco mil dólares… Entonces estallé. Les dije a los detectives que se las arreglaran solos… Ya estaba harto. Y en ese momento, el tal Abraham tuvo miedo de perder el asunto, y acabó por soltar una dirección. Mapple Terrace número ocho, en Monsey, Estado de Nueva York. Afirmó: «Todas las mañanas un coche viene a buscar a los niños para conducirlos a la escuela…»

Esta noche, desbordando optimismo, papá ha ido a comprar regalos para los niños. Ha traído a su habitación del hotel un juego para Marina, un camión para Simon y un oso con una caja de música para Moriah.

A la mañana siguiente, temprano, una comitiva de coches de aspecto corriente sale de Nueva York en dirección a Monsey. A bordo de ellos, diez policías, Arik Arad el detective privado, y mi padre disfrazado con una peluca y gafas negras, para que Chaim no pueda reconocerlo. Su misión es identificar a los niños con seguridad, antes de que los policías pasen a la acción.

A las 7.30 de la mañana, los coches están situados en las cuatro esquinas de la calle. Los policías observan el n.º 8 de Mapple Terrace a distancia. Transcurre una hora sin que haya el menor signo de la presencia de los niños. Y luego otra. A las 9.30 todos los niños están en la escuela. ¿Dónde están Marina, Simon y Moriah?

Los policías avanzan rodando al ralentí hasta un café situado en la periferia de la ciudad donde Abraham espera febrilmente recibir tal como se había convenido sus 30.000 dólares. Mi padre está lívido de cólera:

—¡Usted sabe dónde están los niños! ¡Simplemente se niega a decirlo! Es una tentativa de extorsión de dinero, ¡y le haré perseguir por la justicia si hace falta!

Asustado, Abraham se marcha de nuevo a la costa Oeste, y mi padre decide volver a Bélgica, desmoralizado una vez más. Pero, por la tarde de ese mismo día, Arik Arad recibe una llamada telefónica de un hombre que pretende ser el informador de Abraham.

—Me he equivocado. Creía que los niños estaban allí, y cometí un error. Pero puedo asegurarles que soy capaz de encontrar a su padre. Soy un amigo, puedo echarle el guante.

Arad y mi padre, y Crook y Hollander organizan, pues, un encuentro con aquel al que han bautizado como «Judas», puesto que es un amigo de Chaim y está dispuesto a venderlo.

Judas es un judío hasídico de unos treinta y cinco años, de estatura mediana, con reflejos rojos en el cabello. Papá se ve obligado a regatear sobre los pequeños con un desconocido.

—Abraham me dijo que su precio era cinco mil dólares. Estoy de acuerdo, incluso por Yarden solo.

—Eso no es suficiente.

—¡Entonces, váyase al diablo! ¡No recibirá ni un céntimo, e informaré a la policía de que es usted cómplice en este asunto!

Crook, jugando al detective privado, interviene en la discusión:

—Es usted quien lo ha desencadenado todo. Es usted quien metió a Abraham en el caso. Es usted el que pretendía saber dónde están los niños, y ahora dónde está Chaim... Por tanto, la cosa es sencilla, si no nos ayuda a echarle el guante a su padre, corre el riesgo de ser acusado de complicidad en secuestro. Más le valdría decir lo que sabe, enseguida.

—Chaim es un amigo, comprenda usted... Dar informaciones sobre él por dinero, tengo escrúpulos...

—Pues está usted aquí...

—Sí, pero Chaim es amigo mío...

—Se ha portado muy mal, su amigo...

—Sí, pero es judío... Un judío no puede entregar un judío a un no judío...

Al final de una agotadora negociación, mi padre acaba por perder la paciencia. Judas sólo ha aceptado una cita para el día siguiente. Y reclama un poco de dinero para volver a Monsey aquella misma noche.

—Tengo que llenar el depósito, comprenda, es normal, he tenido gastos para venir a Nueva York.

—No le daré nada mientras no me haya conducido a Chaim. ¿Entiende eso? Ni un dólar. Hasta mañana en la agencia.

Aquella noche, los policías, el detective privado y papá se reúnen para elaborar un plan. Un plan simple para un simple Judas. A la mañana siguiente, papá va a retirar el efectivo del banco: 5.000 dólares en billetes de 100. Judas llega a la hora fijada. Mi padre extiende sobre la mesa los 5.000 dólares a fin de que Judas pueda verlos, evaluarlos, sentirlos al alcance de la mano. Pero no tiene derecho a tocarlos. Su mirada brilla de avidez. De pronto mi padre recoge el dinero y se lo mete en el bolsillo de la chaqueta. Y aguarda.

Judas comienza a hablar. Puede establecer contacto con Chaim por mediación de un tal Borochov en Monsey. Chaim trabaja de vez en cuando como pintor de brocha gorda, clandestinamente. No quiere pagar impuestos, y se arriesga a que le descubran.

Basándose en estas informaciones, los policías montan una nueva operación.

—Va usted a comunicarse con Chaim a través de este Borochov. Le convencerá de que uno de sus amigos propietario de restaurante quiere hacer reformas en su establecimiento de Brooklyn. Luego lo acompañará con el pretexto de ayudarle a hacer el presupuesto. Deberá llevar a Chaim a la esquina de Ross Street y Lee Street, en el barrio de Williamsburg. Será el veintisiete de enero exactamente a las 10.30.

—¡Eso es dentro de dos días! ¡Y es viernes!

—Justamente. Los hasidim estarán ocupados preparando el *sabbat*; estarán menos disponibles para ayudar a Chaim. Aquí tiene el plano de las calles. Deberá andar por este lado, pasará por delante de estas tiendas, visiblemente, tranquilamente, y se detendrá aquí, exactamente, para que el señor Heymans pueda identificar a nuestro hombre. No se desvíe, no improvise. ¿Entendido?

Judas debe de haber comprendido. De todas maneras, no tiene elección. La policía no bromea con los cómplices de secuestro, y ha olido los 5.000 dólares de papá.

Mi padre me lo cuenta todo por teléfono, en detalle, y esta vez una vaga esperanza se apodera de mí. Con Chaim detenido, seguiremos teniendo dificultades seguramente para recuperar a los niños, harán falta algunos días, pero estamos en el buen camino. Estoy en pie de guerra. No tendré noticias antes del viernes por la noche. Si son buenas, tomaré el avión para Estados Unidos el sábado a mediodía.

Todas las preguntas reprimidas se plantean al mismo tiempo. ¿Cuánto tiempo se necesitará para recuperar a los niños, cuánto para que se readapten? ¿Cuándo podré traerlos a casa? ¿Se acordarán de mí? ¿Me aceptarán como su madre? ¿O me rechazarán como a una extraña? Les han enseñado a desconfiar de los no judíos. Yo soy una madre no judía.

La policía, los miles de dólares, los indicios, los timos, los Judas, mi padre transformado en comerciante de alfombras, para recuperar a mis hijos...

27 de enero de 1989. Viernes.

Papá espera con Crook y Hollander en un coche de aspecto corriente. Lujoso. Ante su asombro, los policías les explican que acaba de ser confiscado a un traficante. Otros tres coches atiborrados de policías ocupan el cruce de Ross Street y Lee Street. Llevan todos cazadoras con la mención «*Marshall* de los Estados Unidos» en la espalda. Arik Arad, el detective privado, aprieta contra sí una bolsa que contiene los 5.000 dólares del trato. Fuera, en la calle, la gente pasa indiferente. Una curiosa mezcla de judíos hasídicos, de barba y abrigo negros, y zapatones también negros, con otros en tejanos y zapatillas deportivas.

Detrás de los cristales ahumados del coche, mi padre resulta invisible. Pero él puede ver perfectamente. Está nervioso. Este despliegue de fuerzas de la policía, como en una película, la espera de ver surgir al sospechoso… es una experiencia poco corriente.

A las 10.30 exactamente, Judas y otro hombre aparecen en la acera. Uno de los policías pregunta.

—¿Es él?

—Esperen a que pase por delante del coche…

Los dos hombres adelantan al vehículo como estaba convenido en el plan, y se detienen en el lugar previsto.

—¿Es él?

Mi padre contempla al compañero de Judas. No se parece al Chaim que ha conocido. Las ropas hasídicas, el traje oscuro, el sombrero y los *peyots* rizados, la barba… todo esto lo hace irreconocible. No puede afirmar con seguridad que se trate de Chaim. Pero tampoco puede correr el riesgo de dejarlo escapar. Mala suerte si no es él. A fin de cuentas, ¿qué arriesga?

—¡Es él! ¡Seguro que es él!

Una voz le hace eco inmediatamente en la radio del coche.

—¡El hombre ha sido identificado! ¡Adelante!

Siete hombres surgen al mismo tiempo de los coches parados en el cruce, y se echan sobre Chaim. Un oficial le apunta con el arma bajo las narices. Otros le obligan a echarse sobre la acera, boca abajo, y apartan a Judas. Imagino que al inclinarse contra él, alguien le ha declarado: «Está usted arrestado, todo lo que diga podrá ser a partir de ahora utilizado contra usted», etc…

Una multitud de curiosos se apretuja inmediatamente, judíos hasídicos principalmente, y para evitar problemas, un agente grita:

—Apártense, es un asesino, ¡ha matado a gente en Israel!

Luego todo va muy deprisa. Chaim es registrado, le ponen las esposas, y desaparece en la parte trasera de un vehículo, con un agente a cada lado.

Mi padre se acuerda de que uno de los policías ha dicho con un aire de disgusto:

—¡Se ha cagado en los pantalones!

A continuación, ante todo el mundo, Arad arroja el sobre, lleno de billetes, en la acera, a los pies de Judas. Los coches arrancan al mismo tiempo. Arad llama a su despacho en la Avenida 57, con un teléfono móvil. La noticia es transmitida a la ICTS, la agencia central del Tel-Aviv.

Unos minutos después del arresto, el teléfono suena en mi despacho de Bruselas. La voz temblorosa de mamá dice:

—¡Lo han cogido, Patsy!

—¿Y los niños?

—Nada todavía. Pero no tardará mucho.

Lo han cogido. Las paredes dan vueltas a mi alrededor. El

corazón se me sale del pecho. Lo han cogido, hemos triunfado. Es preciso que llame a Walter, que pida un permiso para marchar mañana por la mañana. Es preciso que haga tantas cosas…

Mi jefe es un hombre adorable:

—Ocúpese de sus hijos. Están por encima de todo…

Judas nos ha vendido a Chaim por 5.000 dólares. 5.000 dólares más. Pero se acabó.

29

CARTA DE UN RABINO A SUS FIELES

En el coche que conduce a Chaim a la comisaría de policía, uno de los hombres trata de hacerle hablar inmediatamente.

—¿Dónde están los niños?

—Están en Israel, con mi mujer.

—¿Qué dices de tu mujer? ¡Está en Bélgica, tu mujer! ¿Te burlas de nosotros?

—En Israel, con mi mujer.

Chaim es trasladado al Centro de Detención de Manhattan. Las autoridades judiciales belgas inician inmediatamente el procedimiento de extradición. Durante este tiempo, los detectives averiguan que ha vivido en un apartamento de Brooklyn, en la calle 43. El alquiler figura a nombre de una joven judía yemenita, llamada Iris Buttel, que ha desaparecido repentinamente. Será necesaria una orden de registro, pero, ante la sorpresa general, el juez se niega a concederla. A pesar de las graves presunciones —el hecho de que Chaim haya sido reconocido culpable de secuestro en Bélgica—, su negativa es clara, y no cabe recurso. Nadie podrá recoger las pistas que quizás contiene este apartamento.

Para mi padre y para mí, es la prueba flagrante del poder político de la comunidad hasídica. En los Estados Unidos, los jueces son elegidos. Y muchos electores de Brooklyn son hasídicos. No resulta, pues, asombroso, que éstos ejerzan una gran influencia sobre el sistema judicial local. En Monsey también pudimos constatar que las autoridades tenían vínculos con la comunidad.

Nueve horas de vuelo entre Bruselas y Nueva York. El pasajero de mi lado ha debido de bañarse en perfume. Mi asma no lo soporta, me cuesta respirar, y al aterrizar sufro una migraña atroz.

Descubro un autobús que me lleva del Aeropuerto Kennedy a la calle 42. Desde allí voy andando hasta Times Square.

En su habitación del hotel, papá va de un lado para otro. Me cuenta todo lo que ha pasado.

—Él insiste en decir que los niños están en Israel... Pero la policía piensa que va a desmoronarse. Pronto.

Miramos los regalos, celebramos el éxito del plan. Estamos relativamente confiados a las 11 de la noche, cuando suena el teléfono en la habitación. Un hombre dice que aguarda en el vestíbulo para ver a mi padre. Es judío hasídico, lo reconocerá fácilmente, dice. Papá baja para verlo, y vuelve a subir enseguida.

—¡Me ha dado este sobre, y se ha largado!

El sobre es grueso, y contiene papeles que pertenecen a Chaim. Varias tarjetas de identidad, con nombres diferentes. Un permiso de conducir mexicano, tarjetas de crédito americanas, a nombre de David Mizrahi. Y fotografías. Chaim y los niños, sentados ante la verja de la Casa Blanca en Washington. Está de perfil, con camisa blanca y traje negro. Las manos hundidas en los bolsillos de un gabán negro. Marina y Moriah llevan gruesos abrigos escoceses verde y negro. Simon muestra unos largos bucles negros que parten de sus sienes, y el resto del cabello, rapado, desaparece bajo un gorro.

Marina sonríe mirando a su hermano, que aparta la cabeza, y quiere escapar del objetivo. Moriah mira al frente, con un aspecto algo grave.

Por el tono ocre del follaje de fondo, la foto debió de ser tomada en otoño. La fecha de la instantánea está impresa al dorso: octubre de 1988. Alguien ha escrito los nombres hebreos de los niños, con una mención particular: «Como de costumbre, Joseph trata de huir.» Sin duda, es mi Simon. Detesta que le tomen fotografías. Dos años separan el día del secuestro de la fecha de esta foto. Los niños han crecido, los rostros han perdido el aspecto mofletudo de la infancia.

En otra foto, los niños comen bocadillos. Se distingue en el fondo una camioneta, de cristales ahumados. Estas fotos datan de unos cuatro meses atrás. Tengo a mis hijos entre mis manos. Casi están aquí. Casi son reales.

La agenda personal de Chaim contiene las direcciones y los números de teléfono del rabino Ezekiel Tauberg, que había informado a Nechemia de que los niños estaban en Londres, y de Borochov, el contacto de Judas. Este Borochov vive en Mapple Terrace n.º 8. Allí donde tenían que hallarse los niños, según Abraham.

Encontramos también una carta dirigida a la comunidad hasídica por el rabino Tauberg, dando fe de que fui yo la que secuestró a los niños:

Esta carta está destinada a demostrar que quien la posee es realmente Yarden. Nos hemos dado cuenta de todas las dificultades por las que el señor Yarden ha pasado. Sus tres hijos, dos niñas y varón, fueron secuestrados contra su voluntad y llevados a un país extranjero para ser ingresados en un orfelinato católico, lo cual es inadmisible. Después de meses y años de esfuerzos laboriosos, el señor Yarden, con la ayuda de Dios, consiguió arrancar a sus hijos de las garras de aquellos que los retenían en esos lugares impuros, a fin de confiarlos a instituciones religiosas judías, y sean educados según el rito de Moisés y de Israel.

El señor Yarden se ha visto obligado a confiar a sus hijos a una familia israelita practicante, en el seno de la cual reciben la enseñanza de la Torah, conforme a la ley de nuestros antepasados.

Con la ayuda de Dios, vemos cómo estos niños se han desarrollado y cómo la gracia y la belleza del pueblo de Israel se reflejan en sus rostros.

Desgraciadamente, todo esto le cuesta mucho dinero al señor Yarden, que debe subvenir a todas las necesidades de sus hijos, y se preocupa mucho para que sean educados en las mejores condiciones posibles.

Por eso pedimos a nuestros hermanos israelitas que ayuden al señor Yarden a fin de que él pueda seguir educando a sus hijos según el rito de Moisés y de Israel.

Para esta mitzva, Dios nos protegerá, como protegerá al pueblo de Israel.

La carta lleva el sello oficial del tribunal rabínico, y la firma del rabino Tauberg. Otros papeles indican que Chaim se ha casado con la llamada Iris Buttel, pese a que nosotros no hemos llegado a divorciarnos nunca. Hay también una participación de boda dirigida a Chaim y los niños, en Monsey, donde han debido de vivir algún tiempo.

No sabemos qué hacer con todo esto. ¿Quién nos ha enviado este sobre? ¿Acaso tenemos aliados en el bando hasídico? Eso parece evidente.

30

EL RELATO DE SARAH

El teléfono ha estado sonando todo el día desde el final del *sabbat*. Pasa algo, pero no sé qué. Y luego la señora Glatzer nos dice a Rachel y a mí que preparemos nuestra maleta.

—Alguien va a venir a buscaros a las nueve.

—¿Es nuestro padre?

—No. Otra persona.

—¿Y Joseph?

—Joseph se va también.

A las nueve, como ella ha dicho, un hombre pasa a recogernos. Rachel se lleva su muñeca favorita para jugar en el coche. Primero vamos a buscar a Joseph a casa del señor Enghorn. Después viajamos durante mucho tiempo. El hombre no quiere respondernos. Cada vez que tratamos de preguntarle algo, nos da un caramelo, en forma de luna, para hacernos callar. Yo le he ofrecido que coma también un caramelo, pero él no dice más que: «Mmmm… Mmmm.»

Conduce sin parar. Finalmente, llegamos a un lugar que tiene aspecto de estar bien guardado. Hay un señor delante del portal de entrada, el coche cruza el portal y se detiene ante una gran casa. El chófer del coche tiene prisa. Nos hace salir tan rápidamente que Rachel se olvida la muñeca en el asiento trasero. Le sabe muy mal.

La gran casa pertenece al señor y la señora Jacobovitch. Es extraña, todos los muebles están cubiertos de plástico. Cuando llegamos, nos dicen que vayamos a acostarnos enseguida. Nosotros obedecemos. Y estamos muy cansados.

Por la mañana, cuando nos despertamos, hay mucha gente en la casa. El señor y la señora Jacobovitch tienen doce hijos. Se han puesto en fila para decirnos buenos días. Es muy difícil acordarse de todos los nombres.

Vivimos en una calle que se llama Kasho Drive.

31

CANSANCIO

Lunes 30 de enero de 1989. Hay que esperar. Seguir esperando cerca del teléfono. Papá y yo nos pasamos el día en las oficinas de la agencia ICTS, en la calle 57, esperando noticias. Horas y horas junto a este teléfono. Cada vez que suena, tenemos un sobresalto. Por nada. Chaim no ha hablado.

Se presiona a mi padre para que acepte pagar a Abraham los 30.000 dólares que exigía. Papá se niega. El acuerdo preveía que los pagaríamos cuando los niños nos fueran entregados. Tenemos a Chaim, pero no a los niños. Y mi padre es inflexible.

Destruiré tu vida, había dicho Chaim. Sigue negándose a dar la menor información a la policía. Nuestra única esperanza reside en este Judas, pero él ha llamado a la agencia, muerto de miedo:

—No quiero saber nada de esta historia. No quiero mezclarme más en ella. No me traerá más que problemas.

Los policías y Arad han cometido un grave error. En el momento del arresto de Chaim, habrían debido fingir que lo arrestaban también a él. El gesto de Arad, al arrojarle el dinero en la acera ante todo el mundo, le ha puesto en una situación espantosa con la comunidad hasídica. El rumor se ha extendido. Judas ha traicionado a un judío, lo ha vendido a un no judío. Es un renegado, y ya no puede sernos de ninguna utilidad en nuestras investigaciones.

También nos hemos enterado de algo sorprendente. Dos hombres que decían ser rabinos han venido a la comisaría después del arresto de Chaim. Han ofrecido devolver a los niños a cambio de la libertad de su padre. Pero el oficial que los ha recibido no estaba al corriente del asunto, y les ha pedido que volvieran a pasar más tarde. Ni siquiera ha anotado su nombre o su dirección. Los dos desconocidos no han regresado.

Papá ha alquilado un coche y recorremos junto con Arad la ciudad de Monsey, para tratar de hablar con alguien, de encontrar conocidos de Chaim. Pero esta gente está tan sobre aviso y encerrada en sí misma que cualquier coche extraño en el barrio dispara inmediatamente la alarma. Los niños se encontraban quizás aún en el apartamento de Mapple Terrace, 8, cuando se estaba vigilando la casa, pero, después, los han hecho desaparecer.

Vamos a intentar saber a qué atenernos. Papá aparca el coche ante la casa donde vive este hombre, Borochov. Llamamos a la puerta. Un hasid relativamente viejo nos abre. Arad se presenta y pide ver el señor Borochov.

—Soy yo, Borochov.

—¿Podemos entrar?

—Ustedes sí, pero no ella.

Yo regreso a sentarme al coche, horriblemente frustrada. Los hombres pueden hablar de mis hijos, pero yo no. La madre es excluida de la conversación. ¿Por qué obedecer? ¿Por qué hacer siempre lo que me dicen que haga? Como un cachorro bien adiestrado. Estoy cansada de obedecer a los hombres, a las circunstancias. Yo existo.

Borochov ha hablado mucho. Trabaja en el negocio de los diamantes, y conoce perfectamente a Chaim. Y también a Iris Buttel. Ésta vivió en su casa antes de casarse con Chaim. Seis días antes de su arresto, Chaim y esta mujer pasaron el *sabbat* en su casa. Ha reconocido voluntariamente que los niños vivieron en su compañía algún tiempo. Incluso ha mostrado a mi padre una habitación en la planta baja, con cuatro camas, diciendo:

—Mire, dormían aquí. Pero yo ignoraba que habían sido secuestrados.

El detective le hace notar la gravedad del asunto. No se trata de una discusión familiar, sino de un secuestro del que serían cómplices todos los hasidim que ocultaran a los niños. Las penas son graves en semejante caso. Borochov jura solemnemente que, ahora que sabe la verdad, está de acuerdo en ayudarnos. Se fija una cita, en presencia del rabino Tauberg esta vez.

Y seguimos esperando. Días muertos en las oficinas de la agencia. A veces me paseo a lo largo de Broadway, desde Times Square hasta el centro de la ciudad. Sin objetivo preciso. Por la noche aguardamos también desesperadamente, en la habitación del hotel, a que el teléfono suene, a que llegue alguna noticia. Una o dos veces nos vamos al cine, pero no conseguimos concentrarnos en la película. Mi padre se acuesta temprano, hacia las 8 de la noche. Yo trato de llenar el vacío de mis noches haciendo rompecabezas muy complicados. Me vuelvo claustrofóbica en este lugar.

La esperanza violenta y la alegría se han apagado para dar paso a la angustia y la aprensión. Imagino el regreso de los niños. ¿Van a correr hacia mí, a echarse en mis brazos? ¿Saltarme al cuello? ¿O tendrán miedo? ¿Se alejarán de la extraña, de la madre olvidada? ¿Qué les han contado sobre mí? ¿Cómo reaprender a conocerles? ¿Por dónde empezar? ¿Dónde están? Chaim lo sabe, por fuerza. ¿Cuándo va a ceder? ¿Cuándo?

Segundo encuentro con Borochov. He procurado vestir lo más clásicamente posible. Una falda que baja hasta las rodillas. Leotardos gruesos, un jersey cerrado, y una chaqueta que me cubre los brazos. Pero Borochov se niega otra vez a dejarme entrar en su casa, con el pretexto de que soy una mujer. En realidad, tiene miedo de verse enfrentado a la madre de los niños que ha ocultado en su casa. Pero, ¿miedo de qué? ¿De que lo estrangule? Sola en la noche, en medio de una comunidad que me considera una enemiga, soy yo quien tiene miedo de su desprecio.

El hombre sin edad que se acerca a la casa y llama a la puerta es el rabino Tauberg. Ha pasado por delante de mí como si yo no existiera. Sin embargo, está implicado en la conspiración para separarme de mis hijos. Lo sabemos gracias a los papeles de Chaim. A su carta.

Mi padre vuelve finalmente. ¿Y bien?

—Es muy prudente. Ha reconocido haber firmado la carta de recomendación. Pero, al igual que Borochov, dice que no sabe nada sobre los niños. Tiene algunos contactos que, en su opinión, podrían ponernos sobre una pista. Pero quiere que le prometa, por escrito, no perseguirlo judicialmente, ni a él, ni a Borochov, ni a nadie más que esté mezclado en el asunto. Es la condición por la que acepta realizar una discreta investigación. A nuestro abogado no le parece mal. Siempre podemos escribir la carta, recuperar a los niños, e iniciar las diligencias judiciales después. Por principio.

Una vez listo, el documento exigido por Tauberg le es remitido, firmado por nosotros dos, acompañado de una copia de los documentos legales que me conceden la custodia de los niños en Bélgica, y se la retiran a Chaim en Israel.

Y la espera continúa, junto a este maldito teléfono. No llama nadie. Llega el fin de semana, y decidimos ir a relajarnos a casa de unos amigos de Quebec, al otro lado de la frontera de Vermont. Nieva. Mi padre conduce demasiado deprisa.

—¡Baja la velocidad! ¡Vamos a matarnos!

No me escucha. Estamos con los nervios a flor de piel. Apenas llegamos a casa de nuestros amigos, telefonea al rabino.

—Sí, hay algo nuevo, señor Heymans. Estamos de acuerdo, haré todo lo posible para que les devuelvan a los niños dentro de unos días...

Papá está loco de alegría, quiere hacer un brindis ante esta maravillosa noticia. Yo no.

—Aún no los tenemos. No están aquí. Mientras no les vea con mis propios ojos, no lo creeré.

—¡Las cosas nunca son bastante buenas para ti, Patsy! ¡Hagamos lo que hagamos, jamás es suficiente!

La disputa que se incubaba entre nosotros estalla. Era inevitable.

Pero yo tenía razón al desconfiar de Tauberg. Hace promesas, pero mientras tanto maquina para entorpecer la investigación. Ahora añade una nueva condición. Chaim ha jurado ante él que se había convertido al judaísmo, hace mucho tiempo. Lo cual implica que mis hijos son judíos. Y el rabino pregunta:

—¿Puede ella demostrar lo contrario? Si ella no se convirtió, los niños no son judíos, ¡y en este caso la comunidad se desentenderá de su suerte!

Tres semanas después del arresto de Chaim, ninguna pista de los niños. Papá ha pasado un mes en Nueva York. Hemos de volver a Bélgica, y dejar a la policía hacer su trabajo. No regresaremos aquí más que para la audiencia de la extradición de Chaim.

El avión despega, y me lleva a seis horas de desfase horario de mis hijos. Marina, Simon, Moriah, Patsy se ve obligada a partir, pero volverá. Tengo ganas de llorar, y retengo las lágrimas como de costumbre. Pienso, sobre todo, en el hombre que duerme a mi lado. Papá. Lo ha hecho todo. Desde hace dos años, ha consagrado su vida a la búsqueda de los niños. Está agotado, en el plano afectivo, físico y financiero. Y, sin embargo, esto no está acabado. La caza continúa en tanto que el cazador no puede más. Empiezo a preocuparme por su salud. Mi madre también ha estado siempre disponible para ayudarme, en todos los terrenos. Los dos se han consumido más allá de lo posible. Pienso en todo eso.

En Bruselas, ordeno los juguetes comprados por mi padre. El reloj me obsesiona. Son seis horas menos allá, los niños deben de estar despertándose dondequiera que estén. Se preparan para la escuela. Desayunan.

Viernes noche, el comienzo del *sabbat* para ellos. Mi cuerpo está en Bruselas, mi mente en Nueva York. Pronto voy a tener que marchar nuevamente. Abandonar otra vez mi trabajo. Mi jefe soporta todos los inconvenientes de una empleada que abandona su puesto de vez en cuando.

Una amiga me pone en contacto con una de sus conocidas, Sabine Tarter, que se casó con un hombre que posee la doble nacionalidad, belga y americana. Vive en Beacon, en el estado de Nueva York, a menos de una hora de camino de Monsey. Ha oído hablar de mí, y me propone recibirme en su casa cuando lo necesite. Una oferta generosa viniendo de una perfecta desconocida. Aborrezco los hoteles, me siento prisionera en ellos. Anoto el número de teléfono de Sabine en mi agenda.

Nueva York, de nuevo. La audiencia se ha iniciado. Chaim va a comparecer. Su abogado, Richard Finckle, se lanza a un discurso aterrador. El delito no es lo bastante grave para justificar la extradición. Según un nuevo acuerdo firmado entre los Estados Unidos y Bélgica, Chaim hubiera debido ser condenado a una pena superior a un año, aunque sólo lo fuera por un día, para que el gobierno aceptara extraditarlo. Ahora bien, Chaim fue condenado en rebeldía en Bélgica exactamente a un año de prisión. Y en los Estados Unidos no ha sido reconocido aún culpable de nada. El juez podría, pues, acceder a la petición de la defensa, y dejarlo libre. Chaim podría escapar de nosotros, desaparecer, y perderíamos definitivamente el lazo con los niños.

Tengo miedo, mucho miedo, de que el juez ceda, también, a la presión de la comunidad hasídica, y acepte ponerle en libertad bajo fianza. Sea cual sea su importe, los hasidim pagarán por él. Tengo las manos sudorosas, y las mejillas me arden.

Felizmente, el juez niega la libertad provisional bajo fianza. Chaim no es un ciudadano estadounidense, y ha demostrado ya su tendencia a desaparecer sin dejar dirección. Permanecerá, pues, detenido en el Centro de Detención de Manhattan hasta que el tribunal haya decidido su destino.

¿Pero por qué no proponerle la solución más sencilla? ¡No tiene más que devolver a los niños, y detendremos el proceso! Debo enfrentarme con él, aunque me cueste mucho, cara a cara. Quiero proponerle esta solución.

El Centro de Detención en Manhattan es un edificio moderno, inmenso, que domina una plaza igualmente inmensa. Presento en la entrada documentos de identidad que demuestran que soy la señora Chaim Yarden, y pido ver a mi marido. Mi padre me acompaña. Espero más de una hora antes de ser solemnemente autorizada a subir al piso superior con los demás visitantes. Papá debe quedarse en la planta baja.

Una gran sala de espera, muebles cromados, aparatos expendedores alineados a lo largo de una pared. Me repito mentalmente lo que voy a decirle: «Bien, Chaim, cogiste los niños, y los has tenido durante dos años. Pero te hemos encontrado, y ahora estás en la cárcel. Dime dónde están, y nosotros podremos comenzar otra vez a vivir normalmente.» O bien: «Bueno. Ahora... tú estás en prisión, los niños están solos... dime dónde están... y...»

—¿Señora Yarden?

—¡Sí! ¡Soy yo!

—Su marido se niega a verla.

—¿No puede usted insistir? He venido de Bélgica expresamente para verlo. Es muy importante.

El guardián desaparece unos minutos, luego vuelve, y yo acecho la respuesta en sus labios.

—No; se niega.

—Entonces quiero irme.

—Podrá usted salir al mismo tiempo que los demás visitantes.

—No, no quiero quedarme aquí. Quiero marcharme.

—Es necesaria una escolta para acompañar a las visitas. Hay que esperar.

—Por favor. No puedo quedarme aquí. Haga algo.

Insisto tanto, que se resigna a llamar una escolta sólo para mí. Abandono la sala con la sensación de haberme puesto en ridículo. Los guardianes, la gente que me rodea, deben de haberle preguntado qué clase de esposa era yo para que un marido en la cárcel se niegue a verme. Una mujer llegada especialmente de Bélgica para hablar con él, ¿y rehúsa verla? Ridículo. Incluso desde su celda me deja en ridículo. Estoy cansada.

32

UNA BOFETADA EN LA CARA

«Det. Shirripa.» 66.ª circunscripción. Policía de Nueva York. Él es quien ha interrogado a Chaim. Es importante que me quede en Nueva York para verlo.

Sabine Tarter ha reiterado su invitación de alojarme. Mi padre tiene que volver a Bélgica, y, en vez de deprimirme sola entre las paredes vacías de una habitación de hotel, hago las maletas para mudarme a su casa de Beacon.

Papá está hablando por teléfono con un desconocido. Toma notas, su rostro se anima, y la conversación se prolonga.

—¿Quién es?

—Un tipo curioso. Se niega a revelarme su identidad. Dice que sería demasiado arriesgado para él. Se hace llamar C.I.D. Es un judío religioso; quiere ayudarnos a recuperar a los niños.

—¿Sabe dónde se encuentran?

—No. Pero tiene varias ideas. Ha hablado de Monsey, claro, y de Monroe; nada nuevo. Pero también de Lakewood en Nueva Jersey, y después de un lugar llamado Kasho Drive. Dice que hay allí una secta satmar, cuyos miembros se llaman los *kashos*.

—¿Y bien? ¿Qué propone?

—Volverá a llamar dentro de unos días. Yo me habré marchado. Le he dado el número de la casa de Sabine Tarter, en Beacon.

La tela de araña se extiende un poco más. De los hasidim religiosos a los satmar ultrarreligiosos, pasamos a una secta kasho.

Mi padre está más agotado que nunca al subir al avión. Quisiera tomarlo en mis brazos, apretarlo contra mí. Soy incapaz de hacerlo. No puedo expresar mis sentimientos. Entonces le digo simplemente:

—Gracias, papá.

Sabine y Paul Tarter me han deparado un recibimiento caluroso. Hablar francés con ellos me descansa después de tantos esfuerzos con el inglés. Sabine tiene aproximadamente mi edad, veintiocho años. Con una sonrisa de completa felicidad, ha preparado una deliciosa cena japonesa. ¡Y tiene intención de servirla en kimono, con agujas plantadas en el cabello! Es su manera de decirme: «Relájate... respira un poco. Haz como si estuvieras en casa.»

Sabine y Paul tienen tres hijos. La mayor, Marjorie, tiene más o menos la edad de Marina. La más pequeña, sólo cuatro meses. Siento la nostalgia de los bebés. Este paréntesis rodeada de niños es una bocanada de oxígeno.

Comienzo por llegar tarde a la cita con este Det Shirripa. He perdido el tren de Nueva York, e intentado llamar desde una cabina, para conseguir sólo oír la voz electrónica de un disco de la que no he comprendido nada. Volver a hacer la caminata de veinte minutos hasta casa de Sabine, para enterarme de que hay que marcar un uno antes de marcar el número... Estados Unidos es un país complicado, las distancias son grandes, y yo no paro de tomar trenes y coches.

—Buenos días, Det...

—¿Por qué me llama usted Det?

—Viene indicado en su tarjeta de visita...

—¿Det? Es la abreviación de Detective...

Detective, es decir, inspector en inglés. Me siento completamente idiota. Hago mi debut en los Estados Unidos sin papá. Aunque tengo tres hijos, mi aspecto es el de una chiquilla, y ni siquiera sé leer una tarjeta de visita.

Shirripa es simpático. Le hablo de la llamada del misterioso desconocido y de los kashos. Promete estudiar el dossier en detalle, reflexionar en la manera de hacer presión sobre Chaim. Finalmente, al salir de su despacho, estoy orgullosa de mí. He conseguido hacer algo sola.

El misterioso corresponsal que se hace llamar C.I.D. telefonea a casa de Sabine. Una voz extraña, un poco siniestra, pero da la impresión de ser una mina de informaciones sobre la comunidad hasídica. Conoce a Armoni, la primera pieza del rompecabezas de Amsterdam. Sabe que Armoni trató de infiltrarse en la comunidad de Monsey el año pasado. Conoce el hotel donde se alojó con su familia, y afirma con seguridad que «alguien» ha financiado sus investigaciones. Lo único que ignora es que la financiación proviene de nosotros.

—Armoni sabe mucho más sobre Chaim y los niños de lo que dice... Pero usted sola no los encontrará nunca... Tiene usted necesidad de mí... La volveré a llamar.

El resto de mi estancia me dedico a efectuar una serie de llamadas telefónicas. Al rabino de la prisión donde Chaim está encerrado, para que le convenza de que hable conmigo. Sin resultado. Al rabino Tauberg, a Borochov, a todas las personas susceptibles de aportar una información. Al abogado de Chaim, a quien trato de persuadir de que convenza a su cliente. Me hago con la lista de los rabinos de Monsey, y llamo, llamo sin descanso. La mayor parte de las veces dejo mensajes en contestadores automáticos. Algunos se ponen en contacto conmigo, pero nadie se presta a ayudarme.

Mi agenda está llena de nombres y de números. No olvido llevar la cuenta de mis llamadas para abonarlas a Sabine. He hallado un remanso de paz en su casa. Hemos aprendido a conocernos. Ella respeta mi mutismo, mi tensión nerviosa, tratando de ayudarme y de hacer que me relaje siempre que puede. Siempre estará conmigo cuando tenga necesidad de ella. Ignoro por cuánto tiempo todavía. Unas semanas, unos meses... No imaginaba en aquella época que esto iba a durar tanto tiempo. Años. Pero algo me golpea en pleno rostro, repentinamente.

Desde hace dos años he dejado hacer a papá. Los detectives privados, los informadores, toda esta gente, sólo se dirigen a él. La menor migaja de información, es a él a quien se la transmiten. Cuando estamos reunidos, es a mi padre al que se dirigen los abogados, los policías, los investigadores. Quieren ahorrarme la angustia, las falsas esperanzas, pero se olvidan de que son MIS hijos.

En el avión que me trae, una vez más, a Bélgica, sólo pienso en eso. Me veo incapaz de dormir. Si lo olvidan, es culpa mía. Me dejo proteger, proteger excesivamente incluso, desde hace dos años. Como si fuera un niño indefenso, y no una madre de familia decidida, encolerizada contra un sistema monstruoso que anula su existencia.

Tengo veintiocho años. Tienes veintiocho años, Patsy. Despierta. Eres TÚ quien debe encontrarles. ¿Cómo puedes estar tan pasiva? Hubiera debido... enviar a paseo la sentencia del juez que me prohibía establecer contacto con los padres de aquella niña en Londres, dormir ante su puerta, hasta averiguar la verdad. No regresar a Bélgica esperando los resultados de la prueba. Patsy, si amabas a tus hijos, era *eso* lo que tenías que haber hecho. Incluso ante la posibilidad de un resultado negativo. Intentarlo todo por ti misma, forzar los acontecimientos.

Ignoraba por qué esta historia de Londres me obsesionaba hasta ese punto. Ahora lo sé. No saqué mis garras de madre. Sufrí, esperé, lloré en mi rincón, dejé hacer a mis padres, a mi familia, a todo el mundo. Y me equivoqué de niña. Mi obsesión era tanta en aquel momento, quería tanto recuperar a mi hija, que durante unos días me aferré a esta idea, como a un hierro candente. A partir de hoy, me juro a mí misma comportarme de otro modo. Marina, Simon, Moriah, vuestra madre se ha hecho mayor. Está encolerizada contra su infancia, contra su debilidad, contra sus terrores, contra sí misma. Una verdadera cólera, tan saludable como una ducha fría.

La petición de extradición es bloqueada por el abogado de Chaim, con el pretexto de que no ha sido condenado más que a un año de prisión en Bélgica. En su celda americana, Chaim puede gozar del privilegio de la ley del silencio, la estrategia que ha adoptado. Hay que reaccionar.

El profesor Buysschaert pertenece a un importante gabinete de abogados de Bruselas. Su hijo era compañero de Simon en la escuela. Es especialista en derecho mercantil, pero este asunto constituye un nuevo desafío para él, y le interesa. En Bélgica no hemos gozado de una verdadera asistencia jurídica. Contratará a un especialista en derecho penal, y retomará el expediente a partir de cero.

Primera buena noticia: el tratado entre Estados Unidos y Bélgica en el cual se apoya el defensor de Chaim no ha sido aún ratificado. Podemos, pues, basarnos todavía en la convención de extradición anterior, que se remonta a 1902. No se habla allí de pena mínima, y la enmienda más reciente, que data del 16 de noviembre de 1966, añade el secuestro a la lista de crímenes afectados por esta convención. El proceso será largo; Snitow se verá obligado a litigar a menudo en Nueva York.

En Bruselas, el asunto es confiado a la fiscal Nadia De Vroede. Gran especialista del derecho infantil, esta mujer tiene la reputación de ser particularmente tenaz. Pero no podrá ponerse a trabajar hasta que Chaim sea extraditado. Si lo es.

Los detectives privados nos cuestan demasiado caro. Yo opino que puedo mantener el contacto con los hasidim en su lugar. Voy a convertirme para éstos en el mosquito terco del que no podrán desembarazarse. Voy a acosarlos, a hablar con tantas personas que no podrán ignorarme, y acabaré quizás por encontrar a alguien que me ayude. Es la estrategia del insecto que, obstinadamente, va mordisqueando hasta practicar el agujero que le permite liberarse…

Otra decisión, la economía. Debo asistir a las audiencias en los Estados Unidos cada cuatro o seis semanas. Los billetes de avión son caros, y me las arreglo para encontrar vuelos de oferta. Cien dólares de ahorro si despego de Luxemburgo en lugar de Bruselas, con una escala en Islandia.

Mi agenda de citas está llena a cada viaje. El inspector Shirripa, que prosigue su investigación, el Centro Nacional de Niños Desaparecidos y Explotados, los rabinos, los hasidim de todo tipo.

Debo convencer al rabino Tauberg de que soy católica, bautizada y de que mis hijos también lo están. Poseo los certificados de bautismo, pero eso no es suficiente. Hago extender una acta notarial bajo juramento, certificando que no me he convertido jamás al judaísmo. El judío religioso que circuncidó a mi hijo al margen de todo ritual acaba por aceptar prestar este testimonio por escrito, después de discusiones interminables.

Si fuera judía, ¿por qué habría hecho bautizar a los niños después de mi ruptura con Chaim? Si fuera judía, hubiera pedido una circuncisión religiosa para Simon... Por lo demás, si fuera judía, ¿necesitaría demostrar lo contrario?

La moral sube, pero vuelve a caer cada vez que contemplo la enormidad de la tarea.

Sábado, salida de Luxemburgo, escala en Islandia, aterrizaje en Nueva York, luego el tren que me llevará a Beacon. Llego a casa de mi amiga Sabine a última hora de la noche; es madrugada en Bruselas. Estoy completamente agotada. Sabine me prepara la cena, hace todo lo que puede para mantenerme desvelada, para que pase una noche normal, y me recupere del cambio horario.

Lunes por la mañana, hace un día gris y frío, salgo de casa de Sabine hacia las seis menos cuarto, tomo el tren que me lleva a la estación central de Nueva York. La gente no se ha despertado del todo aún, está malhumorada, la estación es una ciudad en miniatura llena de ruidos y de agitación. Lo mismo por la noche: tren de cercanías y regreso a casa de Sabine. La rutina de mi investigación en Nueva York.

Puedo llamar al rabino Tauberg a dos números. El de su *shul* y el de su domicilio. Pero los dos corresponden al mismo edificio. Mensaje educado en el contestador para avisarle de mi regreso y decirle que tengo a su disposición los documentos que prueban que no somos judíos. Él no llama. Yo insisto, consigo hablar con su mujer, y le transmito el mismo mensaje. Ella cuelga prometiendo «informar» de ello a su marido.

Y así sucesivamente, hasta que el mosquito en que me he convertido logra finalmente que su excelencia se ponga al teléfono. Le describo todos los documentos que poseo. Él considera con desprecio mi argumentación:

—¿Qué me demuestra que estos papeles no están falsificados?

—¡El sentido común! ¡Todo lo que le digo es verdadero!

—Chaim me afirmó lo contrario.

—¡Le mintió!

—No. Es judío. Ahora ya basta, le he prometido ayudarla, ¡pero deje de telefonearme continuamente!

Su voz plañidera, su seguridad... Para él, el hecho de que Chaim sea judío zanja la discusión. Chaim es judío, un buen religioso, que sigue la regla de los satmar. Le cree, pues, simplemente porque lleva las ropas «adecuadas», el sombrero «adecuado» y conoce las plegarias «adecuadas». No me cree a mí. ¿Qué más quiere que un certificado de bautismo de los niños, que data de antes de su secuestro? ¿La palabra de un sacerdote católico romano no le merece crédito? ¿Cómo quiere que le demuestre que no soy una «madre judía»?

Utiliza el mismo procedimiento mental que Chaim, cuando me decía: «¡Demuéstrame que eres virgen!» ¡*Después* de haberme acostado con él!

Este rabino quiere sencillamente desalentarme de que me dirija a él. Una vez aceptada la prueba, ¿cómo podría continuar protegiendo a Chaim? Él mismo lo ha dicho: ¡la comunidad satmar se desinteresa de los niños no judíos!

Shirripa no tiene nada de qué informarme. Yo dudo de que la policía de Brooklyn quiera, o pueda, ayudarnos. Existen en Nueva York al menos cincuenta gabinetes de asistencia jurídica para la comunidad judía. Todos aquellos con quienes he establecido contacto me han remitido a direcciones diferentes, como una pelota que se pasa de mano en mano. Los judíos hasídicos no quieren ayudarme, los judíos no hasídicos que aceptan ayudarme son ineficaces, no tienen ningún ascendiente sobre la comunidad satmar. Voy dando vueltas en un círculo infernal.

Judas ha desaparecido. Y en el fondo, en lugar de llevarme a los niños, el arresto de Chaim impide que mis investigaciones den su fruto. Un hombre que huye deja huellas detrás de sí: cheques cobrados, facturas de teléfono, reserva de billetes de avión, peticiones de visado... Más hubiera valido dejarle escapar hasta que hubiéramos tenido a los niños. Y éstos siguen encerrados en alguna parte. Ignoro siquiera bajo qué nombre hay que buscarlos, en qué comunidad secreta, en casa de qué adepto de no sé qué rama ultrarreligiosa. Las pistas están ahí, pero se vuelven agua de borrajas.

33

EL RELATO DE SARAH

Cada vez que cambiamos de casa hay que aprender nuevas reglas. La gente es diferente. Hasta las oraciones son diferentes. El señor y la señora Jacobovitch son muy severos. No hay que hablar en inglés, así que de vez en cuando vamos a escondernos en el sótano para hablar entre nosotros.

Nos han enviado enseguida a la escuela. La escuela de las niñas está en muy mal estado. El primer piso es tan peligroso que no se puede hacer clase en él. Pero la escuela es menos importante para las niñas que para los niños. Un día, un hombre que trabaja para un periódico vino a hacernos fotos. Ha escrito una historia sobre la escuela, y he visto mi foto en el periódico. No aprendemos casi nada. A veces, nuestros profesores ni siquiera vienen a dar clase. Cuando sucede eso, nos limitamos a jugar.

Rachel debería ingresar en el curso de primaria, pero la han puesto en una clase elemental. Ella aborrece la escuela y a la maestra. Joseph debe estudiar después de la escuela, pero Rachel y yo tenemos que hacer la casa. Rachel limpia los lavabos, que es algo que también aborrece. Pero yo debo siempre lavar los platos. Antes había un lavavajillas, era más fácil. Pero se averió, y la señora Jacobovitch dijo que no valía la pena hacerlo arreglar. Quizás porque yo soy el nuevo lavavajillas. Es muy duro, porque soy bajita, y el fregadero es demasiado alto. A veces utilizo el taburete de la cocina, para subirme encima, pero si alguien necesita sentarse, no puedo hacerlo. Hay muchos platos, ollas y cacerolas, para dar de comer a diecisiete personas en cada comida. Entonces tengo mucho trabajo. Todas las noches debo pasar el aspirador por la planta baja. La casa es grande, así que, cada vez, me lleva una hora hacerlo todo.

34

EL MUNDO SATMAR

Jim Stanco representa al Centro Nacional de Niños Desaparecidos, en Albany. Es simpático, jovial, reconfortante. Sabine ha organizado un encuentro en su casa. Jim me ha escuchado, ha hecho preguntas, y ha comprendido que la policía no me estaba ayudando. Entonces va a ayudarme él. Comienza por explicarme cómo funciona el sistema judicial americano. En Bélgica, cada comuna tiene su policía local. Pero en Estados Unidos existen varias organizaciones de policía. La del Gobierno federal, la del estado, luego la del departamento, la de la ciudad, la del municipio, y finalmente la de la circunscripción. Es sumamente complicado.

Yo solamente he hablado con un policía, el inspector Shirripa; ahora bien, si me hubiera dirigido al fiscal (el *district attorney*), varias personas habrían sido destinadas al caso, gente que conoce bien a la comunidad hasídica, los barrios donde ésta se concentra, como Williamsburg y Borough Park, en Brooklyn.

Jim Stanco me aconseja dirigirme al fiscal de Brooklyn. Presentarme a él en persona, en vez de seguir siendo una abstracción de informe de audiencia. Luego se lleva fotos de Marina, Simon y Moriah, para hacer carteles, y colocarlos en los barrios hasídicos. El centro dispone de un número de llamada gratuita; el posible delator puede así manifestarse sin miedo de la venganza de sus correligionarios.

Besaría con gusto a este hombre. Me ha devuelto la esperanza y el entusiasmo, con su manera diferente de abordar las cosas.

Cuando regreso a Bruselas, mi jefe se ve obligado a plantear la cuestión crucial:

—Patsy, estoy desolado, pero será preciso que elijas entre tu trabajo y tus hijos.

Lo comprendo perfectamente. No puede contar conmigo. No es malo, es simplemente realista. Elijo a mis hijos, claro.

—Voy a despedirte, así cobrarás al menos el subsidio de paro.

Walter, por su parte, se esfuerza en poner orden en mi empresa de investigaciones. Encuentra que le falta rigor, que pierdo informaciones limitándome a tomar nota de todo lo que puedo en mi agenda verde, que se ha vuelto enorme. Una pequeña grabadora me permitiría conservar cada palabra. Compro una, apenas más grande que un paquete de cigarrillos; disimulada en mi bolso, puedo ponerla en marcha sin advertir de ello forzosamente a mi interlocutor.

De regreso a Nueva York, tras haberme entrevistado con el fiscal de Brooklyn, conozco al nuevo inspector destinado al caso: Alan Presser. Ojos de un azul resplandeciente, cabellos rubios casi blancos, un hombre dulce y amistoso. Sabe de qué le hablo, pues él fue secuestrado por judíos religiosos. Yo tengo intención de recorrer los barrios hasídicos de Nueva York, y me recomienda la mayor prudencia. No llevar nunca el bolso en bandolera, recorrer siempre la acera por el lado de la calzada, para evitar que me acorralen contra una pared o en una puerta de un edificio. No tener nunca el aspecto de perdida o desorientada, sobre todo en el metro. No llevar joyas. Esta ciudad es una jungla.

En cuanto a mis itinerarios, quiere conocerlos por anticipado. Los hasidim no son en general violentos, pero pueden llegar a serlo si se sienten amenazados. Y yo soy una amenaza para ellos. Le inquieta dejarme vagabundear sola en medio de ellos, pero yo estoy decidida. Quiero buscar a mis hijos y también comprender este extraño universo en el cual han desaparecido. En alguna parte de esta nebulosa, mis hijos son educados como «buenos pequeños judíos». Lo ignoro todo o casi todo de la cultura hasídica. Voy a intentar sumergirme tanto como me sea posible en estos barrios de Brooklyn donde está implantada.

Mi itinerario es casi siempre el mismo. Salgo de casa de Sabine, en Beacon, y tomo el tren hacia Nueva York; luego, el metro hasta Brooklyn. Trato de andar siempre que puedo, para economizar taxis. La mayoría de las veces paso primero por el despacho del fiscal de Brooklyn, donde empiezan a conocerme como el lobo blanco. A partir de allí, emprendo una larga peregrinación dentro de Williamsburg.

Es un barrio de casas viejas de dos o tres plantas, divididas en apartamentos. La mayoría de las veces están encajonadas entre restaurantes y tiendas de comestibles *kasher*. Se ven cochecitos de niños en los balcones. Aquí las mujeres tienen un hijo cada dos años, y no es raro que una familia de diez personas viva amontonada en un apartamento minúsculo.

Los transeúntes, hombres de largos abrigos negros, caminan con la cabeza baja, en plegaria, a fin de no dejarse distraer por las tentaciones del mundo exterior. Muchos de ellos, después de su trabajo, van a estudiar las escrituras bíblicas durante horas. El ambiente es prácticamente el mismo en Borough Park, pero el barrio es más residencial. Dos islotes perdidos en el océano del mundo moderno.

Recorro a grandes pasos incansablemente las calles, escrutando el rostro de los niños, dispuesta a hablar con cualquiera que me dirija la palabra, disponible, sin agresividad. Pero siento que me han descubierto muy deprisa. Nadie se acerca a mí, nadie parece dispuesto a informarme.

Me resulta muy difícil diferenciar a los satmar de los hasidim. Los matices existen, pero son muy sutiles. En su manera de vestirse, en su actitud, se desmarcan forzosamente uno de otros, pero la mayor parte de los propios judíos son incapaces de distinguirlos. Cuando descubro a un hasid me acerco a preguntarle:

—¿Es usted satmar?

Si la respuesta es sí, le muestro las fotos, haciéndole preguntas, pero invariablemente el hombre evita cruzar su mirada conmigo, y responde:

—No sé.

Luego se aleja muy deprisa, añadiendo a menudo:

—Pero yo no soy realmente un satmar...

Llamo a la puerta de todos los rabinos conocidos e influyentes, pero raros son los que me dejan entrar y escuchan mi historia.

Otra vertiente de mis actividades consiste en leer las revistas, los periódicos, para encontrar toda la información posible sobre los hasidim. Me procuro obras especializadas, y, poco a poco, voy conociendo mejor a esta gente. La mayoría vive en Williamsburg. Votan en bloque, y por ello interesan mucho a la policía local, que les concede facilidades. En Brooklyn explotan el mercado inmobiliario. Obtienen créditos de los municipios para renovar las casas. Pagan al contado y al precio fuerte los inmuebles disponibles en el mercado, y, cuando no pueden comprar, ejercen tales presiones sobre los propietarios no hasídicos que éstos acaban por vender. Así es como extienden su influencia, haciendo retroceder constantemente las fronteras de su barrio.

Ellos mismos vigilan su comunidad y se encargan de solucionar los conflictos internos. Las comisiones gubernamentales encargadas de investigar los desórdenes sociales se enfrentan a un sistema de valores cuyo único garante es el tribunal rabínico. Tanto si se trata de niños apaleados, de violencia conyugal, o de vandalismo, es él el que resuelve. Los hasidim tienen incluso una policía, conocida bajo el nombre de «Shomrim», compuesta de voluntarios armados de *walkie-talkies*. Esas milicias patrullan por las calles al volante de sus propios coches.

Los padres envían a sus hijos a escuelas no controladas por el Gobierno donde la calidad de la enseñanza es mediocre. Un chico de doce años tiene un nivel de matemáticas que corresponde al de nuestro curso elemental. No tiene derecho a leer otra cosa que los escritos religiosos, o relatos concernientes a la historia judía y a la tragedia del holocausto.

El nombre de Satmar viene de la ciudad húngara de Satmar. Antes de la Segunda Guerra Mundial, un gran rabino, Joel Teitelbaum, dirigió allí un movimiento basado en la profecía de la diáspora que se oponía violentamente al sionismo. Los judíos se habrían dispersado por el mundo, hasta la llegada del Mesías. Toda tentativa de creación de un Estado Judío es, pues, prematura para los satmar, y contraria al espíritu de los textos sagrados. Los satmar rezaron incluso por la derrota de Israel durante las guerras sucesivas que les enfrentaron a los Estados árabes.

La mayor parte de los fieles satmar fueron enviados a Auschwitz en 1944. Pero el rabino Teitelbaum y algunos supervivientes consiguieron emigar a Brooklyn en 1945. En Williamsburg casi todos los satmar son supervivientes de los campos de concentración o sus descendientes directos. Algunos expertos estiman que sufren el síndrome del «post-holocausto».

El tema del holocausto está subyacente en su pensamiento, en su educación, y en casi todas sus conversaciones. Los escolares estudian el tema en detalle, pero la información que se les da concierne exclusivamente a las atrocidades nazis cometidas con los seis millones de judíos. No prestan atención a los cinco millones de víctimas no judías del sistema nazi, y conciben el holocausto sólo como la sanción divina infligida a los judíos para castigarlos del sionismo.

Tratan de nazis a todos aquellos que no están de acuerdo con ellos. Cuando me dirijo a un hasid para explicarle que busco a mis hijos, que mi marido los secuestró, la hostilidad es inmediata. ¿Quién soy yo para venir a perturbar su universo? Ah, sí... yo soy la mujer que les ha hecho esta mala publicidad:

—¡Al contrario! Son ustedes quienes han cogido a mis hijos. Son ustedes los que me obligan a hacer esta mala publicidad. ¿Es una mala publicidad preguntarles simplemente dónde están mis hijos?

A veces tengo derecho al insulto supremo:

—¡Hija de Hitler!

El hombre que conozco sólo por las misteriosas iniciales de C.I.D. telefonea muy a menudo a casa de mi amiga Sabine, y siempre a cobro revertido, lo cual le permite hablarme durante horas, y llenarme de consejos, «eficaces» en su opinión, para infiltrarme mejor en la comunidad satmar. Su blanco principal es el gran rabino Moisés Teitelbaum.

Sin duda alguna, este hombre está más motivado por una venganza personal que por el menor interés hacia mis hijos. Ignoro por qué razón odia a esta comunidad, pero me resulta absolutamente indiferente mientras pueda serme útil. Sigo concienzudamente todas las pistas que me indica. Llamo a las puertas que él señala. Escribo también al rabino Teitelbaum, sin sacar nada en concreto.

C.I.D., me sugiere entonces enviar peticiones a los rabinos de Israel, a fin de que se comuniquen con Chaim en la prisión, y le supliquen que me devuelva a mis hijos, dado que no son judíos. Estas peticiones quedarán sin respuesta.

Otro personaje extraño, el rabino Greenberg. Es un hombre cortés, que trabaja para un tribunal rabínico especializado en los problemas de judíos religiosos que viven en los Estados Unidos y el Canadá. Pese a ir vestido como los hasidim clásicos, parece más accesible que los otros.

Para resumir su filosofía sobre el tema me cuenta la historia de una mujer cristiana convertida al judaísmo. Sus padres estaban muy enfermos, y ella quería regresar a su lado por algún tiempo para ayudarlos. ¡Pero eran cristianos! ¿Cómo iba a poder ella continuar en su casa cumpliendo los preceptos *kasher*? El consejo del rabino fue el siguiente: «Se trata de sus padres, no puede usted abandonarlos. No son judíos, no tienen, por tanto necesidad de cocina *kasher*. Dios la perdonará, pues actúa usted en favor del bien.»

El rabino Greenberg considera mi caso con el mismo sentido común. Tras haber consultado varios libros de la Ley, declara:

—Es exacto, sus hijos no son judíos. Si han sido convertidos, no es una buena conversión, ya que usted no es judía, y ellos necesitarían su aprobación para convertirse. Según la Ley, tiene usted derechos sobre sus hijos, porque no son judíos.

Es reconfortante, pero teórico. El rabino Greenberg no es un satmar, y es bien sabido que los satmar tienen su propia interpretación de la Ley.

Otro consejo sentencioso:

—Sus detectives privados son judíos pero no religiosos. ¿Cómo quiere usted que los religiosos les escuchen?

Para terminar, observa que la gran prensa se ha interesado en mi historia, pero que esta publicidad no tiene ningún impacto en la comunidad judía. Yo tendría más éxito dirigiéndome a la prensa judía. Debería establecer contacto con Chaim Shaulson, publicar un anuncio en su periódico, y pagarle para que escriba un artículo sobre el asunto.

Shaulson es originario de Israel. Su padre fue un tipo de diputado de los que en ocasiones ejercen de alcalde en Jerusalén, y Shaulson es redactor jefe de un periódico muy controvertido, *Panim Chadachot*, «Nuevos Rostros», publicado en hebreo y en *yiddish*. La serie de artículos que hizo aparecer sobre la comunidad satmar de Nueva York le valió enemigos mortales. Uno de los jefes hasídicos ha descrito su periódico como la versión hebraica del *National Enquirer*.[1] Un desconocido que los hasidim confundieron con él fue víctima de terribles represalias. Lo encontraron apuñalado en una acera.

No estoy tranquila al penetrar en las oficinas de Shaulson, en el sótano de su apartamento de Brooklyn. El lugar está sucio, atestado de pilas de periódicos que llegan hasta el techo. El teléfono suena sin descanso, y la gente entra y sale continuamente. Es muy difícil tener una conversación normal con él.

De unos cincuenta y tantos años, la piel más bien oscura, va vestido como los hasidim, pero sus *peyots* son bastante cortos. Desborda energía. Se jacta de ser el único periodista capaz de acceder a ciertas informaciones debido a su experiencia y a su pertenencia a la comunidad ortodoxa. Pero no es en absoluto un satmar, me precisa.

—Tengo contactos… sabe usted, yo podría ayudarla a recuperar a sus hijos…

Está claro que quiere dinero. Estoy acostumbrada ahora, pero también estoy harta de hablar siempre de dinero.

—No tengo dinero. Pero si se entera usted de algo interesante, entonces tal vez podría pedir prestado a un banco.

—Voy a reflexionar.

1. Periódico de la prensa popular especializado en sucesos sensacionales. *(N. de la a.)*

Reflexiona sólo unos días, y me llama a casa de Sabine, con aire enigmático:

—Quizás haya un medio de arreglarlo... Venga a verme.

Su despacho está desierto esta vez, lo cual resulta sorprendente, ya que en principio no tenemos derecho a estar cara a cara, porque yo soy una mujer. Precisamente. Me devora con los ojos.

—He encontrado un medio de ayudarla.

Escucho atentamente el plan tortuoso que él ha imaginado, y me explica en dos lenguas, hebreo e inglés, según las dificultades de expresión.

—Mire... voy a explicarle. Cuando un hasid influyente engaña a su mujer, o a la inversa, yo hago seguir al culpable, generalmente por la noche, para reunir pruebas del adulterio. A continuación le pongo ante el hecho consumado. Si no paga, le denuncio en mi periódico.

No doy crédito a mis oídos. ¡Un chantajista! Aprovechando un momento en que él no puede darse cuenta, pongo en marcha la pequeña grabadora de mi bolso. Él prosigue su discurso tomándose tiempo, se las arregla para rozarme discretamente la mano, o para poner un dedo en mi espalda. Yo debo hacer un esfuerzo de concentración intenso para comprender lo que me dice, en su lenguaje medio inglés, medio hebreo.

Finalmente me sugiere tomar un pequeño apartamento en un inmueble del barrio. A cambio de las informaciones que él pueda obtener sobre los niños, yo aceptaré convertirme en su amante.

—Soy un hombre, sabe usted... y como todos los hombres tengo ciertas necesidades...

—¿Se atreve usted a proponerme una cosa así? Estoy buscando a mis hijos desde hace más de dos años, ¿y me pide usted eso?

—Espere un momento... deje que le explique. Usted es una *shiksa*..., una *goy*. Para usted no hay ningún mal en acostarse con hombres. Todas las *shiksas* lo hacen, no representa nada para usted. Puede cambiar de hombre cada día si quiere... ¡Mientras que nuestras mujeres no tienen derecho!

He oído ya una expresión vulgar en Israel respecto al tema de las *shiksas*: «Es una *mitva* (una buena acción ante Dios) besar a una *shiksa*...»

Estoy tan estupefacta por su proposición que sólo se me ocurre responderle:

—Mire, no siempre es así... No todas somos así...

—¡Pero no tiene usted tantas reglas que respetar! ¡No es importante para usted!

Yo debería abofetearlo y abandonar su despacho al instante. Pero la estupefacción me ha dejado clavada, impidiéndome reprenderle. Es repugnante, cierto, pero puede proporcionarme información. Voy a dejar que acabe de exponer su asqueroso plan, para ver.

Me propone enseñarme personalmente el arte de ser una amante hasídica. Me colocará como asistenta en un hogar satmar; lo mejor será encontrar la casa de un rabino. Pasaré por ser una polaca, que no habla ni hebreo, ni *yiddish*. Deberé permanecer muda a fin de que mi acento francés no me delate.

—Le enseñaré a seducir a un hasid, porque ya se imaginará que no se seduce a un hasid como a un cristiano. Hay que concederle primero algunas pequeñas confianzas cuando su mujer no está. Luego, cuando esté segura de sí misma, se acostará con él, y después, al cabo de algún tiempo, le hará venir a alguna parte, fuera, a un lugar donde podamos filmarle. Entonces podremos hacerle chantaje, y podrá usted recuperar a sus hijos.

Su proposición es tan repugnante como absurda, pero tengo la fuerza necesaria para mostrarme evasiva:

—Voy a reflexionar en ello… Volveremos a hablar…

Con todo, al volver a casa de Sabine, durante el interminable trayecto que lleva de Brooklyn a Beacon, me cuesta convencerme lo que he oído. Increíble. Quizás he comprendido mal, con su mezcla de inglés y hebreo. Pero al escuchar la grabación no hay ninguna duda. Sabine me traduce perfectamente el inglés de Shaulson, y el resto lo he comprendido en hebreo. ¡Emboscada lúbrica destinada a comprometer a un rabino y a hacerle chantaje para recuperar a mis hijos!

Transcribo esta conversación para enviársela a Allan Presser, esperando que él podrá con ella presionar a este Shaulson, y obligarle a cooperar. Hace una copia de la grabación, la escucha atentamente, y concluye:

—Ninguna duda, es absolutamente un chantajista. Quizás podamos sacar de ello alguna cosa.

Mi experiencia en este mundo extraño aumenta el día en que un rabino llamado Moreino me llama a casa de mi amiga Sabine. Es siniestro, glacial:

—Tengo algo que decirle, pero no por teléfono. Fijemos una cita.

Jim Stanco y Allan Presser me alientan a explotar este encuentro. Es la primera vez que un rabino hasídico se pone en comunicación conmigo por su propia iniciativa. Pero puede tratarse de una trampa. Así que heme aquí transformada en submarino. Me convencen de que lleve un micrófono oculto bajo mi ropa a fin de que los policías puedan escuchar en directo nuestra conversación, desde un coche de aspecto corriente.

El día de la cita, un técnico procede a su instalación. Yo he adelgazado mucho, y le cuesta adaptar su sistema a mi talla 36. Con mi cinturón y mis hilos en la espalda, tengo la impresión de actuar en una película de espionaje. Si me siento en peligro, utilizaré un código: deberé poner el número 18 en medio de una frase. Presser y otro inspector vendrán entonces en mi ayuda. Su extrema prudencia me ha puesto nerviosa. A mi vez, dejo paso a la paranoia. Mi falda no es lo bastante larga para respetar el pudor de un rabino, y, durante el camino, obligo a los policías a detenerse en una *boutique* para comprarme otra. Tapada hasta los tobillos, no me siento, sin embargo, más segura.

El rabino Moreino es muy viejo, muy religioso, y muy desconfiado. Me recibe en un apartamento de Borough Park, no lejos de la calle 43, donde Chaim vivió algún tiempo con Iris Buttel. Me lleva a una habitación cuadrada, amueblada con una gran mesa vacía y varias cajas. Una cortina la separa del resto del apartamento. Yo supongo que se trata de una precaución tomada por el rabino a fin de que nuestra entrevista no sea un cara a cara comprometedor. Una cortina no es una puerta... Inmediatamente se muestra suspicaz:

—¡No tengo confianza en usted! Su bolso se quedará fuera de la habitación. Podría usted grabar lo que decimos.

Se sienta frente a mí, detrás de su mesa atestada de pilas de libros. Su mujer, que nos sirve de carabina, permanece en el extremo de la pieza. El rabino se apodera de un libro y comienza a salmodiar plegarias, como si yo no estuviera allí. Yo trato con voz tímida de recordarle mi presencia, pero él levanta la mano derecha, el índice apuntando al techo, para indicarme que debo callar y esperar. Transcurren así varios minutos, y sigo esperando. Los dos policías, en su coche, están a la escucha: cuando pueda hablar, debo mostrarme a la altura. Finalmente, el rabino se dirige a mí.

—Mi mujer comprende perfectamente su posición. Ella fue recogida por una familia católica, durante la guerra, lo cual le permitió escapar a los nazis. Comprenderá usted que ella se ponga de su lado. Pero no le hablará.

—Su mujer ha tenido mucha suerte...

Lanzo una mirada en dirección a la esposa, que me evita y no dice nada.

—Más le valdría a mi mujer haber muerto en Auschwitz o en Treblinka que vivir como una cristiana.

Eso me deja sin aliento. ¿Qué quiere hacerme comprender? ¿Su odio hacia los cristianos? ¿Dirigido contra su propia esposa?

—Bien. Ahora podríamos hablar de algo más importante.

Yo espero ahora lo que sea, pero tarda mucho en llegar. El rabino usa metáforas, hace suposiciones, antes de dejar entrever la solución que ha considerado para mí.

—¿Ha pensado usted que, si se hiciera judía, eso podría servirle de ayuda?

Acaba de admitir tácitamente que no soy judía, y que la comunidad judía no ha creído, por tanto, nunca en la mentira de Chaim. Del hecho que yo no soy judía se desprende que los niños tampoco lo son. Lo cual les contraría enormemente. Si me convierto, el problema está resuelto. SU problema, evidentemente.

—Por supuesto, no le hablo a usted de convertirse al judaísmo moderno. ¿Ha considerado usted la posibilidad de convertirse en una «verdadera» judía?

Ya sé a lo que se refiere cuando habla de «verdadera» judía: judía religiosa. Eso quiere decir años de estudio, durante los cuales los rabinos hacen fallar a los candidatos su examen al menos dos veces consecutivas, al objeto de asegurarse de que su compromiso es serio.

Yo escucho en silencio, y de vez en cuando asiento con la cabeza para dejarle llegar al final de su idea.

—Vendremos a controlar lo que hace usted, y, al cabo de cierto tiempo, la comunidad hasídica decidirá sobre la calidad de su conversión. Y juzgará si ha actuado usted sólo para recuperar a sus hijos, o si es realmente una ferviente religiosa.

Sigo sin ver adónde quiere ir a parar.

—¿Cuánto tiempo llevaría eso?

—Algún tiempo...

—¿Y qué debería hacer exactamente?

Ante todo, casarme con un buen judío. Y tener hijos con él, naturalmente. Lo cual me encerraría definitivamente en su trampa. Una madre ama a sus hijos, y es incapaz de abandonarlos. Pero, ¿adónde quiere ir a parar exactamente?

—Si los viejos estiman que es usted una verdadera creyente, entonces le permitirán quizás entrar en contacto con sus hijos.

Es una proposición ridícula. Tratan de hacerme callar y aliviar así su conciencia de raptores. Pero yo llego hasta el final del razonamiento.

—Después de esta decisión, ¿cuánto tiempo tardaré en volver a ver a mis hijos?

—Una semana, un mes, o cinco años... Nadie puede decirlo.

Si yo pensara por un instante que esta táctica podía devolverme a mis hijos, trataría al menos de parecer sincera. Podría soportar un matrimonio con un hasid, si este sacrificio tuviera posibilidades de dar algún fruto. Pero sólo el proceso de conversión me exigiría cinco años. Después, debería casarme con un hasídico, y darle hijos. ¡Luego, un rabino cualquiera vendría a decirme que mi conversión no es sincera! Los satmar considerarán forzosamente que yo he actuado por interés, puesto que ellos mismos me han presionado para que me convierta. Dicho de otro modo, no volveré a ver jamás a mis hijos. En el mejor de los casos, no hasta que sean adultos. Y, mientras tanto, viviré prisionera del enemigo.

Traduzco educadamente mi idea al rabino, que se encoge de hombros:

—Es un riesgo a correr.

Su mujer sigue guardando silencio. Tiene aspecto de pensar: «Lo lamento.» Yo no digo ni sí, ni no... Controlo mis emociones para guardarme una puerta abierta al menos algún tiempo. Este rabino sabe algo sobre mis hijos, no quiero enfrentarme con él poniendo fin a la discusión. Con mucha calma, le respondo:

—Voy a considerar su proposición. En mi próximo viaje a los Estados Unidos vendré a verle otra vez y le daré una respuesta.

Al separarme de este hombre no puedo evitar sentirme culpable. Su proposición es ridícula, irreal, fuera de lugar, me lo dice la razón, y con todo, el rehusarla me hace sentirme culpable. Quizás la grabación nos permitirá convencer al fiscal de que este hombre posee información sobre mis hijos, y que es posible inculparle por obstaculizar a la justicia...

Pero, ¡ay...! En su coche, los dos policías están en un estado de agitación indescriptible. Furiosos. La radio no ha funcionado. No han podido grabar nada. Comenzaban incluso a preguntarse si no estaría yo en peligro.

Me siento completamente deprimida, esta noche. Si una cosa tan simple como un micrófono no llega a funcionar, nada funcionará. Nada. Jamás. Tengo una mala premonición.

No volverás a ver a tus hijos, Patsy. Has quedado atrapada. Hagas lo que hagas, digas lo que digas, intentes lo que intentes, los satmar tienen siempre la última palabra. Su dialéctica de cortos alcances, sectaria, te devuelve siempre al punto de partida, con las manos vacías.

Mucha gente me aconseja presentar mi caso ante un tribunal rabínico. Pero eso representa una complicación infernal. Habría primero que encontrar a un judío religioso que aceptara representar a una *goy*, y no he conocido a ninguno en quien poder confiar. Ignoro si tendría derecho a asistir a la audiencia, y si el procedimiento se haría en *yiddish*, en cuyo caso yo no comprendería nada de lo que se dijera. Y por último, ¿qué puedo esperar de semejante juicio? Esta gente ofrece al mundo exterior un frente unificado. En su interior están divididos en una multitud de células, de cultos, de grupos, de comunidades que se querellan a propósito del más pequeño detalle de interpretación de la Torah. Cada uno de ellos tiene su rabino. Si un tribunal me es favorable, otro decidirá lo contrario, por la simple razón de que no ha sido el que ha juzgado el caso. En cambio, si un tribunal dicta una sentencia que me sea desfavorable, ésta será considerada por todos como una «buena» decisión.

Para aumentar mi desaliento, me entrevisto, siguiendo los consejos de Jim Stanco, con una madre de doce hijos, cuyos nueve mayores fueron secuestrados por los satmar.

Sarah me ha impuesto condiciones muy estrictas antes de verse conmigo.

—Vístase respetuosamente, ¡y sobre todo no lleve perfume! Mi marido no debe sentir el perfume de otra mujer, no tiene derecho siquiera a respirar el mío más que si estoy disponible…

Este «disponible» se refiere al período de dos semanas durante el cual la relación sexual es admitida.

—Por favor, preste mucha atención. Después de su marcha, no debe quedar un solo efluvio de perfume…

El agua pura, sin jabón, ni aunque sea de Marsella, perfuma a nadie, espero. Respeto sus condiciones.

Tres habitaciones en el tercer piso de un viejísimo inmueble. El metro aéreo para frente a la ventana. El estrépito de los trenes interrumpe continuamente nuestra conversación, y hace temblar las paredes. El apartamento huele a cerrado, la atmósfera en él es opresiva. Han amontonado muebles ante todas las ventanas, lo cual impide que entre el sol y el aire se renueve. Este lugar me hace sentir tan claustrofóbica como una cabina de ascensor. Una chiquilla de cuatro o cinco años se esfuerza por cambiar los pañales a un bebé. Un niño de dos años balbucea una plegaria entre sus dientes de leche.

—¿Tiene usted un momento? Hay una rata en la cocina, y como mi bebé duerme en ella, trato de cazarla…

Doce embarazos han hecho de esta mujer una montaña de carne pesada y rechoncha. Un pecho enorme y colgante amenaza con escapar de su vestido marrón cubierto de manchas. Habla bastante bien el inglés. Los tres hijos que ella cría actualmente son de su segundo marido. Los otros nueve, de un matrimonio anterior, le fueron secuestrados cuando un tribunal rabínico estatuyó su divorcio. No habla más que de sexo. Su primer marido era un obseso, un perverso. Se queja durante largo rato, y con detalles de los que yo prescindiría gustosamente, del hecho que quería hacer el amor en posturas no tradicionales. La única posición tradicional era la llamada del «misionero».

—¡Quería hacer como los perros! Y si me negaba se iba a encontrar con otra mujer, y me lo contaba todo al volver.

Quisiera huir. No tengo ningunas ganas de escuchar este tipo de confidencias sórdidas. En una sociedad donde pesan tantas prohibiciones sobre la sexualidad, la gente no piensa más que en ella a fin de cuentas.

Nuestra conversación —se trata más bien de un monólogo, pues ella es casi la única en hablar— es interrumpida por la llegada de su marido. En cuanto me ve, el hombre se bate en retirada, se da la vuelta como un niño pillado en falta, la nariz contra la pared. Ella susurra:

—Tiene diez años menos que yo, sabe usted, es un poco simple de espíritu, pero nadie quería casarse conmigo, yo era demasiado vieja…

Esta mujer no tenía nada interesante que decirme. Sus hijos han pasado a depender del sistema de asistencia de la comunidad. Con ella, vivían encerrados en este apartamento, no estaban autorizados a salir nunca para no ser contaminados por el mundo impío. Ella opina que las escuelas hasídicas no son bastante religiosas. El tribunal rabínico decidió que sus hijos eran víctimas de su negligencia, y determinó hacerlos adoptar. Por una vez, no puedo estar en contra.

Me encuentro de nuevo en la calle, completamente desanimada y enloquecida. ¿Mis hijos están condenados a vivir así? Encerrados, sin aire ni sol, o peor aún, languideciendo a la sombra de mentes tan rígidas y cerradas como éstas… Ni un efluvio de perfume. Ni un soplo de aire fresco, ni un rayo de sol, ni vida en suma. Es como para volverse loca.

35

EL RELATO DE JOSEPH

Tengo que compartir la habitación con Yoely, el hijo del señor y la señora Jacobovitch, y no me gusta nada. Estamos siempre discutiendo, por cualquier cosa, y la señora Jacobovitch se pone de su parte. Hay un pequeño ventilador en la habitación, pero Yoely lo orienta hacia su cama. Y cuando yo trato de darle la vuelta hacia mí, para poder tener un poco de aire, me lo impide. Tiene doce años, y, sin embargo, aún se hace pipí en la cama. Yo detesto eso.

He hecho un amigo en la escuela, que se llama también Yoely. Hacemos como si fuéramos la policía con los demás niños. Todo el mundo quiere ser amigo nuestro. Está prohibido jugar con fósforos y con el fuego, pero hay niños a los que les gusta ir al bosque a escondidas alrededor de Kasho Drive para encender fuegos. Les gusta hacer lo que está prohibido. Con Yoely, los espiamos, y vamos a sorprenderlos gritando: «¡Ah, te he visto!» Y les amenazamos con ir a decirles a sus padres lo que han hecho. A veces los denunciamos.

Somos los jefes de todos estos niños, y eso nos divierte. En Kasho no hay escuela para los niños, así que hemos de ir a estudiar a otro pueblo. Vamos a la escuela seis días de cada siete. Hay casi ciento diez niños en la escuela, y en mi clase somos veinticinco. Aprendemos inglés una hora al día, pero sobre todo es para poder hacer los problemas de matemáticas. La mayor parte del tiempo estudiamos la Biblia, y rezamos. Algunas veces hemos de repetir con el maestro:

—¡No cambiaremos nuestro modo de vida! ¡Rechazaremos esta sociedad! ¡Viviremos como nuestros abuelos vivieron!

Cuando sea mayor, quizás seré rabino.

36

DÍA TRAS DÍA

No he podido acudir a la audiencia que debía decidir la extradición de Chaim. Mi pasaporte había caducado desde hacía dos días, y yo no me había dado cuenta. ¡Viajo tanto! Mi padre, furioso por mi negligencia, ha ido a Nueva York en mi lugar. Yo sólo he podido reunirme con él más tarde. De todas maneras, el tribunal ha aplazado la decisión.

26 de julio de 1989. El FBI se niega a ayudarnos a buscar a los niños, pues no son ciudadanos estadounidenses. Mi padre regresa a Bélgica, y yo me quedo para continuar mi agotadora investigación en Brooklyn.

Jim Stanco ha hecho imprimir carteles. Ha utilizado las fotos tomadas en Amsterdam que obtuvimos gracias a Armoni, añadiendo debajo un texto en inglés y en *yiddish.*

Mis hijos me miran, su rostro reproducido en un cartel amarillo vivo, de 28 por 35 centímetros. La realidad del retrato robot es extraña y dolorosa.

> *Nombre: Simon Yarden*
> *Nacido el 2 de enero de 1981*
> *Estatura: 1 m 44 cm aproximadamente*
> *Peso: 40 kilos aproximadamente*
> *Ojos: Castaño oscuro*
> *Cabello: negro*
> *Lengua: Multilingüe.*
>
> *Nombre: Moriah Yarden*
> *Nacida el 7 de junio de 1982*
> *Estatura: 1m 30 cm aproximadamente*
> *Ojos: Pardo oscuro*
> *Cabello: Pardo oscuro*
> *Lengua: Multilingüe*

Nombre: Marina Yarden
Nacida el 19 de octubre de 1979
Estatura: 1 m 36 cm aproximadamente
Peso: 40 kilos aproximadamente
Ojos: Castaño claro
Cabello: Pardo
Lengua: Multilingüe.

Estos niños fueron secuestrados el 11 de diciembre de 1986 por su padre, Chaim Yarden (llamado también Edwar o Jarden), al que no le fue atribuido el derecho de custodia, y al que desde enero de 1989 se mantiene detenido a la espera de que se conceda su extradición a Bélgica. Debe ser juzgado por secuestro.

Oficina Central de Niños Desaparecidos y Explotados del estado de Nueva York.

Si descubre usted a estos niños en el estado de Nueva York, puede usted llamar las 24 horas del día al número verde: 1-800-FIND KID (1-800-346-3543).

Si los descubre fuera de las fronteras del estado de Nueva York, puede llamar al: 1-800-843-5678.

Jim Stanco se encarga él mismo de colocar estos carteles en los barrios hasídicos y en el peaje de la autopista que lleva a los montes Catskill, donde muchos judíos religiosos van a pasar sus vacaciones.

Estatura aproximada, peso aproximado... Toda mi desgracia está ahí. He tenido que dar una *aproximación* del aspecto físico de mis hijos. Hablamos tan a menudo de ellos con Walter que él les hace por anticipado un lugar entre nosotros. Hemos pasado dos años y medio con su sombra, y él no los ha visto nunca, y sin embargo ahora forman parte de su familia. Una familia que él querría aumentar con un hijo. Walter reflexiona largamente en esta idea, como hace siempre.

—Debemos estar seguros, tú y yo, de la razón por la cual queremos este niño. Un hijo no puede reemplazar a otro. Si queremos a éste por sí mismo, entonces está bien, ya que nunca dejaremos de buscar a los tres mayores. Jamás. Pero no podemos continuar viviendo en el pasado. Los dos tenemos derecho a un futuro, y lo necesitamos.

Después de siete meses de batalla jurídica, y más de media docena de audiencias y de viajes, finalmente, el tribunal de justicia americano ordena la extradición de Chaim, el 14 de agosto de 1989. Él se resiste físicamente a esta extradición, y los federales deben obligarle a subir al coche, y también al avión.

Esta decisión ha cogido desprevenido a todo el mundo. Yo me encuentro en los Estados Unidos, y me veo forzada a prevenir a los medios de Bélgica desde Nueva York. A la llegada de Chaim, los periodistas han invadido el aeropuerto de Bruselas. Las imágenes que difundirán en la televisión o en la prensa son las de un hombre que anda con la cabeza baja, arrastrando los pies, la nariz hundida en la barba.

Papá no debería haber venido, pues se ha derrumbado. Los periodistas han visto a un abuelo loco de dolor, e incapaz de dominar su cólera ante aquel que tanto daño ha hecho a su familia. Algunos en el seno de la comunidad judía, ven entonces en Chaim a la pobre víctima de un rico hombre de negocios, cuya influencia y poder no tienen límites. Para los hasidim, Chaim se ha convertido en un mártir. Para la justicia belga es una tumba. Se niega en cada interrogatorio a decir dónde están los niños. Este mutismo agota los nervios de todo el mundo.

Por mi parte, debo prepararme para el proceso que va a seguir y para reunir testimonios que demuestren que yo no maltrataba a mis hijos, que éstos eran alegres y felices. Los alumnos de la institución Mater Dei dirigen a la comunidad satmar esta pequeña carta simple y emotiva:

Señor:

Somos amigos de Moriah. Íbamos al mismo jardín de infancia que ella, pero un día ella no regresó. La maestra nos explicó lo que pasaba, pero nosotros no comprendimos bien. Nuestro nuevo maestro nos lo volvió a explicar todo. No debe de ser muy divertido perder a tu familia y a todos tus amigos de golpe. Sería formidable si pudiéramos jugar y trabajar otra vez con Moriah. ¿Puede usted hacerla volver? Gracias.

En Saint-Joseph, los alumnos de la clase de Simon escriben una carta similar a Chaim. La dirigen a la cárcel.

Señor:

Su hijo, Simon Edwar, es uno de los 21 niños que ingresaron en el curso preparatorio de la escuela primaria, en la clase del señor Ivo Devesse, el 1.º de septiembre de 1986. Tres meses más tarde, el 11 de diciembre, fue secuestrado junto con sus dos her-

manas en nuestra escuela. No sabemos lo que le ha pasado después a nuestro compañero de clase Simon, ni a sus dos hermanas. Nos hemos enterado por los periódicos, las revistas y la televisión de que viven sin duda en los Estados Unidos, que su madre, Patsy Heymans, y su familia hacen todo lo que pueden para recuperarlos, y que su padre está en prisión en Foret (Bruselas). En nuestra clase hablamos muy seriamente de Simon. ¿Qué habrá sido de él? ¿Cuándo va a volver? Por eso, nos hemos decidido a escribirle a usted, que es su padre, para pedirle expresamente: Querido señor Yarden, devuélvanos a Simon, por favor.

Nosotros seguimos esperando que Simon pronto estará de regreso entre nosotros, y le pedimos, señor Yarden, que quiera ayudarnos a recuperarlo en nombre de todos sus compañeros de clase.

Veinte firmas infantiles acompañan a las del maestro y el director de la escuela.

Walter y yo preparamos los dossiers de prensa, junto con un montón de documentos y fotografías de los niños. Dossiers amarillos para la prensa en francés, verdes para la traducción neerlandesa.

El palacio de justicia de Bruselas es un edificio imponente, rematado por una cúpula que domina una parte del barrio comercial. Un ancho portal se abre a un gigantesto vestíbulo donde los pasos resuenan sobre un suelo de mármol. La sala donde debe comparecer Chaim, prevista para acoger a una cincuentena de personas, está llena a rebosar, quizás al triple de su capacidad. Muchos de nuestros amigos han venido.

El objeto de esta primera audiencia es determinar si el acusado quiere recurrir su condena por secuestro, y, en esta eventualidad, si debe permanecer en prisión hasta el día del proceso. En la época de su condena en rebeldía no había podido realizar su defensa. Como no tiene dinero, la comunidad hasídica le ha proporcionado un defensor.

Todo lo que queremos de momento es que permanezca en prisión. No para castigarlo, sino para conservar un vínculo con los niños. Ahora estamos jurídicamente en la cuerda floja, pues ha cumplido ya seis meses, en los Estados Unidos, de un año de prisión firme. No le quedan más que seis meses por purgar. Si es puesto en libertad, desaparecerá al instante, y no tendremos ya ningún medio de presión.

La fiscal admite que es difícil mantener a Chaim en la cárcel:

—No existe ningún caso jurídico simple cuando se trata de niños. Todos estos asuntos implican un gran sufrimiento humano; por esto, cada caso es considerado con una atención particular. El suyo es interesante desde el punto de vista jurídico, ya que no tiene precedente. El Gobierno belga jamás se ha visto enfrentado directamente con una poderosa comunidad religiosa, que se refugia tras sus propias reglas y se coloca por encima de las leyes, sean belgas o internacionales.

La fiscal, señora De Vroede, se siente naturalmente solidaria. También ella es madre de tres hijos. Chaim penetra en la sala de audiencia escoltado por un agente de policía. Lleva una pequeña bolsa repleta de documentos y de libros religiosos. Lleva también una manzana, por si tiene hambre...

Desde que está en prisión, su religiosidad no ha hecho más que aumentar, la *yarmulka* sobre la cabeza, los *peyots* más largos que nunca. Su piel, generalmente mate, tiene ahora el tinte blancuzco del detenido. La cabeza baja, la espalda encorvada, mira obstinadamente al suelo. A cada pregunta del juez, masculla una respuesta inaudible, con la misma actitud.

—¡Haga el favor de mirarme cuando le hable!

Entonces levanta ligeramente la cabeza, repite su respuesta, y baja inmediatamente los ojos.

Con el pretexto de que no entiende bien el francés, exige la presencia de un intérprete inglés-francés. Es un truco, lo sé, pues aprendió a hablarlo fluidamente, y domina mucho menos el inglés. Pero la ley le concede este derecho, lo que motiva que la audiencia sea aplazada para la semana siguiente. Y la semana siguiente, cada pregunta, cada respuesta, todo comentario, sea cual sea, deben ser traducidos en ambos sentidos, de suerte que pocos son los problemas que quedan resueltos. Pero el mentiroso cae en su propia trampa, pues deja escapar en inglés de repente:

—No, esta palabra no traduce exactamente lo que yo quería decir.

La palabra a que se refiere es francesa; así pues, comprende la lengua. El juez le lanza una mirada furibunda. Unos minutos más tarde, Chaim se queja de que su inglés no es bastante bueno, ¡y exige un intérprete hebreo! El juez comprende perfectamente adónde quiere ir a parar: dar largas, poder ganar tiempo gracias al intérprete y a una lengua que el juez no conoce. Pero tiene derecho, y la sesión es nuevamente aplazada.

Nueva sesión, llega el intérprete hebreo, y el juez reanuda su laborioso interrogatorio. Pregunta en francés, traducción al hebreo, respuesta en hebreo, pero larga, larga, evasiva, complicada, como si Chaim no consiguiera expresar claramente lo que pretende decir. Lo cual obliga al intérprete a hacer una larga traducción. Cuando ha terminado, el juez debe resumir las palabras para información de la audiencia. Este resumen debe ser a continuación traducido para que Chaim pueda aprobarlo. A menudo, se muestra meticuloso con una palabra, luego con otra. El procedimiento se alarga, el estrés me invade, y para calmarme tomo notas sobre el desarrollo del proceso.

Cada vez que me cita en sus declaraciones, Chaim recurre al francés. Yo no soy su mujer, o su ex mujer, o Patsy; soy Madame Patricia Heymans.

Al mirarle, los hombros obstinadamente encorvados, con sus barbas y sus *peyots*, me pregunto cómo llegué a enamorarme de él. No encuentro ninguna explicación. Fue así.

Siempre me ha costado expresar mis sentimientos, y actualmente no llego siquiera a manifestar mi angustia por los niños, por la educación que reciben, por el estilo de vida que se les impone. Si trato de explicarme, las palabras se agolpan en mi cabeza, y no llegan a salir por mis labios. Con dificultad mantengo un discurso coherente. Necesito ayuda, lo sé. En el momento del secuestro consulté a un psiquiatra, pero la experiencia se reveló negativa, y me repugna hacer otro intento.

Es preciso que hable, que me exprese. Lo querría, lo necesito, pero no lo consigo. Finalmente, por recomendación de un amigo, pido hora a un terapeuta. Conociendo mi facilidad para batirme en retirada, pago por anticipado las cinco primeras sesiones. Es una mujer. Comienza anunciándome que conoce a mi familia, lo cual me incomoda extremadamente. Luego se calla. Silencio. Yo espero que ella me haga una pregunta, ella espera que sea yo quien hable. Nos miramos. Es ridículo. Tengo necesidad de que alguien me ayuda a hablar, a salir de mi concha, a hacer aflorar mis sentimientos, a sacarlos a la luz. Esta mujer lo mismo podría marcharse de la habitación y poner un magnetófono delante de mí; sería más o menos lo mismo. Ya que no lo consigo sola, ella debería hacer un esfuerzo. Puesto que soy yo la que se halla bloqueada, a ella corresponde encontrar una brecha.

La segunda entrevista es también penosa. Yo murmuro algunas frases a propósito de los niños, esperando que se decida a hablar. Pero ella permanece silenciosa. Esta experiencia es un fracaso total. Nadie me obligará a volver a instalarme ante un muro de silencio. Conozco el silencio de memoria, es mi refugio y mi veneno. Si un terapeuta no es capaz de comprender eso, que se vaya al diablo.

Felicidad. Espero un niño de Walter. Y el valor retorna. Al igual que la esperanza. Mi determinación de reunir a mi familia es aún mayor. Marina, Simon, Moriah, estéis donde estéis, os encontraré, un cuarto hermano os espera en casa.

El juez está tan frustrado que ha decidido adoptar una nueva táctica. Reunirnos, a Chaim y a mí, para un careo en presencia de un agente de policía, a fin de que arreglemos el litigio nosotros mismos.

En ello estamos. Frente a frente. Yo no trato de experimentar nada. No me preocupa más que una cosa, apoderarme de la más pequeña migaja de información sobre los niños. Con voz tranquila, él es el primero en hablar.

—Tengo algo que proponerte —me dice en hebreo—, pero debes prometerme que no hablarás a nadie de ello.

Mi corazón da un salto. Por un segundo, tengo la loca esperanza de que me va a hablar de ellos.

—Te lo prometo.

—No sé dónde están los niños, pero si aceptas volver a vivir conmigo, casarte conmigo, entonces los buscaremos juntos, y algún día los encontraremos.

¡Habla en serio! Naturalmente, ante la ley belga estamos aún casados, ¡pero yo sé que él habla de una ceremonia hasídica!

—No soy judía. ¿Cómo puedes tú, un judío religioso, pedirle esto a una cristiana?

—Eso se puede arreglar.

—¿Qué hay de Iris?

—Eso se puede arreglar.

Me doy cuenta en un instante que acaba de admitir lo que negaba segundos antes. ¡ÉL SABE por dónde comenzar la búsqueda!

—¿Eso es todo lo que tienes que decirme?

En general, mantengo mis promesas, pero no es cuestión ahora de mantener ésta. La fiscal, señora De Vroede, y nuestro abogado, el profesor Buisschaert, son puestos inmediatamente al corriente. Ellos informan al juez, ya que esta proposición demuestra una vez más que Chaim es cómplice de los secuestradores. El incidente es, pues, discutido en la siguiente sesión. Y Chaim se toma la cosa con una arrogancia reveladora de su incapacidad por asumir la responsabilidad de sus actos. Está furioso contra mí:

—¿Cómo pueden creerla, cuando, después de haberme prometido no decir nada, a mí, su marido, ha ido directamente a repetírselo a ustedes?

El juez rechaza este argumento engañoso.

—¡Llévenlo otra vez a su celda!

Una mujer policía se adelanta con un par de esposas, y él se aparta de ella con desprecio. Ser tocado por una mujer, ¡qué humillación! La cólera brilla en la mirada de la mujer policía, que le ordena secamente obedecer. Avergonzado, baja la cabeza, y tiende las muñecas.

Walter me pregunta:

—¿Volverías con él después de todo lo que te ha hecho, si eso te permitiere recuperar a los niños?

—Desde luego que sí. Sólo si estuviera segura al ciento por ciento. Por lo demás, eso no significaría nada para mí. Tú me esperarías.

He respondido con la mayor sinceridad, y el silencio de Walter me incomoda terriblemente. Llevo en mí a su hijo. ¿Qué le estoy haciendo sufrir?

Los abogados de Chaim multiplican los incidentes de procedimiento, para obligar al tribunal a aplazar la audiencia de semana en semana. Todo eso no hace más que aumentar los honorarios, lo cual no le preocupa a Chaim... El dinero de la defensa viene de los bolsillos de la comunidad hasídica de Amberes. Chaim y sus abogados recurren cada decisión. Casi cada miércoles, asistimos a una nueva audiencia. Algunas duran desde la una hasta las ocho de la tarde. Una noche, salimos tan tarde que la puerta del palacio de justicia está ya cerrada.

Chaim manifiesta con regularidad que su extradición es ilegal. El juez tiene que sermonearle. Llega un momento en que nosotros no sabemos, y nuestros abogados tampoco, lo que va a pasar en la audiencia siguiente... Yo ya estoy harta. Se delibera interminablemente sobre los derechos de Chaim, se olvida el verdadero motivo de este proceso: mis hijos. Tengo ganas a veces de levantarme y gritar:

—¿Y los derechos de Marina? ¿Y de Simon? ¿Y de Moriah?

Cuando, finalmente, el tribunal aborda este punto esencial, ¡Chaim afirma que no secuestró a los niños! Acusa simplemente a mi padre de haberlo hecho, ¡para achacar la responsabilidad de ello sobre su yerno, al que odia! A pesar de la estupidez de esta afirmación, a nosotros nos corresponde aportar las pruebas materiales que le acusan. Las fotografías tomadas en Amsterdam y en Washington, la invitación de boda enviada a Chaim y a los niños por el rabino Tauberg, la carta en la que Tauberg pide para

Chaim la ayuda de la comunidad hasídica a fin de sustraer a los niños a una madre indigna y cristiana.

A eso, Chaim responde:

—¡Es una carta robada! Y si ha sido robada, ¿cómo se puede saber si es verdadera o falsa?

El juez le hace notar que tiene la prueba de que esta carta es realmente del rabino Tauberg. Entonces Chaim rechaza las fotos:

—No soy yo el que aparece fotografiado ahí. ¡Esta foto está trucada!

—¿Fue usted o no a Washington?

—Una sola vez, por muy poco tiempo. Me autorizaron a ver allí a los niños.

Pero era en primavera, dice. Cuando, evidentemente, la foto está tomada en otoño, y se puede leer la fecha en el dorso; octubre de 1988. El juez pregunta:

—¿Acaso los árboles están rojos en primavera en Washington?

—¡Bueno, en los Estados Unidos las estaciones son diferentes!

Entonces, en la sesión siguiente, aporto la prueba, proporcionada por la embajada de los Estados Unidos, de que las estaciones en Washington D.C. siguen exactamente el mismo ciclo que en Bélgica. Las hojas se vuelven rojizas en otoño, y no en primavera. Tengo también documentos meteorológicos... El juez pregunta:

—¿Quién tomó esta foto?

Hay que aguardar la traducción de la pregunta del francés al hebreo, y luego la de la respuesta del hebreo al francés:

—Bueno, no lo sé. Monsieur Jacques Heymans tiene dinero, quizás debería usted preguntarle cómo ha conseguido tomar esta foto.

Y Chaim se vuelve hacia los asistentes; parece encantado de su broma. Es repugnante. Ningún argumento sólido, ningún respeto hacia sí mismo ni hacia los demás, la mentira por toda lógica. El juez está manifiestamente convencido de su culpabilidad, pero suspende la sesión una vez más hasta la semana siguiente. A veces me vienen ideas de venganza... Ir a contar a los demás prisioneros lo que ha hecho como ejemplo. En la prisión, los culpables de secuestro de niños son mal vistos... Una buena lección no le iría mal.

Después de no sé cuántas sesiones, Chaim acaba por modificar su discurso respecto de la foto.

—Bajaba por calle Cincuenta y seis en Manhattan, cuando un hombre al que no había visto nunca, un desconocido, me paró en la acera. Me dijo que se llamaba David, y que si quería volver a ver a mis hijos, debía dirigirme hasta la Casa Blanca a una hora determinada. Fui a la cita, el desconocido estaba allí con los niños. Hablé un poco con ellos, y pude comprobar que estaban bien. Tomamos un refresco juntos, y tenían aspecto feliz. Luego me marché.

—¿No les preguntó usted dónde vivían? ¿A qué escuela iban? ¿Ni si tenían deseos de quedarse con usted?

—Estaban bien, eso era suficiente.

—¿Es usted su padre? ¿Y confía en un desconocido? ¿En este David?

—Sí, sabe más que yo.

Esta historia ridícula ha irritado al juez, y las elucubraciones de Chaim superan de tal manera los límites que uno de sus abogados le confía al nuestro:

—¡No puedo ya sostener la posición del señor Yarden!

Es bueno saberlo. Una parte de la comunidad judía se distancia de él. Eso es lo que da a entender esta confesión. Una puerta entreabierta... Pero entrar en contacto con el mundo hasídico no es cosa fácil... Lo único que puedo hacer es acosarlos, sin descanso. Los jefes satmar deben comprender que no los dejaré jamás en paz.

Existe en Bruselas una oficina del consistorio judío de Bélgica, cuyo jefe oficial es el rabino Guigui. Le pido por escrito una carta que atestigüe que la comunidad judía desaprueba la conducta de Chaim, y pida a todos los judíos que cooperen conmigo en las investigaciones. El rabino sabe que Chaim es un satmar actualmente.

—Es un grupo hasídico; no tengo ninguna influencia sobre él.

—¡Pero usted representa a la comunidad judía en Bélgica! Eso me será de ayuda.

Telefonearé varias veces antes de lograr una carta que desaprueba con precaución la conducta de Chaim Yarden. No es eso lo que ayudará a recuperar a los niños, pero al menos no me reprocharán llevar a cabo una *vendetta* antijudía.

Pues son muchas las personas que me acusan de hacer de este asunto el proceso de la religión. Y yo sólo tengo una respuesta que darles.

—Lo siento, no soy yo quien ha transformado este asunto en causa religiosa. En lo que a mí concierne, Chaim podría ser cristiano, musulmán o ateo, sería exactamente igual. Me ha robado a mis hijos.

Conozco a judíos religiosos, y a judíos no religiosos, gente a la que respeto y en la que confío. Mi combate no apunta más que a Chaim y a sus aliados irresponsables.

Los abogados de Chaim han suscitado incluso esta cuestión ante el tribunal, ¡acusándome de instruir el proceso de todos los judíos! Chaim es el único acusado. Sólo Chaim se sitúa al margen de la ley. Si una secta lo apoya, se pone entonces igualmente por encima de la ley. Yo no soy antijudía, ni antinada, ¡no soy más que una madre!

El rey Balduino I, para celebrar sus cuarenta años de reinado, concede una amnistía general, que reducirá en seis meses las penas de la mayor parte de los presos belgas... Este anuncio nos sumerge en el pánico. Por suerte, la fiscal tiene bazas legales. Chaim siempre ha impugnado la validez de su condena en rebeldía. Hace seis meses que resiste sobre este principio; no le afecta pues la amnistía. Con todo, sus abogados manifiestan gran alegría ante esta noticia.

—¡Mañana, en el tribunal, daremos un verdadero golpe de teatro!

Los nuestros, por consejo del fiscal, preparan apresuradamente una nueva querella, basada en una interpretación diferente de la ley, y se aseguran la cooperación de los servicios de seguridad en los aeropuertos y estaciones. Si Chaim consigue la libertad, debemos tratar de arrestarlo antes de que abandone el territorio. Me pongo enferma por anticipado.

El 21 de enero de 1990, el día de mi cumpleaños, el nuevo abogado de Chaim anuncia al empezar la audiencia:

—¡Mi cliente renuncia a discutir la validez de su condena en rebeldía a un año de prisión firme!

Todo el mundo queda sorprendido. El golpe de teatro era, así pues, éste. Dejar de impugnar, para poder beneficiarse de la amnistía. Teniendo en cuenta que ha cumplido más de la mitad de su condena, Chaim puede ser puesto en libertad inmediatamente. El juez le pregunta al detenido si se da cuenta de que, al retirar su oposición, reconoce implícitamente ser culpable de secuestro.

—No. No admito haber secuestrado a los niños. Pero retiro mi impugnación, para ser puesto en libertad.

¡Un gran día para los periodistas! Es la primera vez que un acusado se declara culpable en cierto modo, al mismo tiempo que afirma su inocencia. Pero la fiscal, señora De Vroede, dispone de otro conejo en su chistera. Un concepto jurídico que jamás ha sido aplicado en Bélgica a este tipo de asunto, pero que ella tiene la intención de utilizar. Chaim le acaba de permitir hacerlo, al aceptar hoy su condena en rebeldía, lo cual no había hecho hasta entonces.

—Cuando Chaim Yarden fue extraditado a Bruselas, el catorce de agosto de mil novecientos ochenta y nueve, se negó a proporcionar información a las autoridades sobre los niños desaparecidos. Mediante este rechazo, ha agravado el crimen por el cual había sido condenado en rebeldía, cometiendo un «delito continuado de carácter repetitivo». Pido, pues, una condena en firme para este delito agravado, con efecto retroactivo. Día tras día, este hombre ha obstaculizado la acción de la justicia.

Por supuesto, la defensa responde que la acusación es frágil, que no se puede condenar al detenido por su silencio. Que la acusación no se basa en lo que ha hecho o dicho, sino en lo que *no ha dicho*.

Y, naturalmente, nuestro abogado ha reconocido sin ambages que Chaim tiene derecho al silencio, como todos los detenidos, pero que su negativa a responder a preguntas precisas sobre los niños desaparecidos ha obstaculizado las investigaciones de la policía judicial. Según una estricta interpretación de la ley, hay, pues, obstrucción. Los derechos de los niños, los de la madre y los del Estado deben ser sopesados con los derechos del detenido.

La fiscal y nuestros abogados saben lo que está en juego en este proceso. Si el juez les hace caso, será la primera vez, en Bélgica, que un tribunal habrá tomado una decisión de este género. El silencio de un detenido puede en ciertas circunstancias incriminarle…

—¡Culpable de delito continuado!

La fiscal, señora De Vroede, ha ganado. Es un precedente en la historia de la jurisprudencia belga. Con la cabeza baja, la nariz hundida en la barba, el procesado retorna a la prisión.

Día tras día…

37

VISITA DE MESA

Hay dos maneras de visitar a un preso. Una es impersonal; se está separado por un cristal, y la comunicación se realiza mediante dos teléfonos. La otra es la llamada la «visita de mesa» en la jerga penitenciaria. Yo hubiera preferido un cristal entre nosotros, estar al abrigo de su cuerpo, de su mirada directa, de su aliento, de su piel. Para poder colgar el teléfono cuando quisiera, si me exasperaba. Pero, cuando, con la muerte en el alma, pedí verlo, Chaim reclamó la «visita de mesa» con insistencia, es decir el cara a cara, cada uno de nosotros a una y otra parte de una mesa, a un metro de distancia.

Durante sesenta minutos, ni más ni menos, me dispongo a sufrir esta violencia, a *hablarle*, ya que él es la única pista que puede llevarme a los niños.

La prisión de Saint-Gilles fue concebida para albergar a trescientos presos, pero acoge realmente al doble. Los locales no pueden recibir más que veinticinco visitantes a la vez. El primero en llegar es el primero en entrar. Me he presentado, pues, a las siete de la mañana, pero he tenido que esperar más de una hora en el exterior antes de ser autorizada a franquear la puerta. Luego ha habido el ritual del registro y la entrega de mi tarjeta de identidad. Para disimular mi embarazo a Chaim, y evitar comentarios desagradables por su parte, he decidido llevar un vestido amplio. Las veinticinco mesas, rodeada cada una de ellas por dos o tres sillas, son rápidamente ocupadas, y, en medio del estrépito, algunos presos y guardianes me lanzan frases de aliento al pasar.

—¡Es formidable lo que usted hace!

—¡Continúe!

Esta gente me ha visto en la televisión. Me siento completamente perdida y violenta a la llegada de Chaim, el único preso hasídico. Tiene derecho a conservar algunos accesorios de su atavío tradicional. Atraviesa la sala sonriendo con desenvoltura, seguro de sí mismo, saludando a los demás presos, completamente diferente del aspecto hipócrita, apagado y humilde que mostraba ante el tribunal.

Su cráneo afeitado, enmarcado por los *peyots*, está desplazado en este lugar. Apenas sentado, la cabeza inclinada hacia un lado, relajado como en un salón, Chaim inicia una charla como si yo fuera una vieja amiga a la que no hubiera visto desde hace mucho tiempo. Cómo está la familia, cómo me ha ido, en qué trabajo... Me siento espantosamente nerviosa. No tengo ningunas ganas de seguirle en este terreno. Sabe perfectamente por qué estoy allí, pero aborda todos los temas posibles, salvo el de los niños. Charla, charla, y al mirarle me doy cuenta de repente de que me es completamente indiferente. Casi me asombro por ello. No solamente no le amo, sino que no siento ya más emoción ante él que ante un insecto. Ni siquiera odio. Observo el insecto. Como lo haría un entomólogo, con una especie de curiosidad despreocupada. Se anda por las ramas, inventa historias, niega la realidad, se relame con falsas certezas:

—¡Jamás te pegué! O, en todo caso, no fue más que una bofetada...

—¿Dónde están los niños, Chaim?

No escucha, y en varias ocasiones, después de la pregunta, cambia de tema. Yo intento otra táctica.

—Te acuerdas de cuando Marina era pequeña...

Eso tampoco funciona. No es un padre el que tengo delante de mí... No sé, es un individuo sin consistencia. Al cabo de un rato de este juego estúpido, me siento vagamente mareada. Mi embarazo, sin duda, y también el esfuerzo por conservar la calma.

—¿Dónde están los niños, Chaim?

Esta vez el tono suave y zalamero se vuelve cortante. Él apunta contra mí un dedo acusador:

—¡Ha sido tu padre el que te ha obligado a hacer todo esto! ¡Yo no secuestré a los niños! ¡Pregúntale a tu padre lo que ha hecho de ellos! ¡Pregúntaselo! ¡Jacques Heymans secuestró a los niños para poder acusarme del crimen y hacerme meter entre rejas!

Mi cabeza da vueltas. Continúa colmándome de reproches. Retorciendo la verdad en todos los sentidos. Es mi imaginación la que lo ha hecho todo, jamás recibí golpes, jamás me castigó, no soy más que una chiquilla irresponsable, con un padre todopoderoso. Acabo casi por preguntarle si la realidad era tan dura como en mi recuerdo. Siento deseos de vomitar. Necesitaré tres días para recuperarme de esta «visita de mesa».

Segunda visita, algún tiempo más tarde. El mismo discurso tortuoso y exasperante durante sesenta minutos. Tiene un interés particular en contarme el trato de favor que ha obtenido. Una celda para él solo, recién pintada, con un mobiliario nuevo, en tanto que los demás se amontonan tres o cuatro, hasta cinco, por celda. No necesita trabajar, le lavan la ropa, tiene derecho a conservar la luz encendida después del toque de queda. Se ha hecho amigo del asistente social de las prisiones, que le permite telefonear cuando quiere desde su despacho. Tiene todos los libros religiosos, le proporcionan comida *kasher*...

Un periodista me ha informado de que un restaurante *kasher* de Amberes le servía incluso cada semana un suplemento de comida, pagado por la comunidad satmar de la ciudad. Recibe además una suma importante para ir a la cantina, o para sobornar a los empleados de la prisión a fin de obtener privilegios. La fiscal me ha dicho también que exasperaba mucho a los guardianes invocando su religión con cualquier motivo para beneficiarse de ciertas ventajas. Un colchón más grueso, porque está escrito que debe dormir sobre ese tipo de colchón... el derecho a limpiar su aseo el viernes y no el sábado, como los demás detenidos, puesto que es el día del *sabbat*... Su chantaje funciona: los guardianes le hacen caso, por descontentos que estén, por miedo de que les acuse de tener prejuicios contra el judaísmo.

Es el tipo de vida que ama en el fondo. Una comunidad que provee a sus deseos, como una madre. No tiene necesidad de trabajar, duerme hasta el mediodía... Puede tener caprichos hasta el infinito.

—La vida es dura aquí. A las diez de la mañana empiezo a convencerme de que será preciso levantarme, y no lo consigo antes de la una de la tarde.

Tercera visita, pide noticias de mi padre, para encadenar inmediatamente su cantinela:

—Fue él quien te obligó a dejarme, ¡no puedo creer que lo decidieras tú!

—¿Por qué?

—¡Porque me amas, es evidente!

Cuarta visita, sesenta minutos del mismo discurso. Le gusta que le vaya a ver, pues eso le permite jugar a su juego favorito: el gato y el ratón.

—¿Dónde están los niños, Chaim?

—¡Pregunta a tu padre! ¡Él lo sabe todo! ¡Es rico y tiene relaciones!

Quinta visita, quiere que admita que le sigo amando, que éramos felices en Israel, que yo jamás supe apreciar la dicha de tener un marido como él…

A la sexta visita llega con retraso. Al cabo de veinticinco minutos, que yo paso mirando nerviosamente mi reloj, llega finalmente, pretencioso e indolente:

—No conseguía salir de la cama, el guardián ha tenido que esperarme…

—Quiero saber cómo están los niños, tengo necesidad de noticias…

—¡Los he confiado a personas que cuidan de ellos!

Es la primera vez que se digna soltar una respuesta directa.

—¿Quién es esa gente? ¿Dónde viven?

—No sé dónde están, y no quiero saberlo. No están contigo, y eso es lo esencial.

Esta vez es suficiente. No puedo soportarlo más. Está allí sólo cinco minutos, pero son cinco minutos de más, inútiles. Me levanto y convenzo al guardián de que me acompañe antes de la hora. Lo dejo plantado, con su rictus irónico, su visión mediocre de las cosas, segura de que jamás conseguiré nada de él, nada más que esta maligna cobardía: «No están contigo, eso es lo esencial.»

Es la sexta y última visita que le hago.

Mi vientre se redondea, y algunas personas bienintencionadas observan a veces: «¡Está bien! ¡Al menos ha decidido usted olvidar el pasado!» «Pasa la página, ¡mucho mejor para usted!» «Sus hijos han debido acostumbrarse a su nueva vida, ahora»…

Si espero un niño es porque hemos decidido juntos, Walter y yo, que era vital para nuestra relación hacer proyectos. Sin olvidar el pasado. No paso la página. No la pasaré nunca. ¿Comprenden ellos lo que digo? ¿Lo que hago? Uno las dos cosas, pasado y futuro, para continuar mi camino y reunir a mi familia.

La investigación continúa, aparecen artículos, recibimos llamadas de chiflados, o cartas insultantes…

Están los palestinos, que proponen a nuestro abogado traer a los niños por la fuerza.

—¿Vivos?

—No lo podemos prometer.

Está esta información: La «Duquesa» arregló el matrimonio de Chaim cuando supuestamente trabajaba para nosotros…

Está la falsa alarma del extraño corresponsal anónimo, C.I.D.

—¡He encontrado a los niños!

Stanco ha pegado un salto ante la información, yo he tomado el avión, y molestado al fiscal americano. La policía ha enviado a hombres a vigilar el inmueble indicado de Williamsburg. Al no dar resultado la vigilancia, hemos conseguido penetrar en el apartamento sospechoso, con el pretexto de hacer una encuesta. Dos niñas desconocidas me han mirado tranquilamente. Trágicamente desconocidas para mí.

Está también el arresto de Shaulson, el periodista amante del chantaje. Cuando había conseguido sacar dinero al secretario del gran rabino Teitelbaum para no escribir más artículos sobre los satmar en su periódico, le pillaron en flagrante delito. Al enterarme de que ha sido liberado bajo fianza, pienso que debe de tener necesidad de dinero y que podría ayudarme más eficazmente.

—Veinte mil dólares pagados por anticipado…

—¿Y si no encuentra más que a un niño? Le ofrezco siete mil dólares por niño, depositados en una cuenta, lo cual daría veintiún mil dólares en total. ¿Qué sabe usted?

—La gente que está cuidando de sus hijos tiene problemas. La mayor no acepta bien verse privada de su madre. Necesito tres mil dólares por anticipado, para algunas personas que tienen información…

—De acuerdo, si los sustraemos de los veintiún mil dólares…

Finalmente, Shaulson se muda sin dejar dirección.

El tiempo pasa, falsas esperanzas en pistas que terminan en nada, y mi cuarto hijo debe nacer en principio el lunes 18 de junio de 1990. Ya no viajo más. Siento que será una niña, aunque me niego a recibir la confirmación de ello. Discutimos la elección del nombre, y nos ponemos de acuerdo en Noélie. En cuanto al apellido, desgraciadamente no tengo elección. Será Edwar, pues aún no estoy divorciada de Chaim.

El jueves 21 de junio espero la llegada de mi cuarto hijo, clavada en casa, cuando suena el teléfono.

Una voz con fuerte acento *yiddish*:

—Poseo información sobre sus hijos…

Tras muchas vacilaciones, acaba por soltar:

—Su hijo Joseph debe sufrir una operación a corazón abierto el nueve de julio.

—¡Pero si Simon no ha tenido nunca problemas cardíacos!

—No puedo decirle más por teléfono. Podemos encontrarnos el lunes próximo. Pero si se pone usted en contacto con la policía, tendrá problemas. Tengo lazos con el Mossad… Tengo también un arma y sé utilizarla.

Intento convencerme de que se trata de una broma de mal gusto, pero la voz del hombre es amenazadora, siniestra.

—Está usted bajo vigilancia, sé dónde vive, sé todo lo que usted hace.

—De acuerdo, de acuerdo... ¿dónde?

—La volveré a llamar el lunes a las catorce horas.

Consternada, me precipito a casa de la vecina para llamar, por si mi teléfono estuviera pinchado. Prevengo al agente de policía encargado de nuestro caso. Tanto si la amenaza es real, como si no, él la toma en consideración. La policía va a preparar mi línea de manera que pueda localizar la próxima llamada del desconocido.

La angustia me atenaza. Estoy segura de que Simon jamás ha tenido problemas cardíacos, pero no puedo evitar preguntarme: ¿Y si fuera verdad? Desde 1986 han podido pasar tantas cosas que yo ignoro...

Y yo estoy a punto de dar a luz. Desde hace tres día ya. Por teléfono, la tocóloga se niega a provocar el parto hoy para que pueda acudir a mi cita el lunes.

—No hay ninguna razón médica para hacerlo. Pero le prometo una cosa, ¡aunque sea en ambulancia, acudirá a su cita! A menos que dé usted a luz exactamente en aquel momento, claro.

Domingo, 9 de la mañana. Primeros síntomas ligeros. Esta vez, ya está. Es mi cuarto hijo, mi quinto embarazo, puedo calcular con exactitud que daré a luz a última hora de la tarde, o por la noche... Debemos pasar este día de domingo en el campo, en Nassogne, con la familia, alrededor de un *mechui* previsto desde hace mucho tiempo, y no quiero renunciar a ello.[1] Tengo tiempo por delante, y necesidad de liberar el estrés. No digo nada a nadie. Pero, a fuerza de preguntar la hora cada quince minutos, despierto en Walter algunas sospechas.

A media tarde, el trabajo ha empezado, pero aún tengo tiempo. Partimos de Nassogne hacia las cinco. Walter circula a velocidad constante para poder cronometrar la frecuencia de las contracciones. No tenemos reloj ni uno ni otro. A nuestra llegada, la frecuencia es de cinco minutos. En los intervalos, aún quiero tomarme tiempo. Un pequeño trabajo de costura en una cortina. Espaguetis para Walter, que tiene hambre. Yo necesito ocuparme en otra cosa. Quiero estar tranquila, dominar la situación, nada

1. *Mechui:* cordero asado entero al estilo árabe. *(N. del t.)*

de enloquecer. Rompo aguas al poner el plato de espaguetis sobre la mesa.

—¿Vamos ya?

—Espera un poco.

Deslizo la foto de los niños en mi bolso, esa foto que no abandono nunca. Quiero que compartan este nacimiento con nosotros. Ahora ya es el momento de partir, de subir al coche, de llegar a la clínica. Al llegar a la sala de partos es cuando me doy cuenta finalmente de mi nerviosismo. El estrés de los últimos días no me ha dejado, y tengo aspecto de ello. Me dan una inyección para relajarme.

Para Walter es la primera vez, pero para mí es casi una rutina.

—Walter, por favor, ve a sentarte en alguna parte en una silla, y no vengas a fastidiarme con preguntas del tipo de «¿duele?». Evidentemente que duele.

Walter hace lo que le digo, y habla poco. La enfermera no es tan complaciente. Su parloteo constante, su solicitud me irritan en grado máximo. Y de pronto, tras una contracción espantosamente dolorosa, el bebé nace en pocos minutos. La cabeza ha aparecido ya cuando yo estoy aún en la camilla, y Walter, pálido, camina a mi lado. Noélie es toda rubia, su piel es clara, como la mía cuando nací. Walter la lleva a la *nursery*. Una hermosa niña, robusta y rebosante de salud.

A la mañana siguiente, lunes, su papá, agotado y con aire de desgracia, viene a sentarse a mi lado.

—¿Qué es lo que no marcha, Walter?

Lo sé. Lo sospecho. Habla lentamente, midiendo las palabras.

—Tenemos tantos problemas en este momento que este nacimiento se ve reducido a un acontecimiento trivial, como en las granjas cuando una vaca alumbra a un becerro, o una oveja a un cordero... Esto debería ser mágico para mí, pero pasan tantas cosas al mismo tiempo...

Está triste, y tiene razón. Todo se ha acumulado... ¡Incluso ha perdido su trabajo! En medio de todas estas dificultades, me he blindado una vez más contra un sentimiento de angustia. Es quizás por eso que he actuado tan calmosamente cuando Noélie me retorcía el vientre para venir al mundo.

Y está la cita.

En lugar de dejar que se exprese la alegría inmensa que deberíamos sentir ante este bebé chispeante de vida, llamo a la policía a las siete de la mañana para decirles dónde me encuentro.

Luego Walter me lleva a casa. Dos agentes instalan el aparato de grabación.

—Esfuércese por hablar el mayor tiempo posible... Manténgale en la línea, para que podemos localizar la llamada.

Unos minutos después, con una hora de anticipación sobre la hora prevista, suena el teléfono. Mi mano tiembla al descolgar, reconozco la voz con fuerte acento *yiddish*. El hombre habla más claramente esta vez.

—Cita a las cuatro de esta tarde en el pequeño café de la calle Vanderkindere.

Los policías se desplazan lo más silenciosamente posible por la habitación, pero a mí me cuesta hablar normalmente y hacer como si estuviera sola.

—¿Qué café dice usted? No he entendido la dirección.

Mi pregunta le alarma inmediatamente, habla deprisa, y reitera sus amenazas, lo cual convence enseguida a los policías de que estoy realmente en peligro. Después de dos minutos apenas, cuelga. La llamada procede de una cabina telefónica del metro. Algunos hombres se precipitan al lugar, pero el desconocido ha desaparecido.

Walter me lleva otra vez al hospital, para que pueda dar el pecho a Noélie y descansar un poco esperando la cita. Durante este tiempo, media docena de policías de paisano vigilan el café.

Me caigo de sueño, me siento débil, me gustaría tanto descansar en la cama y dormir con mi bebé apretado contra mí... Pero llega la hora de partir. Le he pedido a mi cuñada que cuide de Noélie durante mi ausencia, pues temo por su seguridad. Ella ha aceptado amablemente. Hay que levantarse, caminar, subir al coche, ir hasta el sur de Bruselas, calle Vanderkindere. Walter estaciona el coche en la esquina de la calle, y yo consigo salir penosamente del asiento. La tarde es soleada, hace demasiado calor. Mientras camino lentamente hacia el café, observo a los transeúntes. Entre ellos, ¿cuáles son de la policía? ¿Cuál es mi interlocutor anónimo?

Cuando penetro en el café, me toman discretamente una foto. Un día se la mostraré quizás a Noélie... Me siento sola a una pequeña mesa del rincón, aterrorizada, nerviosa, debilitada, sin aliento a causa del esfuerzo. Estudio la sala ante un chocolate caliente. Hay varios clientes, y entre ellos, seguramente, policías. Un hombre está sentado solo en un rincón cerca de la ventana, y lee un periódico mientras toma café. De repente baja su periódico. Su mirada se clava en la mía, parece tenso. Yo aparto inmediatamente los ojos y miro por la ventana. Imposible saber.

Transcurre una hora, con una lentitud mortal. Entra y sale

gente, dos clientes que bromean con el dueño del café desde que estoy allí. Está también el hombre solitario con su periódico. Me duele la espalda, hace aquí un calor insoportable, y sudo como si estuviera en una sauna.

El solitario dobla su periódico, lo deja sobre la mesa, y pide un segundo café. Vuelve a coger el periódico. Mira varias veces en mi dirección, y distingo una inquietud en su mirada. ¿Por qué me mira? Si es mi hombre, ¿por qué no viene a hablarme? Pido un segundo chocolate, y transcurre una hora más. Pagaría lo que fuera para poder echarme, las piernas al fresco. Estoy harta de esperar. Harta... Por nada.

Luego el teléfono suena, y uno de los dos hombrese que charlan con el dueño es avisado. Habla unos segundos, cuelga, y se dirige hacia mí, con un desanimado encogimiento de hombros.

—Vamos...

Vuelvo a pensar en el hombre del periódico, que ha permanecido en silencio. Uno de los inspectores admite que se trataba quizás del autor de las llamadas telefónicas, pero es demasiado tarde para actuar de todos modos. Si era él y no ha hablado, es quizás que ha visto a Walter en la calle. ¡Hubiera debido venir en taxi! ¡Lo siento!

¿Pero por qué estas falsas alarmas, estas falsas citas, estas amenazas? ¿Por qué? El hombre no volverá a llamar nunca.

Dos días más tarde, nos sentimos finalmente lo bastante relajados para maravillarnos ante Noélie. Pero yo sigo bajo vigilancia durante una semana en el hospital, con un agente de policía ante la puerta. Nadie puede visitarme sin demostrar su identidad. Las medidas de seguridad son tan estrictas que ni siquiera mis padres han escapado al control y han tenido dificultades para entrar a vernos a mí y a la niña. Tengo la impresión de estar en la prisión con mi bebé.

Esta historia de operación a corazón abierto ha tenido ocupado a Jim Stanco durante semanas. Ha hecho verificaciones en todos los hospitales de Nueva York y sus alrededores, y no ha hallado rastro de ninguna operación a corazón abierto en un niño de la edad de Simon. ¿Se trata de otra operación? ¿En un lugar que no es un hospital? Sin descartar totalmente esta posibilidad, no llego a creer en ello; es demasiado fuerte, demasiado inaudito. Pero mi hijo... Tengo miedo de que esté realmente enfermo en alguna parte de este peligroso mundo. Tengo mucho miedo.

El tiempo pasa, y cuanto más pasa, más temo que sean los niños los que olviden. Me olviden.

Vuelvo a aprender también lo que ya saben todas las madres. La capacidad de amar no deja de crecer. Se hace un lugar para el hijo siguiente sin disminuir el de los otros. Marina, Simon y Moriah; los echo de menos más que nunca. La casa de la Rue Verte n.º 9 resuena con su silencio, alrededor de la cuna de Noélie.

En la habitación de las niñas he reemplazado las camas gemelas por literas superpuestas, para instalar en ella la cuna de Noélie. La habitación de las niñas. La habitación de Simon... El mundo en el que ahora viven les inculca que todo contacto con los no judíos es perjudicial para ellos. Les habrán enseñado también a odiarme. Quizás no me perdonarán jamás haberles abandonado. En su lógica, mi ausencia es un abandono.

Me sumerjo en ideas sombrías. No me creerán tal vez, cuando les cuente lo que pasó, los años transcurridos buscándolos, desesperadamente. Los años...

38

EL RELATO DE SARAH

Me he puesto a reflexionar en algunas cosas. Sé que nací en Bélgica, sé que la señora y el señor Jacobovitch no son mis verdaderos padres. No tengo derecho a hablar de ello, pero tengo unas imágenes en mi cabeza. La imagen de una casa donde vivía antes. Sé que estaba en el campo, rodeada de montañas, y que había allí muchos cazadores. Era un lugar muy bonito con un gran jardín.

Sé que tengo una mamá en alguna parte. Por fuerza; no he caído del cielo. Pero no debo decirlo. Trato de acordarme de mi madre. Lo intento con mucha fuerza, pero no consigo ver su cara. No veo más que una cosa, unos cabellos largos.

39

MANIPULACIÓN

Cada semana encontramos el medio de interesar a algún periodista en nuestra historia. En los Estados Unidos, en Inglaterra y en Bélgica, repito hasta el infinito, con la misma fuerza y la misma convicción, las razones de mi lucha. Que la prensa explote el aspecto dramático de la situación, que publique titulares de este género: «El combate de una madre para arrancar a sus hijos de una secta poderosa», o cualquier otro igualmente espectacular, y la presión se ejercerá cada vez sobre los satmar. La prensa, la televisión, son armas que esta gente detesta, pero que pueden obligarles a salir de la sombra. Yo procuro siempre explicar claramente mi posición a los periodistas:

—Me peleo, no porque mis hijos sean criados por judíos, sino porque se niegan a devolvérmelos, aunque su padre está en prisión. Creo que esta gente tiene el derecho de vivir como estimen, y respeto sus creencias, pero yo no soy judía. Mi matrimonio con el padre de mis hijos es un matrimonio civil. Desde el punto de vista de la religión judía, no es válido, puesto que no hemos pasado delante de un rabino. En opinión de algunos, incluso, Chaim no debería considerar a nuestros hijos como los suyos puesto que no son judíos. La comunidad satmar creyó a Chaim, al principio, cuando declaró que yo me había convertido. Nadie se tomó la molestia de verificar sus afirmaciones. Debió de mostrarles una sentencia que le concedía la custodia de los niños en Israel, sin precisar que esta sentencia ha sido revisada. Le creyeron también sin duda cuando pretendió que yo estaba loca, que maltrataba a los niños. Pero ahora pienso que los jefes satmar han comprendido que había mentido. Que no es un héroe que sacrifica su libertad por el bien de sus hijos. Que yo soy cristiana, que los tribunales belga, inglés y americano me han reconocido el derecho de custodia. Y, más importante aún, que los propios niños *no son judíos*. Dirijo, pues, el mensaje siguiente a la comunidad satmar: «Sé que él os ha mentido desde el principio. Es triste, pero ahora ya sabéis la verdad. Actuad noblemente, devolvedme a Marina, Simon y Moriah.»

Ante algunos periodistas, a veces me cuesta contener la cólera:

—Les engañó; eso le pasa a todo el mundo. Pero ahora conocen la verdad, y se niegan a reconsiderar su postura. La religión nada tiene que ver con ello, pero jamás podré perdonar a los satmar.

Los hasidim no tienen derecho a mirar la televisión, a escuchar la radio, a leer los periódicos laicos. Se podría creer, así pues, que la vida del planeta no les concierne. Y, con todo, paradójicamente, están inmediatamente al corriente de mis declaraciones, cada vez que aparece un reportaje sobre nosotros.

El periódico *Belgisch Israelitisch Weelblad* y un semanario judío, *Regards*, publican artículos que condenan el comportamiento de Chaim. Y esta publicidad negativa crea una emoción considerable entre los hasidim. Particularmente en Bélgica. Algunos comerciantes de diamantes de Amberes ven disminuir de pronto sus ingresos, abandonados por clientes ofendidos, que prefieren dirigirse a negociantes indios.

Siento, desde que el combate mediático se desencadenó, que la comunidad en su conjunto desaprueba el secuestro. Pero, ay, sé también que la secta satmar no obedece más que a sus propias leyes.

Octubre de 1990. Casi cuatro años de lucha. Por enésima vez, mi padre y yo tomamos el avión para los Estados Unidos. Me llevo a Noélie, de cuatro meses de edad. Mi amiga Sabine se va a ocupar de ella mientras yo tengo una cita importante. C.I.D., mi corresponsal anónimo más prolijo, que no ha dejado de llamar a cobro revertido para darme consejos, ha decidido mostrarse.

Descubrimos a un hombrecillo barbudo de unos cincuenta años, perpetuamente agitado. Es israelí de nacimiento, judío ortodoxo, pero no hasídico. Va vestido de oscuro, y lleva una *yarmulka*, pero sus *peyots* son muy cortos. Nos recibe en un estudio minúsculo ocupado casi enteramente por una mesa, con un rincón-cocina, y una cama que le sirve de asiento así como de garaje. Para que podamos sentarnos, se ve obligado a desembarazarla de una bicicleta.

Su historia es a la vez trivial y patética. Estuvo casado con una judía religiosa mucho más ferviente que él. Tras un penoso divorcio, su mujer y sus hijos se fueron a vivir al seno de una comunidad satmar. C.I.D. ha decidido vengarse, y yo soy la pieza maestra del plan que él ha imaginado... ¡Quiere que me case con él! A continuación tendríamos una hija —está seguro de que será una hija— y luego, cuando yo forme parte verdaderamente de la comunidad judía religiosa, recorreremos el mundo en busca de Marina, Simon y Moriah. Me esfuerzo por conservar un aire grave y atento, y de oponer a este plan grandioso una argumentación lógica:

—Pero yo acabo de tener una hija.

—Llévela con usted, ¡la aceptaré como hija mía!

Como es costumbre en mí, trato de evitar el ofender directamente a la gente, y de rechazar las proposiciones, incluso las más absurdas. ¡Dios sabe cuánto lo es ésta! A fin de no cerrarme ninguna puerta, de no agotar ninguna fuente de información, declaro que voy a «reflexionar».

A nuestro regreso a Bélgica, empiezo a recibir una serie de cartas de sobres color rosa bombón, con declaraciones de amor apasionado. C.I.D. me envía incluso una foto suya, como un enamorado perdido. Luego acosa a mamá por teléfono, para unirla a su causa. Y es ella la que cierra esta puerta que había quedado abierta al vacío...

—Escuche, señor. Patsy es feliz con Walter y su pequeña, muy feliz. Van a casarse, ¡así que déjela en paz!

Se acabaron las noticias de C.I.D., el vengador amoroso. Pero aparece otro personaje, de un género completamente diferente.

En el curso de una de estas interminables audiencias en el palacio de justicia —Chaim sigue regularmente perseguido por «delito continuado»—, un hombre vestido como los hasidim pide la palabra. Se presenta bajo el nombre de Simon Friedman. Dice ser un hombre de negocios, y representar a la comunidad satmar de Amberes que le ha encargado seguir el asunto Chaim Yarden. El juez escucha:

—Tengo que decir que la comunidad satmar nada tiene que ver con este caso. La familia Heymans se equivoca. Estoy realmente desolado por esta mujer. Haré todo lo que pueda por ayudarla. Pero no quiero ver a Chaim Yarden. Este hombre se ha comportado mal.

Después de la audiencia, mientras discutimos con los abogados, Friedman entabla una conversación con mi hermano Éric.

—He recibido un montón de llamadas de una persona anónima que me pide que encuentre una solución a este delicado problema. He aceptado servir de intermediario. ¿Podría usted convencer a su familia de cooperar conmigo? Podríamos arreglar este problema familiar amistosamente.

Éric, forzosamente interesado, escucha pacientemente al hombre, pero a medida que la discusión avanza, las respuestas a sus preguntas son cada vez más evasivas.

—¿Cuándo le telefoneó?

—Ya no lo recuerdo, en el curso de mis viajes...

—¿Pero le llama a su casa de Amberes?

—No. No... A otro lugar, no a mi casa.

—¿Puede usted establecer contacto con este corresponsal?

—No, no tengo ninguna posibilidad, ignoro cómo hacerlo...

Éric, mi hermano mayor, es de naturaleza impulsiva. Le toma ojeriza a este hombre, y se niega a proseguir la conversación. Cuando me cuenta la entrevista, está furioso. Le ha dicho todo lo que pensaba, sin miramientos.

—Le he hecho comprender lo que pensaba de los satmar y de su complot innoble. Desconfía de este individuo, no es trigo limpio.

El profesor Buysschaert, nuestro abogado, desconfía de él, Walter desconfía de él, Simon Friedman ha conseguido la unanimidad en mi entorno.

—Curioso testigo...

—No parecía muy cómodo...

Como se ha presentado a sí mismo como el portavoz de la comunidad satmar, y ha dado la sensación de que sabía mucho de ella, la señora De Vroede, la fiscal, pide a la policía judicial que le interrogue oficialmente. El inspector Humbeeck, que le escucha con atención antes de la audiencia siguiente, no descubre indicios suficientes para acusar a Friedman de complicidad en nada. El hombre declara que se ha presentado al tribunal únicamente para tratar de «ayudarnos a resolver el asunto Yarden, en tanto cuida de los intereses de cada uno».

Y cada semana está presente en las audiencias. Al cabo de un tiempo, se decide a hablarme aparte. En voz baja, susurra:

—Puedo ayudarles. Podemos negociar.

Y, para gran sorpresa mía, me estrecha la mano. Normalmente, los hasidim no tienen derecho a tocar a una mujer que no pertenezca a su círculo familiar. Su aspecto parece, con todo, el de casi todos los hasidim, dejando aparte un detalle excepcional: no lleva gafas. Es probablemente uno de los raros hasidim cuya vista no se estropeó durante las lecturas intensivas de la infancia.

Friedman habla fluidamente el francés, con un ligero acento *yiddish* o alemán. Es el satmar más elegante que he conocido en mi vida. Lleva su cabello entrecano corto, pero, ay, cubierto de caspa. No deja de pasarse la mano por el hombro y por el cuello de su chaqueta, salpicados de partículas blancas. Me pregunto qué vínculo tendrá con mis hijos. ¿Directo? ¿Indirecto?

—¿Qué hace usted en la vida, señor Friedman?

Saca de los bolsillos varios paquetitos de papel de seda. Mientras estamos de pie allí, en la acera, delante del palacio de justicia, los despliega tranquilamente para mostrarme un surtido de piedras preciosas. Diamantes, rubíes, esmeraldas. Algunas están montadas en joyas. Exhibe con una risa alegre un soberbio anillo de diamantes:

—¡Éste es para mi mujer!

Contrariamente a los que me rodean, tengo la impresión de que es posible una negociación con él. Poco tiempo después de este encuentro en el palacio de justicia, Simon Friedman me invita por teléfono a visitarle en Amberes, en el n.º 11 de Jacob Jacobstraat. ¡Dice tener noticias de los niños!

—No hable a nadie de nuestra conversación, sea discreta sobre todo lo que le diré. Es importante.

Las investigaciones se hallan en un punto muerto, no tenemos ninguna pista nueva, y yo tengo la impresión de nadar contra corriente, de ser arrastrada hacia alta mar por la marea. Cada vez más, la pequeña idea triste se hunde en mi cabeza: Patsy, no los volverás a ver *jamás*... Entonces me decido a ir a ver a Friedman a Amberes. No tengo nada que perder.

La pequeña comunidad hasídica de Amberes, que controla una gran parte del comercio mundial del diamante, vive en un perímetro comprendido entre Mercator Straat y Pelikan Straat. Fue aquí donde albergaron a Chaim después del secuestro, en una de estas casas, de estos pequeños inmuebles de dos o tres plantas, situados encima de tiendas de comestibles y restaurantes *kasher*. Las calles están pobladas de sombras negras, que caminan con la cabeza baja para no sucumbir a las tentaciones del mundo exterior. Niños de largos *peyots* que les caen sobre los hombros, con gruesas gafas... Como Simon sin duda debe de llevar ahora.

Friedman vive en una casa particular de esta calle. Me muestra con orgullo una colección de miniaturas de plata. Su mujer lleva ostensiblemente joyas caras, y poseen un televisor y un vídeo. Este hombre me parece sumamente inteligente, y da la impresión realmente de querer ayudarme. Es padre de diez hijos, y su mujer espera el undécimo. Insiste en el hecho de que es realmente satmar, que representa a la comunidad satmar, pero que mis hijos no viven entre los satmar.

—En cualquier caso, no se preocupe, están bien. Ignoro dónde están, pero sé que se ocupan de ellos muy bien.

—¿Cómo lo sabe usted?

—Mi contacto anónimo. Me ha dicho que las personas que se ocupan de sus hijos ignoran que fueron robados a su madre. Si llegamos a convencerles de que su marido les mintió, podremos negociar el retorno de los niños.

—¿Pero no hay ningún medio de hablar con su contacto?

—Si pudiera, si supiera cómo, iría a verlo yo mismo. Desgraciadamente, tengo que esperar a que sea él quien me llame.

Sobre este punto, estoy segura de que Friedman me miente. Pero hay que soportar la mentira del negociador que avanza con pasos silenciosos. Necesito inspirarle confianza.

—Debo decirle que esta gente tiene problemas con Sarah, su hija mayor...

—Quiere decir Marina... ¿Qué clase de problemas?

Él inclina la cabeza, pero no rectifica el nombre.

—Por ejemplo, Sarah ha ganado demasiado peso, parece un tonel...

Este detalle me parte el corazón. Marina, mi pequeña, tiene los mismos problemas que yo tuve en la adolescencia. Reviento de ganas de preguntarle brutalmente dónde están los tres, de dejar este juego cruel, insoportable, pero me contengo. Me está dando el mismo tipo de información que Chaim Shaulson: los niños plantean problemas a los que se ocupan de ellos.

—Hay otros motivos de inquietud con respecto a Sarah. Ha sido necesario que algunas personas fueran a ver a los niños para decirles que su madre ha muerto, a fin de que dejen de hacer preguntas sobre usted. Pero su hija mayor no les ha creído, y es ella la que crea problemas.

—¿Qué problemas? Déme más detalles. ¿De qué habla?

—En realidad, no habla, pero se adivina que algo no marcha bien.

Es Marina. Éste es su modo de reaccionar. No funcionar bien, y no hablar de ello. Interiorizar, como yo.

—Finalmente, a esta gente le gustaría saber qué hay que hacer con ella.

Me cuesta creer lo que acabo de oír. ¡Los secuestradores de mis hijos me piden consejo por satmar interpuesto! Después de haberles dicho a los niños que yo estaba muerta, para controlar mejor a Marina, para impedirle hacer preguntas naturales sobre su verdadera madre...

—¿Cómo se atreve usted a pedirme semejante cosa? ¡No tienen más que decirle la verdad!

—No. Lo lamento… No pueden hacerlo… Escuche, hay que tratar de arreglar el problema suavemente, y no como bárbaros… Para empezar, es evidente que debería usted terminar con esta campaña en los medios de difusión…

Ya llegamos al punto. El chantaje a los media. Mis gestiones dan una imagen muy mala de los satmar… Acepto. En el fondo, este regateo es el objetivo que buscaba.

—Pero le advierto, señor Friedman… Si no obtengo ningún resultado a cambio, alertaré de nuevo a la prensa. Por lo que usted me dice, supongo que los niños están vivos y con buena salud, pero póngase usted en mi lugar, ¡no tengo ninguna prueba de ello! Antes de aceptar lo que sea, debo ponerme en contacto con ellos.

—La comprendo, estoy de acuerdo con usted, pero me costará convencer a esta gente.

—Dígales a los niños que me telefoneen.

—Corren el riesgo de que la policía localice el origen de la llamada.

—Bien, ¡basta con que llamen desde una cabina pública!

Él sacude negativamente la cabeza.

—Bueno, ¡pues que me escriban!

—Es imposible. Si los niños deben manifestarse, es preciso que no sepan que es para USTED.

—¿Y si me enviaran una videocinta? ¿Si filmaran a los niños?

Friedman reflexiona. La idea le parece aceptable, pero necesitará tiempo.

—Voy a estudiar esta posibilidad. Volveremos a hablar de ello.

La entrevista ha terminado. Y durante el trayecto de regreso, en coche, me embarga una oleada de emociones. Acabo de enterarme de que Marina es desgraciada. Que no ha olvidado. ¡Sus secuestradores le han hecho creer que yo estaba muerta! Siento una mezcla explosiva de furor contra esta gente y de pena por mi hija mayor. Luego, de esperanza. Si tiene dudas, Marina acabará por rebelarse quizás contra sus secuestradores. Para crearles verdaderamente problemas. Quizás para tratar de encontrarme, descolgará un día el teléfono y llamará a la policía. Tiene ahora once años… yo, a su edad, me rebelaba.

Como de costumbre cuando estoy presa de una emoción violenta, me siento incapaz de expresársela a Walter, o a mi familia. Las semanas pasan, en medio de una tormenta interior. Friedman y yo nos llamamos de vez en cuando:

—No tengo aún noticias…

Siempre tiene una excusa para justificar el retraso de esta «negociación amistosa». Un día me harto, soy yo quien le llama para reclamar la videocinta, y él admite finalmente que es imposible.

—Comprenda que si le entregamos un casete sabrá usted ahora qué aspecto tienen sus hijos...

Estoy aterrorizada. ¿Quiere decir eso que han sufrido intervenciones quirúrgicas? La Duquesa mencionaba esto en su libro. C.I.D. hizo también alusión a esta posibilidad para complicar las investigaciones después de un secuestro...

—Bueno, admitamos que no puedo verlos. ¿Puedo, al menos, oírlos? Un registro de la voz únicamente.

—No, no es una buena solución. Esta gente ignora si los niños tienen ganas de hablar con usted. Viven ahora en un universo muy religioso, quizás no deseen volver a tomar contacto con una madre no judía...

Todo esto es aterrador, y muy complicado para mi cabeza. Este Friedman ha conseguido hacerme creer en la posibilidad de un contacto, ¡cuando, según su propia confesión, los secuestradores pretenden que yo estoy muerta! Mis hijos no tienen ya madre, por la gracia demoníaca de esta gente.

Gracias a la fiscal, señora De Vroede, Friedman obtiene un derecho de visita privilegiado con Chaim. Puede hablarle en la intimidad de un despacho de abogado, en la cárcel. Al principio, no quería verse con él, ahora afirma que no deja de alentarlo, en cada entrevista, a que nos ayude, por el bien de los niños.

Nos encontramos a menudo en el palacio de justicia, me estrecha siempre la mano, pero a condición de que no haya hasidim en las inmediaciones. Un día me propone lo que él llama un «acuerdo honorable». Marina, Simon y Moriah permanecerán en la comunidad judía. Serán criados por una familia hasídica. Éstos serán menos extremistas que los satmar. En contrapartida, nos concederán, a Chaim y a mí, un generoso derecho de visita. Cuando los detalles de este acuerdo estén arreglados, lo someteremos a los magistrados a fin de que sea legalmente aprobado.

Estoy casi dispuesta a aceptar de entrada. Cualquier compromiso que me permita ver a los niños me tienta desesperadamente. Estoy segura de que si pudiera hablar con ellos, tendría una posibilidad de recuperarlos. Fueran cuales fueren los acuerdos honorables pactados con ese Friedman. Pero la cosa no es tan sencilla. Todas las posibilidades se agolpan en mi mente. ¿Arrancárselos inmediatamente a sus secuestradores? No. Es preciso primero que se habitúen a mí. Ante todo que me vean al menos una vez, que sepan que estoy viva... ¿Y si desaparecían de nuevo después de esto? Además, me pregunto qué pensaría un juez de un arreglo así.

—Voy a reflexionar sobre ello, señor Friedman...

No decir ni sí, ni no...

—Por mi parte, trataré de convencer a su marido...

Walter y yo pasamos muchas horas redactando un texto de once páginas que define el acuerdo honorable propuesto por Friedman. Los puntos clave son los siguientes:

1) Los niños deben volver a Bélgica y permanecer allí. No podrán abandonar el país sin la autorización de su madre.

2) *a*) Su madre conservará el derecho de custodia. *b*) Los niños serán confiados a una familia judía moderadamente religiosa, que viva en Bélgica, a la que Patricia Heymans habrá conocido anteriormente, y a la cual habrá dado su consentimiento. *c*) Patricia Heymans tendrá el derecho de cambiar su decisión si las relaciones entre la familia y los niños no son satisfactorias. *d*) Si esta familia prevé mudarse, Patricia Heymans deberá ser informada de ello. Por escrito, y al menos con quince días de anticipación, a fin de encontrar un nuevo arreglo para los niños.

3) Los gastos de educación serán cubiertos por la pensión que Chaim Yarden tiene que pagar. De lo contrario, los gastos serán cubiertos por la comunidad judía.

4) Los niños serán inscritos en una escuela judía moderna en Bélgica, cuya elección Patricia Heymans habrá aprobado por escrito.

5) *a*) Patricia Heymans tendrá el derecho de visitar a sus hijos cada día. Los contactos telefónicos no serán limitados. *b*) En la medida de sus posibilidades, Patricia Heymans advertirá de sus visitas con veinticuatro horas de antelación. *c*) Patricia Heymans tendrá el derecho de visitar a sus hijos en lugares diversos, sin ser vigilada por tercera persona. *d*) Los niños tendrán la posibilidad de ir a visitar a su madre tan a menudo como lo deseen. *e*) Incluso si los niños no quieren ver a su madre, la familia y la comunidad deberán alentarlos a visitarla a menudo.

6) Las partes afectadas respetarán las convicciones filosóficas, religiosas y sociales de la otra parte, a fin de que los niños puedan crecer en un ambiente bicultural. Las partes respetarán las reglas y las costumbres de estas diferentes filosofías religiosas.

7) Los abuelos y los tíos de los niños tendrán el derecho de visitarlos una vez por semana.

8) Queda entendido que la opinión de los niños concer-

niente a su educación y la elección de una comunidad religiosa será tenida en cuenta. En cuanto los niños hayan alcanzado la edad de dieciséis años, su elección deberá ser respetada. Esta elección deberá ser afirmada con toda libertad ante cada uno de los dos padres o sus representantes respectivos.

9) *a*) Si los niños desaparecen nuevamente, la comunidad judía, representada por el señor Friedman, se compromete a pagar todos los gastos de búsqueda. La comunidad deberá ayudar a Patricia Heymans en sus investigaciones. *b*) El señor Yarden, o la comunidad, deberá ingresar un millón de francos belgas en una cuenta, a fin de que Patricia Heymans pueda subvenir a los primeros gastos de las investigaciones.

10) A partir de la aprobación del acuerdo, todo el mundo deberá llamar a los niños por su verdadero nombre: Marina, Simon y Moriah.

A fin de equilibrar las cosas, añadimos unas cláusulas que conceden a Chaim los mismos «privilegios» que a mí respecto al derecho de visita. Prometemos también respetar las prácticas religiosas de los niños. Ninguno de los dos tratará de visitarlos durante el *sabbat* o durante las fiestas judías.

Friedman considera de entrada que el acuerdo es bueno. Luego comienza a mostrarse quisquilloso en algunos puntos. Las garantías son insuficientes. Podríamos engañarle. En cuanto a mi derecho de visita, los términos «tan a menudo como deseen» no son del todo convenientes...

—¿Y si hay una boda en su familia? Los niños no tienen derecho a asistir a una ceremonia cristiana; sería muy malo para ellos...

Es preciso, en su opinión, prohibir a los niños toda reunión o ceremonia donde hombres y mujeres se encuentren juntos.

—De acuerdo, éstos son detalles que podremos arreglar más tarde...

Ese más tarde es largo. Las discusiones se eternizan, nos quedamos empantanados en los detalles. Ya no puedo más. Encuentros, conversaciones telefónicas, me ponen constantemente bajo presión. Otra forma de chantaje se ejerce sobre mí. No me dicen ya que los niños han desaparecido, me dicen: «No sabemos dónde están, pero debe usted ceder. Abandonarlos a la comunidad. Entonces, quizás los verá usted una o dos veces...»

Cada vez que llegamos a un acuerdo en un detalle de este convenio estupefaciente, Friedman se vuelve a marchar diciendo:

—Tengo que esperar a que se pongan en contacto conmigo... Luego, le daré la respuesta...

Pretende todavía ignorar el nombre de su interlocutor. Furiosa, y con los nervios destrozados, mi madre le dice un día:

—¡Pero bueno! ¿Qué haría usted si le secuestraran a los hijos?

—¡Haría otros tres!

¡Con calma, tranquilamente, como si le hablaran de una camada de cachorros! De vez en cuando, me vienen ganas de estrangularlo. Tengo que dominarme para no saltarle al cuello. Es mi única esperanza, y miente. Se retuerce como una serpiente y se me escapa entre los dedos en cada conversación. A veces, cuando hablo por teléfono, estoy tan nerviosa que siento que mi vientre se contrae. La frustración es insoportable. Incluso mi lenguaje se degrada. Utilizo expresiones que harían ruborizar a un legionario. Un día, soy incapaz de sujetar más tiempo la lengua, y los insultos salen de mi boca como sapos. Él se pone furioso.

—No utilice jamás este lenguaje conmigo.

—¡Perdóneme, pero me ha crispado los nervios!

Le cuelgo el teléfono en las narices, ese día. Él me manipula, y yo me siento impotente. Friedman no parará, en realidad, hasta lograr que yo renuncie a mis derechos parentales, derechos de custodia y otros, tratando con ello de impedirme toda posibilidad de recurso jurídico. Pierdo tiempo, derrocho semanas preciosas en este diálogo deprimente. Preciosas para los niños. Esta gente me quiere muerta, y, la verdad, no estoy lejos de ello. Jamás me he sentido tan profundamente mal. La depresión grave me atrae al fondo de un abismo. A veces vuelvo a la superficie. De pronto, recorro la casa como un huracán dando portazos, golpeando contra la pared, rabiosa, encolerizada contra la Tierra entera. Necesito desahogarme, hablar, transformar en palabras y confidencias todo este sufrimiento, desembuchar. Pero no me sale.

Diciembre de 1990. La víspera de Navidad, Chaim es una vez más inculpado de «delito continuado». Es condenado a dos años de prisión. La fiscal añade al notificar la pena:

—Esta condena no es una venganza. Él es el único que puede ayudarnos a recuperar los tres niños.

40

EL RELATO DE RACHEL

Cuando el señor y la señora Jacobovitch se enfadan, gritan, y nos pegan con el cinturón, o con la mano. Si pudiéramos volver a casa de los Glazer, me gustaría más. Ellos no nos pegaban cuando hacíamos travesuras.

He cumplido ocho años. He hecho una amiguita que se llama Esther. Durante el *sabbat* permanecemos juntas todo el día. Me gusta el *sabbat,* porque no estás obligada a limpiar los lavabos ni ir a la escuela. Pero es duro porque hay que acordarse de muchas cosas. «No debes.» Lo intento. No debes tocar lo que es eléctrico. No debes escribir. No debes utilizar las tijeras. No debes pegar cosas con cinta adhesiva. No debes colorear un cuaderno.

Comparto mi habitación con dos bebés. La señora Jacobovitch duerme justo al otro lado del corredor, pero no se despierta nunca cuando los bebés lloran. Soy yo la que debo ocuparme de eso, y lo odio. Una noche, Sarah durmió en nuestra habitación; entonces, cuando los niños empezaron a llorar, yo fingí estar dormida, y fue Sarah la que tuvo que cambiarlos.

Los Jacobovitch tienen una hija que se llama Esther, como mi amiga. Es mayor que yo, pero aún se hace pipí en la cama. No me gusta que nadie duerma en la misma habitación que yo.

El más pequeño de los hijos del señor y la señora Jacobovitch se divierte siempre con sus cochecitos y sus camiones en el horno. Hace como si fuera un garaje. Un viernes por la noche, la señora Jacobovitch se dio cuenta de que se había olvidado apagar el horno, pero era el principio del *sabbat*, y ella no podía apagarlo, estaba prohibido. Como tenía miedo de que su hijo jugara con el horno y se quemara, fue a ver al rabino para que le diera permiso para apagar el horno. El rabino es un hombre muy inteligente. Tampoco él quería que el pequeño se quemara; entonces se las arregló para que alguien no judío viniera a la casa y apagara el horno.

Yo he decidido ser mala, y hacer muchas travesuras, tantas como pueda. A veces, pego incluso a mi profesor. Cuando él me pide que vaya a buscar papeles, le grito: «¡No!» y no le obedezco nunca, nunca.

Cuando va a quejarse a la señora y el señor Jacobovitch a causa de mi mala conducta, ellos se ponen furiosos contra mí. A menudo le digo a la señora Jacobovitch que estoy enferma por la mañana, para no ir a la escuela.

Hace algún tiempo, nos pidieron que los llamáramos papá y mamá. Pero yo respondí:

—No quiero.

La señora Jacobovitch dijo:

—De todas maneras, no volverás a ver a tu madre.

Así fue como me enteré de que tenía una madre, pero no sé dónde, en alguna parte.

41

DOS MIL DÍAS

Enero de 1991. Israel. Llego a Tel-Aviv unos días antes de la Guerra del Golfo. Cada ciudadano tiene una máscara de gas. Los refugios antiaéreos aparecen indicados por todas partes. Todo el mundo habla de Saddam Hussein. Ha amenazado con bombardear Israel, enviar cien misiles por cada misil que alcance Irak...

Aún busco alguna pista en Israel. Pese a que estoy íntimamente convencida de que los niños viven en los Estados Unidos. Iris Buttel, la esposa de Chaim, me recibe con dificultad. Me he presentado brutalmente:

—Buenos días, soy la primera mujer de Chaim Yarden.

He visto ante mí a una mujer enteramente vestida de negro, con calcetines altos y zapatos gruesos. Lleva la cabeza cubierta con un pañuelo, a la manera de las judías religiosas. Su rostro es vulgar. No saco de él gran cosa. Ella espera a que Chaim vuelva. No le vio más que una vez o dos antes de casarse, y vivió con él algunos meses, sin conseguir quedar encinta. Parece muy sorprendida al enterarse de que no nos hemos divorciado. Sobre el tema de los niños, niega la evidencia.

—No sabía que eran sus hijos.

—Miente usted. ¿Se imagina que voy a creer una cosa tan absurda? Sé que aceptó usted casarse con él a condición de que no vivieran con ustedes. Fue en ese momento cuando los entregaron a la comunidad satmar.

Ella niega esta afirmación, y se encoge de hombros.

—No sé en absoluto dónde están.

—Es usted una mujer, y puede comprenderme... Aunque no tenga hijos. Usted quiere a Chaim; yo quiero a mis hijos. Ayúdeme a convencerle, es la única manera de hacerle salir de la cárcel. ¿Quiere que vuelva con usted?

—Sí.

—¿Entonces? Trate de hacerle hablar. Si habla, saldrá, y volverá a su lado.

Después de dos horas de discusión, Iris se deja convencer:

—De acuerdo. Intentaré escribirle una carta.

Este encuentro ha sido agotador. Estoy nuevamente encinta, debilitada, cansada de suplicar a gente que rehúsa entenderme. Esta mujer piensa quizás que no tengo necesidad de encontrar a mis hijos puesto que ya tengo otro, y pronto otro más. Esta visión de las cosas es realmente extraña.

Hago el esfuerzo de ir a ver a Leah, la madre de Chaim. Le informo de que su hijo está en la cárcel. Le dejo la dirección de la prisión, suplicándole también que escriba a Chaim. Leah no sabía siquiera que se había vuelto a casar, y que su nueva esposa vivía a pocos kilómetros de su casa.

A mi regreso a Bélgica llamo a Iris. Tres veces. Me parece más bien amistosa y promete ayudarme. Luego, de pronto, me envía a paseo.

—Es usted una mentirosa, no puedo confiar en usted, déjeme en paz. Todo esto no me concierne, y no quiero verme mezclada en esta historia.

Llego a la conclusión de que efectivamente ha hablado con Chaim.

Mis recursos financieros disminuyen. Personas muy generosas me han ayudado con sus donativos, pero, si quiero que Chaim permanezca en prisión, hay que seguir pagando a los abogados. Y si pago sus honorarios, ya no podré seguir pagándome los viajes.

En dos años, he viajado dieciocho veces a Estados Unidos. Me he entrevistado con multitud de personas, rabinos, policías, abogados y supuestos «informadores», que no me han sido de ninguna utilidad… He gastado montones de zapatos recorriendo las calles de Williamsburg y de Borough Park… He participado en innumerables emisiones de radio y de televisión, y he sido entrevistada por una ingente cantidad de periodistas…

Antes de que Chaim secuestrara a los niños, yo misma era una niña, incapaz de reaccionar sin la ayuda de mis padres. No sabía nada de los complicados problemas jurídicos que provoca un secuestro internacional. Desde el arresto de Chaim, he aprendido mucho.

Para aliviar mi angustia, he fundado, con la ayuda activa de

Walter y de otras personas, el MCIN.[1] Un decreto real ha reconocido la organización y aceptado que los donativos sean deducibles de los impuestos. Hasta el momento, no había ninguna estadística sobre los secuestros en Bélgica. Con la colaboración de la policía y de la justicia, hemos descubierto 435 casos en curso en el país.

El objetivo del MCIN es sensibilizar al público sobre este tipo de problemas. Para obtener el apoyo de la prensa hemos celebrado el Día Nacional de los Niños Desaparecidos con una suelta de globos. Cuatrocientos treinta y cinco globos de todos los colores en el cielo de Bélgica que vuelan hacia destinos desconocidos.

Las discusiones con Friedman no llevan a ninguna parte, de manera que yo comienzo otra vez a alertar a la opinión pública...

Es imposible encontrar nada ilegal en las acciones o declaraciones de Simon Friedman, que permitan hacer presión sobre él. Es inteligente, y cada vez que destila alguna información sobre los niños, dice poseerla a través de un «informador anónimo».

—Viven en una familia muy estricta... ¿Qué pensaría usted de una familia como la mía? Nosotros no somos demasiado religiosos, y mis hijas llevan vestidos en los que aparecen el rojo y el rosa.

—¿Podría usted acogerlos en su casa?

—Ya he hablado de ello con mi mujer. No hay mucha diferencia entre criar once o catorce niños...

Pongo una cara de estupefacción tal, que añade:

—Nos conocemos bien ahora, nos tenemos confianza. Usted sabe que estoy de su parte...

Este acuerdo honorable, que no termina de ser discutido entre nosotros, evoluciona lentamente hacia una proposición completamente absurda.

—Si renuncia usted oficialmente a su derecho de custodia, y también a los demás derechos maternos, podríamos hacer adoptar a los niños por una familia hasídica. No demasiado religiosa. Y no habría el menor problema; tendrían la misma vida que antes. Podría usted visitarlos. Sería por su bien, sabe...

Siento ganas de gritar. Y lo hago interiormente:

1. Missing Children International Network: Red Internacional de Niños Desaparecidos. *(N. de la a.)*

«¡Está usted completamente loco! ¿Me pide que abandone los niños a cualquiera?»

Pero ese grito de loba no sale de mi garganta. Al contrario, una vocecita tranquila, que no tiembla, responde en su lugar:

—Voy a reflexionar sobre ello.

No ignoro las consecuencias jurídicas de semejante acto: esta gente podría no dejarme ver nunca a los niños, y no tendría ningún recurso legal contra ellos...

Chaim parece también haber reflexionado. Cambia de estrategia bruscamente ante el tribunal. Por supuesto, sigue afirmando que ignora dónde están los niños, pero quiere cooperar. El anuncio de esta pequeña bomba en plena audiencia provoca una avalancha de llamadas telefónicas de los periodistas. ¿Qué pienso de ello?

—Esperemos a ver. Confío en que diga la verdad.

Lo dudo. Pero el profesor Buysschaert se aprovecha de este giro para elaborar una estrategia nueva, y arriesgada. Ésta debería permitirnos ante todo probar las buenas intenciones de Chaim.

—Prepararán ustedes un comunicado, que firmarán los dos, y en el cual pedirán que los niños sean devueltos. Lo haremos publicar en los periódicos de todos los países, y particularmente en las publicaciones judías. Si acepta firmar esta carta, dará pruebas de su buena voluntad. Por otra parte, corre usted un riesgo. Si no hay ningún resultado positivo después de la publicación, él podrá siempre argumentar que ha cooperado seriamente en la investigación, y que ya no es culpable de «delito continuado».

Estimo que el juego vale la pena.

El proyecto de comunicado de nuestro abogado reza así:

A QUIEN CORRESPONDA

Nosotros, los abajo firmantes, Patricia Heymans y Chaim Yarden (conocido también con el nombre de Chaim Edwar), respectivamente padre y madre de:

—Marina Edwar, nacida el 18 de octubre de 1979;

—Simon Edwar, nacido el 2 de enero de 1981;

—Moriah Edwar (Yarden), nacida el 7 de junio de 1982; que desaparecieron de Bruselas el 11 de diciembre de 1986, pedimos a toda persona que posea noticias recientes o menos recientes, que haya estado o esté en contacto con cualquiera de estos tres niños, así como a toda persona que posea información que per-

mita recuperar a estos niños, llame inmediatamente, anónimamente o no, a uno de los números abajo indicados...

Sigue una lista de números de teléfono que pertenecen a la policía belga, al despacho de la fiscal, a los abogados de las dos partes, y finalmente a un número verde, el del Centro Nacional de Niños Desaparecidos y Explotados en los Estados Unidos: «1-800-FIND KID.»

Yo, el firmante Chaim Yarden, autorizo por mi plena voluntad y sin restricción a todas las personas o a las instituciones que han tenido o tienen todavía a su cargo a los niños Marina, Simon y Moriah, o a alguno de ellos, a responder a mi petición o a la petición de las personas que hablen en mi nombre, a telefonear a uno de los números abajo indicados, a fin de comunicar cualquier información que pueda poseer.

Pedimos que se transmita este mensaje a toda persona de su conocimiento susceptible de aportar las informaciones pedidas.

Yo firmo inmediatamente este comunicado. El resto depende de Chaim.

El 12 de junio de 1991, el inspector Francis Molenberg se entrevista con Chaim a petición de la fiscal. Está encargado de discutir el pacto de honor elaborado con Friedman.

Esto es lo que Chaim le declara: Ha hablado con Friedman, quien le ha dicho que yo estoy de acuerdo en que los niños sean criados en una familia hasídica, y que Friedman se ocupe de ello. Por su parte, Chaim tal vez lo acepte, pero quiere primero que ponga esta decisión por escrito. En lo que concierne al comunicado redactado por la fiscal, declara que, aunque lo firmara, no puede garantizar que los niños nos sean devueltos, teniendo en cuenta que ignora dónde se hallan. Finalmente me acusa de abusar del sistema judicial para obligarle a ceder a mis exigencias personales, sin restricción. Dice estar convencido de que yo no quiero realmente que él firme este comunicado, que prefiero verlo en prisión, a fin de ejercer mi venganza. Sabe que vivo con otro hombre y deja entender que Walter no tiene deseo alguno de criar a Marina, Simon y Moriah.

El inspector Molenberg intenta en vano hacerle reconocer alguna responsabilidad en el secuestro. Y también hacerle admitir que «sabe» cómo recuperar a los niños.

La foto, tomada un mes después del maldito 11 de diciembre,

en la que se ve a Chaim en compañía de los niños y de Armoni, representa la prueba irrefutable de que estaba en Amsterdam con ellos. Pero él jamás ha ido a Amsterdam, dice, y la foto está trucada, y no conoce a este Armoni. Entonces el inspector le muestra otra foto donde aparece al lado de este Armoni durante la fiesta de Hanuka. ¿Es posible no conocer a alguien y ser invitado a su casa en esta ocasión? Chaim pretende que la foto data de antes del secuestro, cuando podía ejercer su derecho de visita... Miente, miente sin parar. No ha habido secuestro, no ha habido carta del rabino Tauberg pidiendo para él la ayuda de los hasidim, jamás se llevó los niños a los Estados Unidos. ¿Foto en Washington? No. ¿Esposa Iris Buttel? Jamás. ¿Informaciones sobre el lugar donde se hallan los niños hoy? Ninguna. Se niega a firmar el comunicado.

En cambio, presenta al tribunal otra proposición. Pide que:

1) Yo acepte buscar a los niños con él.

2) Ninguno de los dos trate de hacer nada para impedir al otro realizar sus propias investigaciones.

No solamente es monstruoso, no solamente es de locos —y el juez está de acuerdo conmigo—, sino que, además, si aceptara la segunda condición, debería retirar los cargos contra Chaim y dejarle salir de la cárcel, para no estorbar SUS investigaciones.

Y la manipulación prosigue por parte de Friedman. También éste me hace una nueva propuesta: que se confíen los niños a una familia hasídica en alguna parte del Reino Unido, en vez de a él.

—Reflexionaré sobre ello. Podría aceptar. Pero querría ver a los niños al menos seis veces antes de que Chaim salga de la cárcel.

—¿Por qué?

—Quiero que me conozcan, que sepan quién soy, que vean mi rostro, antes de que Chaim tenga la oportunidad de hacerlos desaparecer de nuevo.

—Es imposible. Primero tiene que aceptar la proposición que yo le transmito. ¡A continuación será quizás autorizada a verlos!

Me sofoca la rabia. Toda conversación con Friedman supone que yo renuncie a mis derechos de madre...

—¿Y cómo puede usted estar tan seguro de encontrarlos? ¿Cómo tener la seguridad de que están vivos y bien de salud? ¡Ni siquiera sé si están vivos!

Él se encoge de hombros, en actitud de considerar la cosa como evidente.

—Oh, están bien, tranquilícese...

Pero comprende inmediatamente que ha cometido un error, y se apresura a añadir:

—Según mi informador, evidentemente. Es él quien me lo ha dicho.

—Quizás, ¡pero esto no es una prueba! Yo quiero pruebas. ¡Su informador! ¡Lo que dice o no dice no es una prueba!

—Bien, cuando esta persona me llame, le pediré que le telefonee, y la deje hablar con los niños. Parto para los Estados Unidos dentro de dos semanas, y lo arreglaré todo.

Las semanas siguientes pego un brinco cada vez que suena el teléfono. Pero los niños no llaman. ¿Cuántas veces he imaginado, allá, en los Estados Unidos, un teléfono, negro, blanco o gris, una manita que marca el número, las señales atravesando el océano, terminando por sonar en el n.º 9 de la Rue Verte de Bruselas... «¿Hola... Patsy?» Pero, no. Nada.

La fiscal De Vroede ha sido ascendida a un puesto más importante, pero ha reclamado el derecho a seguir trabajando en nuestro caso. Un día, mientras esperamos la llegada de Simon Friedman, nos ponemos a charlar. Yo quisiera saber si el tribunal aceptaría semejante «pacto de honor».

—No. No se trata de un simple caso de derecho de custodia entre los padres. Se trata de un secuestro de niños. Si el tribunal se presta a esta clase de juego, ¿dónde acabará? No le corresponde a Friedman dictar al tribunal las condiciones según las cuales la señora Heymans está autorizada a ver a sus propios hijos.

—Gracias. Podré ahora decirle a Friedman que yo hubiera gustosamente aceptado su acuerdo, pero que el tribunal se niega a aprobarlo. ¿No le importaría desempeñar ante él el papel de la malvada mujer que me impide hacer lo que yo deseo? Por mi parte, yo haré el de la pobre madre abrumada por la justicia...

—De acuerdo. Puede dar resultado.

Friedman llega, cubierto de caspa como de costumbre, cortés como de costumbre. E intratable.

—Tendrá el derecho de visitar a los niños en esta familia hasídica, pero no el de hacerlos salir, ni de llevarlos a ninguna parte. Los niños no deben tener ningún contacto con el mundo exterior.

La señora fiscal pregunta tranquilamente:

—¿Siempre actúan ustedes así? ¿Impiden a los niños tener contactos con el exterior?

—Sí.

—En resumen, nos está diciendo usted que no están seguros de que su sistema de educación sea eficaz, ¿verdad? Se ven obligados a guardar a los niños encerrados en su universo para que no vean nada de lo que pasa fuera. Es ilógico, y contra natura.

A pesar de que Friedman es inteligente y tiene buen verbo, no sabe qué responder a esta observación.

El nacimiento del bebé está previsto para el 12 de septiembre de 1991. El contrato de alquiler de nuestra casa expira en julio. Hemos de mudarnos, e instalarnos en Nassogne a la espera de encontrar otra vivienda. Pongo orden en la casa por última vez, limpio los suelos y las paredes, con la curiosa sensación de que dos planetas acaban de entrar en colisión en mi vida. El pasado y el futuro. Al abandonar el n.º 9 de la Rue Verte siento un nudo en el estómago, como si abandonara a Marina, Simon y Moriah. Partieron de esta casa una mañana de diciembre, y no la han vuelto a ver. Es quizás su último recuerdo de su antigua vida. Le escribo al propietario y al nuevo inquilino, pidiéndoles que se pongan en contacto conmigo si les llegaran noticias de mis hijos. Cuatro años y medio más tarde, es algo improbable, pero nunca se sabe.

11 de septiembre. En mis tres últimos partos me retrasé, pero más vale ser prudente. Doy a luz en general rápidamente, y es preferible que me traslade a Bruselas, al objeto de estar más cerca del hospital. Embalamos nuestras cosas, para partir en coche con Noélie, que tiene ahora quince meses.

Jamás había tenido un embarazo tan penoso. El bebé está situado muy abajo a la derecha, y siento permanentemente su peso. Tengo problemas de circulación, y se me hinchan las piernas. Al llegar a casa de mis padres me derrumbo en un sillón, como una enorme pelota jadeante. Incapaz de hacer otra cosa que bordar, para ocupar al menos las manos, y un poco la mente.

Esta noche, mientras Walter duerme apaciblemente, a la una de la mañana, se produce la primera contracción. Por lo general, el dolor aumenta poco a poco, pero esta vez es una sensación fulminante desde el primer momento. Y quince minutos más tarde vuelve a empezar.

A esta hora, las calles de Bruselas están desiertas. Las contracciones se intensifican durante el trayecto. Jamás he sentido tanto dolor. En la sala de partos, la enfermera se da cuenta de que pierdo sangre, y corre a telefonear a mi médico. Me dan rápidamente una inyección calmante. Colocan un cinturón alrededor de mi vientre, conectado al monitor, que registra el progreso de mis contracciones. La agitación que reina a mi alrededor me provoca siempre el mismo deseo: que me dejen sola. Me gustaría mucho que me dejaran sufrir sola.

Las horas transcurren en medio de un doloroso fluir de imágenes surrealistas. Veo a tres Walter en un rincón de la sala, sentado en tres sillas, leyendo tres libros. Luego, rostros inquietos. A cada contracción, concentro la mirada en una pequeña y curiosa letra impresa en una caja de guantes esterilizados cerca de mi cama. Fijo en ella la mirada intensamente, luego todo se vuelve borroso, y empiezo a contar en mi cabeza. Uno, dos, tres... Al llegar a diez, ya no sé lo que viene después, así que vuelvo a empezar.

A mi alrededor se preparan para una eventual cesárea, pero aún transcurren varias horas más. Finalmente, el médico trata de poner al bebé en buena posición. Un cuarto de hora más tarde intenta extraer su cuerpo con una ventosa. Un ejército entero está pisoteando mis entrañas. Son las 9.57 cuando me anuncian que el niño ha nacido. He perdido mucha sangre, es el parto más difícil que he conocido en mi vida de madre. Levantando penosamente los ojos hacia Walter, murmuro:

—Sabía que sería un niño. Es Gautier.

Cuatro meses más tarde alquilamos una confortable casa rústica, toda de piedra, en un pueblecito pintoresco de las Ardenas. Walter y yo queremos criar a los niños en la calma del campo, al aire libre. Distingo vacas por la ventana de la cocina, pájaros que atraviesan el cielo. Es el lugar ideal.

Y de pronto, en este paraíso, la moral se derrumba. El hecho de ocuparme de Noélie y de Gautier al mismo tiempo hace brotar a la superficie todos los recuerdos enterrados. Pasar del seno del pequeñín al chupete de la mayor... Cada gesto realizado para ellos me recuerda el mismo gesto hecho para los otros.

Mi cuerpo y mi espíritu están atados de una manera que no consigo comprender. Actualmente es mi cuerpo el que lanza llamadas de angustia. Levantarme por la mañana es una prueba insoportable. Siento una inmensa fatiga, y una incapacidad total para concentrarme. Comienzo una colada, me distraigo con cualquier cosa, y me lanzo a una nueva tarea en lugar de terminar la anterior. Luego me olvido también de lo que acabo de hacer. Tengo una tensión sanguínea muy baja, me falta el aliento, y las crisis de asma repetidas me agotan más que nunca. Placas de eccema me producen picor en la piel. Mi vista se deteriora. Tengo la impresión de ser un pingajo.

—¡Patsy! ¡Deberías meter tus cosas en las maletas que tienes ante tus ojos y marchar de vacaciones!

Seis meses de estupor. Dolores en la espalda hasta el punto que no puedo enderezarme. Los nervios, el estrés, la angustia. Todo mi cuerpo habla en mi lugar, y durante este tiempo no sirvo para nada, o casi. Un poco de trabajo en casa para la MCIN, pero Noélie y Gautier sorben la poca energía que me queda.

Estar atascada a medio camino de una montaña, sin poder seguir subiendo, ni volver a bajar. Ésta es la impresión que siento. Estoy desesperada, desamparada. Y tengo mucho miedo de no poseer ya fuerza para luchar. No me queda más que el malhumor. Por cualquier motivo, real o imaginario, me lanzo a una agresión verbal ininterrumpida. La legendaria paciencia de Walter es puesta a dura prueba. Él comprende que, detrás de estas llamaradas de cólera, se ocultan una frustración afectiva terrible y un agotamiento físico. Pero tiene miedo de que yo vaya demasiado lejos, y que nuestra relación se resienta por ello. Un día, efectivamente, voy demasiado lejos. Y, con todo, él me perdona.

Cada noche me duermo pensando en los niños, cada mañana me despierto pensando en los niños. Me doy con la cabeza en un muro de piedra, esperando horadar una abertura y pasar al otro lado.

Chaim se queja de la comida en la cárcel. Simon Friedman informa de ello a nuestro abogado.

—Recibe comida *kasher* todas las semanas, que viene de Amberes, pero no posee material para prepararla. Se ve obligado a calentar la comida a la llama de una vela. ¿No se le podría trasladar a Amberes? Sería más fácil allí traerle su comida diariamente.

Nuestro abogado no tiene intención de ocuparse de ello, y ni siquiera habla del tema a la fiscal. Sin embargo, un mes más tarde, Friedman le telefonea para darle las gracias. Chaim está en Amberes. ¿Quién ha pedido y conseguido su traslado? Nosotros no, ni la fiscal, que no estaba siquiera al corriente, y que organiza inmediatamente su regreso a Bruselas para que permanezca en una de las grandes prisiones próximas al palacio de justicia, donde debe comparecer regularmente.

Este incidente es revelador de los medios de presión de que dispone la comunidad hasídica.

La energía de la desesperación. Es todo lo que me queda. Dos mil días. Hace dos mil días que mis hijos fueron secuestrados. El pequeño Gautier me acompaña a los Estados Unidos, a casa de mi amiga Sabine. Walter se queda con Noélie. Tengo en la cabeza una estrategia desesperada.

Ponemos, Sabine y yo, nuestro talento en común para confeccionar una pancarta de madera, blanqueada con cal, y en la cual hemos escrito: «MIS HIJOS FUERON SECUESTRADOS HACE MÁS DE 2.000 DÍAS.» La frase está pintada en rojo vivo, salvo «secuestrados» y «2.000», que he pintado en negro.

Hemos pasado horas escribiendo un resumen del secuestro. Es claro, breve, y va ilustrado con fotografías de los niños. Poseo centenares de copias sobre papel amarillo vivo.

Voy a llevar esta pancarta en mi espalda, tomar el tren, el metro, instalarme en la Primera Avenida frente el edificio de las Naciones Unidas, en signo de protesta.

Hace un frío glacial, distribuyo mis prospectos amarillos a los transeúntes, el viento amenaza con llevarse mi letrero colgado a la espalda. Entonces lo sujeto a un árbol y continúo mi distribución. La gente evita cruzar la mirada conmigo. Me siento torpe e insegura. Un mendigo silencioso, que hace su manifestación solitaria. Un agente de policía me indica que estoy infringiendo la ley al manifestarme en el barrio de las Naciones Unidas. Me voy algo más lejos, y fijo la pancarta en una reja de hierro forjado.

Al final del día, aterida de frío, me dirigo al barrio de Manhattan donde los judíos negocian con diamantes. Esa vez, me esfuerzo para descubrir a los hasidim para tenderles mis prospectos. Soy más agresiva sobre el terreno. Obligo a la gente a coger mi papel, incluso aunque no quieran. No tengo miedo, no me importa pillar una pulmonía, o hacerme detener por los polis. No me importa nada, no me queda más que mi desesperación, pintada en letras rojas y negras, fotocopiada en hojas amarillas.

¿Qué otra cosa puedo hacer? He pasado revista a todas las posibles soluciones, con Sabine. Si no estuvieran Noélie y Gautier, habría hecho huelga de hambre. He dicho a los periodistas que iba a encadenarme a una sinagoga durante el *sabbat*. Que iba a esperar a la salida de una escuela hasídica y tender una flor a todas las madres que llevan a su hijo a la escuela.

Más de dos mil días, y me siento hundirme cada vez más en la locura.

18 de junio de 1992. Audiencia. Asistir a las audiencias se ha convertido en una costumbre. Chaim recurre cada decisión. Comparece aquel día para ser acusado de nuevo de delito conti-

nuado, pero él ha decidido asumir por sí mismo su defensa. Un viejo proverbio dice: «El hombre que se convierte en su propio abogado tiene a un imbécil por cliente.»

Chaim discursea durante horas, agotando la paciencia del tribunal. Para terminar, a la eterna pregunta: «¿Ha tratado usted de encontrar a los niños?», responde desagradablemente:

—¡Búsquelos usted!

El juez le fulmina con la mirada. Será declarado culpable, y condenado a dos años de prisión firme.

Simon Friedman, por su parte, continúa su labor de zapa:

—La religión de un niño le viene de su madre. Todo el mundo en la comunidad satmar sabe que usted no es judía; por eso tienen prejuicios ante los niños. Cuanto más religiosa es la familia, más severamente los juzgarán. Cuando sus hijas estén en edad de casarse, por ejemplo, no encontrarán nunca buenos maridos. Tendrán que hacerlo con hombres mayores, o simples de espíritu. Simon será tratado mejor porque es un chico, pero tampoco podrá integrarse perfectamente en la comunidad. Créame, más vale hacerlos adoptar por una familia menos religiosa... Le digo esto de todo corazón...

19 de octubre de 1992. Es el cumpleaños de Marina. Cumple trece años hoy. La edad difícil, la de los cambios en el cuerpo y en la mente. Si la encontrara ahora, no sería ya una niña. Es una adolescente. De repente, una idea se cruza en mi mente, fulgurante. ¡Marina ha tenido su primera regla! ¡Mi hija, tan mayor ya!

No consigo imaginar a mis hijos tal como deben de ser ahora. Han quedado fijados en mi memoria a la edad de siete, cinco y cuatro años de edad. Unos bebés.

Durante años, les han mentido. Cuando vuelvan a vivir conmigo, ¿cómo recuperar su confianza? ¿Cómo esperar que me crean, cuando toda su existencia ha estado basada en una mentira?

Friedman me da detalles cada vez más precisos sobre Marina. Por ejemplo, me cuenta una historia que supuestamente le ha referido su informador.

—En el momento de su *bar mitzva*, el jefe de la familia le ha ofrecido el par de pendientes tradicionales. Ella se negó a aceptarlos diciendo que le correspondía a su padre ofrecérselos, ¡y sólo a él!

Le escucho cada vez con más angustia. Y cuando vuelvo a la casa, todo lo que me ha contado atormenta mi espíritu. Soy una marioneta que él maneja a capricho. Marina crece, Marina no encontrará un «buen» esposo... Igual le ocurrirá a Moriah... Los satmar casan a sus hijas muy pronto...

Ahora ya sé a qué se parece la existencia de una esposa satmar. Su primer deber es traer hijos al mundo, cuantos más mejor. Un proverbio hasídico dice: «Después de diez, deja de contar.» Corresponde a la esposa controlar el modo de vida *kasher*, y todo lo que hacen o dicen los hijos. Éstos deben hablar *yiddish* en casa, y no inglés o francés, o cualquier otra lengua que, según la expresión de los satmar, es sólo una «lengua no judía».

La madre debe asegurarse de que todos sus hijos rezan las buenas plegarias antes de autorizarles a comisquear una galleta o beber un trago de agua. Cuando una niña llega a los trece años de edad, su madre debe vestirla con calcetines largos, mangas largas, faldas largas. Bajo su vestido exterior debe llevar también una combinación blanca de tela gruesa a fin de evitar que un malhadado rayo de sol revele la silueta de su cuerpo a través de la ropa. Este traje tradicional es utilizado tanto en verano como en invierno. La comunicación entre la madre y sus hijos se limita a órdenes o a prohibiciones. ¿Has hecho esto o aquello? No hagas esto o aquello.

Me imagino que Marina y Moriah no tienen derecho a montar en bici o a subir a un columpio, porque su falda podría levantarse. Supongo que Simon lleva largos *peyots* rizados. Sé que les han enseñado a denunciarse mutuamente por cualquier infracción a las reglas, por insignificante que sea.

Cuando Friedman me ha contado esta historia de los pendientes, es como si me hubieran dado una bofetada en la cara. Marina ha sido adoctrinada. Es tarde ya. Cuando encuentre a mis hijos, serán completamente prisioneros del estilo de vida de su padre. El rehén y el secuestrador acaban por establecer lazos extraños; se llama a eso el «síndrome de Estocolmo». El secuestrador se convierte en protector. Yo quizás he pasado a ser, en su mente, la extraña a la que odian, la que les abandonó, que no fue a buscarlos a tiempo…

Todas estas ideas me consumen el alma y el cuerpo, y no puedo expresarlas. Cuando le cuento la anécdota de los pendientes a Walter, lo hago en un tono desenvuelto, como si no me afectara. Desvelar mis sentimientos más íntimos sería darles una realidad que soy incapaz de afrontar. Prefiero la pesadilla silenciosa. Me aferro a la esperanza de que voy a despertar, de que todo es falso. Entonces, guardo mi angustia en lo más profundo de mí, en un universo secreto, oscuro y tumultuoso, que no puedo compartir con nadie.

Con demasiada frecuencia estoy de un humor insoportable, y me imagino que nadie conoce la razón de ello. Sin embargo, Walter sí la sabe. Un día, durante una conferencia sobre los niños secuestrados, después de que yo he hablado durante horas,

Walter explica en neerlandés lo que es el síndrome de Estocolmo, el miedo que este fenómeno engendra en los padres que buscan a sus hijos secuestrados. Y cuenta la historia de una niña y de un par de pendientes…

Lo sabe. Y le amo por eso. Pero, decírselo… soy incapaz de hacerlo. Por ello me derrumbo a veces brutalmente, en el momento más inesperado. En casa de unos amigos, de pronto, me desplomo como una masa, sacudida por los sollozos, histérica, delirando sobre los pendientes de Marina.

Eso me lo contaron después. Me desperté a la mañana siguiente en casa, completamente agotada. Me miré al espejo, vi que había llorado, pero no recordaba cuándo ni por qué lo había hecho. En dos mil días habré derramado millones de lágrimas. Están ahí, en mi interior, y sólo brotan a pesar mío, con violencia, en espantosos torrentes, y luego retornan al abismo. Aguas durmientes. Envenenadas.

42

ECO

Simon Friedman se quita la caspa del hombro, me hace entrar cortésmente en su casa como de costumbre, se instala, levanta los ojos hacia el techo, y adopta un aire grave:

—El problema, verá usted, señora Heymans... es que sus hijos son judíos. Nos resulta, pues, imposible devolvérselos.

—Le hago notar que si los niños han sido convertidos, esta conversión ha tenido lugar sin mi autorización, y basada en las mentiras de su padre.

—Sí, sí... quizás, sé que ha habido algunas irregularidades. Normalmente, el permiso de la madre es obligatorio... Normalmente... los niños deben ser lo bastante mayores para tomar esta decisión por sí mismos... Pero, pensándolo bien, esta conversión es un compromiso.

—¡Pero es que no son judíos, porque esta conversión es ilegal!

—Cierto... Cuando tengan dieciocho años les plantearemos la cuestión. Si no quieren ser judíos, les devolveremos la libertad.

—¿A los dieciocho años? No querrán ser cristianos, ¡puesto que ustedes no han dejado de decirles que todo lo que no es judío es malo!

—¡Oh, no, no! Recuerdo un caso... Hace de ello bastante tiempo. Un niño había sido criado por su padre para ser confiado a la comunidad. Se convirtió en uno de nuestros mejores estudiantes de teología, ¡realmente excelente! Pero a los dieciocho años le hicimos la pregunta: ¿Quieres ser judío, o quieres regresar con tu madre cristiana? Y él prefirió volver con su madre... Entonces le dejamos partir. ¿Ve usted?

¿Qué debo responder a eso? ¿Espera que voy a aguardar tranquilamente a que mis hijos lleguen, uno tras otro, a los dieciocho años? ¿Que voy a remitirme al juicio y a la compasión de algunos jefes satmar que decidirán si es posible, o no, liberar a mis hijos? Me cuesta retener la lengua ante semejante absurdo. Pero insultarle ahora sería comprometer gravemente mis posibilidades.

—Debo decirle también, señora Heymans, que las personas que se han puesto en contacto conmigo no están convencidas de que deban enviar a los niños a Bélgica o a Gran Bretaña... Prefieren conservarlos en los Estados Unidos. Por lo demás, es evidente que usted no los volverá a ver si la comunidad hasídica no consigue este «pacto de honor».

—Le hago notar que no estoy en condiciones de tomar esta decisión. Es la fiscal la que se niega. El tribunal para niños no aceptaría nunca este acuerdo.

—Comprendo.

—En cuanto a mí, tampoco puedo aceptarlo. Si Chaim sale de la prisión, ¿qué garantía tendría de volver a ver a mis hijos? E incluso, aunque lo aceptara, y me concedieran un derecho de visita, ¿cómo hacer para verlos?

—¡No tendría más que ir a los Estados Unidos!

Es sencillo evidentemente ir a los Estados Unidos cada fin de semana y cada período de vacaciones escolares. ¡No tengo más que tomar el autobús!

—Voy a decirle lo que creo, señor Friedman. En realidad, tratan ustedes de tenerme lo más lejos posible de mis hijos. ¿Ha pensado usted por un momento que yo podría ir a instalarme allí? Lo haría sin dudar, para verlos. Y en este caso, ¿qué harían ustedes? ¿Los enviarían a Australia? ¿Al Japón?

Me mira con la boca abierta, fijamente. Me siento mejor. Esta vez ya basta. Friedman ha visitado a Chaim mucho más de lo que confiesa, en la sala reservada a los abogados, donde le ha visto cara a cara. Nadie sabe lo que han podido maquinar los dos. Además, todos los argumentos que expone son estúpidos. Cuando un chico ha cumplido su *bar mitzva* es considerado como judío sean cuales sean las circunstancias de su conversión. En cuanto a las chicas, si hay que esperar que tengan dieciocho años, las habrán casado antes, ¡y yo seré abuela antes de haberlas vuelto a ver!

Cuando Friedman se presenta en la cárcel para ver a Chaim unos días después, es cortésmente informado de que la fiscal señora De Vroede le ha suprimido el derecho de visita.

En el gabinete de abogados De Backer y asociados se ocupan de nuestro caso, y saben que toda llamada referente a los niños Yarden puede ser importante... El profesor Buysschaert coge el teléfono y oye una voz ronca, apenas audible.

—Es referente a los niños Yarden... Tengo contactos en Amberes. Puedo obtener información. ¿Le interesa?

—Sí, me interesa.

—No puedo darle detalles por teléfono. Venga a Amberes, al barrio de los diamantes, hay un restaurante *kasher* donde podremos discutir tranquilamente, y al abrigo de los indiscretos.

—Pero ¿cómo reconocerle?

—Yo le reconoceré...

El profesor Buysschaert no es detective privado. Estas citas clandestinas no son su tarea diaria. Antes de dirigirse a Amberes informa a la fiscal. Deciden entre ambos no poner al corriente a la policía de momento. Más vale asegurarse de que no se trata de un falso soplón, o de otra broma de mal gusto como las que ya hemos padecido.

El restaurante que le ha indicado su comunicante está situado muy cerca de la casa de Simon Friedman. Nuestro abogado trata de aparcar, le cuesta encontrar una plaza y llega finalmente un cuarto de hora tarde. El restaurante *kasher* dispone de una sala donde preparan comida, y de otra sala reservada a la clientela, separada en dos zonas. Las mujeres a un lado, los hombres al otro. Cada zona dispone de un lavabo, a fin de que los clientes pueden enjuagarse las manos entre cada plato, o antes de tocar el pan.

El profesor Buysschaert mide un metro ochenta y cinco, viste traje gris claro, y desentona completamente en este lugar. Se sienta y espera. Pasan unos minutos, y luego un hombrecillo de edad indefinida viene a reunirse con él. Es delgado, nervioso, su traje negro está mal cortado, y lleva en la punta de la nariz unas gafas rectangulares, sin montura, que oscilan a cada paso.

Es la misma voz áspera del teléfono. En una mezcla de neerlandés y francés, el hombrecillo se explica. Dice estar en contacto con algunos jefes satmar, de los que ayudaron a Chaim a ocultar los niños. En su opinión, este asunto constituye, desde hace algún tiempo, un obstáculo para el buen nombre de la comunidad. Más valdría, dice, por el «pueblo satmar», que estos niños cristianos fueran devueltos a su madre. No hace esto por justicia, ni por su madre, sino simplemente porque estos niños no son judíos.

—Los niños Yarden no tienen ningún valor para la comunidad...

—¿Por qué no se ha dirigido a la policía?

—Ya lo he hecho. Dos o tres veces. Pero la gente con quien he hablado no parecía interesada.

Al profesor Buysschaert no le queda más remedio que mostrarse de acuerdo. El inspector belga encargado del caso no ha conseguido nada.

—¿Sabe usted dónde están los niños?

—Bien, no. Todavía no. Pero conozco a personas que sí lo saben.

—Mucha gente nos ha telefoneado para decirnos lo mismo, y no hemos llegado a ninguna parte. Tendremos que verificar sus informaciones.

—Por supuesto. Pero debo advertirle que mi reputación está en juego. Si descubren que he ayudado secretamente a la familia Heymans, mi propia familia será marginada, y yo sufriré represalias. Se trata de mi seguridad personal, ¿comprende usted?

—Le aseguro que su identidad no será revelada. Aquí tiene mi número de teléfono personal, donde podrá ponerse en contacto conmigo directamente, sin intermediarios.

Los dos hombres fijan otra cita en un lugar más anónimo que este restaurante *kasher* situado en pleno centro del negocio de los diamantes. La próxima vez se encontrarán en el aeropuerto de Bruselas. Nuestro abogado esperará al hombre en la librería del aeropuerto. El informador pasará por delante de él sin detenerse, y se encontrarán en el aparcamiento, para discutir en el coche del profesor Buysschaert.

—Le llamaré en cuanto tenga información.

—¿Qué quiere usted a cambio de esta información?

—Nada. Se lo repito, los niños Yarden no tienen ningún valor para nosotros. Le llamaré, no tema, le diré lo que he averiguado cuando lo haya averiguado.

Soy convocada al despacho de la fiscal, y allí el profesor Buysschaert me comunica las noticias. Lo curioso es que este hombre pretende haber contactado con la policía, sin resultado. De momento, la presencia de esta nueva pieza sobre el tablero permanecerá en secreto. El hombrecillo de la voz áspera llevará entre nosotros el nombre en clave de «Eco».

43

EL RELATO DE SARAH

Este verano la señora Jacobovith nos deja ir a un campamento de vacaciones en las Catskill, durante cuatro semanas. Allí jugaremos. Me gusta mucho jugar, pero lo que más me gusta es estar en libertad.

Cuando vuelva, será Rachel la que partirá para el segundo período de vacaciones, hasta el final del verano. A continuación, nos contaremos lo que hemos hecho allí.

44

LA APROXIMACIÓN

Es un miércoles por la mañana, a finales del mes de agosto de 1992. La voz áspera de «Eco» habla con el profesor Buysschaert por teléfono.

—Venga pronto. Es urgente.

Se encuentran en el aparcamiento del aeropuerto, como estaba convenido. Eco camina delante, silencioso. No mira siquiera detrás de sí. Ha subido a un viejo coche Peugeot azul celeste, y nuestro abogado se sienta a su lado en el lugar del pasajero.

—Ya está. Los niños están en un campamento de vacaciones en las Catskill, Nueva York. Se quedarán allí hasta el domingo. Los han confiado a la familia Golberg.

—¿En qué lugar exactamente?

Eco escribe un nombre, «South Fallsburg», en un pedazo de papel.

—Es un pueblecito, lo atraviesan ustedes, siguen la carretera hasta un cruce; el campamento está muy cerca de allí.

El profesor Buysschaert se pone en contacto conmigo rápidamente para contarme la breve entrevista con Eco. Este nombre en un papel, esta precisión, aceleran mi corazón. No tenemos ningún medio de verificar la información, pero no puedo dejar pasar esta ocasión. Ha dicho hasta el domingo. El miércoles por la noche telefoneo a mi amiga Sabine para advertirla de mi llegada y sobre todo para que ella se dirija, con Paul, su marido, a South Fallsburg en coche. De esta manera habrán visto ya los alrededores antes de mi llegada, y ganaremos tiempo.

Llamo también a Jim Stanco a Albany, para explicarle rápidamente la situación:

—Llego mañana, ¡pero no hay que avisar a la policía local, Jim! En Monsey estoy segura de que nos traicionaron ya una vez. Tengo demasiado miedo de que eso ocurra otra vez. Y además, tendré que volver a explicar la historia, y perderemos un tiempo precioso.

—De acuerdo, voy a prevenir a la de Nueva York.

Durante el despegue, mientras el avión se encarama al cielo, me invade una oleada de optimismo. ¿Las Catskill? Me pregunto qué aspecto tendrá este lugar. ¿Esta vez es la buena? ¿Están allí? ¿Tendré bastante tiempo?

Jueves noche, en casa de Sabine y Paul, escucho el informe de la localización que han hecho ese mismo día. No han visto a los niños, pero en cambio han podido observar la presencia de muchas familias hasídicas. Éstas deben frecuentar este lugar regularmente por las vacaciones. La esperanza da un nuevo salto. El gran día quizás ha llegado.

Jim Stanco ha hecho lo posible para prepararlo todo. Un miembro de la policía del estado de Nueva York llama aquella misma noche para fijar una cita en Monsey a la mañana siguiente. Viernes por la mañana. Sabine me lleva en coche a la comisaría de policía de Monsey. Analizamos detalladamente las informaciones proporcionadas por Eco. Sufro un interrogatorio llevado según el método del poli bueno y el malo. Uno de los policías observa:

—¿Las Catskill? ¡Eso es muy grande!

—Tengo el nombre de un pueblo: ¡South Fallsburg! Y el de una familia: ¡los Goldberg!

La reunión dura varias horas, yo estoy agotada y con los nervios deshechos, se trata para ellos de determinar si las informaciones son suficientes para desencadenar una operación de búsqueda. Es demasiado tarde hoy, pero nos queda el fin de semana. Dos días para encontrar a los niños.

Finalmente, se toma la decisión. La operación es lanzada. Alquilo un coche. Paul, que conoce bien la región, me acompañará.

La velada es larga. Sabine hace lo que puede para mantenerme ocupada y distraída. Yo pataleo de impaciencia. Sin el cambio horario, que me abruma repentinamente, no hubiera podido dormir.

Sábado por la mañana, cita en el cuartel de Monsey. Un coche de aspecto corriente nos precede hasta un aparcamiento, donde dejo el mío. Luego subimos a una furgoneta de vigilancia, de cristales ahumados. El interior está acondicionado como puesto de mando móvil, con un periscopio, un equipo de radio y vídeo que permite a los policías imprimir cualquier videograma en papel. Hay incluso lavabos.

El chófer tiene un aspecto informal, pendiente y cola de caballo, y viste cazadora de piel. Su colega lleva el pelo corto, y está recién afeitado. Ninguno de los dos lleva uniforme.

Partimos con ellos en dirección al norte del estado de Nueva York, las Catskill. El viaje hasta South Fallsburg me parece interminable. El conductor distingue la bifurcación indicada por Eco. Hasta ahora la descripción es exacta, no queda más que encontrar el campamento de la familia Goldberg. Si no hubiera más que un solo campamento, sería sencillo. Por desgracia, hay un gran número de ellos en esta región. Hay que visitarlos uno por uno.

El chófer de la «cola de caballo» deja su lugar a su colega de aspecto más clásico, menos chocante para los hasidim. Él se reúne conmigo en la parte trasera, y la furgoneta penetra lentamente en el primer campamento. Nos detenemos delante de una barrera, Paul y el conductor bajan para pedir informaciones banales sobre el precio del alquiler, las reservas y observan a su alrededor.

Los hasidim, incluso en vacaciones, permanecen aislados. Se llevan su comida *kasher*, y no se mezclan con los demás judíos, menos religiosos que ellos. Por eso, toda presencia extraña es sospechosa. Van, por tanto, a desconfiar de estos dos hombres evidentemente no hasídicos, que llegan a su campamento cerrado. Más grave todavía: estamos en sábado; es el día del *sabbat*.

Yo permanezco oculta en el interior de la furgoneta, los ojos pegados al periscopio, que maniobro con una prudencia extrema, aterrorizada ante la idea de que alguien pueda notarlo desde el exterior. Escruto los rostros de los niños, todos los rostros de niños, comparándolos con las fotos de los míos, colocadas sobre mis rodillas. «Cola de caballo» comprende mi extrema angustia y susurra:

—Tómese su tiempo… sobre todo, no se apresure.

Los nervios a flor de piel, los ojos pegados a la lente, tengo miedo de perderme algo, una silueta, un rostro, que la sangre me late en las sienes. Nada. Al cabo de media hora, Paul y el chófer vuelven a subir a la furgoneta, y nos dirigimos a otro campamento. Luego a otro, y a otro. Este lugar es un verdadero nido de hasidim en vacaciones.

De repente, un grupo de tres niñas atrae mi atención. Dejo el periscopio para observarlas mejor a través del cristal ahumado, levantando ligeramente el borde de la cortina. Mi mirada pasa nerviosamente de la fotografía a las niñas. Ésta de la izquierda, bajita, más fuerte, ¿no será Marina? Tiene los cabellos morenos, y una hermosa sonrisa, algo en su comportamiento la distingue de las otras. Los gestos más libres, la actitud más desenvuelta, como si no se preocupara de que se le vieran las piernas, entre los calcetines y el vestido... Quizás sea ella.

—Tómese su tiempo...

Con el periscopio enfoco la frente, luego los ojos, lanzo una ojeada a la foto, rápidamente, para comparar la imagen. Esos no son los ojos de Marina... No es su barbilla. La prueba más evidente es que mi corazón tampoco la reconoce.

La búsqueda desesperada prosigue durante todo el sábado, y al final del recorrido por los campamentos tengo una migraña espantosa.

Por la noche continuamos las investigaciones en el interior de un parque de atracciones. Esta vez nos paseamos a pie. La gente se fija en nosotros, claro, pero todos los rostros de niños con que me cruzo no me dicen nada. Desesperadamente nada.

En el momento en que subimos al coche, la radio de la policía chisporrotea una información. Han avistado a un coche que abandonaba el sector a gran velocidad. El conductor es un hombre, y lleva una niña sentada delante, y otra detrás, más joven. ¿Por qué un hasid se habría apresurado a salir de un lugar de vacaciones con tanta prisa un sábado? ¿Están haciendo desaparecer a los niños, después de habernos descubierto?

La caza comienza. Otros policías se suman al primer vehículo que ha descubierto al «fugitivo». Se ha anotado el número de matrícula, y el ordenador ha proporcionado el nombre del propietario del coche: Goldberg.

El capitán de policía elabora un plan que evitará que nos pongamos en situación ilegal, y me permitirá ver a los niños de cerca. Vamos a interceptar al vehículo, con el pretexto de que el coche se corresponde con el de un conductor denunciado por un delito de fuga, por un testigo, yo. Así podré acercarme más a los niños.

La caza dura unos minutos, luego el coche se detiene, tras un aviso de los faros de la policía. Mientras dos hombres verifican el permiso de conducir y los papeles del conductor, me hacen bajar para examinar el vehículo. Yo le doy la vuelta, con lentitud, el corazón latiendo desesperadamente. Las dos pequeñas del interior me observan, evidentemente, veo perfectamente su rostro.

Ni Marina, ni Moriah. Hago un gesto negativo con la cabeza. Los policías piden excusas al conductor, y todo el mundo se marcha. La decepción es dura. «Siento» la presencia de los niños en este lugar. Creo en ella, sin ninguna confirmación objetiva. Eco ha dado un itinerario exacto, estamos en agosto, los hasidim disfrutan sus vacaciones en esta región, es evidente. Hay niños por todas partes. Los míos están en algún lugar por aquí. Hemos pasado quizás a pocos metros de una cabaña de vacaciones donde Marina, Simon y Moriah observaban el *sabbat*. Jugaban quizás detrás de los árboles, o dormían en el momento en que nos hemos acercado.

Mañana domingo vamos a empezar de nuevo. Es nuestra última posibilidad. Eco dijo claramente: «Hasta el domingo.» Esta vez la policía local nos proporciona su apoyo, y organiza una barrera en la carretera principal que lleva de Nueva York a las Gatskill. Efectuarán un control de rutina, verificando las placas de matrícula y las cartas grises, mientras yo inspecciono a los niños. Hubiera debido llevar uniforme de policía para facilitar la operación, pero no hemos obtenido la necesaria autorización, por falta de tiempo. Voy a fingir, pues, que aprovecho la barrera de la policía para distribuir prospectos de información sobre la prevención de la droga.

Durante seis horas, la policía detiene a todos los vehículos, que circulan tanto en un sentido como en el otro, y reparte multas, por no presentación del permiso, o sellos caducados en él, cinturones no abrochados, y otras infracciones, mientras yo atravieso la carretera corriendo de un coche a otro y haciendo bajar el cristal cuando tiendo mis prospectos... Lo peor son los coches de vacaciones, atestados de niños hasídicos. No puedo distinguirlos a todos. Percibo la fisionomía sólo al azar de los movimientos, de las miradas que se vuelven hacia mí. Quisiera subir al interior y gritar: «¡Marina! ¡Simon! ¡Moriah! ¡Soy Patsy! ¿Dónde estáis?

Pero eso es imposible, imposible.

A última hora de la tarde, un coche se detiene en la barrera como los demás, y luego vuelve a arrancar de pronto. Los policías gritan, el conductor frena, y todo el mundo se precipita. No hay niños en el interior, el conductor había interpretado mal la señal de un policía. Este domingo desesperante, en plena canícula, me ha consumido las fuerzas. Al final de esta jornada no he cosechado más que una peligrosa insolación. Y un vacío en el corazón.

Un mes más tarde, el inspector Jean Dooms, de la policía judicial belga, se hace cargo de la investigación. El caso le parece importante, ha hecho mucho ruido en los medios de comunicación. Opina que no hemos sido suficientemente ayudados por la policía hasta ahora, y además se siente solidario. Dooms es padre de dos chicos mayores, es un hombre extraordinariamente enérgico y dinámico. Su sonrisa es contagiosa, y tiene un gran sentido del humor.

De entrada, le encuentro simpático, y me inspira confianza. Estudia cuidadosamente todos los aspectos de estos seis años de investigaciones infructuosas, y descubre especialmente que algunas informaciones han sido extrañamente disimuladas, como si alguien situado a cierta altura del Gobierno no quisiera correr el riesgo de enfrentarse con la comunidad hasídica. Por ejemplo, un informador de Amberes se ha puesto varias veces en contacto con la policía judicial, sin que nadie haya explorado esta pista. ¿Por qué? Dooms no quiere hacer olas, y decide continuar la investigación discretamente, pero esta vez con todo conocimiento de causa, y recogiendo todas las informaciones posibles sobre los hasidim. Trabaja sin establecer contacto con Chaim, a fin de no hacerse notar. Mientras tanto, nuestro abogado sigue hablando con Eco, y trae informaciones que, según su comunicante, son perfectamente comprobables.

—Un grupo de rabinos fue a visitar a Chaim en la prisión. Discutieron sobre la posibilidad de un divorcio religioso entre él e Iris Buttel. *A priori*, esto no concierne directamente a nuestro caso, pero es interesante. Chaim siempre ha negado que se hubiera casado con Iris, cuando nosotros sabemos que este matrimonio tuvo lugar.

Eco es un confidente de primer orden. El profesor Buysschaert consigue convencerlo de que se entreviste con Dooms. Yo no asisto a este encuentro, evidentemente. Dooms me lo cuenta:

—Nos probamos mutuamente. Al final de nuestra conversación, Eco acabó por decirme: «Los niños están en Nueva York.» Yo le pregunté: ¿Dónde, de Nueva York? ¿En la ciudad de Nueva York o en el estado de Nueva York? Por desgracia, no pudo concretar más.

Principios de noviembre de 1992. Dooms marcha a los Estados Unidos, a la maratón de Nueva York. Su mujer le acompaña. Aprovecha este viaje para llevar a cabo una investigación oficiosa sobre el asunto Yarden, y se entera de algo interesante. Las tarjetas de identidad israelíes de los niños llevarían un número de código que los identifica como «no judíos». Quien esté familiarizado con las tarjetas de identidad israelíes, y eso pasa con cualquier rabino satmar, podría darse cuenta fácilmente de ello. Cuando el rabino Tauberg me pidió, tras el arresto de Chaim, que yo probara que mis hijos no eran judíos, su petición era, pues, perfectamente inútil, y él lo sabía.

Los dos policías Tony Crook y Mike Hollander se encuentran con Dooms en Nueva York. Dooms habla mal el inglés, pero su mujer lo habla fluidamente y le sirve de intérprete. El que todos estos hombres investiguen nuestro caso es de un valor incalculable. Ya no estamos solos.

Crook y Hollander comparten las sospechas de Dooms. La comunidad hasídica ejerce cierta influencia sobre muchas policías locales. Hay que apuntar, así pues, más arriba en la jerarquía policial americana para confiar en conseguir ayuda, y todos pensamos en el FBI. Hace algunos años tratamos de obtener su colaboración, pero en vano. Los niños no eran ciudadanos estadounidenses y el FBI no podía intervenir. Siempre he considerado este argumento como una excusa.

Dooms piensa que yo no tenía ninguna posibilidad presentándome ante el FBI en tanto que soy simple ciudadana belga. Tiene otra idea, con la cual la fiscal señora De Vroede está de acuerdo. Juntos, provistos de un montón de documentos legales, establecen contacto con dos agentes del FBI que tienen su base en Bruselas, y están encargados de los asuntos que conciernen al Benelux. Tras una larga discusión, los dos agentes aceptan cooperar, pero no de muy buena gana... Dooms me cuenta así la entrevista:

—Mi mujer, Malou, hacía de intérprete. Me di cuenta al cabo de un momento de que, en realidad, esos dos tipos habían seguido el asunto desde el principio y que no habían intervenido, convencidos de que la familia Heymans tenía suficiente dinero e influencia para actuar sin su ayuda. Saben que usted ha pagado a detectives privados, que su padre contactó con servicios americanos de *motu proprio*, y eso les molestó. En resumen, éste era su sentimiento: «Jacques Heymans, el padre, querrá controlar el desarrollo de la investigación; en cuanto a la hija, Patricia, no resulta más interesante; es sólo una niña rica, demasiado mimada por su familia.»

Este retrato psicológico terminante de mi padre y de mí misma no resulta muy agradable de oír. Tanto más cuanto que no tiene base. Mis padres casi se han arruinado en esta historia. Mi padre sufre actualmente problemas cardíacos, y no puede desempeñar un papel activo en las investigaciones. Ya es el colmo que su influencia, sus relaciones de negocios, hayan podido jugar un papel negativo en la actitud del FBI.

Dooms ha convencido a los dos agentes de que no intervenía cerca de ellos en nombre de mi padre. Ahora sólo le queda encontrar el medio de implicarlos activamente en la investigación. Por lo general, Dooms no trabaja con informadores de la policía judicial. La experiencia le ha demostrado que demasiado a menudo se trata de individuos turbios y ávidos de recompensas o de favores. Pero resulta que un confidente ha transmitido una información, sin relación con nuestro caso, pero que podría servirle de moneda de cambio con el FBI.

Realiza una investigación basada en el informe del confidente. Se trata de un hombre, Edwar Lorenz, de cuarenta y cinco años de edad, nacido en Endicott, estado de Nueva York. Se dice que mantiene relaciones con los neonazis, que habría incluso acentuado su parecido físico con Adolf Hitler. En 1987 había sido condenado, en Alemania, por la violación de su hija de doce años. Después de algún tiempo en prisión fue extraditado a los Estados Unidos, en noviembre de 1988. Pero vive actualmente en Bélgica, en la ilegalidad, refugiado en una caravana, en Eupen, cerca de la frontera alemana. El confidente pretende que cuando vivía en Richmond, Virginia, en un motel, Lorenz mató a su hijita de tres años, Eva, y consiguió disimular el crimen como un accidente.

Dooms es el único depositario de esta información, y se dice que podría entregar a este hombre al FBI a cambio de su colaboración en el asunto Heymans... Pone a dos de sus hombres a vigilar a Lorenz. Eupen se encuentra fuera de la jurisdicción de Dooms, así que debe esperar a que el hombre venga a Bruselas para poder actuar.

Poco tiempo después, Lorenz se dirige a la capital, como hace regularmente, y es detenido inmediatamente. Dooms le somete a un interrogatorio intenso, pero no consigue ninguna confesión sobre la muerte de la niña, aunque sí un indicio. El hombre pretende que su hija murió accidentalmente, y que está enterrada en un cementerio de Virginia, cuyo emplazamiento facilita.

Dooms le encarcela por situación irregular en Bélgica, y lleva la información a los dos agentes del FBI. Realizada la comprobación, el cementerio en cuestión no alberga ninguna tumba a nombre de la pequeña Eva. Así pues, Lorenz ha mentido. Y en Richmond, Virginia, la policía establece una relación entre un asunto archivado por falta de pruebas y la historia de este Lorenz. En enero de 1990, unos cazadores encontraron en un bosque el cráneo de un niño que jamás pudo ser identificado. Este cráneo mostraba las huellas de múltiples golpes. La oficina de medicina legal de Virginia reconstruye un modelo de arcilla a partir del cráneo de este niño. Luego, gracias a las informaciones de Dooms, se encuentra a la ex mujer de Lorenz, que identifica la estatua de arcilla. Se trata de la pequeña Eva.

La investigación se desarrolla con rapidez en los Estados Unidos, pero Dooms no puede mantener a Lorenz más de veinte días en prisión, sólo con la acusación de estancia ilegal en Bélgica. Una decisión administrativa autoriza la expulsión. Lorenz es extraditado a los Estados Unidos, donde es inmediatamente acusado del asesinato de su hijita.[1] Se declarará no culpable...

La estrategia de Dooms se demuestra eficaz. Esta horrible historia de un niño, dilucidada por él en beneficio del FBI americano, les permite a los dos agentes de Bruselas transmitir el asunto Yarden a la oficina correspondiente del FBI en los Estados Unidos.

Es extraño cómo el destino de una niñita, muerta espantosamente por su propio padre en los Estados Unidos, incide en el de mis hijos. Dooms es una especie de Zorro para mí. Acaba de obtener lo que esperábamos desde hace tanto tiempo, la ayuda del FBI.

Enero de 1993. La agente Hilda Kogut, del FBI, estudia el dossier de Dooms. El asunto le ha sido confiado por varias razones. Esta mujer policía conoce perfectamente la región del condado de Rockland donde se ubican numerosas comunidades satmar. Es también especialista en casos de malos tratos y sevicias infligidos a niños. Durante varios meses ha trabajado en un caso similar al nuestro, concerniente a un pequeño desaparecido cuya madre acusaba a un rabino de secuestro. Era en 1992.

Nuestro caso es mucho más antiguo. La última dirección conocida de los niños se sitúa en Monsey, donde se sabe que vivieron hace cinco años. Si Eco tiene razón, están ahora en alguna parte de la región de Nueva York.

Me entrevisto con Hilda Kogut en su despacho del FBI de Newburgh, Nueva York. Al preparar mi viaje, hago algo que quería hacer desde hace mucho tiempo. Puesto que debo renovar el visado para los Estados Unidos, voy a pedir al consulado estadounidense de Bruselas que inscriba en él el nombre de los niños. Una empleada activa examina todos los documentos que le presento, y constata que estoy legalmente separada de mi marido, pero que el divorcio no ha sido dictado. No he tenido ni el

1. El 8 de octubre de 1993, Lorenz fue condenado a veinte años de prisión por homicidio involuntario. *(N. de la a.)*

tiempo ni los medios económicos de iniciar el procedimiento legal, y estaba demasiado traumatizada por el secuestro y las investigaciones para dedicar dinero y tiempo a la regularización de mi estado civil. Las dificultades empiezan.

—¿Quién tiene la custodia de los niños?

—Yo.

—¿Tiene usted intención de dirigirse a los Estados Unidos?

—Evidentemente, es por eso que necesito un visado.

—Lo lamento, señora, pero nos es imposible conceder un visado a nombre de sus hijos sin el consentimiento de ambos progenitores. Nos hemos encontrado ya en este tipo de casos, hace unos años, y desde entonces... es imposible.

Siento que el nerviosismo se apodera de mí. Lo absurdo de esta situación me irrita.

—Mire, soy la señora Yarden. ¡Hubieran ustedes debido aplicar estas medidas hace unos años, en efecto! Cuando mi marido secuestró a mis hijos, obtuvo, sin dificultad aparentemente, un visado para ellos. ¿Y ahora me niega usted ese mismo visado?

—Perdóneme... Por favor... Espere un segundo, si no le importa.

Va a consultar con su jefe, mientras yo espero febrilmente en una antecámara. Finalmente llega un responsable, hace algunas preguntas, y concede el visado solicitado para mis cinco hijos y para mí misma. Marina, Simon, Moriah, Noélie y Gautier son inscritos conmigo en este documento.

Heme aquí sentada ante una ancha mesa de conferencias respondiendo a las preguntas de la agente Hilda Kogut y de otros varios agentes del FBI. Tengo un miedo horrible ante estos rostros serios, inquisidores, que esperan de mí que los motive para recuperar a mis hijos. «Motivarlos», es el consejo de Dooms antes de partir. Serles simpática, convencerles de mi buena fe, de las mentiras de Chaim. Describirles esta investigación de seis años, dolorosa y angustiante, durante la cual he sido empujada de un lugar a otro en la comunidad hasídica como un muñeco. Y luego decirles la verdad, también. Toda la verdad. Me lanzo:

—Ignoro lo que pensarán ustedes, pero yo sospecho de la policía de Monsey de aquella época. Pienso que advirtieron a Chaim de que íbamos en su busca.

No parecen muy sorprendidos. La agente Kogut sabe que Monsey es una pequeña ciudad donde la influencia hasídica es poderosa.

—Vamos a hacer copias de las fotos de los niños, y la llevaré a usted a Monsey. Allí daremos un pequeño paseo turístico…

No tengo muchas ganas de hacer turismo en Monsey, pero la agente Kogut me convence de ello. Me pregunto por un instante si no trata con ello de probarme. Esta mujer es mi última esperanza después de seis años de fracasos. ¿Le soy simpática? ¿Me comprende? A fuerza de contar mi historia con Chaim, tengo a veces la impresión de que la gente se dice: «A fin de cuentas, ella misma se buscó los problemas; que se las arregle sola…», y ello aumenta mi dificultad para expresar mis sentimientos a los demás. Debo de parecerles seca, dura, rígida, mientras el dolor me destruye interiormente desde hace tantos años.

Durante el trayecto en dirección a Monsey, sentada al lado de la agente Kogut, no digo nada, incómoda. Una obsesión me domina: «motivar»… Ella conduce deprisa, con habilidad, eludiendo los embotellamientos. Me muestra escuelas, casas hasídicas, de la comunidad de Monsey.

—Yo crecí aquí…

No me había dado cuenta de que era judía. Un rostro dulce. Es muy bonita. Sus ropas son algo masculinas, debido a su trabajo, pero ella es en realidad muy femenina.

—¿Ve usted esta escuela satmar? Yo fui a ella. Antaño la llamábamos escuela elemental de Monsey, pero ahora se llama «Beth Rochel». Tenemos buenas razones para pensar que sus hijas asistieron a ella, igual que yo.

Comienzo a relajarme, y a contarle algunas de las experiencias insensatas que viví al margen de esta comunidad. La mujer rompe a reír alegre y espontáneamente. Luego me cuenta a su vez lo que está autorizada a divulgar sobre el asunto del que acaba de ocuparse. El FBI arrestó en Monsey a un rabino y a su mujer, sospechosos de estar implicados en el secuestro de un niño llamado Shai. En el momento del arresto, los agentes se encontraron bloqueados en las calles de Monsey por una multitud de hasidim encolerizados. Tuvieron que sacar las armas para abrirse paso. La mujer del rabino utilizaba un bebé de tres semanas como escudo para impedirles avanzar.

—Nadie fue herido, por suerte, pero el FBI comprendió en aquella ocasión hasta qué punto esta gente se muestra solidaria frente a los extraños.

Hilda y yo comenzamos a apreciarnos. Al dejarme delante de la casa de Sabine me hace una promesa:

—¡Haré todo lo que esté en mis manos para ayudarla!

Al encontrarme con Sabine aquella noche no presto demasiada atención a lo que está haciendo. Pinta una figurilla de tierra, una vaca, de pelaje negro y blanco. Por lo general, nos distraemos de este modo después de la cena. Pintar objetos, utilizar las manos. Con ella he aprendido cómo librarme del estrés.

Sabine tiene un aire realmente ocupado esta noche, espera gente, no deja de telefonear, de ir y venir, luego llega con globos de todos los colores. Inmersa en mis reflexiones, no me doy cuenta de nada. De pronto oigo llegar a los invitados, surgen alrededor de mí cantando:

—*Happy birthday to you... Happy birthday to you*, Patsy...

¡Había olvidado completamente que cumplía treinta y dos años hoy! La vaquita pintada estaba destinada a mi colección de figurillas que no cesa de aumentar. Es tan amable, me siento tan conmovida por esta atención... Sabine y Paul me sostienen, me acogen desde hace mucho tiempo. Saben que para mí no hay más que tres regalos en el mundo. Tres caritas.

23 de enero de 1993. Bruselas. Eco informa a Dooms:

—Dentro de tres días, a las diez de la mañana, Yarden va a recibir la visita de un hombre en la cárcel. Es muy importante. No sé si es él quien tiene a los niños. En todo caso, es la clave para llevarles hasta ellos.

Dooms contacta con los guardianes de la prisión, y se entera de que el visitante anunciado es alguien llamado Jacobovitch. Desconocido en el batallón.

El 26 de enero, poco antes de las diez de la mañana, un taxi se detiene frente a la prisión Saint-Gilles, de Bruselas. De él baja un hasid. Presenta su pasaporte al control de visitantes, indicando su identidad: Jacobovitch. No se fija en el inspector Dooms, parapetado detrás de la guardia. Mientras le llevan a la sala de espera, Dooms verifica el pasaporte. La única información útil que figura en él es su nombre de pila: Aaron. No se señala ninguna dirección. Dooms hace una fotocopia del documento.

Terminada la visita, Jacobovitch recupera los papeles, sale de la prisión, y toma por la avenida Ducpetiaux. Camina con paso rápido, y pasa por delante de Dooms, sin desconfiar. Es fotografiado discretamente al pasar. Un equipo le sigue hasta el hotel. Se sitúan hombres en las proximidades.

Dooms espera que este Jacobovitch establezca contactos en Amberes, que se encuentre con Friedman, por ejemplo, lo cual permitiría acusar al hombre de negocios dulzón y manipulador. Pero Jacobovitch permanece solo. Hacia las seis de la tarde, paga su factura del hotel, y toma un taxi para ir a la estación. Varios coches de la policía de aspecto corriente le siguen, relevándose.

La persecución por parte de inspectores de paisano llega hasta el tren, donde tienen que abandonarla al llegar a la frontera de los Países Bajos.

Dooms se entera por el hotel que Jacobovitch ha telefoneado a Amsterdam. Ha llamado a un abogado que tiene la reputación de pedir unos honorarios tan caros como dudosos son sus asuntos.

En Nueva York, Hilda Kogut ha emprendido la verificación sistemática de todos sus contactos. Ha hecho retocar por los especialistas las fotos de los niños, a fin de darles un aspecto más adecuado a su edad actual. Los técnicos han añadido unos *peyots* al rostro de Simon.

Provista de estos nuevos retratos, la agente Kogut recorre las calles de la comunidad satmar, al volante de su coche, escrutando cada rostro de niño al pasar. Pero este trabajo es terriblemente frustrante, pues todos se parecen. ¿Cómo distinguir a los míos, entre la cohorte de pequeños hasidim vestidos del mismo modo, llevando las mismas gafas, los mismos vestidos largos…?

El hecho de ser una mujer complica su misión. A los hasidim no les gustan las mujeres independientes…

Finalmente, después de seis años de falsas pistas y de esperanzas frustradas, la suerte nos sonríe. Un nuevo informador hace su aparición en el rompecabezas. Nombre en clave: «Samaritano.»

45

EL BUEN SAMARITANO

El hombre vive en la ciudad de Kasho Drive, en la comunidad de Bedford Hills, condado de Westchester. Ejecuta pequeños trabajos y faenas caseras, a cambio de una cama, comida y un magro salario. No es judío. La gente con la que vive ha roto sus lazos con los satmar, para fundar aquí su propia comunidad. Los «kashos» de Kasho Drive se consideran más religiosos aún que los satmar.

Samaritano ha participado en la investigación sobre el pequeño Shai, que ha conducido al arresto de un rabino y su mujer. Había oído un día por la radio a la madre del niño lanzar un llamamiento suplicante para encontrar a su hijo. Samaritano había visto desembarcar en su comunidad a un niño que se parecía a la descripción del desaparecido, e informó de ello al FBI. Su información no condujo directamente al niño, pero él habló también en aquel momento de otros tres pequeños cuya presencia había observado. Dos niñas y un varón, de origen europeo, que vivían en la casa de Herschel y Rachel Jacobovitch. Los Jacobovitch tienen ya once hijos. La información formidable que Samaritano ha recogido referida a ellos concierne al pequeño: ¡éste ha dicho que su padre estaba en prisión en Bélgica!

Samaritano, que se hallaba en contacto hasta entonces con otro agente del FBI, se encuentra en la lista de los informadores de Hilda Kogut. Ésta coteja sus informaciones con las de Jean Dooms, y se descubre que el misterioso visitante de Chaim en la prisión de Saint-Gilles de Bruselas es el hermano de este Herschel Jacobovitch, de Kasho Drive.

Hilda Kogut no había oído nunca hablar de esta comunidad, más satmar que los propios satmar. Kasho Drive es una ciudad que se encuentra a media hora de coche de Monsey. Hilda se dirige inmediatamente a investigar sobre el terreno, y observa que no existe más que un solo acceso posible a la ciudad. Se entra y se sale por la misma vía. Imposible pasar inadvertido. Ella circula al ralentí fingiendo buscar su camino.

La ciudad fue construida en tiempos de las grandes obras de la administración Roosevelt. Todas las casas se parecen un poco, y Hilda trata de descubrir la de los Jacobovitch, cuando un hasid de rostro sospechoso le pregunta qué está haciendo allí.

—Me he perdido… busco… el dos mil veintisiete de…

La dirección no existe, naturalmente. El hombre le confirma que se ha equivocado, e indica la dirección de la salida.

Transcurren varias semanas, y Hilda y los demás agentes del FBI se lanzan a una serie de técnicas de investigación discretas. Están seguros de poder bloquear Kasho Drive por un comando, pero no tienen aún la prueba material de que los niños estén allí.

Y yo sigo consumiéndome de impaciencia en Bruselas. Dooms me dice que no me preocupe, que el asunto progresa, que no puede darme todos los detalles… pero que pasan cosas… La única certeza a la que tengo derecho por el momento es que el FBI ha encontrado a alguien que sabe quizás dónde están los niños. Yo no sé ni lo que hace Hilda. El misterioso FBI está trabajando. No molesten. Es muy difícil, para nosotros que nos hemos hecho cargo personalmente de las investigaciones desde hace seis años, no ser tenidos al corriente de nada…

Pero yo tengo la impresión de que estamos a punto de llegar a un resultado. Mi mente me lo dice, mi corazón se niega a esperar. Tengo demasiado miedo de una nueva decepción. Prefiero conjurar la mala suerte. No creer en ello, no esperar demasiado. Considerar esta información que con cuentagotas me da Dooms con la perspectiva suficiente. Y sin embargo, es una manera en su caso de prepararme, de PREPARARNOS, a Walter y a mí, a la inminencia del retorno. Marina, Simon y Moriah van a integrarse en una familia que incluye ya a Noélie y Gautier.

Le he dicho a Walter que iría a casa del ginecólogo a finales de semana, para hacerme colocar un dispositivo intrauterino. No es exactamente el buen momento para quedar encinta. Al salir de la consulta médica no llevo todavía el dispositivo. Ya no vale la pena. El médico acaba de informarme de que tendré un bebé en diciembre de 1993. Un nuevo miembro de la familia se ha instalado, y aguarda tranquilamente, y al calor, el desarrollo de los acontecimientos.

Durante este tiempo, el FBI ha pedido al Samaritano que se arriesgue a hacer fotos a los tres niños que ha señalado en

Kasho Drive. Pero eso yo lo ignoro todavía. Dooms no hace más que repetir la misma cantilena:

—Pasan cosas… Progresa… No puedo decírselo todo… Estén preparados.

Patsy, madre de familia numerosa, prepárate.

46

EL RELATO DE LOS NIÑOS

15 de abril de 1993

RACHEL

Ayer me quedé en casa porque tenía fiebre. Hoy he ido a casa de mi amiga Esther, para saber qué tenía que estudiar. Ella me ha enseñado las páginas del libro de plegarias que debo aprender. Después, he salido de la casa, y, fuera, me he dado la vuelta para sonreírle. Fue en ese momento cuando el hombre tomó una foto. La señora Jacobovitch siempre dice: «No dejéis jamás que os tomen una foto.» Pero el hombre me ha dicho amablemente que quería mostrar a sus padres el lugar donde trabaja. Por lo demás, tanto me da.

JOSEPH

Estaba en la *yeshiva* con mi amigo Yoely. La semana próxima él tiene que hacer su *bar mitzva* aquí. El hombre que hace la limpieza de la casa ha venido y nos ha dicho que quería hacer unas fotos para su madre, porque ella está muy enferma. Yo me he metido las manos en los bolsillos, y Yoely y yo hemos sonreído para la foto de su madre. Cuando el señor Jacobovitch lo ha sabido, nos ha dicho:

—Jamás hay que hacer eso.

20 de abril de 1993

SARAH

La señora Jacobovitch me ha dicho que fuera a la *yeshiva* para ayudar a preparar la *bar mitzva* de Yoely. Tengo que poner manteles en las mesas, y barrer toda la sala. Sujetaba la escoba, cuando un hombre ha entrado diciendo que quería tomar a Yoely en foto. Yo me he puesto a un lado, cerca de una ventana, para no salir en la foto, pero me parece que a pesar de todo he salido.

Los periódicos judíos cuentan que algunas personas, que se llaman el FBI, nos causan problemas. Debido a un niño que se llama Shai, y la gente de aquí está muy disgustada. Tengo miedo de ese FBI. Una noche tuve una pesadilla, pasaban cosas muy extrañas. La gente de ese FBI entraba en casa, me abucheaban y se burlaban de mí. Este sueño me puso muy nerviosa. Unos días más tarde, volví a tener la misma pesadilla, y tuve mucho miedo, porque alguien me dijo que si soñabas varias veces la misma cosa es que iba a suceder.

47
LA GRAN PARTIDA

Las fotografías en color del Samaritano se parecen enormemente a los retratos realizados por los artistas del FBI según las viejas fotos de Marina, Simon y Moriah. Yo constato, con enorme alivio, que los niños no han sufrido operaciones de cirugía estética. Con estas fotografías, y las informaciones del Samaritano, el FBI tiene ahora suficientes presunciones para poder actuar. Pero no quieren aún pasar al ataque… Esperan primero encontrar el rastro del pequeño Shai, en esta comunidad de Kasho Drive. Cuando Jean Dooms es informado de ello se precipita a la embajada estadounidense en Bruselas, para exigir que el FBI pase inmediatamente a la acción.

—Cada día que pasa nos hace correr el riesgo de que los niños desaparezcan de nuevo. Eso ya se ha producido, y puede volver a ocurrir. ¡Hay que actuar inmediatamente!

Miércoles, 5 de mayo de 1993

Tengo náuseas. Todas las molestias habituales de los comienzos de embarazo me caen encima en cascada. Las piernas hinchadas, los medicamentos contra las náuseas que dan sed, secan la boca. Estoy terriblemente nerviosa. Me ocupo de Noélie y de Gautier recorriendo la casa de arriba abajo. Walter está en su trabajo.

El teléfono suena, pero se oye tan mal que no entiendo nada, y me veo obligada a colgar. Eso ocurre a menudo cuando me llaman del extranjero. No sé a quien llamar, puesto que ni siquiera he llegado a oír la voz del que hablaba. Dios sabe por qué, me digo de pronto: Hilda Kogut. Marco el número de su despacho de Nueva York, y esta vez la línea funciona bien.

—¿Es usted quien trataba de hablar conmigo?

—Oh, gracias a Dios que me llama. Patsy… tengo noticias, buenas noticias.

Está sobreexcitada, y mi mano tiembla sobre el auricular.

—Muy buenas noticias, Patsy… ¡Hemos localizado a los niños!

Siento que las piernas se doblan bajo mi cuerpo. Tengo que sentarme en alguna parte.

—Hilda… Debo colgar. La llamo dentro de unos minutos.

Me derrumbo en el sofá. Abrumada. Dooms ya había dicho que estaban cerca del final, pero tengo miedo de creer en ello. No lo creeré hasta que los tres estén a mi lado.

Ten calma. Reposa. Hago una gran aspiración, pero mis dedos tiemblan aún al volver a marcar el número de Hilda. Las palabras se agolpan, me cuesta hablar. Por lo demás, es ella la que habla.

—Hay que actuar muy deprisa ahora. Déjelo estar todo, tiene que reunirse con nosotros antes de veinticuatro horas. ¿Puede partir hoy?

Conozco de memoria todos los horarios de avión, tanto tiempo llevo cruzando el Atlántico.

—Hoy, no. Mañana hay un vuelo. No llegaré a su casa antes de mañana al mediodía, hora de Nueva York.

—Voy a prevenir a Dooms. Es preciso que esté presente, en tanto que representante oficial de la policía judicial belga. El procedimiento, aquí, nos hace perder tiempo. Es necesario que prevea usted dos o tres semanas de ausencia. Ahora, tiene que prometerme algo muy importante. No decir nada a nadie. A NADIE, ¿comprende usted, Patsy? Ni siquiera a su familia.

—¡Al menos tengo que decírselo a Walter! ¡Se trata de su vida también!

—De acuerdo. Pero a nadie más. ¡Ni siquiera a sus padres! Aun sin quererlo, alguien podría echarlo todo por tierra…

Estoy de acuerdo con ella. Los secuestradores han demostrado en más de una ocasión que lo sabían casi todo de nuestros hechos y gestos, como si adivinaran nuestras intenciones, grabaran nuestras palabras. No quiero correr el riesgo de que haya fugas. Y luego si, por desgracia, no consigo traer a los niños, el silencio habrá protegido a todo el mundo. Demasiadas esperanzas frustradas nos han trastornado. Sobre todo a mis padres. Mi padre está débil, no quiero que se sienta obligado a viajar conmigo. Y él querrá hacerlo. Pero yo deseo ir sola. Seré más fuerte sola. Soy incapaz de afrontar emociones violentas cuando personas queridas me rodean.

Dooms me llama un poco más tarde desde su despacho de

Bruselas. Reservamos plazas para el vuelo del día siguiente a mediodía para Nueva York. Son las 4 de la tarde, y tengo una montaña de cosas que arreglar. Necesito dinero en efectivo, pero los bancos están cerrados. Hay que encontrar a alguien que pueda quedarse con Noélie y Gautier. Debo hacer sus maletas y la mía. La secadora está estropeada, y después de la colada tengo que llevar la ropa de los niños a secar a casa de una amiga. En cuanto empiezo algo, otra idea viene a distraer mi atención. Los dos pequeños me impiden concentrarme. De suerte que cuando Walter vuelve a casa me encuentra presa de un pánico total. Le suelto de un tirón:

—Walter, tengo que marchar a los Estados Unidos. He recibido una llamada telefónica. ¡No hay que hablar de ello a nadie!

Me coge por los hombros, me obliga a sentarme en el sofá, y a relajarme durante unos minutos.

—Bien. Explícame ahora. Con calma. ¿De qué no hay que hablar a nadie?

Mi relato de los acontecimientos es completamente caótico. Mientras se ocupa de Noélie y Gautier, él me responde con tranquilidad, y pone las informaciones en orden. Me ayuda a hacer las maletas, a organizarme eficazmente.

Luego se produce otra llamada telefónica de Dooms. Hay problemas. Para poder acompañarme a los Estados Unidos legalmente necesita toda una panoplia de autorizaciones. Normalmente, tardaría una semana. Espera que, teniendo en cuenta la urgencia de la situación, obtendrá todo esto rápidamente. Pero teme que necesitará varias horas mañana por la mañana antes de poder partir. Aguarda la autorización del ministro de Justicia en persona. Si está listo, me acompañará. Si no, tomará el siguiente avión. Mi vuelo, el último avión con destino a Chicago, parte a la una de la tarde. Desde allí tendré que tomar otro avión, para llegar a Newburgh.

Telefoneo inmediatamente a Sabine a los Estados Unidos para advertirla de mi llegada, sin revelarle nada de la urgencia de la situación. Pobre Sabine, le hubiera gustado tanto saber… Luego concierto una cita con el tocólogo de Bruselas, para la mañana siguiente, a primera hora. Es necesario que me examine antes de partir, no sé siquiera cuánto tardaré en volver.

Mentir a mamá, pero pedirle que se quede con los dos pequeños. Es complicado. Reflexiono un momento en silencio sobre el sofá. Debo controlar la voz, no mostrar más nerviosismo del habitual cada vez que marcho a los Estados Unidos.

—El FBI me ha pedido que pase allí tres semanas. ¿Puedes quedarte con los niños?

—Evidentemente.

Mentir a papá, que quiere saber por qué me marcho tres semanas.

—No lo sé. Sólo me han pedido que vaya lo más pronto posible... Ya veré de qué se trata.

Papá no me cree. Sabe perfectamente que el FBI no pediría por nada que yo fuera a los Estados Unidos con tanta precipitación. Comprende que pasa algo importante, y trata de tirarme de la lengua.

—Vas a gastar otra vez mucho dinero, ¿y esta gente no te ha dicho nada concreto?

—Lo sé, papá. Pero el FBI es un apoyo importante. No quiero arriesgarme a que pierda interés en nosotros. Si nos falla su colaboración, se acabó.

Mi padre ha colgado, sin insistir más. Le ha comentado a mi madre:

—Tengo la impresión de que éste es el último viaje de Patsy a los Estados Unidos...

Es de noche. Cargamos las maletas en el coche. Walter y yo discutimos gran parte de la velada sobre la mejor manera de preparar a Noélie y Gautier para la llegada de sus hermanos mayores. Son jóvenes aún, lo suficiente para que la transición se haga sin demasiado daño. Será más fácil para ellos. ¿Pero cómo se adaptarán a su nueva existencia Marina, Simon y Moriah? Ahí está el gran misterio. Walter dice que me hará falta mucha paciencia, tiempo. Voy, sin duda, a pasar varias semanas allí con mis hijos, según lo que ha previsto Hilda. Tendré tiempo de hablar con ellos. Y conmigo. De hablarles de Walter y de su hermanita y hermanito. Tengo un miedo terrible. Imposible dormir más de dos horas de una tirada. Una verdadera pila eléctrica.

Jueves, 6 de mayo

Ropa de viaje habitual. Blusa de algodón y mono de tejano. Sabine me ha dicho con frecuencia que no me imaginaba vestida de otro modo. Es una cuestión de comodidad. Mi conjunto de ruta en cierto modo, y la ruta será larga.

Siete de la mañana, salgo sola de la casa de campo, con dirección a Bruselas, dejo los niños en casa de mamá, voy a continuación al aeropuerto, a fin de ser la primera en registrar mi equipaje y tratar de reservar un asiento al lado del mío para Dooms. Si es que éste consigue partir.

Luego está la visita al médico. Todo va bien, si exceptuamos las náuseas habituales de la mañana. Luego, el banco, después a casa de Danièle, la hermana de Sabine. Ésta debe llevarme al aeropuerto para evitar tener que dejar el coche en el aparcamiento durante semanas... Llego con retraso, o se ha olvidado de mí. Pánico, media vuelta, está allí.

De camino hacia el aeropuerto me interroga.

—Ignoro el motivo. El FBI me ha dicho que vaya, es todo lo que sé.

Ella tampoco es fácil de engañar. No se trata de un viaje como los otros, está escrito en mi rostro. El simple hecho de que debamos parar para llenar el depósito me pone en un estado volcánico. Esos escasos minutos me parecen horas. El menor detalle toma proporciones desmesuradas. Tengo la impresión de haber tomado la salida de una maratón interminable. Y el bebé que espero. El médico me ha dicho que todo marcha bien, pero el estrés que yo sufro, que él va a sufrir forzosamente conmigo, ¿será soportable?

Llego a la puerta de embarque en el momento en que los pasajeros se instalan ya a bordo del aparato. Dooms me espera. Es un alivio enorme. El avión de la American Air Lines despega para Chicago a las 13 horas. No hay previsto ningún retraso. Estoy deshecha de fatiga. Por suerte, hay poca gente, y puedo echarme en asientos vacíos. Dooms me mira hacer.

—Soy incapaz de mantener una conversación. Voy a dormir.

Dormir... Cierro los ojos. El sueño se apodera de mí. Tengo la impresión de hundirme en una sima oscura y sin fondo. Luego un ruidito me despierta, y abro los ojos. Vuelve el sueño, nuevamente el abismo... Y otra vez un ruidito...

Excitación y aprensión luchan en mí. Tres pequeños extraños. ¿Van a acordarse de Patsy? ¿Cómo han asimilado las mentiras sobre mí? Soy una mala madre, estoy muerta... ¿Van a creerme? ¿A tenerme confianza? ¿Cuál será la mayor dificultad? ¿El que me hayan borrado completamente de su mente? ¿La existencia de Noélie y Gautier? ¿Y la del futuro bebé?

Tengo miedo por el bebé. Me vuelvo lúgubre. De golpe me digo: «Si sobrevive a todo esto...»

Trato de leer, intento mirar la película. Me paso el rato yendo al lavabo. A la llegada estoy más agotada aún que al partir. Una hora de espera para la correspondencia entre Chicago y Newburgh. Me siento realmente mal. Punzadas en las piernas. Un nerviosismo que me inunda y me vuelve huraña, agresiva.

Todo me irrita. La gente, las cosas avanzan al ralentí. Las azafatas se toman demasiado tiempo para arreglar los equipajes, los motores arrancan despacio. El avión se arrastra como un caracol sobre la pista, la espera antes de despegar es interminable. Será preciso permanecer en esta carlinga sobrecalentada cuarenta y cinco minutos soportando el olor del queroseno, que me produce náuseas.

Mi rostro está todo rojo, hinchado, me siento sudorosa. Tengo la permanente sensación de que me va a dar un patatús. Sufro una fijación con el niño que llevo. Con la fatiga del viaje, el estrés, el calor, hay un 99 % de probabilidades de que lo pierda. Y si pierdo a este niño en el momento en que encuentro a los otros, ¿no les voy a reprochar quizás esta nueva desgracia? Si tengo una hemorragia, ¿qué hacer? ¿Quién tiene la prioridad? ¿Él o los otros? ¿Mis tres hijos por los que he combatido desde hace tantos años, o este pobre bebé que no podré quizás sostener en mis brazos?

Dooms me mira con inquietud. Para hacer frente al malestar he inclinado mi asiento, pero la azafata quiere que me enderece al despegar. Obedezco, pero la náusea vuelve inmediatamente. Se produce entonces una lucha encarnizada entre la azafata y yo. En cuanto ella da media vuelta, yo bajo el respaldo. A la que me ve, corre a enderezarlo.

Finalmente, suelta:

—¡Señora! ¡Despegamos dentro de cinco minutos!

—¡Puede usted dejarme tranquila! —He hablado bajo pero en un tono agresivo—. ¡Ya sé que despegamos dentro de cinco minutos! ¡Así que puedo estar echada cinco minutos! Estoy encinta, y no me siento bien. Me pondré derecha cuando despeguemos. Ahora, no toque más el respaldo. ¡Y déjeme en paz!

La cosa va un poco mejor. Dooms me sonríe, sus cejas en acento circunflejo. Debe de estarse diciendo que no es prudente atacar a Patsy.

Son cerca de las seis de la tarde cuando finalmente aterrizamos en Newburgh. Sabine me espera a la llegada, pero está también Hilda Kogut y su jefe, Ken Maxwell, que dirige la oficina del FBI en Newburgh. Mi amiga comprende que ocurre algo excepcional, pues yo no sé siquiera si debo seguirla a ella, o a los agentes del FBI. De hecho, Hilda nos ha reservado, a Dooms y a mí, dos habitaciones en un motel de Tarrytown, no lejos de Kasho Drive. Tarrytown... ¡Increíble! Cada vez que tomaba el tren de Beacon a Nueva York pasaba por Tarrytown. El tren se detiene allí. Estaba tan cerca de mis hijos en cada una de estas paradas... Decenas y decenas de veces, los he rozado... El miedo regresa como una marea. Miedo de la emoción que me aguarda.

Sabine está desconcertada, y yo también. Ella creía que yo me iba a instalar en su casa, como de costumbre. Hilda me ve tan desorientada al respecto que decide llevarme a bordo con Sabine a la oficina del FBI, para tratar de convencernos a las dos de lo adecuado de su organización: es preciso que me instale en un motel con Dooms. Que esté cerca del lugar donde han sido localizados los niños. No da más detalles, pero Sabine comprende con entusiasmo. Me estrecha en sus brazos, aun sabiendo que no me gustan los contactos físicos.

—Tenme al corriente... ¡Es formidable!

Yo sigo sintiéndome azorada ante este tipo de manifestaciones. Azorada, pero emocionada de ser objeto de semejante afecto.

Una vez se ha ido Sabine, nos ponemos a trabajar. La cosa es simple. Hay motivo suficiente para pensar que son mis hijos los que se hallan en esta casa de Kasho Drive. A partir del momento en que yo los haya identificado formalmente, el FBI podrá actuar muy temprano mañana por la mañana. Pero Maxwell, el jefe local, me pone en guardia:

—No se sabe nunca. Algo puede salir mal. Por ejemplo, uno de los niños podría no estar allí...

La obligación de servir de traductora a Dooms, cuyo inglés tiene muchas lagunas, me ayuda a concentrarme. Maxwell habla un poquito el francés, pero no Hilda. Para hacerse perdonar, ésta le regala a Dooms un gorrito de béisbol del FBI. Están todos excitados, felices de anticipar la acción. Llega el momento en que Hilda explica cómo el Samaritano ha tomado las fotos de los niños. Luego me tiende de golpe, muy profesional, grave, copias en colores de 15 por 22, diciendo:

—¿Reconoce usted a estos niños?

Me quedo paralizada. Las últimas imágenes que tengo de ellos se remontan a cuatro años y medio atrás, las fotos tomadas delante de la Casa Blanca. ¿Voy a reconocerlos? Durante unos segundos me resulta imposible posar mis ojos en estas fotos. Cuento interiormente: uno... dos... tres... ¡y salto al vacío!

Ante mí, la decoración de una habitación de paredes de aglomerado pintadas de blanco y pardo. Sin más decoración. Ventanas sin cortinas, protegidas por una reja torcida. Un radiador antiguo. Cuatro mesas cubiertas de manteles de plástico blanco. Rebanadas de queso y de bollo de leche en platos de cartón.

Una niña está de pie cerca de la mesa del centro. Lleva una blusa a cuadros, mangas largas y cuello alto. Sus cabellos están peinados hacia atrás. Tiene el aire demasiado rígido y digno para su edad, pero sonríe. Y esta sonrisa luminosa que lo ilumina todo es Marina. Marina. No tengo ninguna duda.

Me concentro en la segunda foto, tomada en el exterior. Una niña con un largo vestido de flores azules, mangas largas y cuello alto. Atraviesa la calle, mirando directamente al objetivo. La sonrisa en los labios, un grueso libro bajo el brazo. Distingo dos gruesos zapatos negros bajo el vestido, y calcetines o leotardos negros. No tengo ninguna dificultad en reconocer a Moriah.

Es la tercera foto la que me deja pensativa. La miro durante mucho más rato. El pequeño se halla de pie delante de dos largas mesas sobre caballetes, desnudas, en la misma habitación que Marina. Tiene una cara redonda, un comienzo de doble barbilla. El cráneo está afeitado bajo la *yarmulka*, los *peyots* largos y rizados le caen sobre los hombros. Una mirada viva, cortante, brilla detrás de las gafas. Lleva una camisa de tela escocesa azul y blanca, abrochada hasta el cuello, y pantalón negro. Me parece gordo, pálido y triste como si no hubiera visto el sol desde hace mucho tiempo. Tengo miedo. Una nueva oleada de emoción me sumerge. Como con las demás fotos, he mirado primero la silueta, el decorado, antes de concentrarme en el rostro. Conserva la calma, Patsy. Tranquila. Cuenta, uno... dos... tres... ¡Ahora, mira!

Miro largo rato. El oficial del FBI permanece silencioso. Hilda me mira fijamente, al igual que Dooms. Retienen el aliento, mientras me oyen decir finalmente:

—Es Simon.

A partir de este instante escucho el desarrollo del plan de intervención con la mente distraída. Ya no puedo más. El agotamiento y el impacto de las fotos han acabado conmigo.

A las cuatro y media de la mañana, Dooms asiste, junto con policías locales, a una reunión en las oficinas de la policía del estado de Nueva York en Tarrytown.

Los *kashos* se levantan muy temprano. Los niños se preparan para la escuela, los hombres van a trabajar o a estudiar los textos sagrados, las mujeres se aplican a las tareas domésticas. Hay que bloquear la ciudad mientras la gente duerme todavía. Habrá muchos agentes en acción, para evitar cualquier posible refriega, y tomarán todas las precauciones posibles durante la intervención. Los niños están ya traumatizados por los sucesivos cambios de una familia a otra desde hace seis años y medio. Su «captura» debe hacerse suavemente.

Se ha efectuado una observación aérea. La calle es un *cul-de-sac*, los vehículos de la policía podrán fácilmente bloquear su acceso. Maxwell va a telefonear a los Jacobovitch, desde un coche, antes de la intervención. Les dirá que la casa está rodeada. Si no responden al teléfono, o tratan de resistir, la policía entrará por la fuerza. Dooms, en su calidad de policía belga, no puede tomar parte en la incursión. Actúa de observador.

Si todo discurre bien, un agente vendrá a buscarme al vestíbulo del hotel, donde yo estaré esperando.

—Debe estar usted allí a las seis y media. Pero el agente se reunirá con usted quizás más tarde. No podemos saber cuánto tiempo va a durar la operación.

—No se sabe nunca... Algo podría atravesarse...

No me aguanto ya, ni de pie ni sentada. Pero la cosa no ha terminado. Me explican el procedimiento psicológico. Un funcionario del Ministerio de Sanidad de Nueva York estará presente para examinar a los niños en un primer momento. Serán a continuación llevados a las oficinas del FBI de New Rochelle. Allí, una enfermera y tres asistentes sociales del condado de Westchester cuidarán de ellos. Dos mujeres para Marina y Moriah, y un hombre para Simon. Yo no los veré hasta mucho más tarde. Expertos jurídicos de los dos países iniciarán inmediatamente los procedimientos legales.

—Eso podrá llevar dos o tres semanas. Hemos previsto un «escondite» para los niños y para usted durante este tiempo.

Todo esto me parece irreal. Voy a tener que esperar completamente sola en un motel, hasta el alba. No tengo elección. La incursión va a trastornar a los niños, necesitarán tiempo para comprender lo que pasa, adaptarse a la situación. Los profesionales están aquí para eso. Deja hacer a los expertos, Patsy. No puedes, de todas maneras, saltarles encima sin prevenirlos. No puedes hacer gran cosa. Excepto esperar.

Maxwell nos conduce al motel de Tarrytown, situado junto a la autopista. Dooms se va a su habitación, yo a la mía. ¿Le he dicho algo a Dooms? No me acuerdo. Abro la ventana para respirar aire fresco. Soy incapaz de dormir en una habitación cerrada. Es el único gesto reflejo de que soy capaz. Mi cuerpo no sabe ya cómo moverse, levantarse, sentarse, caminar, mirar, oír, escuchar. Me es extraño, es de plomo, igual que mi cabeza.

48

EL RELATO DE SARAH

Me duele mucho la espalda. Se lo he dicho a la señora Jacobovitch, pero ella no me cree. Y se pone a gritar:

—¡Vuelve a tu habitación! ¡No quiero verte antes de que hayas pedido perdón!

No sé lo que pasa. Ignoro lo que no he hecho bien. Entonces me quedo en mi cuarto hasta la hora de la comida. Ella está muy enfadada conmigo, pero yo no quiero pedir perdón sin saber lo que he hecho mal. Me pregunta:

—¿Cuánto va a durar eso?

—Hasta que me diga usted lo que he hecho.

—¡Sabes muy bien lo que has hecho!

—Si sabe usted lo que he hecho, dígamelo, y le pediré perdón.

—No. Ni hablar de eso. ¡Vuelve a tu habitación!

Encuentro eso realmente estúpido. Me digo: si es así, me voy a quedar aquí hasta que me muera o alguien me rescate. Mañana tengo un examen escrito muy importante, tengo que poner el despertador a las cuatro y media para levantarme y repasar las lecciones.

49

VIERNES, 7 DE MAYO DE 1993

He conseguido dormirme hacia la una de la madrugada, con un sueño ligero y agitado, despertándome de forma intermitente. Pero a las dos estoy completamente desvelada. Oigo el ronroneo del pequeño refrigerador de la habitación. El rugido de la circulación de la autopista entra con violencia por la ventana abierta a esta noche infernal. Trato de leer, sin conseguir concentrarme en una frase. Por más que intento decirme: «Duerme, duerme, Patsy, la noche es aún muy larga, tienes necesidad de reposo, mañana será un día duro», no dejo de dar vueltas en todos los sentidos. Miro el reloj; cada segundo es una hora; cada minuto, una eternidad. Tengo una pierna completamente entumecida, y finalmente prefiero levantarme y andar por la habitación arriba y abajo. Acabo sintiendo náuseas. Voy a tomar una ducha.

Me duermo. Me despierto. Vuelvo a dormirme. Abro otra vez los ojos, y de pronto son las cuatro y media de la mañana. Ya se han marchado. Están de camino. No tengo más que seguirles mentalmente. 4.45: se reúnen. Las cinco: están preparados. Las cinco y cuarto: se acercan a la casa de los Jacobovitch.

Comienzo a hacer la maleta, 5.25: la casa está rodeada. Maxwell espera en un coche de aspecto corriente, y pronto va a marcar el número.

Cinco y media: el teléfono suena en casa de los Jacobovitch. ¿Alguien ha descolgado? ¿Habla con Maxwell? ¿Y si los niños no están allí? ¿Y si falta uno? ¿O dos? ¿O los tres? ¿Se van a poner a llorar Marina, Simon y Moriah? ¿Se negarán quizás a seguir a los agentes del FBI? ¿Alguien gritará? ¿Amenazará?...

¡Para, Patsy, para!

Cuento: uno... dos... tres... cuatro... cinco...

Durante este tiempo, Jean Dooms, instalado en la parte trasera de un coche de policía aparcado en Kasho Drive, observa la escena. Ve a Hilda Kogut avanzar hacia la casa. Una quincena de hombres la rodean y vigilan los alrededores. Algunos van armados con metralletas.

Un agente sigue a Hilda, equipado con una pequeña carga de plástico por si tuvieran que forzar la puerta cerrada. Los demás esperan. Dos hombres para acoger a Simon, elegidos porque cada uno de ellos tiene un hijo de su edad. Y mujeres para Marina y Moriah. Dooms está nervioso. Exactamente a las cinco y media, Maxwell descuelga el teléfono de su coche, marca el número y espera. Dooms mira fijamente la puerta.

Pero yo ya no veo nada en mi cabeza. Ellos actúan. Observan. Yo les envidio. Es el día más largo de mi vida.

Y soy dejada al margen, de momento. Te toca vivir eso como puedas, Patsy.

50

EL RELATO DE SARAH

He encendido la lamparita para repasar mi examen. Afuera aún es de noche. De pronto oigo un ruido. Miro por la ventana y veo muchos coches de policía. Comprendo que están ahí por nosotros. Mi sueño se ha hecho realidad. Oigo sonar el teléfono, pero no sé qué hacer. Me decido a ir a responder, pero ante todo es preciso que me cubra las piernas. Me apresuro a ponerme los leotardos, pero corro demasiado, y me los pongo a medias. Me precipito a la escalera, me engancho los pies en los leotardos que llevo arrastrando, como una larga cola. Tropiezo y aterrizo abajo, completamente aturdida. Permanezco echada unos instantes, muy contenta de estar aún viva.

El teléfono sigue sonando, y me levanto para ir hasta el aparato, bamboleándome. Tropiezo de nuevo con mis leotardos. Caigo, sobre la alfombra esta vez, pero a pesar de ello me hago un poco de daño. Cojo el teléfono:

—¿Diga?

Un hombre me pide hablar con el señor Jacobovitch, pero yo conozco la regla. Está prohibido despertarlo, salvo si es muy urgente. Entonces pregunto:

—¿Es importante?

El hombre insiste y me dice:

—Quiero hablar con vuestro padre.

Yo no sé qué hacer.

Dejo el teléfono, y subo al primer piso a despertar al señor Jacobovitch. Le digo que mire por la ventana. Él ve, como yo, todos los coches de la policía. Tiene los ojos asustados como si sucediera algo grave, y baja a la planta. Yo corro a refugiarme en mi cuarto. Me meto bajo la manta y finjo dormir, pero oigo que llaman a la puerta.

51

¿DÓNDE ESTÁN LOS NIÑOS BELGAS?

Todos los habitantes del barrio de Kasho Drive se han percatado inmediatamente de la presencia de la policía. Se reúnen en las calles, el rostro amenazador. Pronto son muy numerosos. Dooms comienza a tener miedo de que las cosas se tuerzan. Hilda Kogut se pregunta, mientras le late apresuradamente el corazón, qué pasa detrás de esta puerta. Antes de recurrir a la carga de plástico utiliza el método más sencillo: llamar. Al cabo de un momento, Herschel Jacobovitch la entreabre, lanza una mirada furtiva a Hilda, quien percibe otros rostros detrás de las cortinas del primer piso. Se presenta:

—Hilda Kogut, agente del FBI.

Jacobovitch abre la puerta de par en par. Va vestido con un camisón blanco bajo el cual se adivina un vientre prominente, y del que surgen dos piernas delgadas. Los *peyots* rizados, de un color pardo rojizo, le cuelgan a cada costado de su gorro de noche.

Maxwell formula la pregunta, cada una de cuyas palabras ha sopesado cuidadosamente:

—¿Dónde están los niños belgas?

—Están aquí.

Jacobovitch ha respondido inmediatamente, y se aparta para dejar paso a los agentes. Se dirige a su despacho acompañado de Hilda Kogut y Maxwell. Éstos le muestran la orden de registro, que les autoriza a entrar en su casa a buscar a los niños. Jacobovitch no ofrece ninguna resistencia, no protesta siquiera. Él mismo los conduce al primer piso, diciendo que sabía que un día u otro vendría gente a buscarlos.

Jean Dooms, que aguarda en el coche, mira su reloj. El segundero da la vuelta al cuadrante con una lentitud terrible, y después inicia otra vuelta. Gruesas gotas de sudor perlan su frente. De repente, la radio de la policía empieza a chisporrotear, y una voz dice por ella:

—¡Todo va bien! ¡Tenemos a los niños!

Dooms se seca una lágrima en la comisura del ojo.

52

EL RELATO DE LOS NIÑOS

RACHEL

Estoy aún en la cama durmiendo cuando oigo mucho ruido en la casa. Afuera es de noche, pero veo unas luces brillantes. Sé que son luces de los coches de la policía. Me siento nerviosa. Intento no tener miedo. Pero sé bien, en el fondo, que los coches están aquí a causa de nosotros. Sé que no soy la hija de los Jacobovitch. Sé que Sarah es mi verdadera hermana, y Simon mi verdadero hermano. Los otros, no. Pero no tenemos derecho a hablar de ello nunca.

La puerta de mi habitación se abre, y una mujer que no conozco se acerca a mi cama, y me dice:

—Buenos días, pequeña. ¿Quieres vestirte? Nos vamos de aquí.

Me sigue por todas partes mientras me visto, y eso me molesta mucho. La casa está llena de gente desconocida. Hay tanta, que otras personas se ven obligadas a quedarse fuera. La señora Jacobovitch no dice nada. Va a la cocina, y envuelve un pastel para que nos lo llevemos. La mujer que está conmigo me habla mucho, repite que todo irá bien, y que vamos a encontrarnos con nuestra madre. Yo tengo miedo. Me gustaría que dejara de seguirme a todas partes.

JOSEPH

Me he despertado porque hay mucha gente en la casa que hace ruido. Despierto a Yoeli, y le pregunto si sabe qué es todo este jaleo. Pero él no sabe nada. El señor Jacobovitch viene a la habitación y dice:

—Joseph, tienes que vestirte. Vas a ir a ver a tu madre.

—¿Voy a volver después?
—Sí.
No quiero partir. Tengo miedo de ir a ver a mi madre, porque si mi madre no es judía, eso irá muy mal. Comienza a dolerme la cabeza, y tengo que ir al lavabo cada tres minutos.

Sarah

Tengo miedo. El periódico ha dicho que la gente del FBI son muy malos. He oído también al señor Jacobovitch decir que esa gente quería envenenarle la existencia. Recuerdo que en mis sueños me empujaban y se burlaban de mí.

Una señora extraña entra en mi habitación, y me dice que no debo tener miedo, que todo irá muy bien. Pero yo no estoy segura de eso. Me dice que me vista, pero yo no me siento muy cómoda. Hay muchas personas en la casa; por todas partes a donde voy hay alguien que me sigue.

Junto con Joseph y Rachel, nos hacen subir a un coche. Estas personas dicen que vamos a ver a nuestra madre. Después entramos en la casa del FBI, y otra señora nos dice continuamente:

—Tenéis una madre formidable. Os está buscando desde hace mucho tiempo.

53

EL MIEDO MÁS GRANDE DE MI VIDA

Enciendo la televisión, la apago. Un baño. Voy a tomar un baño muy caliente para relajarme. No, soy una idiota, no debo tomar un baño demasiado caliente; estoy encinta. Fijo la mirada en la pantalla de la radio-despertador, las cifras se suceden con un ligero ruido: 5.58, 5.59... Todo es bueno para hacer pasar el rato. Incluso verlo pasar. Lleno el baño y me deslizo en el agua. Cinco minutos más tarde salgo de la bañera para secarme. No puedo quedarme quieta en el mismo sitio mucho rato. Me visto con celeridad, y me trago un comprimido contra las náuseas. Patsy, es preciso que tu estómago aguante el golpe. Patsy, trata de leer. Este libraco. No. Lo vuelvo a cerrar.

Son las 6.15. Tengo aún que esperar quince minutos antes de bajar al vestíbulo. Voy a ir a desayunar a la cafetería. No he comido nada desde la víspera por la noche. Necesito recuperar fuerzas.

Walter me llama siempre «Madame quince minutos demasiado tarde». Por primera vez en mi vida, llego con anticipación. Madame quince minutos demasiado tarde se da de narices con la cafetería cerrada. Un letrero señala la hora de apertura. Las siete de la mañana. Eso me molesta mucho. Si no puedo tomar un desayuno cuando lo deseo, no hay razón para pensar que lo demás va a discurrir mejor...

¿Qué voy a hacer ahora? Pánico. Las seis y media en mi reloj. Es ahora cuando empieza la verdadera espera. Un agente vendrá a buscarme, lo hará sin duda con mucho retraso, dijo Hilda. ¡Si apareciera ahora! Las 6.32. No saben cuánto tiempo va a llevar la operación en Kasho Drive. Elijo un asiento confortable en el vestíbulo, me siento, y una vez más cojo mi libro. Las 6.35. He leído cuatro veces la misma frase. Se hace largo. Va a hacerse largo, una eternidad.

De pronto diviso a Hilda Kogut detrás de la puerta de cristal del motel. Dios mío, es demasiado temprano, es una mala señal. No era ella la que debía venir al motel; habían dicho un agente, no Hilda.

Me levanto con precaución, lentamente. Me tiemblan las rodillas. Levanto los ojos. Hilda muestra una gran sonrisa detrás del cristal, y levanta tres dedos en signo de victoria. TRES. Cruza la puerta, avanza hacia mí, y oigo las primeras palabras resonar en mi cerebro.

—Todo va bien.

No sé qué responder. La cojo en mis brazos, tengo ganas de llorar en su hombro, de hundirme, pero me contengo.

Subimos al coche, cierro la portezuela de golpe, y Hilda me dice de pronto:

—¿No te importa que me detenga un momento a comprar algo para comisquear?

—No. En absoluto.

En realidad, estoy demasiado trastornada para tener prisa de enfrentarme a los niños. Ya está hecho, han tenido éxito. Entonces, tengo miedo. Antes, tenía miedo de que no lo consiguieran. Ahora, quisiera ganar tiempo. Prepararme para el *shock*. Ir a ello lentamente. Ignoro si me van a aceptar, o me escupirán al rostro. Me pregunto qué piensa Hilda de mi reacción. Hace seis años que espero este momento, y ahora no tengo prisa... Ella me comprende, lo veo en sus ojos. Debo afrontar miedos nuevos, desconocidos. Avanzar en la niebla, caminar por encima del vacío.

Hilda se detiene en una cafetería y va a buscar *bagels* y café. Circulamos ahora en dirección a New Rochelle. Me como un *bagel*, y no le encuentro ningún sabor. Luego me acuerdo de pronto de que detesto los *bagels*.

—No consigo hacerme a la idea.

Lo repito varias veces. No logro realmente creerlo. Este acontecimiento tan esperado, tan soñado, me desconcierta. Pregunto tímidamente:

—¿Cómo ha pasado? ¿Han tenido problemas? ¿Los niños se han resistido?

—Todo ha ido bien. Todo VA bien. He observado con detenimiento la reacción de los niños. Marina estaba muy nerviosa, más bien asustada, como una cierva sorprendida por los faros de un coche. Simon, por su parte, se agarraba al señor Jacobovitch y le hablaba en *yidissh*. No quería irse. Finalmente, dos hombres le dijeron: «Tienes que venir con nosotros.» Y él les siguió.

Es curioso, ése parece muy bien Simon, decir no al principio, y no obstante obedecer. Hilda encuentra la reacción de Moriah muy interesante.

—Entramos en su habitación y les dijimos que los llevábamos a ver a su madre. Moriah saltó de la cama, ¡como una tostada del tostador! Su mirada se iluminó. No estaba trastornada, no tenía miedo tampoco. ¡Estaba dispuesta a partir!

Me pregunto si no estaré soñando.

En el cuartel general del FBI de New Rochelle, un océano de rostros. Algunos de ellos familiares; otros, totalmente desconocidos. Reconozco a algunos policías que participaron en la búsqueda de las Catskill el verano anterior. Oigo saludos y felicitaciones de todos lados. Jean Dooms me estrecha entre sus brazos con júbilo. Pero no veo ni a Marina, ni a Simon, ni a Moriah. ¿Qué debo hacer, a quien dirigirme, qué decir?

Hilda me explica que los niños están en este momento en el despacho del director, en el otro extremo del edificio. Una psicóloga les está explicando la situación, con calma. Podré verlos pronto. Pero tenemos mucho que hacer hoy. Esta tarde, un juez nos va a recibir, y hay una pequeñísima posibilidad de que me autorice a volver a Bélgica enseguida, aunque lo más probable es que tenga que quedarme en los Estados Unidos varias semanas. Una enfermera viene a verme.

—He examinado a los niños. Se han dejado reconocer tranquilamente. En conjunto, se encuentran bien. Moriah tiene una uña encarnada que se ha infectado; me ha dicho que llevaba varias semanas tomando antibióticos.

—¿Se los ha recetado un médico?

—No. Ha sido la señora Jacobovitch la que se los ha dado. Será preciso observarla, pero aparte de eso, están bien.

Hay una pregunta que me atormenta desde hace mucho tiempo, y tengo que hacerla ahora.

—¿Simon ha sido operado a corazón abierto?

—No. No hay nada de este género. Tranquilícese.

Una asistenta social llega en este momento.

—Las niñas no han mostrado ningún signo de hostilidad. Pero Simon sigue exigiendo que le lleven a casa del señor Jacobovitch. Deberá usted mostrarse cauta. Y paciente. Podrá verlos dentro de una hora, o una hora y media.

La parte de mí misma que está aterrorizada acepta esta demora con alivio. Trato de hablar con Walter en su despacho, sin conseguirlo. Luego llamo a Éric, el padrino de Gautier, a fin de que avise a Walter. Dooms, por su parte, telefonea a su jefe, en

Bélgica, y a la fiscal De Vroede. Yo debo advertir a mis padres, pero tengo miedo por papá. Con mi brusquedad habitual, sé que me mostraré torpe. Un choque emocional demasiado fuerte puede poner en peligro su salud. Dooms acepta hacerlo en mi lugar. Se aplica a ello con enorme tacto y habilidad. Dando la información poco a poco. Le dice primero que la investigación avanza bien, que tenemos nuevas esperanzas, y luego que vamos a encontrar a los niños pronto. Muy pronto incluso. Que hay grandes esperanzas de que podamos recuperarlos en los próximos días... mañana... Cuando percibe que mi padre está dispuesto, acaba por decirle.

—Bueno. En realidad, ya tenemos a los niños con nosotros.

—¡No le creo! ¿Está usted seguro?

—¡Oh, claro que estoy seguro! ¡Simplemente quería tomarme tiempo para decírselo!

Dooms le repite alegremente:

—¡Los tenemos! ¡Aquí con nosotros!

Oye a mi padre que le grita a mamá al otro lado del Atlántico:

—¡Mizou! ¡Tienen a los niños!

Ahora, puedo coger el aparato.

—¡Ya voy, Patsy!

—No, papá. Dicen que hay una posibilidad de que el juez nos deje marchar enseguida. ¡Nos cruzaríamos con el avión! Espera a que te dé noticias. Si debemos quedarnos algún tiempo aquí, entonces conforme, podrás venir.

—De acuerdo.

Su voz suena quebrada, y yo siento un nudo en la garganta. Es la primera vez que oigo llorar a mi padre. Mamá se apodera del teléfono; está también llorando.

—¡No consigo creerlo! ¡Estoy tan feliz! ¿Dónde están? ¿Contigo?

—Aún no los he visto, mamá, pero la enfermera me ha dicho que estaban bien.

—¿Cuándo vuelves?

—No lo sé todavía. Depende del juez. Quizás muy pronto, quizás dentro de varias semanas.

No me queda más que decírselo a mi amiga Sabine, que no ha dormido en toda la noche.

—¡Estaba tan distraída esta mañana que he dejado a los niños en la escuela sin darles dinero para la cantina! ¿Cuándo vuelves a nuestra casa?

—No puedo, Sabine, es imposible. Nadie sabe lo que van a hacer los satmar. Son capaces de descubrir tu dirección. Es preciso que seamos extremadamente prudentes.

Mi amiga está muy decepcionada. En su casa, al lado de su marido y de sus hijos, he hallado un refugio en los Estados Unidos. Y no puedo siquiera llevarle los niños que ella tan a menudo ha contemplado en fotos, y que tanto ha esperado también, por mí.

—Te volveré a llamar más tarde, durante el día. Te daré noticias de ellos.

Todo va tan deprisa ahora. Los acontecimientos se atropellan. La asistente social regresa:

—¿Está usted dispuesta para ver a sus hijos? Les hemos dicho que iba usted a venir.

Jamás, jamás, había tenido tanto miedo en mi vida. Un nudo me aprieta la garganta, me impide hablar. Hace años que espero este momento, y ahora estoy aterrada. Finalmente, consigo decir con voz temblorosa:

—¿Ahora?

Ella mueve afirmativamente la cabeza.

Estoy en un largo corredor, con Hilda y Dooms. Se detiene ante una puerta. La última muralla que me separa de mis hijos. Pone la mano sobre el pestillo de esta puerta. La veo en primer plano, esta mano. Me quedo paralizada. Me he prohibido llorar ante los otros desde hace muchos años. Resisto. Imposible. Las lágrimas corren solas silenciosamente por mis mejillas. Hilda y Dooms permanecen inmóviles a mi lado. ¿Qué voy a decir? Se supone que voy a cruzar esta puerta, diciendo: «¡Hola! ¡Soy vuestra madre!» Retrocedo gimiendo como una chiquilla.

—No puedo. No. No puedo.

Las lágrimas brotan de nuevo, la asistente social me tiende un pañuelo de papel, y espera un momento a que recupere la calma. Luego alguien abre la puerta, y siento una mano sobre mi espalda que empuja suavemente hacia delante. Un paso, luego otro. Jamás me había sido tan difícil avanzar.

Marina y Moriah juegan tranquilamente con un juego de sociedad. Simon mira por la ventana. Me siento extraña. Quisiera meterme en un agujero de ratón para verlos sin que me vieran. No sé qué actitud tomar. La voz de la asistenta social llega hasta mí, lejana, como un sueño:

—Aquí está vuestra madre, que os busca desde hace mucho tiempo.

Marina me mira entonces sin hostilidad, con aire algo incómodo. Moriah levanta los ojos, me sonríe y vuelve a su juego. Simon permanece impasible. Sigue mirando por la ventana, ignorándome con soberbia. Es a él, por tanto, a quien dirijo la primera frase:

—¿Simon? ¿Hablas inglés?

—No.

—¿Quieres hablar conmigo?

—No.

Los rostros bailan en mi cabeza. Me aferro a las siluetas. Parecen tres pequeños refugiados con sus viejas ropas informes. Los gruesos calcetines de las niñas están agujereados. Tiran de ellos hacia arriba continuamente, por miedo de que se les vean las piernas. Los zapatos están gastados, abiertos por todas partes. Simon y Marina han engordado mucho. Como si los hubieran atiborrado de grasas y féculas. Tal vez no hacen ejercicio. Moriah sigue igual de esbelta, ha debido conservar este temperamento nervioso que lo quema todo. Marina trata de explicarme el juego. Es un juego llamado Kugala. Moriah me ofrece un trozo de pastel de chocolate que le ha dado la señora Jacobovitch. Simon sigue mirando por la ventana.

La asistenta social pregunta si llevo fotografías de su primera infancia conmigo. Busco en mi bolso para sacar dos viejas fotos. En ellas se ve a Simon y Moriah vestidos con sus mejores ropas. Vamos a una boda. Moriah no es más que un bebé. Marina se contempla y empieza a reír ahogadamente. Simon reacciona por primera vez, se digna mirar al mismo tiempo que su hermana.

—¡Parecen un rey y una reina!

No sé cuánto tiempo he permanecido allí. Pero ahora es preciso que salga. Cautela y paciencia, avanzar suavemente, retroceder suavemente. Le susurro a la asistenta social:

—¿Puede usted encontrar una excusa para que yo salga de la habitación?

En los demás despachos reina un ambiente de fiesta. Todo el mundo ríe y bromea. Dooms discute laboriosamente en inglés con Hilda, es simpático con todo el mundo. Yo tengo como un velo delante de los ojos. El *shock* continúa trastornándome.

Varias veces durante el día hago incursiones en la habitación donde juegan los niños. Cada vez, me quedo un poco más. Ahora les explico tranquilamente que tengo un nuevo marido que se llama Walter, y dos hijitos que se llaman Gautier y Noélie. Me escuchan sin hacer preguntas precisas. A medida que se van sucediendo las visitas, Marina y Moriah se muestran más sonrientes. Se abren cada vez más. Me muestran los dibujos que han hecho, y jugamos juntas al Kugala. Marina me explica con orgullo que ella misma se ha hecho el vestido que lleva, para economizar. La veo vigilar constantemente a su hermano y hermana. Como una madrecita ya.

Simon está aún muy nervioso. Habla muy poco el inglés, y Marina debe traducirle con frecuencia lo que yo digo. Luego abordamos lo que parece inquietarles enormemente, la religión.

—¿Podremos continuar observando el *sabbat*?

—¿Comeremos *kasher*?

No conocen más que este modo de vida, las reglas y prohibiciones que esto supone.

—Naturalmente. Celebraréis el *sabbat*, y comeréis *kasher*. Evidentemente, no puedo prometeros que todo será exactamente como en casa de los Jacobovitch. Pero haré lo que pueda.

Simon me vigila, y preserva su dignidad. Pero la armadura muestra su primera mella cuando me pregunta de repente:

—¿Puedes comprarme el «Time out»?

—¿Y eso qué es?

—Un pequeño juego electrónico…

—¿Te gustaría?

—Oh, sí, mucho.

Bueno, si me pide que le compre algo es que comienza a aceptarme.

En Bruselas, mis padres y Walter preparan a los dos pequeños para la llegada de los mayores. ¿Pero cómo hacer comprender a una niña de tres años y a un bebé que apenas comienza a hablar lo que representan tres hermanos caídos del cielo?

Walter ha reunido las fotos que decoran la casa. Noélie y Gautier conocen los tres nombres que él pronuncia, pero no son para ellos más que rostros infantiles en unas fotos.

—Así que pronto va a volver mamá, va a volver con Marina… aquí está Marina… Va a volver también con Simon… aquí está Simon… Y Aquí está Moriah.

Debo comparecer ante el tribunal hoy mismo. El juez ha de confirmar mi derecho de custodia y autorizarme a salir de los Estados Unidos. No sabemos aún cómo van a reaccionar los satmar. Ignoramos si van a mandar abogados para presentar una demanda. Pretendiendo, por ejemplo, que ha habido un error de identificación. Pero la operación se ha desarrollado un viernes por la mañana, y el comienzo del *sabbat* retrasará toda acción de su parte. Si presentan demanda, el juez podrá decidir la presencia de un experto en genética, y nos veríamos obligados a quedarnos a la espera de los resultados y del veredicto.

Elliot Will, el juez del estado de Nueva York, escucha primero a Hilda Kogut describir la operación de Kasho Drive, y el intercambio de palabras entre Maxwell y Jacobovitch. Cuando el jefe local del FBI le preguntó: «¿Dón están *los niños belgas*?», Jacobovitch respondió al instante: «Están aquí.» Por consiguiente, reconoció que se trataba de mis hijos. Por ello, esta pregunta había sido minuciosamente preparada, a fin de que la respuesta fuera jurídicamente clara. Ya no tenemos más problemas. El juez nos autoriza a partir inmediatamente.

—¡Buena suerte, que sea feliz con sus hijos! ¡Buen viaje!

El final del día, el comienzo del *sabbat* para los satmar, se convierte en una maratón para nosotros. Nos han reservado billetes para aquella misma noche. Un empleado del FBI ha tomado todas las disposiciones para que los niños puedan comer *kasher* en el avión. Hilda Kogut ha sacado una bolsa de deporte del portaequipajes de su coche, la vacía de un chaleco antibalas, así como de otros chismes que llevan el sello del FBI, y me la regala para meter los objetos de los niños...

Lo que más me molesta es obligarles a tomar el avión. Les había prometido respetar sus tradiciones, y les está completamente prohibido viajar durante el *sabbat*. Tengo miedo de que no vuelvan a confiar en mí si empiezo por romper esta prohibición.

Hilda viene en mi ayuda para explicar el dilema a los niños.

—Escuchadme bien, vuestra madre no es responsable de esta decisión, pero sería ilegal que os quedarais en los Estados Unidos. Y debéis salir también del país inmediatamente por vuestra seguridad. Vuestra madre no tiene elección, tenéis que tomar el avión esta noche.

Somos escoltados hasta el aeropuerto Kennedy por un cortejo de coches de la policía... Luego esperamos la hora del embarque en un despacho de la policía del aeropuerto, y mientras yo llamo a Sabine, agentes del FBI acompañan a los niños hasta las tiendas de la terminal, para comprarles algunas fruslerías.

Dooms y yo damos una conferencia de prensa. Luego nos llevan en coche al avión, evitándonos las formalidades habituales. Marina, Simon y Moriah tienen la impresión de ser tratados como jefes de Estado.

Después viene el momento de los adioses. Hilda Kogut me abraza calurosamente. Le doy las gracias por todo, así como por su bolsa. Ella bromea:

—¡Devuélvemela con Jean Dooms en su interior!

En el avión, las azafatas nos felicitan, y nos instalan, a Dooms, a un miembro del consulado belga, el señor Devos, a los niños y a mí, en el puente superior, que nos ha sido enteramente reservado para protegernos de la curiosidad de los demás pasajeros. Observo a los niños, que están excitados de que se les preste tanta atención. Sus ojos abiertos de par en par ante toda esta novedad, olvidan momentáneamente el *sabbat*.

Deberé procurar no quemar etapas con ellos. Le he dicho al periodista del *New York Post* hace un momento: «Celebro hoy mi Día de la Madre personal.[1] Vamos a aprender a conocernos de nuevo. Los niños han sufrido muchas pruebas, pero siguen siendo mis hijos.» Me siento a su lado, pero en la fila de asientos de enfrente. Los pequeños hablan *yiddish* entre ellos.

Cuando el gran avión despega en medio de un rugido de motores, Simon, asustado, baja la cortina de su ventanilla. Tenemos derecho a una copa de champán, Dooms y yo, del que yo sólo ingiero dos tragos. Estoy encinta, no debo beber alcohol. Apenas he comido, he dormido poco, y tengo los nervios a flor de piel. He hablado a los niños de Walter, de Noélie y de Gautier; pronto les hablaré del próximo. El que ha vivido conmigo el día más largo, que ha sentido todas las sacudidas, de miedo, de felicidad, de timidez, de valor. Hemos pasado por todas las emociones posibles e imaginables. En el momento de la comida, los niños buscan ansiosamente la pequeña etiqueta que certifica que la comida que les sirven es *kasher*, con la firma del rabino. Simon guarda la etiqueta como prueba.

El piloto les invita a visitar la cabina. Los pasajeros los felicitan al pasar. Luego la pantalla se ilumina para la proyección de la película. Ellos se niegan a ponerse los auriculares, por respeto al *sabbat*, pero de vez en cuando les veo echar una mirada furtiva a la pantalla.

Lentamente, como una ola bienhechora, la fatiga de esta jornada me invade. Instalo a los niños sobre almohadones y subo los apoyabrazos entre los asientos para que puedan echarse sobre varios de ellos, atravesados, y dormir confortablemente. Simon y Moriah se caen de sueño. Despliego mantas para cubrirlos. Entonces Marina se levanta para comprobar que su hermano y hermana están bien instalados. Yo la observo mientras vuelve a sentarse. Durante seis años y medio, Marina ha sido *su* madre. Ella es quien ha velado por Simon y Moriah.

1. En los Estados Unidos el Día de la Madre tiene lugar el 7 de mayo, es decir el día que yo encontré a mis hijos. *(N. de la a.)*

Atención, Patsy, no la prives de sus responsabilidades, no le des la impresión de que se ha vuelto inútil. Es precioso hacerle comprender, poco a poco, que ante todo, es su hermana, y una adolescente. No una madre. Ve haciéndolo suavemente, muy suavemente. Vamos a llegar a Bélgica, y ahí es donde todo va a empezar. No es el fin, sino el comienzo de nuestra historia.

Estamos a cuarenta mil pies por encima del Atlántico, y de pronto Marina parece sentirse perdida, asustada. Es un nuevo desgarro, un cambio de casa, de existencia. Voy a sentarme a su lado. Me gustaría mucho tomarla en mis brazos, pero no me atrevo, aterrada ante la idea de que me rechace. Le cojo suavemente la mano, esperando que ella la retire bruscamente. Pero no se mueve. No dice nada. Nos quedamos así largo rato. Y cuando comienzo a quitar la mano, lentamente, una ínfima presión de los dedos me retiene silenciosamente.

54

LO LAMENTO… FUE UN ERROR

Domingo, 9 de mayo de 1993

En Bruselas, en casa de mis padres, a Marina, Moriah y Simon les ha costado familiarizarse con su verdadero nombre. La lengua es también una barrera, pues han olvidado el francés. Moriah se acuerda de las palabras de *Frères Jacques*: «¿Dormez vous? Sonnez les matines…» Pero no entiende su sentido. Felizmente, el neerlandés, que Walter habla fluidamente, presenta similitudes con el *yiddish*, y eso nos ayuda mucho.

Por su parte, Noélie y Gautier tienen que habituarse a la presencia de tres nuevos hermanos. Todos estamos en estado de *schok*. El timbre del teléfono nos perturba sin descanso. Amigos, parientes, vienen a felicitarnos. En un momento de calma, le confío a Walter:

—No me atrevo a tocarles. Todo esto me parece tan frágil como una pompa de jabón. Tengo miedo, si me acerco demasiado, de que desaparezcan de nuevo.

Él no dice nada, de momento. Espera a que estemos todos reunidos, para decirles a los niños con aire malicioso:

—¿Sabéis, vuestra madre, lo tonta que es? ¡No se atreve siquiera a tocaros!

Ellos me miran, llenos de esperanza. Sus sonrisas me alientan a lanzarme. Walter me ha acorralado. Ahora que él ya ha hablado abiertamente de ello, tengo que hacerlo. Por primera vez desde hace seis años y medio, me acerco a los niños, los cojo en mis brazos, y los beso. Una dicha que no necesita comentarios.

Lunes, 10 de mayo

Primer día en casa. Marina está sentada en el jardín. La veo desde la ventana cómo juega maquinalmente con un montón de guijarros, la mirada vacía. Salgo a reunirme con ella.

—Marina, quiero que sepas que hoy es el peor día de tu vida. Mañana las cosas irán mejor, ya verás. Pero hoy es el día peor de todos. Ayer, aún era una escala. Hoy estamos todos desorientados, como tú. Tenemos que acostumbrarnos a esta nueva vida, como tú. Mañana irá mejor.

Organizo para ellos un horario que prevé el mayor número de actividades posible. La mayor parte de nuestros problemas, como cabía esperar, concierne a sus preocupaciones religiosas. No se llevaron nada al partir, excepto la ropa que llevan puesta. Recorrer las tiendas para vestirlos me parece una excelente diversión. Pero no es tan sencillo en realidad.

Conforme a los principios que les han inculcado, las niñas deben ir tapadas siempre. Incluso por la noche. En pleno mes de mayo, tenemos que encontrar para ellas camisones que cubran las piernas y se abrochen hasta el cuello. Mientras tanto, dormirán con sus leotardos.

Simon ha decidido hacer de policía en la cocina, y supervisar la preparación de los platos *kasher*. Walter y yo le hemos explicado claramente que haríamos todo lo posible para respetar sus costumbres, pero que toda la familia comería lo mismo, fuera lo que fuera. Una noche, Simon ve a Noélie y Gautier trotando, con las nalgas al aire, dirigirse al baño. Es la hora del aseo de la noche. Simon se muestra completamente asqueado:

—Bah... ¡es repugnante!

—Escucha, Simon. En Bélgica es así como vivimos. No estás obligado a hacer como nosotros. Pero tampoco nos debes impedir ser naturales. No hacemos nada expresamente para molestarte. Simplemente continuamos viviendo como siempre lo hemos hecho. Nosotros te respetamos, y por tu parte deberías respetarnos también. Es así.

Los amigos y los vecinos invitan a los niños a jugar en su casa. Es la primera vez que Moriah se encuentra mezclada indistintamente con niños y niñas. Juegan al gato y el ratón. De pronto, uno de los pequeños atrapa a Moriah, y ésta lo rechaza con espanto. Luego Moriah rompe a llorar y corre a refugiarse en su habitación. Yo la escucho mientras ella me explica la razón de este terror.

—Eso no está bien. ¡No tenemos derecho! ¿Qué me va a pasar? Dios me va a castigar.

—Escúchame, Moriah. Mira bien a tu alrededor: todos los niños y niñas juegan juntos. Son niños normales. No les va a pasar nada. ¡Dios no los castiga dos veces cada día!

Walter no es religioso pero conoce bien la Biblia, lo cual le permite discutir con los niños sobre los fundamentos filosóficos de todas estas reglas que han gobernado su existencia. Poco a poco consigue convencerlos de que los textos de la Biblia pueden interpretarse de maneras muy variadas. Que Dios pide sobre todo a cada uno que utilice su propio criterio, en lugar de someterse a una doctrina rígida.

Un día que estamos haciendo recados en la ciudad propongo que comamos en un *fast-food*. Contemplando a Marina, Moriah y Simon morder con delicia una hamburguesa y devorando unas patatas fritas que nada tienen de *kasher*, me digo que hemos salvado una etapa importante.

Al teléfono, la voz dulzona de Simon Friedman, el manipulador:

—¿Señora Heymans? Soy feliz de que haya encontrado usted a los niños. ¿Qué va a hacer en lo que concierne a la religión?

—Les corresponde a ellos decidir.

—¿Por qué no viene a vivir a Amberes?

—¡Ah, pues claro! ¿Por qué no? Así podría enviarlos a una escuela hasídica, ¿no es eso?

—Después de todo lo que he hecho por usted, señora Heymans, podría al menos escucharme...

—¿Todo lo que ha hecho usted? Usted no ha hecho nada por mí. ¡Dígame algo que haya hecho usted! ¡Venga, le escucho!

Balbucea algo inaudible, y le interrumpo:

—¿Ve usted? No tiene nada que decir. Todo lo que ha hecho usted es tratar de desalentarme, de hacerme perder tiempo, ¡eso es todo lo que ha hecho usted por mí! Pero eso no me ha detenido. ¡Usted sabía desde el comienzo dónde estaban mis hijos! ¡Confiéselo!

Recupera su sangre fría, y se vuelve incluso amenazador.

—Al hablarme como lo hace usted, señora Heymans, corre el peligro de buscarse problemas. ¡Podría incitar a alguien a cogerle otra vez los niños!

—¡Entonces, hasta la vista!

Y le cuelgo el teléfono en las narices. Pero él tiene la audacia de llamar a mi padre, primero para felicitarle, y luego para recordarle el «pacto de honor» por el cual quería obligarme a educar a los niños siguiendo la tradición hasídica. Cuando mi padre le hace notar que la comunidad hasídica no ha devuelto voluntariamente a los niños, se lanza a amargas recriminaciones, acusándonos de haber hecho viajar a los niños durante el *sabbat*.

—Lo lamento, señor Friedman, fue el FBI el que lo exigió.

Agita entonces la amenaza de un nuevo secuestro, para el caso de que los niños no reciban la educación de los suyos. Mi padre le remite sobre este tema al inspector Dooms y a la fiscal De Vroede.

¡Y también los llama! Dirigiéndoles el mismo mensaje. Quejándose por añadidura de que yo me niego a hablar con él, ahora que he recuperado a mis hijos. Les advierte que estoy en peligro. ¡Mi vida está amenazada! Se trata, evidentemente, de amenazas vanas. No hablaría de ello a la policía judicial si fuera verdad. Debo, sin embargo, cambiar de número de teléfono, e inscribirme en la lista roja.

Sé que muchos, en el seno de la comunidad judía, se han sentido disgustados al enterarse de cómo Friedman nos había manipulado, actuando en la sombra para tratar de tapar un asunto que molesta a los hasidim. Estas personas dicen hoy que tales maneras va contra los principios del judaísmo. Las autoridades belgas investigan a Friedman, y podría ser que se emprendieran actuaciones judiciales contra él.

Herschel y Rachel Jacobovitch no han sido arrestados. El fiscal ha considerado que no había suficientes pruebas que demostraran que sabían que los niños habían sido raptados. Las autoridades belgas, no obstante, han contemplado la posibilidad de iniciar un proceso contra ellos y pedir su extradición, a fin de hacer fuerza sobre la comunidad satmar, y evitar que este tipo de asunto se reproduzca.

Chaim sigue en prisión en 1993. Me escribe una carta desde el centro penitenciario de Lovaina a donde le han trasladado. Pide ver a los niños. Marina y Moriah están dispuestas. Pero Simon se niega.

Pongo condiciones a esta visita. Que no dure más de veinte minutos, y que hablen francés. Prohibición de abordar el tema de la religión. Presencia de dos testigos. Uno que me represente a mí, el otro a Chaim. Jean Dooms es mi testigo. Un hasid representa a Chaim.

El resultado era previsible. Chaim trata de convencer a Marina y Moriah de que yo he sido una mala madre. Ellas permanecen respetuosas, pero no se dejan convencer. Entonces, como desafío, se pone a hablar en inglés delante de Dooms.

La visita de las niñas ha sido corta. Chaim pide a continuación verme.

Yo ya no tengo miedo, ahora que estoy en situación de fuerza. Él me acosa con su eterna cantilena: mi padre me obligó a abandonarle... Soy una mala esposa, una mala madre, una mala mujer...

—¡Dame tu número de teléfono, quiero poder hablar con los niños!

—No.

—¡Dámelo!

—No.

—¡Sí!

—No. Es un número secreto. No quiero que todo el mundo lo conozca.

—Ah, ¿es un número secreto? No te preocupes, no se lo daré a nadie, puedes confiar en mí...

El testigo hasídico le interrumpe entonces para precisar:

—No ha comprendido usted bien, señor Yarden. Es secreto para usted...

Chaim ha pedido ver a la fiscal. Reclama su libertad. La señora De Vroede, dice, había prometido que sería liberado cuando hubiéramos recuperado a los niños.

—Lo lamento; si nos hubiera usted ayudado, sí. Pero usted no ha hecho nada.

Su última condena por «delito continuado» debía mantenerle en la cárcel hasta agosto de 1994, pero se ha beneficiado de una amnistía, y ha sido liberado en febrero de 1994. Ha sido expulsado de Bélgica, con prohibición de residir en el país durante diez años.

Simon debe comparecer como testigo en el proceso de un rabino, llamado Helbran. Yo le acompaño a los Estados Unidos. Se trata del caso del pequeño Shai, del que se ocupa Hilda. En un primer momento, el juez americano tomó una decisión cuando menos discutida. El proceso contra Sholomo Helbran, el rabino de quien se sabe que tomó al niño bajo su custodia, fue abandonado. El juez decidió seguidamente conceder la custodia del pequeño a otro rabino, considerando que debía proseguir su educación religiosa. Pero Shai desapareció de nuevo, y el rabino Helbran ha sido finalmente acusado de secuestro. Shai ha sido recuperado en el aeropuerto de París, cuando viajaba con un falso pasaporte, y ha desaparecido misteriosamente mientras se hallaba bajo la vigilancia de los policías franceses. Después se ha perdido su rastro.

En octubre de 1993, ante un tribunal atestado de satmar hostiles, y en presencia de uno de los hijos de Jacobovitch, Simon declara como testigo para decir que vio a Shai en la comunidad de Kasho Drive, en compañía de un pariente del rabino Helbran.

Pienso a menudo en la madre de Shai, en su búsqueda. Para ella, seguramente es demasiado tarde.

Marina, Simon y Moriah se han desarrollado estupendamente. Hablan ahora el francés correctamente, aún se desenvuelven bien en inglés, y han hecho nuevos amigos. Han abandonado por completo la tradición satmar. No quieren ya ver a esta gente, ni siquiera a su padre. Es su decisión. Simon, al que le gusta a menudo hacerse el bravucón, dice: «¡Le voy a romper la cara!» Él que decía que quería ser rabino, será quizás... policía. Como Jean Dooms, al cual adora, como todo el mundo. A sus catorce años, tiene tiempo de cambiar de idea.

Hoy, mis hijos son como los demás, felices de vivir. Un poco explosivos, pero tienen tantas coacciones que olvidar...

El 12 de diciembre de 1993, Olivier ha hecho su entrada en la tribu familiar. Es robusto, alegre y de tan buen carácter que le hemos llamado el «superbebé». Simon está especialmente contento de tener un hermano con quien equilibrar el porcentaje de chicos en la familia. Mis hijos tienen quince, catorce, trece, cinco, tres y un año y medio. Patsy, por su parte, tiene treinta y cuatro años. Y Walter es un tipo formidable.

Jean Dooms me contó hace algún tiempo la confesión de un jefe de comunidad satmar al que encontró en los Estados Unidos.

—Reconozco que no comprobamos la veracidad de lo que afirma Chaim Yarden. Si la madre se había convertido al judaísmo o no... si los niños eran judíos o no... si habían sido maltratados... Lo *lamento*; cometimos un *error*.

EPÍLOGO

Mayo de 1995

El presente de Marina

Algunos recuerdos se aclaran en mi cabeza. Allí tenía miedo, estaba sometida, me sentía diferente de los niños Jacobovitch. Un día nos pidieron que les llamáramos papá y mamá. Unas palabras que no querían decir nada para nosotros. Decíamos «señor» y «señora». Decir «papá» y «mamá» no cambió nada para mí. Estaba vacío de sentido. Era una palabra como otra, lo mismo hubiera podido decir «fulano». Los detestaba.

¡En aquella época me sentía completamente perdida! La única persona con la que podía hablar un poco era con uno de los hijos de los Jacobovitch que tenía casi mi edad. Hablar es mucho decir, de hecho yo le escuchaba. Era un poco menos religioso que sus padres. Me decía que si me casaba con él, me escaparía del destino previsto para las muchachas como yo en su comunidad. No era «bastante judía». Me habían dicho que me casaría con un loco, o un enfermo. Me castigaban por anticipado de no sé qué culpa. Interiormente, me rebelaba, y sentía deseos de huir. Huir. ¿Pero, adónde?

Una vez traté de decir en la mesa: «Yo no soy judía...» Y comencé la frase:

—No soy...

Luego mi garganta se atascó, tenía miedo de las represalias. Nos pegaban con el cinturón. Siempre estaba allí, aquel cinturón marrón de cuero, al alcance de la mano, en un armario, doblado, y el «señor» lo utilizaba generosamente. Sobre todo con Simon. Simon me suplicaba que no me rebelara. Decía: «Hazlo por mí...»

Supongo que tenía miedo. Estaba muy condicionado. Había que decir todo lo que pensábamos, todo lo que hacíamos. No teníamos ninguna libertad. Aquel día, «señor» exigió cien veces:

—¡Acaba la frase! ¿No soy...? ¿No soy...?

Finalmente, después de una hora, ya no me acuerdo, acabé por responder cualquier cosa. «No soy...» lo que fuera, he olvidado qué. Para que me dejara en paz.

Hace dos años que vivo aquí en Bélgica. Los primeros tiempos tenía pesadillas por la noche. Volvía a ver escenas de allí. Los Jacobovitch, el cinturón, los castigos, cuando el FBI rodeó la casa... Conté los coches, uno por uno, había catorce. Tenía miedo, y al mismo tiempo lo había esperado tanto que, al verlos, supe enseguida que era por nosotros.

Los primeros años del secuestro no pensaba en nada. Era demasiado pequeña, creo, para comprender. Luego, de repente, volví a pensar en mi madre. Estaba en alguna parte, volvía a ver un rostro borroso, con cabellos largos, tenía una madre, no tenía por qué estar encarcelada con aquella gente, no era normal. Entonces esperaba que pasara algo, que nos encontraran, y con frecuencia pensaba: «Voy a huir, e ir a la policía.» Pero no lo hacía. Era muy duro.

La libertad es la cosa más bella. Ser libre de hablar, de discutir, de hacer preguntas, de vestirme como quiera, de peinarme, de ir en bicicleta, de responder a quien quiera. Tengo una habitación para mí sola, y amigas en la escuela. El retraso es difícil de recuperar. Mi mayor defecto es no tener confianza en mí. Tengo miedo a fracasar. Me cuesta tomar decisiones. Este año debo elegir mi orientación escolar. ¿Qué hacer? Me gustaría aprender a vivir bien en sociedad. Siento la necesidad de estudiar psicología, para poder ayudar a los niños que han vivido mal, a los que les han hecho daño, a los niños secuestrados como yo, a los que han sufrido una violación, o sevicias. Mi francés es bueno, lo hablo bien, pero aún me cuesta la ortografía. El latín también me plantea problemas.

En realidad, tengo necesidad de comprender por mí misma lo que nos ha pasado. Mamá tiene montones de dossieres de la investigación que nos atañe. Leo los artículos de los periódicos, los documentos legales, todo lo que me puede ayudar a comprender, y a reconstruir el rompecabezas de mi memoria. Miro las fotos antiguas. Las imágenes me vienen a la memoria, cuando mi padre nos encerraba, y le pegaba a mi madre. Yo tenía ganas de defenderla, pero me daba miedo.

Aún tengo un poco de miedo. No quiero ver más a mi padre. A veces, en la calle, sobre todo cuando estoy en la ciudad, si un hombre camina detrás de mí, desconfío. No subiría a un coche con desconocidos. Y al mismo tiempo me digo que se acabó, que todo es normal aquí, que estamos al abrigo de cualquier peligro con Patsy y Walter.

Patsy… Mi madre… No digo todavía mamá. Pero eso no siempre es así. A veces me pasa instintivamente, cuando no pienso en ello. Pero si grito para llamarla, digo «Patsy», como los demás.

No sé por qué me sigo sintiendo diferente. Tengo necesidad de decir la verdad, mirando a la gente cara a cara, a los ojos. Por ejemplo, si le digo a una amiga: «Te has vestido como una mema… Vas mal peinada…» se queda asombrada de mi franqueza. Pero la franqueza es importante.

Alguien me ha dicho que soy como mi madre. No me parezco a ella físicamente, pero reconozco que quizás es verdad. Mi madre es igualmente muy sincera. Cuando pienso en todo lo que ha hecho para encontrarnos, siento deseos de comprender nuestra historia. El libro me ayudará seguramente.

Pero también tengo necesidad de olvidar. Ya no sufro pesadillas desde hace tiempo, y jamás hablamos de ello con Simon y Moriah. El presente es lo que cuenta.

El presente de Simon

Cuando la vi por primera vez, iba curiosamente vestida con un mono de tejano y una blusa. Era extraño ver a una mujer vestida así. El FBI me dijo que iba a ver a mi madre, pero yo ignoraba que tenía una madre. No sabía siquiera que hacía falta una madre para hacer un niño. En casa de los Jacobovitch nos decían tonterías. Del tipo de: una mujer tiene el vientre hinchado, Dios le ha enviado un hijo. Mientras el bebé era pequeño, la mujer se ocupaba de él, pero en cuanto no le daba ya su leche, se acabó. Ni mimos, ni besos, nada. Nadie lo tocaba ya. Jamás vi a alguien coger a un niño sobre sus rodillas para consolarlo. No sabía lo que era ser besado por alguien. A mis hermanitos Gautier y Olivier les hago mimos, y les doy besitos, pero a mí me cuesta aceptarlos. No tengo costumbre.

No sabía lo que era una madre. A veces pensaba que tenía una en alguna parte, pero eso no era nada real para mí. Por eso, cuando ella entró, por primera vez, no quería mirarla, tenía miedo, no era judía, y me habían dicho que todas las personas no judías eran malas. De manera que, si la miraba, o si iba con ella, Dios me castigaría. Me ocurriría algo terrible.

Siempre era así. Dios castiga. Dios es el fuego, en todo el mundo, sobre la Tierra, y en nosotros. Todo eso son historias. Yo ya no sé qué pensar de Dios. Quizás exista. Yo mismo me haré una opinión, pero no quiero saber nada más con la religión. He leído la Torah durante horas, días, meses y años, no aprendía más que eso. El papel era malo, estaba mal impreso, la letra muy pequeña, no se veía nada, y siempre me dolían los ojos como a los demás, y debía llevar unas gruesas gafas muy feas. Ahora tengo unas buenas gafas.

Nos decían que un día llegaría el Mesías, que todos iríamos a Israel, y que los no judíos desaparecerían, los negros, los cristianos, los musulmanes, ¡todos perecerían! Al principio tenía miedo de que Dios me castigase por vivir con no judíos. No me ha castigado, claro. Sé que sobre eso no decían más que tonterías.

Cuando pienso en esta gente, creo que están locos. Viven como en la cárcel. Solucionan la educación de los niños a golpe de cinturón, o como aquel profesor de religión que cogía una grapadora para plantar grapas en los dedos de los alumnos, cuando no se sabían bien una plegaria.

Un día, el señor Jacobovitch me dijo:

—Ruega para que tu padre regrese.

Yo no tenía ganas de rogar para que volviese. Me fastidiaba. Pero si no rogaba, era un pecado. Así que hice ver que rezaba.

Allí no había nada para imaginar cosas. Ni juegos, ni música, ni cine, ni televisión. No se podía imaginar nada, pensar nada. Cuando me acuerdo de ello, es para volverse loco. La primera vez que vi la televisión en Bélgica y los filmes de acción con actores como Jean-Claude, Van Damme, y Schwarzenegger, comprendí que yo también podía ser otro, convertirme en otro Simon. He podido imaginarlo gracias a las imágenes que he visto.

Naturalmente, voy retrasado en la escuela, pues, aparte de las plegarias, no aprendía gran cosa. En el nuevo curso de septiembre de 1995 voy a pasar de primaria a secundaria. Finalmente estaré con los mayores; ya estaba hasta las narices de estar con los pequeños. La escuela es dura, pero ya funcionará. No hace más que dos años que estoy aquí.

Walter está bien para mi madre. No es mi padre, y no voy a llamarle papá evidentemente, pero es un tipo magnífico. En el fondo no sé lo que es un padre. Estoy perdido ahora. Detesto a mi padre biológico. No pensó más que en sí mismo, y en hacer daño. Destrozó mi vida. No he querido, ni quiero, verle. Si me cruzara algún día con él en alguna calle, no tendría miedo, continuaría pedaleando normalmente en mi bici, iría hasta la casa, abriría el portal del jardín, y una vez en el interior apretaría el botón que llama a la policía. Éstos llegarían en pocos minutos. Está bien este botón. A veces me digo que si quisiera volver a secuestrarme por la fuerza, me pelearía contra él, le daría golpes. Digo eso, y no sé lo que haría en realidad. Pero aunque me encerrara en alguna parte en una habitación, me salvaría. Soy mayor ahora. Y si alguien me sigue, lo notaré enseguida.

Finalmente, no tengo miedo. Pero no quiero que todo eso vuelva a comenzar. Por favor, no. Hago judo para aprender a defenderme, y luego haré kárate. Monto también en bicicleta, y juego al bádminton con Walter. Hacemos partidos por la noche. La trifulca con mi madre es por el aparato dental. Debo llevar uno, para rectificar la mandíbula. Moriah también. Se lo pone casi todo el tiempo, pero a mí me molesta mucho realmente, me cuesta hablar con él, me lo meto en el bolsillo y discuto con Patsy por este motivo. A veces respondo mal, empleo palabras gruesas, me enfado, necesito explotar. No soporto que me impongan las cosas ahora. La libertad de pensar y de hablar es formidable. Es lo mejor de todo.

Quisiera ser comediante, o policía. El tipo de policía que hace investigaciones para averiguar la verdad, y encontrar al culpable. No el que va disparando por ahí con el revólver.

Escucho «Fun Radio». He aprendido muchas cosas sobre la sexualidad y sobre las chicas. Pero las chicas, antes, ni sabía lo que eran. Espero a ver. Pienso que hay que enamorarse primero antes de hacer el amor. Si sólo es para hacer el amor, no es interesante. Voy a leer el libro en francés para comprender nuestra historia. ¡Será duro, porque en general prefiero los cómics! Quizás porque allí leí demasiado la Biblia.

Me molesta hablar del pasado. Puedo hablar de él si hace falta, pero en realidad prefiero olvidar. Ya veremos con el tiempo. Es el presente lo que cuenta. Es más tranquilo hablar de *ahora*.

El presente de Moriah

El día del FBI, estaba hasta la coronilla de que me siguieran a todas partes. Me decían: «Todo irá bien, todo irá bien», pero yo no sabía de qué hablaban. Mi madre entró varias veces en la habitación donde yo estaba, pero yo no me di cuenta, creo que no la vi más que una vez aquel día. No paraba de pedir algo de comer, para estar ocupada. El FBI iba a buscarnos yogurts, cremas heladas, montones de golosinas. Yo las empezaba y no terminaba ninguna. Estaba nerviosa. No sabía adónde nos llevaban, lo que iba a pasar. Estaba cansada de ir continuamente a todas partes; en casa de los Jacobovitch, llevábamos algún tiempo, y ya me había acostumbrado. Aquel día nos dijeron que Patsy era nuestra madre. Entonces yo les creí, dije de acuerdo, porque yo no me acordaba de nada en absoluto.

Lo que más nerviosa me puso, después del FBI, fue la psiquiatra de Bélgica. No dejaba de hacerme preguntas, y no me gustan las preguntas. Le respondía cualquier cosa, decía «bof»... para que me dejara en paz. No sé siquiera qué preguntas me hacía. No me gustan las indiscreciones.

Marina querría hacerse psicóloga, o un oficio social. A mí no me gusta la psicología. Prefiero arreglármelas sola. No tengo recuerdos realmente de antes de los Jacobovitch. Un poco de mi padre, un poco de aquella mujer que había tomado consigo. Tenía los cabellos largos, que le colgaban por la espalda, y estaba mal llevar los cabellos sueltos cuando se era religioso. Supongo que ella no era muy religiosa.

En la escuela, entre las niñas, estaban aquellas que eran muy religiosas, que rezaban las plegarias más largas, y las que rezaban oraciones más cortas. Era como dos equipos diferentes. Nos peleábamos por esta cuestión, que era casi el único tema de conversación prácticamente. Evidentemente, en aquel momento yo estaba del lado de las plegarias más largas.

En la escuela, no aprendíamos gran cosa, yo hacía con frecuencia travesuras, «impertinencias». La maestra me enviaba a ver a la directora, y ésta me preguntaba:

—¿No lo harás más?

Yo respondía:

—Claro que no lo haré más.

Y me hacía volver a la clase, y yo volvía a empezar.

En casa de los Jacobovitch, era penoso. Con sus historias del *sabbat*, del fuego y de la luz que no hay que encender, ¡era complicado! Por ejemplo, querían comer caliente el día del *sabbat*, pero no debían encender el fuego. Entonces, hacían venir a una asistenta, no judía, como una esclava en realidad, y se las arreglaban para decir frases hipócritas, sin pronunciar las palabras prohibidas. Por ejemplo:

—Querríamos comer caliente, pero no podemos.

Entonces la otra comprendía que debía ir a encender el horno para recalentar la comida. Yo encuentro eso idiota. No lo comprendo. ¡Si querían realmente cumplir el *sabbat*, tenían que comer frío! ¡Es lógico! Y todo era así. No me gustaba mucho lo de allí.

De la religión estoy cansada, y son muy exasperantes esas plegarias que no acaban nunca. Por lo demás, con Marina y Simon no hablamos nunca de ello.

Reconocí a Marina por sus fotos de antes. No ha cambiado, sigue teniendo la misma cara redonda, los mismos ojos, la misma sonrisa. En las fotos, estoy con ella, y Simon, y otras personas de la familia. Entonces, ya sé que Patsy es mi madre. Es así como lo sé. No tengo otro punto de referencia, aparte de un rostro, de una imagen de cabellos largos, pero ahora se los ha cortado muy cortos.

Sé también que los otros no eran mis padres. Lo sabía, pero no pensaba en ello. Incluso aunque había que llamarles papá y mamá, pero eso no era verdad. Decíamos estas palabras como hubiéramos podido decir cualquier otra cosa. Sólo para obedecer. No teníamos derecho a hablar de padres, de padre o de madre. Eso estaba formalmente prohibido.

Yo soy como Marina y Simon, los besitos no me gustan, no me han enseñado. Es así, y no puedo evitarlo... Tampoco me gustan las fotos. Me escapo cuando puedo. El otro día, Mizou, mi abuela, hizo la foto tradicional de la familia, con todos los primos, y las primas. ¡Éramos al menos catorce! Pero había olvidado poner película en la cámara... Tuvo que empezar de nuevo, ¡y esta vez espero que no saldré en la foto!

El tema de los recuerdos es complicado. Tengo uno, vago. Me acuerdo de que jugaba con Marina al «juego de la puerta». Cerrábamos la puerta. Comprendo ahora que eso era lo que hacía mi padre, nos encerraba. Hicimos de ello un juego después, ¡pero no cerrábamos la puerta demasiado rato, evidentemente! Creo que es el único recuerdo que tengo de mi padre.

Lo que más me gusta ahora es la independencia. Tengo horror a que me molesten. Quiero estar tranquila en mi habitación con mis cosas. Allí, siempre llevábamos vestidos feos. Ahora puedo ponerme lo que quiera, zapatillas deportivas, camisetas, lo que quiera. Puedo montar en bici en el campo con mi hermano y los amigos. Puedo sentarme en el suelo en la hierba del jardín, y comer salchichas asadas.

A veces me marcho en bici y hago kilómetros a toda velocidad. Tengo necesidad de liberarme, de estar sola. Aquí discutimos mucho, de todos los temas, se puede hablar de todo. Parece que somos muy charlatanes. Simon tiene siempre algo que responder, y yo también, creo. Marina es más tranquila; nunca habla tan fuerte como nosotros.

De vez en cuando, disputo con mi hermana. Me habría gustado quedarme con su habitación; es más aislada. Pero Patsy dijo al principio que podíamos elegir, y que no habría que protestar luego. Sin embargo, yo protesto. Le he ofrecido a Marina cambiársela. Y ella me ha respondido: «¡Ni hablar; he pasado cinco semanas pintando las paredes de blanco!» Entonces le he propuesto pasarme seis semanas pintando la mía de blanco, y que ella se la quede. Pero me ha respondido que no sería lo mismo. Sería mi trabajo, no el suyo. Tanto peor, pero protesto. En la escuela, todo marcha, ya he recuperado el retraso.

Pero siento inquietud de vez en cuando. Un día, en Bruselas, tuve miedo. No me gustan las estaciones y los aeropuertos, no me siento cómoda en ellos. El peligro, para mí, se encuentra ahí, en los trenes y los aviones. Naturalmente, no subiría a un coche con cualquiera. En el campo estamos seguros. Está el botón de la policía. Pero yo no quiero pensar en todo eso. Me intranquiliza, porque el otro día mi padre le causó problemas a Patsy, y ella tuvo que ir a Israel, para un proceso. Él quiere la custodia. Yo no quiero ir con él, lucharé para no tener que ir con él. De todas maneras, no me acuerdo de él. Y no quiero que nos moleste. No pensar más en estas cosas, es lo que prefiero. El libro está bien para mi madre, para que la historia se acabe. A mí también me gusta que se haya acabado.

Más tarde querré ser policía. Eso es lo que pienso, de momento. Antes pensaba que sería secretaria de dirección, pero finalmente pienso que no me gustaría estar siempre sentada escribiendo a máquina. Hacer investigaciones, eso me gustaría más.

Un día, tendré una casa, con una habitación para los amigos. Sé cómo la decoraré. El color de las cortinas, del cubrecama, las pinturas. Lo que más me gusta de todo es el aislamiento y la tranquilidad. Por ejemplo, me gusta ir al chalet de mis abuelos. Allí me siento bien. Es tranquilo, es bonito. Y no hay nadie que me moleste.

Patsy y Walter arreglan la casa. En el jardín hay un gran cobertizo, que está atiborrado de cosas viejas. Un día, las arreglarán. Patsy meterá todos los objetos inservibles en el cubo de la basura, y harán una segunda casa, con camas para recibir a los amigos y amigas. Es estupendo. Meto prisa para que se haga eso.

Mientras tanto, me gusta cuando Walter hace una barbacoa como hoy, y podemos comer donde queremos en el jardín, con el plato. Después hay que arreglarlo todo. Hay reglas. Cada uno tiene su trabajo, evidentemente. A veces protesto porque Simon no ha hecho el suyo.

Más tarde, creo que no tendré muchos hijos, soy demasiado nerviosa. Y golosa también. ¿Lo que más me molesta? Las piernas. Son demasiado gruesas. Se burlan de mí cuando como demasiados pasteles u otras cosas, pero tanto peor.

Para terminar, no quiero pensar más en lo de antes. Está olvidado. Hay demasiadas cosas que hacer y pensar ahora.

POST SCRIPTUM

Mayo de 1995. Este domingo es el segundo aniversario de la incursión de Kasho Drive.

Chaim sigue reclamando, en Israel, la custodia de los niños. Ha tenido que ir allí para defenderme. Audiencia aplazada hasta el próximo hostigamiento. Más estrés, más gastos, más fatigas. Walter ha tenido que ocuparse de los niños con mi madre. En contrapartida de su obstinación, que nos arruina financieramente, le reclamo a Chaim todos los años de pensión alimentaria que jamás ha pagado por los niños.

He vuelto a ver nuestro antiguo apartamento. Estaba habitado. Todos mis objetos personales habían desaparecido. Tirados o vendidos, no lo sé. Echo de menos especialmente un pequeño cuadro de mi madre que me gustaba mucho. Era la segunda vez que volvía a ver este lugar, y sentí aún una punzada en el corazón. Al mirar aquella puerta, que él me cerraba para «castigarme» y que yo definitivamente cerré un día, pensé de pronto: si hubiera sido normal, un marido y un padre normal, habría sido feliz aquí, en este país que amo tanto. Habría tenido con él la tribu de niños que siempre había querido. Deseaba cinco, lo decidido por anticipado. Olivier es el sexto regalo caído del cielo.

Los quería a todos esos niños. Llevo alrededor de mi cuello una cadena formada por placas de identidad grabadas con su nombre. Marina, Simon, Moriah, Noélie, Gautier, Olivier. No soy fetichista, pero las llevo siempre encima, en forma de collar, como brazos alrededor de mi cuello, todos juntos. La vida de una madre de seis hijos es una carrera permanente. Tengo a veces la impresión de pasarme el tiempo llenando los armarios, llenando la nevera, llenando el lavavajillas. Dando de comer, sin que jamás los picos hambrientos se sacien. Es absurdo, pero es alegre. Walter nos sirve de pilar de amor. La zarabanda de niños que giran a nuestro alrededor reclaman, discuten, juegan y se pelean, comen y me vuelven loca a veces con su desorden y sus actividades incesantes, es la VIDA.

Tenía mucho miedo de que los tres mayores me rechazaran, me ignoraran. Estaba dispuesta a aceptar su rechazo y a sufrir por ello el resto de mi existencia. Ahora se acabó. Se han unido a la tribu, han ocupado nuevamente su lugar. Los mayores con los pequeños.

Los contemplo hoy, este final de primavera de 1995, mientras voy extendiendo en el jardín filas de ropa para secar. Mientras encajo en el cordel decenas de pinzas de tender ropa.

Marina, encorvada sobre unos deberes que le angustian, los cabellos sobre la cara, las cejas fruncidas debido a la concentración y la duda.

Simon que se aplasta cuidadosamente su pelambrera rizada, pone a gran volumen música «tecno», y gruñe «bof» si le digo que es guapo...

Moriah, la impaciente, que se marcha en bicicleta como una flecha a pedalear durante kilómetros, para regresar hambrienta.

Noélie, la rubia, en su cabaña del jardín, con su amiguita y su muñeca, precisa, organizada, independiente. Golosa como una ardilla.

Gautier, mi hombrecito serio, armado con un revólver de plástico, siempre inquieto por lo que pasa a su alrededor, en busca de su pelota.

Olivier, el superbebé que rueda por la hierba y no para de reír. ¿Pupa? El besito mágico de mamá o de Walter, y vuelve a partir, conquistando el jardín desde lo alto de sus pañales.

Walter, que hace bricolaje, Walter que trabaja, Walter el «silencioso», la persona chistosa de aspecto serio, que declara:

—¿Patsy? ¡Es una calamidad en la cocina!

Está también *Rustine*, el perro empapado de lluvia, que tiene que secarse imperativamente antes de entrar, *Mimine*, el gato pelirrojo, que se ha instalado en la hierba y el granero, y nos contempla desde fuera. El nogal centenario, las clemátides sobre la pared, el perejil que acaba de brotar en el huerto, los preciosos setos que hay que recortar, el pozo a renovar, los pájaros sobre el tejado, la merienda, la escuela, el mercado, y las pequeñas guerras civiles: ¿Quién no se ha arreglado la habitación? ¿Quién se ha comido las galletas? ¿Quién pone la mesa? ¿Quién se ha retrasado en qué?

Los amo. La felicidad está ahí, ante mis ojos en lo cotidiano. Me aturde.

AGRADECIMIENTOS

Gracias a toda mi familia... a mi madre, Mizou, a mi padre Jacques, a mis hermanos Éric, Géry y Michel. Sin su amor y su apoyo incondicional, esta historia jamás habría conocido un desenlace feliz.

Gracias a ti, Walter, que has soportado mis bruscos cambios de humor, mis crisis de esperanza y de desesperación, mis miedos, mis silencios, mis dudas, mis ausencias largas y repetidas de la casa... Jamás te amaré bastante.

Gracias a todos aquellos que, anónimamente o no, me han ayudado en el curso de estos años de trastorno y de dolor que me han parecido interminables... Vuestra ayuda moral y material nos ha permitido resistir a lo largo de esta prueba que habrá durado seis años y medio.

Gracias a Hilda Kogut, a Nadia De Vroede, a Jean Doms... Uno de los aspectos positivos de esta historia fue conoceros. Sin vosotros, Dios sabe si jamás hubiéramos encontrado a Marina, Simon y Moriah. Recibid mi amistad y gratitud eternas.

Gracias a Sabine, la hermana que jamás tuve, y a Paul... Sin vosotros, esta pesadilla habría sido todavía mucho más difícil de vivir. La profundidad de mi gratitud es difícilmente expresable.

Gracias a Eco y al Samaritano: aunque vuestra identidad permanezca oculta, el agradecimiento que siento hacia vosotros no lo está. Gracias.

Muchas personas han contribuido desinteresadamente a la realización de este libro, y nos gustaría dar las gracias particularmente a algunas de ellas. Gracias a Bernard Fixot, a Antoine Audouard y a Susanna Lea de las Éditiones Fixot, por el apoyo constante que nos han dado, gracias también a nuestro agente Mel Berger, de la agencia William Morris, por su ayuda siempre profesional. Nos sentimos igualmente reconocidos por el apoyo que nos han prestado Sam y Caroline Frye, quienes no han ahorrado tiempo ni esfuerzos para permitirnos llevar a buen término este proyecto. Sus atentas observaciones nos han sido muy útiles. Gracias.

ÍNDICE

Prefacio 5
Advertencia 8
Prólogo 9

1. Autocrítica 11
2. La Pascua en Jerusalén 18
3. El amor 27
4. La huida a Israel 38
5. El castigo 49
6. El padre de mi hijo 63
7. Madre culpable 73
8. Decirlo finalmente 89
9. La huida 103
10. Perfil 21 112
11. La batida 124
12. Un año de independencia 138
13. El relato de Marina 144
14. El día maldito 146
15. Terapia 151
16. El relato de Marina 160
17. La casa vacía 162
18. El relato de Sarah 167
19. La primera pieza del rompecabezas 169
20. El relato de Sarah 172
21. Seis meses ya 173
22. El relato de Sarah 178
23. La Duquesa de Amsterdam 179
24. El relato de Sarah 183
25. Espías de dos cabezas 184
26. Los ojos del corazón 189
27. Que su madre no los reconozca ya o la historia del pequeño llamado Joseph 198

28. Todo lo que diga podrá ser utilizado contra usted 201
29. Carta de un rabino a sus fieles 208
30. El relato de Sarah 211
31. Cansancio 212
32. Una bofetada en la cara. 218
33. El relato de Sarah 224
34. El mundo satmar 225
35. El relato de Joseph 238
36. Día tras día 239
37. Visita de mesa. 251
38. El relato de Sarah 261
39. Manipulación 262
40. El relato de Rachel 273
41. Dos mil días. 275
42. Eco 289
43. El relato de Sarah 293
44. La aproximación 294
45. El buen samaritano 307
46. El relato de los niños 310
47. La gran partida 312
48. El relato de Sarah 321
49. Viernes, 7 de mayo de 1993 322
50. El relato de Sarah 324
51. ¿Dónde están los niños belgas?. 325
52. El relato de los niños 326
53. El miedo más grande de mi vida 328
54. Lo lamento… fue un error 338

Epílogo 344
Post scriptum 353
Agradecimientos. 355

Impreso en el mes de enero de 1996
en Romanyà/Valls
Verdaguer, 1
Capellades
(Barcelona)